Materialien zur Berufsausbildung

Herausgegeben vom Berufsförderungswerk Hamburg

Band 3: Lothar Reetz, Thomas Reitmann (Hrsg.)

Schlüssel-qualifikationen

Dokumentation des Symposions in Hamburg
»Schlüsselqualifikationen — Fachwissen in der Krise?«

CIP-Titelaufnahme der Deutschen Bibliothek
Schlüsselqualifikationen: Fachwissen in der Krise?;
Dokumentation eines Symposions in Hamburg / Lothar Reetz;
Thomas Reitmann (Hrsg.). – Hamburg: Feldhaus, 1990
  (Materialien zur Berufsausbildung; Bd.3)
  ISBN 3-88264-086-3
NE: Reetz, Lothar (Hrsg.); GT

ISBN 3 88264 086 3

Alle Rechte vorbehalten
Nachdruck und fotomechanische Vervielfältigung, auch auszugsweise, verboten
© Copyright 1990 by FELDHAUS VERLAG, Postfach 73 02 40, 22122 Hamburg
Herstellung WERTDRUCK, Hamburg

Inhaltsverzeichnis

Vorwort
Prof. Dr. Lothar Reetz   5

Tagungsprogramm   6

A. Begrüßung / Grußworte

Begrüßung
Michael Helbing, Berufsförderungswerk Hamburg   10

Grußworte
Staatsrat Hinrich Budelmann, Behörde für Wissenschaft und Forschung, Hamburg   12
Prof. Dr. Angelika Wagner, Vizepräsidentin der Universität Hamburg   13

B. Grundsatzreferate / Vorträge mit Diskussion

Prof. Dr. Lothar Reetz (Hamburg)
»Zur Bedeutung der Schlüsselqualifikationen in der Berufsausbildung«   16

Dr. Ute Laur-Ernst (Berlin)
»Schlüsselqualifikationen bei der Neuordnung von gewerblichen und
kaufmännischen Berufen - Konsequenzen für das Lernen«   36

Bernd Schulz (Kiel)
»Schlüsselqualifikationen in der betrieblichen Ausbildung«   56

Ulrich Hänisch (Hamburg)
»Schlüsselqualifikationen aus der Sicht der Berufsschulen«   66

C. Arbeitsgruppen

1 Schlüsselqualifikationen in den Ordnungsmitteln neuer und neugeordneter
  gewerblich-technischer Berufe   75

2 Schlüsselqualifikationen als Inhaltsproblem   91

3 Schlüsselqualifikationen und deren didaktisch-methodische Umsetzung in der
  Ausbildung zu Bank- und Versicherungskaufleuten aus schulischer und
  betrieblicher Sicht   119

4 Handlungsorientierte Vermittlung von Fachwissen und Schlüsselqualifikationen
  in neugeordneten Berufen der gewerblich-technischen Fachrichtung   139

5 Handlungsorientierte Vermittlung von Fachwissen und Schlüsselqualifikationen
  in der Ausbildung zu Kaufleuten im Einzelhandel   159

6 Die Vermittlung von Schlüsselqualifikationen am Beispiel der Ausbildung in der Elektroindustrie	171
7 Probleme der Vermittlung von Schlüsselqualifikationen in der schulischen hauswirtschaftlichen Berufsbildung	183
8 Probleme der Vermittlung von Schlüsselqualifikationen in der Ausbildung zu kaufmännischen Berufen in Industrie und Handel	203
9 Neue Varianten des Lernens in Betrieb und Schule: z.B. Leittextmethode	229
10 Veränderungen in der Rolle des Ausbilders und des Lehrers bei der Vermittlung von Schlüsselqualifikationen	243
11 Probleme der Vermittlung von Schlüsselqualifikationen in der Ausbildung im Berufsfeld Bautechnik unter besonderer Berücksichtigung der Positionen der Tarifpartner	263

D Abschlußreferat / Resümee

Prof. Dr. Heinrich Meier, Prof. Dr. Ernst Uhe (Hamburg)
»Perspektiven zur Realisierung von Schlüsselqualifikationen in Betrieb und Schule«   274

Vorwort

Das Berufsförderungswerk Hamburg und das Institut für Berufs- und Wirtschaftspädagogik der Universität Hamburg veranstalteten am 22./23. Juni 1989 in Hamburg in den Tagungsräumen des Berufsförderungswerkes ein Symposion zum Thema »Schlüsselqualifikationen – Fachwissen in der Krise?«. Der Einladung und dem Tagungsprogramm waren folgende Gedanken vorangestellt:
»Unter dem Schlagwort der Schlüsselqualifikationen werden gegenwärtig Veränderungen in der Gestaltung der beruflichen Bildung diskutiert und praktiziert. Dabei erhält die Diskussion in besonderem Maße Impulse von seiten der betrieblichen Aus- und Weiterbildung.
Veränderte Wettbewerbstrukturen der Betriebe, Veränderungen in den sozialen Wertvorstellungen der Mitarbeiter sowie betriebliche Organisationsveränderungen unter dem Einfluß der neuen Technologien machen offenbar Innovationen der beruflichen Aus- und Weiterbildung erforderlich, wie sie im Konzept der Schlüsselqualifikationen ihren Ausdruck finden.
Mit der Programmatik der Schlüsselqualifikationen wird oft behauptet, daß die bisher vorherrschenden fachbezogenen Lerninhalte und -ziele der Berufsbildung in ihrer Bedeutung erheblich zu reduzieren seien. Vielmehr sei eine neue Akzentsetzung sowohl bei den Zielen und Inhalten wie auch bei den Lernprozessen/Methoden in Schule und Betrieb erforderlich: Fachübergreifende und persönlichkeitsorientierte Ziele/Qualifikationen sowie entsprechende offenere Lernprozesse seien geboten.
Einige dieser Forderungen haben bereits Eingang gefunden in neue Ausbildungsordnungen, ohne daß die didaktische Umsetzung für die betroffenen Ausbilder und Lehrer geklärt wäre.
Angesichts dieser Problemlage, die gewerbliche und kaufmännische Berufe gleichermaßen betrifft, soll das Symposion Betrieb und Berufsschule, Ausbilder und Lehrer, Wissenschaft und Praxis zur Auseinandersetzung mit dem Konzept der Schlüsselqualifikationen und zu angemessener Problemlösung zusammenführen.«
Mehr als die Hälfte der Teilnehmer kam aus Schleswig-Holstein, aus Niedersachsen, Bremen, Berlin sowie Nordrhein-Westfalen und anderen Bundesländern.
Anhand von zwei Grundsatzreferaten (L. Reetz, U. Laur-Ernst) und zwei Standpunktreferaten (B. Schulz, U. Hänisch) aus der Perspektive von Betrieb und Schule wurden die Teilnehmer an das Thema des Symposions herangeführt. Sie hatten dann Gelegenheit, sich in elf Arbeitsgruppen spezifische Aspekte der Problematik von Schlüsselqualifikationen zu erarbeiten. Dabei spielten Kurzreferate und Berichte aus der Berufsbildungspraxis eine wichtige Rolle. Das nachfolgend beigefügte Tagungsprogramm zeigt die vorgesehene Planung des Symposions, die im wesentlichen auch eingehalten wurde.
Allen Teilnehmern, besonders den Moderatoren, Referenten und den Studenten ist dafür zu danken, daß die Planung in die Realität umgesetzt werden konnte. Bei unerwartet hoher Teilnehmerzahl fand die Tagung in recht angenehmer Atmosphäre statt, was nicht zuletzt der Tagungsorganisation im Berufsförderungswerk (R. Näthhorn und Mitarbeiter) zu verdanken ist.
Der vorliegende Tagungsband dokumentiert das Symposion in wichtigen Teilen. Gerade, weil diese Dokumentation aus der Begegnung von Schule und Betrieb, von Bildungspraxis und Wissenschaft resultiert, mag sie mancherlei Anregungen für Theorie und Praxis der Berufsbildung enthalten.
Zu danken ist allen, die den Text ihrer Symposions-Beiträge für den vorliegenden Band zur Verfügung stellten. Die Diskussion um die Schlüsselqualifikationen bzw. um die Veränderungen, die mit dieser Programmatik verbunden sind, haben gerade erst begonnen.
Der vorliegende Band soll dazu beitragen, daß die Diskussion sachlich und sachkundig geführt werden kann im Interesse einer positiven Weiterentwicklung unserer Berufsbildung.

Hamburg, Januar 1990 *Lothar Reetz*

Tagungsprogramm

Donnerstag, 22. 6. 1989

Begrüßung
Geschäftsführer des Berufsförderungswerkes Hamburg GmbH
Geschäftsführender Direktor des Instituts für Berufs- und Wirtschaftspädagogik,
Universität Hamburg

Grußworte
Präses der Behörde für Wissenschaft und Forschung, Hamburg
Präsident der Universität Hamburg
Sprecher des Fachbereichs Erziehungswissenschaft

Grundsatzreferate
Prof. Dr. Lothar Reetz, Institut für Berufs- und Wirtschaftspädagogik der Universität Hamburg
»Zur Bedeutung der Schlüsselqualifikation in der Berufsausbildung«
Dr. Ute Laur-Ernst, Bundesinstitut für Berufsbildung, Berlin
»Schlüsselqualifikationen bei der Neuordnung von gewerblichen und kaufmännischen Berufen – Konsequenzen für das Lernen«
Gelegenheit zur Besichtigung von Einrichtungen/Lernorten des Berufsförderungswerkes

Vorträge mit Aussprache
Bernd Schulz, Ausbildungsleiter der Siemens AG, Kiel
»Schlüsselqualifikationen in der betrieblichen Ausbildung«
Ulrich Hänisch, Behörde für Schule, Jugend und Berufsbildung, Hamburg
»Schlüsselqualifikationen aus der Sicht der Berufsschulen«

Arbeitsgruppen mit Kurzreferaten
Informeller Gedankenaustausch

Freitag, 23. 6. 1989

Inhaltliche Fortsetzung der Arbeitsgruppen mit Kurzreferaten

Abschlußveranstaltung
Plenum – Dialog – Referat und Diskussion
»Perspektiven zur Realisierung von Schlüsselqualifikationen in Betrieb und Schule«
Moderation: Prof. Dr. Lothar Reetz,
　　　　　　Institut für Berufs- und Wirtschaftspädagogik
Referenten: Prof. Dr. Heinrich Meyer, Prof. Dr. Ernst Uhe,
　　　　　　Institut für Berufs- und Wirtschaftspädagogik

Arbeitsgruppen

1 Schlüsselqualifikationen in den Ordnungsmitteln neuer und neugeordneter gewerblich-technischer Berufe
   Moderation: Prof. Dr. Ernst-Günther Schilling, Institut für Berufs- und Wirtschaftspädagogik
   Referenten: Horst Linke, Hamburger Berufsschulen
                Klaus-Peter Jochimski, Hmb. Berufsschulen

2 Schlüsselqualifkationen als Inhaltsproblem
   Moderation: Prof. Dr. Hermann Lange, Institut für Berufs- und Wirtschaftspädagogik
   Referenten: Prof. Dr. Fritz Kath, Prof. Dr. Ralf Witt,
                Institut für Berufs- und Wirtschaftspädagogik
                Dr. Sigrid Sadowsky, Hamburger Berufsschulen

3 Schlüsselqualifikationen und deren didaktisch-methodische Umsetzung in der Ausbildung zu Bank- u. Versicherungskaufleuten aus schulischer und betrieblicher Sicht
   Moderation: Thomas Reitmann, Institut für Berufs- und Wirtschaftspädagogik
   Referenten: Fridjof Gutendorf, Leiter der Aus- und Fortbildung der Hamburger Sparkasse
                Hans Perczynski, Leiter der Handelsschule Weidenstieg (Kreditwesen), Hamburg
                Rolf Meier, Leiter der Aus- und Fortbildung,
                Hamburg-Mannheimer Versicherung, Hamburg
                Jürgen Barthel, Leiter der Handelsschule St. Pauli (Versicherungswesen), Hamburg

4 Handlungsorientierte Vermittlung von Fachwissen und Schlüsselqualifikationen in neugeordneten Berufen der gewerblich-technischen Fachrichtung
   Moderation: Prof. Dr. Wolfgang Bürger, Institut für Berufs- und Wirtschaftspädagogik
   Referenten: Dr. Ute Laur-Ernst, BiBB Berlin
                Hanjo Schild, Volkshochschule Rheingau
                Frank Stritzel, Ausbildungsleiter, Technologiezentrum Buxtehude

5 Handlungsorientierte Vermittlung von Fachwissen und Schlüsselqualifikationen in der Ausbildung zu Kaufleuten im Einzelhandel
   Moderation: Klaus Wicher, Berufsförderungswerk Hamburg
   Referenten: Hartmut Schulze, Hamburger Berufsschulen
                Hans-Georg Meyer, Leiter der Aus-, Fort- und Weiterbildung
                der Ludwig Görtz GmbH & Co., Hamburg

6 Die Vermittlung von Schlüsselqualifikationen am Beispiel der Ausbildung in der Elektroindustrie
   Moderation: Dr. Rainer Brechmacher, Institut für Berufs- und Wirtschaftspädagogik
   Referenten: Bernd Schulz, Leiter der gewerblichen Ausbildung, Siemens AG, Kiel
                Helmut Cornell, Berufsförderungswerk Hamburg

7 Probleme der Vermittlung von Schlüsselqualifikationen in der schulischen hauswirtschaftlichen Berufsbildung
   Moderation: Dr. Christine Mayer, Institut für Berufs- und Wirtschaftspädagogik
   Referenten: Prof. Dr. Heinrich Meyer, Institut für Berufs- und Wirtschaftspädagogik
                Dorothea Balzer, Berufsbildende Schulen Buxtehude
                Gabriele Hackbart, Berufsbildende Schulen Hannover
                Barbara Bartsch/ Maria Mielke, Staatl. Gewerbe- und Hauswirtschaftsschule
                Uferstraße in Hamburg

8 Probleme der Vermittlung von Schlüsselqualifikationen in der Ausbildung zu kaufmännischen Berufen in Industrie und Handel
Moderation: Prof. Dr. Walter Tenfelde, Prof. Dr. Willi Brand,
  Institut für Berufs- und Wirtschaftspädagogik
Referenten: Dagmar Lennartz, BiBB Berlin
  Karl Michael Baldin, Leiter der Aus- und Weiterbildung, Draegerwerke Lübeck
  Ina Bogalski, Berufsbildende Schulen Lübeck

9 Neue Varianten des Lernens in Betrieb und Schule: z.B. Leittextmethode und Fallstudie
Moderation: Prof. Dr. Waltraude Pawlik, Johannes Schlesinger,
  Institut für Berufs- und Wirtschaftspädagogik
Referenten: Peter Jürgen Schneider, Friedrichsdorfer Büro für Bildungsplanung, Salzgitter
  Wolfgang Sander, Norddeutsche Eisen- und Stahlberufsgenossenschaft Hamburg

10 Veränderungen in der Rolle des Ausbilders und des Lehrers bei der Vermittlung von Schlüsselqualifikationen
Moderation: Prof. Dr. Ellen Schulz, Institut für Berufs- und Wirtschaftspädagogik
Referenten: Winfried Schulz, BiBB Berlin
  Susanne Witt, Ausbildungsleitung der Beiersdorf AG, Hamburg
  Wolfgang Tappmeyer, Universität Hamburg

11 Probleme der Vermittlung von Schlüsselqualifikationen in der Ausbildung im Berufsfeld Bautechnik unter besonderer Berücksichtigung der Positionen der Tarifpartner
Moderation: Prof. Dr. Günter Spreth, Institut für Berufs- und Wirtschaftspädagogik
Referenten: Dr. Rudolf Bode, Leiter der Gewerbeschule für Bauberufe, Hamburg
  Arne Knudsen, Gewerbeschule für Bauberufe, Hamburg
  Ronald Schlaeffke, IG Bau - Steine - Erden, Hamburg
  Heinz Paßlack, Bauindustrie e.V., Hamburg

Begrüßung / Grußworte

Begrüßung

Michael Helbing,
Berufsförderungswerk Hamburg

Grußworte

Staatsrat Hinrich Budelmann,
Behörde für Wissenschaft und Forschung, Hamburg

Prof. Dr. Angelika Wagner,
Vizepräsidentin der Universität Hamburg

Michael Helbing

Meine sehr verehrten Damen und Herren!
Als Hausherr habe ich die ehrenvolle Aufgabe, Sie hier heute anläßlich des Symposions »Schlüsselqualifikationen – Fachwissen in der Krise?« als erster zu begrüßen.
Der Ansturm auf dieses Symposion war so überwältigend, die Zahl der Anmeldungen so unerwartet groß, daß zunächst einmal wir als Ausrichter fast in eine Krise geraten sind und nun beweisen müssen, daß wir zumindest ansatzweise über die notwendigen Schlüsselqualifikationen verfügen, um diese Veranstaltung organisatorisch zu meistern.
Ich bitte all diejenigen besonders um Nachsicht, die hier im Raum keinen Platz gefunden haben. Ich hoffe auf ihr Verständnis dafür, daß wir uns entschieden haben, uns mit einer Fernübertragung für die Gesamtveranstaltungen zu behelfen, um nicht einem Teil der angemeldeten Menschen Absagen erteilen zu müssen.
Ich freue mich, eine so große Zahl von Kapazitäten und Fachleuten aus der beruflichen Bildung in unserem Haus begrüßen zu können. Diese Veranstaltung strahlt weit über die Grenzen Hamburgs hinaus. Es sind hier bei uns Vertreter der Wissenschaft, der Wirtschaft und der Verwaltung sowie viele direkt in der Ausbildung Tätige.
Besonders begrüßen möchte ich
    Herrn Staatsrat Budelmann, Behörde für Wissenschaft und Forschung
    die Vizepräsidentin der Universität Hamburg, Frau Prof. Dr. Wagner
    und den Sprecher des Fachbereichs Erziehungswissenschaft der Universität Hamburg,
    Herrn Prof. Dr. Schulz
Sie werden Ihnen im Anschluß Grußworte überbringen.
Ganz besonders begrüßen möchte ich aber auch denjenigen, der die inhaltliche Last dieser Veranstaltung trägt,
    Herrn Prof. Dr. Reetz
    den geschäftsführenden Direktor des Instituts für Berufs- und Wirtschaftspädagogik an der
    Universität Hamburg,
Herr Prof. Reetz ist uns seit vielen Jahren ein wertvoller Partner, und ich möchte ihm an dieser Stelle für die gemeinsame Arbeit in der Vergangenheit und seinen Einsatz für das Zustandekommen dieses Symposions herzlich danken.
Das Berufsförderungswerk Hamburg hat die Ausrichtung dieser Veranstaltung einerseits gern übernommen, weil die Inhalte derzeit einen breiten Raum in der Diskussion um die innovatorische Entwicklung der Ausbildung unserer Rehabilitanden einnehmen. Andererseits gibt eine derartige Veranstaltung auch die Gelegenheit, sich einer immer wieder neuen Öffentlichkeit vorzustellen.
Erlauben Sie mir daher bitte einige Worte zu unserer Aufgabe und zu unserer Arbeit.
Das Berufsförderungswerk Hamburg ist die zweitgrößte von 20 Einrichtungen der beruflichen Rehabilitation in der Bundesrepublik. Unsere Aufgabe ist die überbetriebliche Umschulung erwachsener Behinderter. Im Mittelpunkt unserer Arbeit stehen Menschen, die wegen einer Behinderung ihre bisherige Tätigkeit nicht mehr ausüben können. Unser Ziel ist die dauerhafte Wiedereingliederung dieser Menschen in das Berufsleben und die Gesellschaft.
Das Berufsförderungswerk verfügt über rd. 1.800 Plätze für Ausbildung und ausbildungsvorbereitende Maßnahmen. Z. Zt. befinden sich knapp 2.000 Rehabilitanden in derartigen Maßnahmen, von denen mehr als 1.000 internatsmäßig untergebracht sind und betreut werden.
Die angebotene Berufspalette umfaßt rd. 20 anerkannte Ausbildungsberufe auf Kaufmannsgehilfen-, Facharbeiter- und Technikerniveau in den Bereichen Elektro- und Feinwerktechnik, Bau- und Umweltschutztechnik sowie in kaufmännischen, Verwaltungs- und zeichnerischen Berufen.
Die Menschen, die zu uns kommen, tragen alle mehrere Lasten. Sie sind behindert, sie kommen in der Regel aus einer mehr oder minder langen Zeit der Arbeitslosigkeit, sie müssen in einer neuen ungewohnten Umgebung als Erwachsene wieder die Schulbank drücken und sie müssen sich mit einem neuen Beruf identifizieren, der möglicherweise keineswegs ihr »Traumberuf« ist.
Aber sie haben eine Chance. Und sie nutzen diese Chance, was ich durch folgende Zahlen belegen möchte:

Im Jahre 1988 beendeten 525 Rehabilitanden ihre Ausbildung mit Erfolg. Eine jährliche Nachbefragung der Abgänger ein Jahr nach Beendigung der Maßnahme zeigte 1988, daß 72% nicht nur in Arbeit waren, sondern davon auch noch 80% eine ausbildungsgemäße Tätigkeit gefunden hatten. 1989 zeichnet sich eine noch bessere Vermittlungsquote ab.

Um den Wert dieser Zahlen beurteilen zu können, bitte ich Sie, sich noch einmal die vorher genannten Eingangsvoraussetzungen vor Augen zu führen (insbesondere Behinderung und vorherige Arbeitslosigkeit) und zusätzlich zu berücksichtigen, daß diese Ergebnisse im norddeutschen Raum erzielt wurden, in einer Region mit höchsten Arbeitslosenquoten.

Wenngleich uns die Sorge um die nicht vermittelten Menschen bedrückt, sind wir doch stolz auf diese Zahlen. Sie sind letztendlich auch ein Ergebnis unablässiger Bemühungen
- um die Akzeptanz behinderter Arbeitnehmer,
- um Ausbildungsberufe, die den Behinderungen gerecht werden und am Arbeitsmarkt Vermittlungschancen versprechen,
- und um eine Ausbildung, die an neuen Technologien sowie an aktuellen Inhalten und Methoden orientiert ist.

Und damit wäre ich beim Thema unseres Symposions.

Schlüsselqualifikationen

Seit geraumer Zeit geistert dieses Schlagwort auch durch das Berufsförderungswerk. Eine ganze Reihe von Fragen wurde zwischenzeitlich geklärt, Ansätze werden bereits praktiziert. Dennoch glaube ich, daß die allgemeine Entwicklung eines breiten Denkens in diese Richtung noch nicht so sehr weit gediehen ist. Zu unklar und, ich glaube, auch nicht ganz einfach erscheinen derzeit noch die notwendigen Veränderungen.

Um so mehr begrüße ich diese Veranstaltung als einen Beitrag zur Auseinandersetzung
- mit den Möglichkeiten der betroffenen Ausbilder und Lehrer,
- mit den Möglichkeiten der Betriebe und überbetrieblichen Ausbildungseinrichtungen und
- mit den Möglichkeiten letztendlich auch der betroffenen Auszubildenden.

Wenn ich, meine Damen und Herren, über berufliche Bildung spreche, dann bedeutet das für mich, daß Menschen gebildet werden sollen, daß ich mir vorher ein Bild machen muß vom Menschen in seiner beruflichen Situation. Dabei hängt das Ergebnis sehr davon ab, ob ich mehr den Menschen oder mehr das Ergebnis seiner Arbeit im Auge habe.

Dies ist eine Wertefrage und eine Frage des Weltbildes. Nach meiner Einschätzung ist in der Vergangenheit auch die berufliche Bildung sehr stark vom sog. mechanistischen Weltbild geprägt worden nach dem Motto:

»Es wird das Fachwissen vermittelt, das für das Funktionieren des Menschen am Arbeitsplatz nötig ist«.

Nun reicht dieses Fachwissen allein aber offensichtlich nicht mehr aus und der Ruf nach zusätzlichen Qualifikationen ist laut geworden.

Dies, meine Damen und Herren, ist aus meiner Sicht für die berufliche Bildung eine große Chance, zu der der in den Schlüsselqualifikationen aufgezeigte Ansatz wesentlich beitragen kann.
- Nicht eine bessere Anpassung des Menschen an die Veränderungen der Arbeitswelt sollte die Maxime sein,
- sondern eine bessere Förderung der im Menschen vorhandenen Anlagen und Fähigkeiten, damit er seine Arbeitswelt optimal gestalten kann.

In diesem Sinne wünsche ich Ihnen ergebnisreiche Tage, viele Anregungen und einen angenehmen Aufenthalt in unserem Hause.

Vielen Dank!

Staatsrat Hinrich Budelmann

Meine sehr geehrten Damen und Herren!
Non scholae, sed vitae discimus. Nicht für die Schule, sondern für das Leben lernen wir. Mit diesem Satz sind bereits viele Generationen aufgewachsen – auch meine – (der erhobene Zeigefinger bleibt unvergeßlich). Die Ausbildung in der Jugend – dies vermittelt dieser Satz – soll auf die Zeit nach der Schule, der Lehre, dem Studium vorbereiten, auf den Beruf, auf das Leben.
Verschwiegen haben uns die Lehrer, Eltern und Ausbilder in der Regel, daß der Satz ursprünglich anders lautete (und wohl als Klage gemeint war), nämlich: non vitae, sed scholae discimus. Leider lernen wir nicht für das Leben, sondern für die Schule. So steht es zu lesen im letzten Satz des 106. Briefes des Lucius Annaeus Seneca des Jüngeren. Immerhin hat es der Römer Seneca selbst zum Philosophen, Dichter und (erfolgreichen) Politiker gebracht – trotz schulischer Ausbildung –, leitete er doch als Konsul mehrere Jahre zusammen mit Burrus die gesamte Reichspolitik.
Wie immer man diesen Satz des Römers Seneca auch wendet und dreht – immer steht die Beschäftigung mit der Frage, ob die schulische (ich erweitere auf die berufliche) Ausbildung die Schüler, Auszubildenden, Studenten in hinreichender Form vorbereitet auf den weiteren, auch beruflichen Lebensweg, ob die notwendigen Schlüsselqualifikationen erworben / vermittelt werden. Daß die Beschäftigung mit dieser Frage nach wie vor Aktualität besitzt, verwundert nicht. Zu sehr und zu schnell ändern sich die Anforderungen an Bildung und Ausbildung mit dem Wandel der Zeit. Jahrelang galt eine hohe Spezialisierung in einem bestimmten Gebiet eines Berufsfeldes als besonders erstrebenswert, als der Schlüssel zu beruflichem und – oft damit verbunden – finanziellem Erfolg. Der neue Trend – und hier beziehe ich mich auf meine Erfahrungen aus dem Hochschul- / Wissenschaftsbereich, aktualisiert in den Studentenstreiks des WS 88/89 – scheint wieder in einer andere Richtung zu gehen. Mehr und mehr sind gefragt z.B.
– breite Grundqualifikation
– fächerübergreifende Qualifikationen (Wirtschaftsingenieur, Biochemie)
– Grundkenntnisse in EDV bzw. im Umgang mit IuK
– Fremdsprachenausbildung
– kaufmännische Vorbildung (z.B. Banklehre).

Neben Anforderungen wie diesen ist der Bedarf an persönlichen Fähigkeiten nicht in den Hintergrund getreten; dies gilt auch hinsichtlich des Verhaltens im Arbeitsleben. Im Gegenteil: Verantwortlichkeit, Einfühlungsvermögen, Solidarität im Team, Aufgeschlossenheit, Zuverlässigkeit, Aufrichtigkeit u.a. sind ohne Zweifel von immenser Bedeutung für eine erfolgreiche Tätigkeit. Nicht von ungefähr erleben die Assessment Center einen Boom.
Mit Ihrem Symposium haben Sie die verdienstvolle Aufgabe übernommen, sich mit einem möglichen Wandel bei den Qualifikationsanforderungen auseinanderzusetzen. Ich nehme mit Befriedigung zur Kenntnis, daß weiter daran gearbeitet wird, Seneca zu widerlegen.
Ich wünsche Ihrem Symposium einen guten Verlauf.

Prof. Angelika C. Wagner, Ph.D.
Vizepräsidentin der Universität Hamburg

Meine sehr geehrten Damen und Herren,
liebe Kolleginnen und Kollegen,
im Namen der Universität Hamburg begrüße ich Sie sehr herzlich zu diesem Symposion, das das Institut für Berufs- und Wirtschaftspädagogik des Fachbereichs Erziehungswissenschaft der Universität gemeinsam mit dem Berufsförderungswerk ausgerichtet hat.
Ich freue mich ganz besonders, daß es gelungen ist, so viele Teilnehmerinnen und Teilnehmer zu gewinnen, die gleichermaßen aus der Wissenschaft wie aus der Praxis kommen. Damit erweist sich nicht nur die Vorbereitung dieser Veranstaltung schon jetzt als erfolgreich, sondern auch, daß der immer wieder geforderte Dialog zwischen Theorie und Praxis einem echten Bedürfnis entspricht, dem nachzukommen nicht zuletzt eine »Bringschuld der Wissenschaft« darstellt.
Die Universität versucht auf vielfältige Weise, diesen Dialog dort zu fördern und zu erleichtern, wo er noch nicht selbstverständlich ist. Ich erinnere hier an unsere Bemühungen um den Technologietransfer, insbesondere auch an unsere Arbeitsstelle für Wissens- und Technologietransfer, die vor allem auch kleineren Betrieben den Zugang zur Forschung erleichtern soll. Dies ist nur ein Beispiel für die lebendige und lebhafte Verknüpfung zwischen wissenschaftlicher und betrieblicher Praxis, die über Jahrzehnte gewachsen ist und in ihrer Alltäglichkeit fast schon aus dem Blick zu geraten droht. In diesem Zusammenhang ist es besonders zu begrüßen, daß die Kolleginnen und Kollegen des Instituts für Berufs- und Wirtschaftspädagogik die große Anstrengung nicht gescheut haben, gemeinsam mit einem ebenso kompetenten wie renommierten Partner – dem Berufsförderungswerk – einen weiteren entschlossenen Schritt in Richtung auf die betrieblichen Praktiken zu gehen. Ich hoffe, daß dieses erste Symposion dieser Art sie ermutigen wird, den Dialog in dieser Form auch zukünftig zu pflegen.
Die Universität sehe ich auf zweifache Weise vom Thema Ihres Symposions berührt: mit 43000 Studierenden selbst eine der größten Bildungseinrichtungen hat sie diese Ausbildungsanstrengung ständig selbstkritischer Prüfung zu unterziehen. Andererseits müssen wir als wissenschaftliche Institution diese Praxis fachlich für jene weiter entwickeln und überdenken, die sich heute hier z.B. als betriebliche Praktiker eingefunden haben. So befinden wir uns selbst als Institution ständig in der fruchtbaren Spannung zwischen theoretischem Anspruch und praktischer Möglichkeit.
»Schlüsselqualifikation« scheint mir etwas zu sein, was die Alma Mater seit jeher als umfassende »Bildung« den jungen Menschen zu vermitteln trachtet: Das breite und für jeden Studierenden offene Bildungsangebot aller Fächer, die auch heute noch mit Recht beschworene Freiheit des Studiums zielt auf die Persönlichkeit, die sich nicht mit fachlichen Scheuklappen durch die Welt bewegt. Lernen lernen, den eigenen Weg finden, ist eines der wichtigsten Ziele akademischer Ausbildung. Wenn ich mir nun den Katalog der Schlüsselqualifikationen ansehe, der 1987 auf der Jahrestagung der kaufmännischen Ausbildungsleiter vorgelegt wurde, dann neige ich zur uneingeschränkten Zustimmung: Ja, so wünsche ich mir auch unsere Studenten: problemlösungs- und entscheidungsfähig, kommunikations- und kooperationsfähig, eigenaktiv und selbstverantwortlich, flexibel und kreativ – selbst das »wirtschaftliche Denken« läßt sich auf unsere Verhältnisse übertragen: Organisatorischen Aufbau der Universität verstehen, übergreifende Zusammenhänge erkennen, bewußt planen, Prioritäten setzen!
Wenn ich nun sehe, wie sehr der Begriff der »Schlüsselqualifikationen«, der meines Wissens aus der betrieblichen Praxis stammt und deshalb als »ideologisch nicht vorbelastet« gelten darf, Eingang in die Diskussion gefunden hat, dann deute ich dies als Hinweis und Beleg für einen ebenso faszinierenden wie interessanten Vorgang:
Die Anpassungsfähigkeit der Betriebe an technologischen Wandel und veränderte Marktbedingungen hängt zunehmend auf breiter Ebene in der Mitarbeiterschaft von Tugenden ab, die wir bislang vor allem als staatsbürgerliche Tugenden begriffen haben: Es sind vorwiegend solche, die individuell **verantwortliches** Handeln begründen. Es sind Tugenden, von denen ein demokratisches Gemeinwesen lebt, das sich vor autoritären Formen gerade durch die friedliche und auf Konsens gegründete **Innovationsfähigkeit** auszeichnet. Letzteres wird nun aber offenkundig für den einzel-

nen Betrieb zu einem Kriterium der Überlebensfähigkeit. »Schlüsselqualifikationen« begriffen als Schlüssel zur eigenverantwortlichen Selbstqualifikation – wir nennen das die Fähigkeit zum »Selbststudium« – befähigen aber oft zu mehr, als anfänglich beabsichtigt: Wer jemandem einen Schlüssel zu einer bestimmten Tür in die Hand drückt, kann nicht sicher sein, daß der nicht auch noch zu einer anderen paßt und daß diese andere Tür nicht auch gefunden wird! Mit anderen Worten: Wenn es gelingt, die Belegschaft eines Betriebes in der Weise auszubilden, wie es der Begriff Schlüsselqualifikation erfordert, dann bejaht man produktive, kreative, verantwortlich handelnde Menschen, die die Balance zu finden haben zwischen Selbständigkeit und Verantwortung und die in jeder Institution – auch in der Universität – als ebenso geschätzte wie möglicherweise auch einmal **unbequeme** Kollegen gelten. Aber sie sind unverzichtbar, gerade **weil** sie Vorhandenes frühzeitig in Frage stellen – auch die tradtionelle Ordnung gerade **bevor** sie obsolet wird. Mithin wird hier auch ein Spannungsverhältnis bejaht, das auszuhalten bisweilen – ich erinnere an das letzte Wintersemester – eine Menge Kraft kostet, für das Ganze aber schließlich einen großen Gewinn darstellt. Und so erfordert das Konzept der Schlüsselqualifikation von jenen, die es konsequent praktisch werden lassen wollen, letztlich auch eine gehörige Portion Mut, die ich Ihnen und uns von Herzen wünsche.

Meine Damen und Herren, ich wünsche Ihnen einen erfolgreichen Verlauf dieser Tagung und eine fruchtbare Diskussion.

Grundsatzreferate
Vorträge mit Diskussion

Prof. Dr. Lothar Reetz,
Universität Hamburg

»Zur Bedeutung der Schlüsselqualifikationen
in der Berufsausbildung.«

Dr. Ute Laur-Ernst,
Bundesinstitut für Berufsbildung, Berlin

»Schlüsselqualifikationen bei der Neuordnung von
gewerblichen und kaufmännischen Berufen –
Konsequenzen für das Lernen.«

Bernd Schulz,
Ausbildungsleiter, Siemens AG, Kiel

»Schlüsselqualifikationen in der
betrieblichen Ausbildung.«

Ulrich Hänisch,
Schulleiter, Staatl. Gewerbeschule Energietechnik, Hamburg

»Schlüsselqualifikationen aus der Sicht
der Berufsschulen.«

Lothar Reetz

Zur Bedeutung der Schlüsselqualifikationen in der Berufsbildung

1. Einführung und Problemstellung – zum Konzept der Schlüsselqualifikationen

Das Besondere an der gegenwärtigen Diskussion um die Schlüsselqualifikationen liegt darin, daß die Befürworter dieser Konzeption die bisherige Berufsausbildung offenbar verändern wollen. Der Terminus der »Schlüsselqualifikationen« signalisiert dabei die Richtung der Veränderung, nämlich eine Akzentverlagerung in der *Zielsetzung* der bisherigen Berufsausbildung, wie auch der beruflichen Weiterbildung. Doch die Diskussion konzentriert sich nicht allein auf Fragen der *Zielsetzung* beruflicher Bildung, vielmehr werden gerade auch im Zusammenhang mit veränderten Zielvorstellungen veränderte *Inhalte* und *Methoden* der Berufsausbildung erörtert. In diesem Zusammenhang wird viel von »handlungsorientiertem« und »selbstgesteuertem« Lernen gesprochen. Auffallend ist, daß bei der Methodenfrage überhaupt mehr aus der Perspektive der Lernenden als der des Lehrenden argumentiert wird. Lehrer und Ausbilder finden sich in diesem Konzept mit *veränderten Rollenerwartungen* wieder: Moderation statt Unterweisung, Beratung statt Belehrung, Unterstützung statt Lenkung. Zieht man des weiteren noch in Betracht, daß das Konzept der Schlüsselqualifikationen ja vor allem auch mit der Schnellebigkeit spezialisierten Fachwissens begründet wird, so zeigt sich, daß mit einer Befürwortung des Schlüsselqualifikationskonzeptes offenbar recht weitreichende Veränderungen bei der *Akzentuierung der Lerninhalte*, bei der *Lernprozeßgestaltung* und bei der Wahrnehmung der *Rolle des Ausbilders und Lehrers* verbunden sind.

In der Regel führen Innovationsabsichten mit so weitreichenden Konsequenzen zu heftigen Kontroversen. Demgegenüber scheint das Konzept der Schlüsselqualifikation zum gegenwärtigen Zeitpunkt auf breite Zustimmung zu stoßen: Es ist Bestandteil bildungspolitischer Forderungen zur beruflichen Aus- und Weiterbildung und findet hier – wenn auch mit unterschiedlicher inhaltlicher Akzentsetzung – Zustimmung bei Gewerkschaften und Arbeitgebern. Die Aufnahme des Konzeptes der Schlüsselqualifikationen in neue Ausbildungsordnungen signalisiert den Konsens der Sozialpartner. Bei der Umsetzung des Schlüsselqualifikations-Konzeptes in der beruflichen Praxis scheint gegenwärtig der betriebliche Partner des Dualen Ausbildungssystems die stärkeren Aktivitäten zu entfalten. Angesichts dieser programmatischen Ansprüche und Aktivitäten ist die Rezeption der »Schlüsselqualifikationen« in der Theorie, nämlich in der Berufs- und Wirtschaftspädagogik eher zurückhaltend verlaufen. Schon bei der ersten Formulierung des Konzeptes durch D. Mertens zu Beginn der 70er Jahre wurde in der Berufs- und Wirtschaftspädagogik kritisch auf das Abstraktions- bzw. auf das Transferproblem dieses Konzeptes hingewiesen.

Gleichwohl fanden Terminus und Grundidee des Konzeptes Eingang in das Aussagesystem der Berufs- und Wirtschaftspädagogik, wie einschlägige Einführungen in diese Disziplinen zeigen (Bunk 1982; Schelten 1987). Die Rezeption erfolgte umso leichter als in der Berufs- und Wirtschaftspädagogik seit längerem grundlegende transferierbare, prozeßunabhängige Qualifikationen gefordert wurden, so daß das Votum für Schlüsselqualifikationen dem Inhalt nach nicht neu war, sondern diese Forderung lediglich auf einen äußerst einprägsamen Begriff brachte. Vor allem die plausible Bildhaftigkeit hat dem Terminus »Schlüsselqualifikationen« zu einer Karriere verholfen, wie sie selten einem pädagogischen Begriff widerfährt; er ist beliebt, zumindest akzeptiert bei Bildungspolitikern, Unternehmern, Gewerkschaftlern, Bildungsplanern, Lehrern, Wissenschaftlern, Ausbildern. Die gegenwärtig so häufige und vielfältige Verwendung des Terminus Schlüsselqualifikation setzt dieses Konzept allerdings leicht dem Verdacht aus, daß bei den Beteiligten nur vage und recht unterschiedliche Vorstellungen bestehen. Mithin gibt es den Konsens vielleicht nur deshalb, weil der Begriff der Schlüsselqualifikationen abstrakt genug *dafür* ist, daß sich jeder seine eigenen konkreten Vorstellungen dabei macht. Es wird deshalb gefordert:

»Bevor auf berufsbildungspolitischer Ebene curriculare Entscheidungen über ein revidiertes Zielkonzept der Berufserziehung fallen, bevor »Schlüsselqualifikationen« zur verbindlichen Vorgabe für die Ausbildung in Betrieb und Schule erklärt werden, sollte eine gründliche und vorurteilslose Aufklärung des Sachverhalts erfolgen, auf den sich die Wortführer der didaktischen Reform beziehen.« (Zabeck 1989).

Bei einer solchen Bemühung um Aufklärung dürfte es zweckmäßig sein, sich zunächst einmal Klarheit über den Begriff der Schlüsselqualifikationen zu verschaffen.

Was also verbirgt sich hinter dem Begriff der Schlüsselqualifikationen?

Da es sich offensichtlich um eine besondere Form von Qualifikation handelt, ist zunächst dieser Begriff ins Auge zu fassen.

Der Terminus der Qualifikation wird vielfältig und in mancherlei Bedeutung verwendet. Das liegt u.a. daran, daß er vor allem in drei theoretischen Kontexten eine Rolle spielt, nämlich im Zusammenhang mit der Arbeitsmarkt- und der Qualifikationsforschung, der Curriculumtheorie und der Kompetenztheorie. In der einschlägigen Literatur wird zu Recht darauf aufmerksam gemacht, daß der Qualifikationsbegriff ein »relationaler« Begriff ist, d.h. er definiert sich in der Beziehung zwischen dem Individuum und seiner situativen Umwelt (Beck 1980). Der Begriff der Schlüsselqualifikationen läßt sich modellhaft darstellen, wenn man sich »Personen« einerseits und »Situation« andererseits jeweils entgegengesetzt auf den Polen einer Achse zugeordnet vorstellt. Die Verbindung zwischen »Person« und »Situation«, zwischen Individuum und Umwelt wird hergestellt durch das *Handeln* im Sinne einer Einheit von Denken und Tun (Dulisch 1986).

In dem Maße, in dem das Individuum in der Lage ist, sich mit der Situation handelnd auseinanderzusetzen, sie zu gestalten, zu bewältigen, erlangt die Person Handlungsfähigkeit. Besitzt diese Handlungsfähigkeit einen gewissen Grad von Reife und einen abgrenzbaren situativen Bezug, sprechen wir von »Qualifikation«. Im Kontext der Arbeitsmarkt- und der Qualifikationsforschung begrenzt sich dieser Qualifikationsbegriff auf das vom Arbeitsmarkt nachgefragte Leistungspotential, das zur Bewältigung bestimmter beruflicher Situationen erforderlich ist. Allerdings darf Qualifikation dabei nicht zu einer bloß statischen Eigenschaft der Person werden. Vielmehr erweist sich das Vorhandensein von Qualifikation immer erst und immer wieder neu in der Beziehung zu konkreten Arbeitsanforderungen, also durch »Einsetzbarkeit« der Person und damit durch Verwertbarkeit ihres Leistungspotentials. In dem Maße, in dem konkrete berufliche Anforderungen sich wandeln, können auch berufliche Qualifikationen sich verändern:

– sie »veralten«, wenn sie nicht mehr verwertbar erscheinen, und nicht mehr gesellschaftlich belohnt werden;
– sie sinken im Wert, weil ihre Verwertbarkeit z.B. durch konkurrierende Arbeitsmittel, die billiger sind, ersetzt werden. Es kann aber auch sein,
– sie steigen im Wert, weil z.B. Bedarfsänderungen eingetreten sind.

Die damit angedeuteten Spannungen und Diskrepanzen zwischen dem beruflichen Leistungspotential, den Qualifikationen, und den tatsächlichen aktuellen Qualifikationsanforderungen können erhebliche soziale Folgen haben, wie z.B. Arbeitslosigkeit bzw. sozialen Abstieg. Andererseits sind derartige Diskrepanzen zwar vorwiegend, aber nicht allein durch Markt- und Produktionswandlungen etwa aufgrund der neuen Technologien und ihrer organisatorischen Folgen bestimmt. Vielmehr können solche Diskrepanzen vor allem dann vermindert werden, wenn die Qualifikationen einerseits flexibel genug sind für wechselnde Anforderungen und wenn sie andererseits darüber hinaus eine Mitgestaltung dieser Anforderungen erlauben. Genau in diese Richtung zielt das Konzept der Schlüsselqualifikationen. Auf der »Skala« zwischen »Person« und »Situation« rückt es den Schwerpunkt der Qualifikation ab von den konkreten spezialisierten Berufsanforderungen und verlagert ihn hin zum Zentrum der Persönlichkeit.

Schlüsselqualifikationen wie »Entscheidungsfähigkeit«, »Kommunikationsfähigkeit« oder »Fähigkeit zur selbständigen Arbeitsgestaltung« machen dies deutlich. Curriculumtheoretisch handelt es sich hier um Lernziele mit hohem Grad von Allgemeinheit und Komplexität. Kompetenztheoretisch gesehen bezeichnen Schlüsselqualifikationen die allgemeine Fähigkeit, konkrete Handlungen (als Tun, Sprechen, Denken) jeweils neu situationsgerecht zu generieren (erzeugen) bzw. zu aktualisieren. Schlüsselqualifikationen bezeichnen also gegenüber den bisherigen normativen Vorgaben der Berufsausbildung durch »Kenntnisse, Fertigkeiten und Fähigkeiten« eine *höhere Form beruflicher*

Handlungsfähigkeit.
Diese wird mithin
- *eher persönlichkeitsbezogen* als situationsbezogen definiert.
- sie ist hinsichtlich ihrer Reichweite *eher allgemein und situationsunabhängig* als spezifisch und situationsgebunden
- schon die Formulierung, wie z.B. »Problemlösungsfähigkeit« oder »Kommunikationsfähigkeit« läßt darauf schließen, daß Schlüsselqualifikationen *eher abstrakt als konkret* formuliert werden, in der Abstraktionshierarchie also höher angesiedelt sind
- bzw. daß sie im Umfang *eher komplex als einfach* strukturiert sind, also z.B. nicht nur die Ebene der Ausführung, sondern auch die der Planung und Kontrolle umfassen.

Damit taucht nun zugleich aber die *Frage auf nach dem Verhältnis dieser* persönlichkeitsbezogenen, situationsübergreifenden, abstrakten und komplexen Schlüsselqualifikationen zu den bisher vorherrschenden arbeitsplatzbezogenen fachwissenschaftlich orientierten Qualifikationen.
Es wäre zu fragen:
Sollen Fachwissen und Arbeitsplatzkönnen durch Schlüsselqualifikationen ergänzt werden? Und wenn ja, welche Abstriche sind an den bisherigen fachwissenschaftlich orientierten Curricula zu machen, wie sind die Lernprozesse zu ändern? Oder sollen gar Fachwissen und Arbeitsplatzkönnen durch Schlüsselqualifikationen *ersetzt* werden, so daß schließlich auf fachspezifisches Wissen weniger Wert zu legen wäre, da ja angesichts der Veränderungen durch neue Technologien ohnehin seine baldige Entwertung droht?
Mit anderen Worten: Ist das Konzept der Schlüsselqualifikationen ein Ausdruck dafür, daß sich berufliches Fachwissen in der Krise befindet und das »Was« und das »Wie« seiner Vermittlung einer mehr oder weniger radikalen Revision bedürfen?
Ich gehe diesen Fragen nach und suche sie zu beantworten indem ich
- zuerst Ansätze zur Begründung und Legitimation von Schlüsselqualifikationen darstelle.
- sodann kurz auf die Systematisierung von Schlüsselqualifikationen eingehe.

Ich werde dann
- Beispiele für die Realisierung des Konzepts der Schlüsselqualifikationen in Betrieb und Schule kurz erörtern und
- zum Verhältnis von Schlüsselqualifikationen und Lernprozeßgestaltung insbesondere dem Prinzip der Handlungsorientierung sowie
- zum Verhältnis von Schlüsselqualifikationen und Lerninhalten Stellung nehmen.

2. Zur Begründung und Legitimation von Schlüsselqualifikationen

2.1 Das Argument der mangelnden Prognostizierbarkeit konkreter Anforderungen
— Das Mertens-Konzept —

Die These von der Krise praxisbezogenen Fachwissens gewinnt anscheinend an Plausibilität, wenn man sich die Begründungen zu eigen macht, mit denen Mertens sein Konzept vorträgt.
In seinem 1973/74 veröffentlichten Plädoyer für ein Konzept von Schlüsselqualifikationen geht Mertens davon aus, daß die Bildungsplanung kaum auf verlässliche Befunde der Qualifikationsforschung sowie der Arbeitsmarkt- und Berufsforschung zurückgreifen könne, da die auf dieser Forschung aufbauende Prognostik mit erheblichen Mängeln behaftet sei. Er will deshalb die »Anpassungsfähigkeit an nicht Prognostizierbares selbst zum Angelpunkt bildungsplanerischer Entscheidung« machen (Mertens 1974).
Mertens stellt 1973 die These auf, »daß das Obsolenztempo (Zerfallzeit, Verhaltenstempo) von Bildungsinhalten positiv mit ihrer Praxisnähe und negativ mit ihrem Abstraktionsniveau korreliert«, d.h. je arbeitsplatzbezogener die Qualifikationen sind, desto schneller veralten sie. Er plädiert deshalb für Schlüsselqualifikationen, nämlich »solche Kenntnisse, Fähigkeiten und Fertigkeiten, welche nicht unmittelbaren und begrenzten Bezug zu bestimmten disparaten praktischen Tätigkeiten erbringen« sondern sich für eine große Zahl von Positionen und Funktionen zum gleichen Zeitpunkt

und für die Bewältigung seiner Sequenz von meist unvorhersehbaren Änderungen von Anforderungen im Laufe des Lebens eignen.

Die Sicherung von Flexibilität angesichts ungesicherter Prognosen soll erfolgen anhand von *4 Typen* von Schlüsselqualifikationen: nämlich *Basisqualifikationen* als Qualifikationen höherer Ordnung mit vertikalem Transfer auf die spezielle Wissens- und Anwendungsgebiete. Sie liegen vor allem auf dem Gebiet der Denkschulung. Beispiel: *logisches Denken*. Lehrstoffbeispiel: *formale Logik*.

— *Horizontalqualifikationen* sichern eine möglichst effiziente Nutzung der Informationshorizonte der Menschheit (Informationen über Informationen). Lehrstoffbeispiel: Bibliothekskunde

— *Breitenelemente* sind solche speziellen Kenntnisse, die so bedeutsam zu sein scheinen, daß sie wie etwa Lesen und Schreiben heute bereits zu den Allgemeinbildungserfordernissen zählen. Lehrstoffbeispiel: Meßtechnik

— *Vintagefaktoren* sind solche Bildungsinhalte, die durch Innovationen entstandene Bildungsdifferenzen zwischen den Generationen aufheben sollen. Lehrstoffbeispiel: Programmiertechniken.

Die alsbald einsetzende Kritik bezog sich u.a. auf Art und Form der Inhalte, da die angestrebten Schlüsselqualifikationen offenbar nicht an komplexen Arbeitsaufgaben und ohne Bezug auf den Produktionsprozeß »an abstrakten Lehrgegenständen« wie formale Logik, Netzplantechnik, Semantik etc. vermittelt werden sollten. In diesem Zusammenhang wurde besonders auf die sich damit verschärfende Problematik des Transfers derartigen Wissens auf konkrete berufliche Situationen verwiesen (Boehm et.al. 1974; Elbers et.al. 1976; Reetz 1976).

So plausibel die These von der schnellen Entwertung konkreten Fachwissens zunächst auch schien, so gab doch *der bloße Austausch konkreten Fachwissens durch abstraktes Schlüsselwissen* kein didaktisch befriedigendes Programm ab. Vielmehr zeigte gerade das Eindringen der Computertechnik in die berufliche Arbeit, daß die Entwertungsthese stark differenzierungsbedürftig war.

2.2 Veränderungen im Beschäftigungssystem

In gegenwärtigen Begründungen für die Bedeutung von Schlüsselqualifikationen wird der Gesichtspunkt mangelnder Prognostizierbarkeit nicht mehr betont. Vielmehr werden gerade mit Bezug auf Befunde der Qualifikations- und Berufsforschung neue Veränderungen und Entwicklungen im Beschäftigungssystem zum Anlaß genommen, die Aus- und Weiterbildung an einem Konzept von Schlüsselqualifikationen zu orientieren. Diese Veränderungen betreffen vor allem Tätigkeits- und Anforderungsveränderungen auf Grund des Wandels von Marktstrukturen und der Einführung der neuen Technologien sowie die teilweise damit verbundenen *organisatorischen* Veränderungen in den Betrieben. Einschlägige Untersuchungen wie die von *Kern/Schuman (1984)* und von *Baethge/Oberbeck (1986)* belegen Veränderungen der betrieblichen Organisations- und Arbeitsstrukturen weg von stark arbeitsteiligen und hin zu mehr funktionsintegrativen und ganzheitlichen Formen. Im gewerblichen Bereich führen demnach veränderte Produktionskonzepte zur Veränderung der qualitativen Bedeutung menschlicher Arbeitsleistung. Es wird von einem neuen Typus des Produktionsfacharbeiters gesprochen. Ähnlich der These Kern/Schumans vom »Ende der Arbeitsteilung« beschreiben Baethge/Oberbeck in bezug auf die Zukunft des Angestellten den »Abschied vom Taylorismus«. Im Unterschied zur bisherigen Form bloß substitutiver Rationalisierung hat die Einführung der neuen Technologien demnach eine *«systemische Rationalisierung»* zur Folge, die eine neue Stufe in der Entwicklung von Büroarbeit darstellt.

Aus systemischer Rationalisierung und unmittelbarem EDV-Einsatz resultiert eine veränderte *Handlungsstruktur* qualifizierter Sachbearbeitung.

Um dieser Handlungsstruktur kaufmännisch-verwaltender Sachbearbeitung entsprechen zu können, bedarf es eines professionellen Verhaltensstils, der z.B. für alle unmittelbar am Markt operierenden Angestellten – »durch die zeitliche Verdichtung von Entscheidungsprozessen und durch eine Zunahme zweckgerichteter offensiver Kommunikation mit Kunden und/oder Lieferanten geprägt« sei. »Seine Beherrschung ist abhängig von guten Fachkenntnissen, einer hohen intellektuellen Flexibilität im Umgang mit wechselnden Situationen, ausgeprägten analytischen Fähigkeiten zur Interpretation von Informationen und einer differenzierten sozial-kommunikativen Kompetenz« (Baethge/Oberbeck 1986, 290).

In berufssoziologischen Befunden wird des weiteren darauf hingewiesen, daß die organisatorischen Veränderungen zu einer Verlagerung von Entscheidungskompetenzen auf die unteren Hierarchieebenen führe, so daß hier neben neuen arbeitsprozeßbezogenen, vor allem neue *soziale Fähigkeiten* der Mitarbeiter verlangt würden. Schließlich werde in diesen neuen Organisationsformen sehr viel stärker als vorher die *Fähigkeit zum autonomen Handeln,* zu *selbständiger Problemlösung* erforderlich werden. Aufgrund der Befunde wird eine »Neuorientierung der Berufsbildung« für notwendig gehalten, in der neben dem berufsfachlichen Kern solche Ausbildungsinhalte wichtig seien, die *»zu Flexibilität, Mobilität, Beherrschung* und *Gestaltung von Veränderungs*prozessen befähigen« (Benteler/Fricke 1988).

Auch aus der Perspektive betriebswirtschaftlicher *Personalentwicklung* erhalten derartige Schlüsselqualifikationen eine besondere Bedeutung. Die Betriebe sind, je mehr die Personalkosten zunehmend Fixkostencharakter tragen, darauf angewiesen, daß die vorhandenen Mitarbeiter lernfähig und flexibel sind und sich in wechselnde Arbeitsgruppen einfügen. Flexibilität, Arbeitsmotivation, Leistungsbereitschaft und Kooperationsfähigkeit sind Kompetenzen, die mindestens als ebenso bedeutsam erachtet werden wie die berufsfachlichen Qualifikationen. Die Flexibilisierung des sog. Humankapitals ist eine wichtige Maxime gegenwärtiger personalwirtschaftlicher und ausbildungsstrategischer Konzepte (Meyer-Dohm 1986; Koeder/Stein 1988).

2.3 Pädagogische Begründungen aus der Perspektive des Individuums

In der Diskussion um die Schlüsselqualifikationen sind die Ansätze zur Begründung und Legitimation, die aus der Perspektive des Arbeitsmarktes und der beruflich-betrieblichen Anforderungen argumentieren, vorherrschend. Begründungen für Schlüsselqualifikationen, in denen aus der Perspektive des Individuums und seiner Bildungsansprüche argumentiert wird, scheinen in der gegenwärtigen Diskussion eine untergeordnete Rolle zu spielen. Im Gegensatz dazu war in der *Bildungsdiskussion zu Anfang der 70er Jahre* der Bildungsanspruch des Individuums die entscheidende Argumentationsfigur auch im Zusammenhang mit Begründungen und Postulaten, die eine ähnliche Zielsetzung wie das Konzept der Schlüsselqualifikationen aufweisen. So formuliert der *Deutsche Bildungsrat* im *Strukturplan* 1970 im Kontext von allgemeinem und beruflichem Lernen, daß der Einzelne über seine spezialisierte Tätigkeit in der Berufswelt hinaus über *allgemeine Fähigkeiten* verfügen soll, die zur Erkenntnis von Zusammenhängen »zu selbständigem Handeln, zu Kooperation und Verantwortung führen sollen«. In bezug auf die Lernzielproblematik wird für das Individuum ein *ausgewogenes Verhältnis von fachlichen und nichtfachlichen, allgemeinen Lernzielen* gefordert (Problemlösendes, selbständiges und kritisches Denken, intellektuelle Beweglichkeit, kulturelle Aufgeschlossenheit, Ausdauer, Leistungsfreude, Sachlichkeit, Kooperationsfähigkeit, soziale Sensibilität, Verantwortungsbewußtsein und Fähigkeit zur Selbstverantwortung). Diese Programmatik hat in der Folgezeit in der Praxis der Berufsausbildung allerdings nur vereinzelt einen angemessenen Niederschlag gefunden. Vielmehr dominiert seit den 70er Jahren in Berufsschulen und auch in der betrieblichen Ausbildung die Programmatik der Lernzielorientierung. Mit ihr ist u.a. die Tendenz verbunden, Ausbildungs- und Unterrichtspraxis auf dem Niveau »einfacher« Wissensreproduktion festzuschreiben und die Verbindung von Theorie und Praxis zu vernachlässigen (Lennartz 1984).

In der berufsbildungspolitischen Zielsetzung einer Verbindung von Berufs- und Allgemeinbildung in den 70er Jahren mittels höherer kognitiver Kompetenz besteht eine partielle Übereinstimmung mit der des Schlüsselqualifikations-Konzepts. Doch damals erstrebte man vor allem über Wissenschaftsorientierung die Gleichwertigkeit beruflicher und herkömmlich (allgemeiner) gymnasialer Bildung und geriet damit in die Auseinandersetzung kontroverser bildungs- und interessenpolitischer Kräfte.

Demgegenüber erfreut sich das Konzept der Schlüsselqualifikationen offenbar allgemeiner Zustimmung. Dies wohl vor allem auch, weil ihm wegen seiner arbeitsmarktpolitischen Herkunft im Unterschied zur bildungspolitischen Zielsetzung der 70er Jahre das mit dem Bildungsbegriff verbundene Moment der (Ideologie-)Kritik fehlt. Wahrscheinlich aber auch, weil die abstrakte Formulierung von Schlüsselqualifikationen, wie z.B. »Selbständigkeit« oder »Sozialkompetenz« unterschiedliche inhaltliche Deutungen zuläßt. *Wichtiger* aber ist, daß das Konzept der Schlüsselqualifikationen im

Unterschied zum Konzept der Integration von Berufs- und Allgemeinbildung der 70er Jahre sich *nicht* vorrangig mit dem *Prinzip der Wissenschaftsorientierung* sondern mit *dem der Handlungsorientierung* legitimiert. Denn Schlüsselqualifikationen sind – wie wir sahen – Ausdruck *reifer Handlungsfähigkeit des Individuums* in der Auseinandersetzung mit der Umwelt. Die Verständigung über Schlüsselqualifikationen ist deshalb auch immer wieder darauf angewiesen, den Bezug zur Umwelt, zu den beruflichen Situationen herzustellen.

Erst wenn man die Situationen definiert, kann festgestellt werden, ob z.B. Sozialkompetenz bloß als Fähigkeit zu betriebszielkonformem Verhalten oder auch als Ausdruck persönlicher beruflicher Autonomie verstanden wird.

Diese Spannweite wird mitgedacht, wenn Schlüsselqualifikationen pädagogisch verantwortlich aus der Perspektive des Individuums begründet werden.

So wird in prominenten Modellversuchen, aber auch in mobilitätsorientierten Ansätzen die »bewußte Handlungsfähigkeit« des Auszubildenden gegenüber bloßer Funktionsfähigkeit betont. Es wird davor gewarnt, die »Anforderungen des Beschäftigungssystems« »ohne Vermittlung über ein Bildungs- bzw. Persönlichkeitskonzept zu Zielen und Aufgaben des Bildungssystems zu machen.«

Die Bedingungen des Beschäftigungssystems für die Persönlichkeitsentwicklung werden dabei gelegentlich besonders optimistisch gesehen. Demzufolge verlangen die Arbeitsverhältnisse heute ganz konkret eine »Entfaltung der Persönlichkeit« eine »Entwicklung autonomer Handlungsfähigkeit, Vielseitigkeit« und »moralischer Reife« als konstitutive Elemente dessen, was heute real Persönlichkeit sein kann. Allerdings müsse die Ausbildung pädagogisch bewußt und gezielt im Sinne der neuen Aufgaben und Lernmöglichkeiten umgestaltet werden; es sei geradezu die historische Aufgabe des Ausbildungswesens und der Berufspädagogik »jene perspektivenreiche Bildungschance nicht ungenutzt verstreichen zu lassen, die sich gegenwärtig aus dem Beschäftigungssystem bietet«. Deshalb sei es erforderlich, daß sich die Berufsbildung in der Praxis von zahlreichen traditionellen Fixierungen löse, insbesondere »von ihrer Bindung an die fachlichen Lernzielkataloge der Berufsbilder«. Es gehe darum, eine relativ breit angelegte selbständige berufliche Handlungsfähigkeit zu vermitteln. »Dieses übergeordnete Lernziel der beruflichen Bildung« schließt bei genauer Prüfung nicht nur eine »ganzheitliche« Bildung der kognitiven, affektiven und sensomotorischen Kräfte ein, sondern ebenso soziales Lernen und die Förderung politischen Bewußtseins« (Brater 1987). Interessant ist in diesem Ansatz besonders, daß hier mit dem Konzept der Persönlichkeitsentwicklung ausdrücklich am neuhumanistischen Bildungskonzept angeknüpft wird: Durch pädagogische Gestaltung von Lernen und Arbeiten soll ein Konzept von Schlüsselqualifikationen als Persönlichkeitsbildung realisiert werden.

Es sollte jedoch an dieser Stelle nicht vergessen werden, daß der auf W. v. Humboldt sich berufende Versuch, individuelle Ansprüche der Persönlichkeitsbildung gegenüber den Zwecken gesellschaftlicher Institutionen durchzusetzen, eines der dominanten Themen und Motive der Berufs- und Wirtschaftspädagogik seit ihrer Entstehung ist. Der Boden ist demzufolge bereitet für Anregungen, das Konzept der Schlüsselqualifikationen mit dem der Persönlichkeitsentwicklung zu verbinden.

3. Zur Systematisierung von Schlüsselqualifikationen

Besonderes Merkmal der Schlüsselqualifikationen ist es, daß diese jeweils nicht als einzelne Qualifikationen, sondern als Qualifikationskataloge bzw. Lernzielsysteme diskutiert werden. Es wäre nun interessant zu wissen, ob diesen Systemen nur ordnende und aufzählende Funktionen zukommen, oder ob in ihnen auch die Grundidee der Schlüsselqualifikationen zum Ausdruck kommt, nämlich Ganzheit und Geschlossenheit im Bildungsprozeß.

In der Tat werden solche Ansprüche auf Geschlossenheit sichtbar. Dabei sind vorab zwei Varianten der Systematisierung von Schlüsselqualifikationen zu unterscheiden, nämlich solche, die mehr aus der Perspektive der Diskussion um die neuen Technologien und der Qualifikationsforschung mit entsprechenden Modellversuchen formuliert werden, die ich in den Veröffentlichungen von Frau Dr. Laur-Ernst gefunden habe (Abb. 1 im Anhang), und andere, die einen mehr bildungstheoretischen Hintergrund erkennen lassen, wie zum Beispiel in neuen Büchern zur Arbeitspädagogik (Bunk, Schelten). (Abb. 2 im Anhang)

Um zu einem theoretisch wie praktisch befriedigenden Konzept von Schlüsselqualifikationen vorzustoßen, das auch den Ansprüchen einer ganzheitlich orientierten Persönlichkeitsbildung Rechnung trägt, sollte man auf entsprechende Persönlichkeitstheorien zurückgreifen.
Eine pädagogische Persönlichkeitstheorie, die diese psychologischen Grundlagen berücksichtigt, hat H. Roth in seinem 2 bändigen Werk der »Pädagogischen Anthropologie« entwickelt (Roth 1966; 1971). (Abb. 3 im Anhang).
Im Mittelpunkt der Rothschen Persönlichkeitstheorie, die meines Erachtens mit neueren Persönlichkeitstheorien kompatibel ist, steht die menschliche Handlungsfähigkeit. Sie äußert sich in die drei Dimensionen
- des sacheinsichtigen Verhaltens und Handelns (Sachkompetenz und intellektuelle Mündigkeit)
- des sozialeinsichtigen Verhaltens (Sozialkompetenz und soziale Mündigkeit)
- und des werteinsichtigen Verhaltens (Selbstkompetenz und moralische Mündigkeit)
Diesem zentralen Handlungssystem gewissermaßen vorgelagert sieht Roth fünf Systeme menschlicher Kräfte und Fähigkeiten nämlich das *Antriebsystem, das Wertungssystem, das Orientierungssystem, das Steuerungssystem* und das *Lernsystem*.
In einer Systematik von Schlüsselqualifikationen, die auf einem solchen Persönlichkeitsmodell basiert, wären mithin Fähigkeiten, Einstellungen und Haltungen zu unterscheiden, die dem beruflichen Handlungssystem biografisch vorgelagert sind, von solchen Verhaltensbereitschaften, die sich erst im beruflichen Handeln selbst entwickeln. Somit wären zur ersten Gruppe *vor allem Einstellungen und Haltungen* zu rechnen, die aus dem Antriebssystem (z.B. Leistungsmotivation), aus dem Wertsystem (z.B. Verantwortungsbewußtsein), aus dem Orientierungssystem (z.B. Abstraktionsfähigkeit) aus dem Lernsystem (z.B. Fähigkeit zur Revision verfestigter Begriffe / Schemata) und aus dem Steuerungssystem (z.B. Aufrechterhaltung von Ausdauer, Interesse) resultieren.
Diese persönlich-charakterlichen Grundfähigkeiten und Einstellungen sind gewissermaßen die Basis für jene beruflichen Schlüsselqualifikationen, deren Merkmale durch die Beziehung zu beruflichen Situationen gekennzeichnet ist. Dabei geht es entweder mehr um leistungs- und berufsaufgabengerichtete kognitive Fähigkeiten oder um sozialgerichtete, kommunikative Fähigkeiten. Mithin ließen sich unterscheiden:
persönlich-charakterliche Grundfähigkeiten
(Einstellungen, normative Orientierungen, Haltungen, charakterliche Eigenschaften, wie z.B. Ausdauer, Aktivität, Initiative, Lernbereitschaft)
leistungs-tätigkeits-aufgabengerichtete Fähigkeiten
(z.B. Problemlösen, Entscheiden, Konzepte entwickeln)
sozialgerichtete Fähigkeiten
(Kooperationsfähigkeit, Konfliktbewältigung, Verhandlungsfähigkeit usw.).
Nun werden Sie fragen: Warum so viel theoretischen Aufwand? Die Systematisierung nach dem Rothschen Persönlichkeitsmodell bietet den Vorteil theoretischer Begründbarkeit und konzeptioneller *Geschlossenheit*. Es finden alle psychisch relevanten Systeme der Persönlichkeit, nämlich die des Wollens, Fühlens, Denkens, Lernens und Handelns Berücksichtigung. Kritiker, die die kognitive Kopflastigkeit des Schlüsselqualifikationskonzepts beklagen, finden hier Aufklärung sowohl über den Zusammenhang emotional-motivationaler Voraussetzung kognitiver Leistungsfähigkeit wie andererseits über die kognitive Bedingtheit menschlichen Fühlens, Wollens und Handelns.
Der Rückgriff auf die Persönlichkeitstheorie zeigt, daß die im Konzept der Schlüsselqualifikationen thematisierten Dimensionen und Systeme der Persönlichkeit in einem interdependenten Zusammenhang stehen: Das System der Handlungskompetenz bedarf eines entwickelten Antriebs-, Wertungs- und Orientierungssystems, die wiederum im Steuerungs- und Lernsystem auf sich selbst und auf das Handelnkönnen zurückbezogen sind.
Die curricularen Konsequenzen eines solchen ganzheitlichen Schlüsselqualifikationskonzeptes liegen auf der Hand: Sie führen zu einem ebenfalls persönlichkeitsorientierten Lernzielsystem, das nun aber keinesfalls dem bisherigen beruflich-fachlichen Lernzielsystem übergestülpt werden darf. Vielmehr läßt sich im Zusammenhang mit curricularen Theorien zur Lernzielplanung wie zur exemplarischen Lehre nachweisen, daß Schlüsselqualifikationen als allgemeine Lernziele nicht nur formal sondern auch inhaltlich mit konkreten fachlichen Lernzielen in Beziehung stehen.

4. Zur Berücksichtigung der Schlüsselqualifikationen in betrieblicher und schulischer Berufsausbildung

Die gegenwärtig für so notwendig gehaltene Förderung der Schlüsselqualifikationen in der beruflichen Ausbildung betrifft Fähigkeiten und Kräfte des Individuums, deren Grundlagen schon in vorausgegangenen Lern- und Entwicklungsprozessen entstanden sind. Die Komplexität kognitiver Fähigkeiten und sozialer und kommunikativer Kompetenz sowie der Grad der Ausprägung von affektiv verwurzelten Werthaltungen und Einstellungen sind abhängig vom Anregungsmilieu der familiären, insbesondere frühkindlichen Sozialisation sowie von den Lern- und Sozialisationsprozessen in der Schule. Die Sozialisationsforschung hat hinreichend deutlich gemacht, daß neben den bewußt angestrebten Erziehungs- und Lernprozessen vor allem auch die Prozesse der »funktionalen Erziehung«, der »heimliche Lehrplan« in Schule und Betrieb (vgl. Heid/Lempert 1982) bei der Förderung wie auch der Behinderung des Erwerbs von kognitiver, kommunikativ-sozialer und moralischer Kompetenz eine wichtige Rolle spielen. Fragt man sich also, in welcher Weise Schlüsselqualifikationen in der gegenwärtigen betrieblichen und schulischen Berufsausbildung Berücksichtigung finden, so sind die dort anzutreffenden intentionalen, geplanten Lernprozesse und -arrangements zur Förderung von Schlüsselqualifikationen auf dem Hintergrund einerseits der zeitlich *vorgelagerten* Lern- und Sozialisations-Prozesse - andererseits der *zeitlich* gleichlaufenden ungeplanten Sozialisationswirkungen zu sehen.

4.1 Berücksichtigung der Schlüsselqualifikationen in betrieblicher Berufsausbildung

Einschlägige Modellversuche und Verlautbarungen auf Ausbildertagungen lassen erkennen, daß in der betrieblichen Berufsausbildung zur Realisierung von Schlüsselqualifikationen zwei unterschiedliche Strategien Berücksichtigung finden.
Pointierend gegenübergestellt könnte man diese Strategien bezeichnen als
— Anreicherung des Arbeitsplatzes mit Lernmöglichkeiten und
— Anreicherung des (gesonderten) Lernplatzes mit Arbeitsmöglichkeiten.
Letztere Strategie der Schaffung und Ausgestaltung besonderer Lernplätze und deren Anreicherung mit Arbeitsmöglichkeit betrifft vor allem die projektartige Gestaltung von Lehrwerkstätten in der Gewerblichen Ausbildung und von Übungs- und Junior-Firmen in der kaufmännischen Ausbildung. Die andere Strategie der Arbeitsplatzanreicherung mit Lernmöglichkeiten will der sog. Verschulung betrieblicher Ausbildung entgegenwirken. Es wird der Standpunkt vertreten, berufliche Schlüsselqualifikationen seien in erster Linie durch das Lernen am Arbeitsplatz zu erwerben.
Die aktive Arbeit am Arbeitsprozeß durch Arbeit an realen Arbeitsaufgaben, durch selbständige Problemlösungen, durch Kennenlernen des Betriebsalltags, (Brater/Gesellschaft für Ausbildungsforschung u.B.; o.J. S.3 f) durch Umgang mit Störungen und Sonderfällen und durch vielfältige soziale Herausforderung födere Erfahrungswissen, persönlichen Arbeitsstil, Lerntransfer, Verantwortungsbewußtsein, Überblick, Selbständigkeit und Sozialkompetenz. Um diese fachübergreifenden Qualifikationen vermitteln zu können, wird die Ausbildung am Arbeitsplatz methodisch umgestaltet. Im Mittelpunkt steht dabei das Lernen an realen Aufgabenstellungen. Die Aufgaben und arbeitsplatzbezogene Ausbildung wird nach den folgenden drei Grundsätzen gestaltet:
1. Die *Arbeitsplätze* werden systematisch als *Lernplätze* erschlossen, z.B. durch den Einsatz von abteilungsbezogenen Begleittexten, die Gliederung des Abteilungsdurchlaufs nach dem Prinzip des Belegflusses u.a.
2. Das Lernverhalten der Auszubildenden wird im Sinne des *entdeckenden selbstgesteuerten und kooperativen Lernens* gefördert
3. Die Rolle des Ausbilders wandelt sich vom Unterweiser zum *Lernberater*. Dabei wird er durch Ausbilderseminare kontinuierlich unterstützt.

Prominente Modellversuche wie die von Siemens (Petra) und Wacker-Chemie in Verbindung mit dem BiBB zeigen, daß mit dem Konzept der Schlüsselqualifikationen zugleich eine Innovation der Ausbildungskonzepte beabsichtigt ist, die gegenüber der herkömmlichen Ausbildung gekennzeichnet ist durch *Pädagogisierung des Arbeitsplatzes,* im Sinne der Ermöglichung von Arbeiten und Lernen, durch eindeutige Priorisierung *aktiver Lehr- und Lernmethoden* und durch stärkere pädagogische *Professionalisierung der Ausbilder* (Boretty et.al. 1988).

Allerdings ist zu fragen, ob neben den berufspädagogisch fortschrittlichen Betrieben auch die Gesamtheit der betrieblichen Partner des Dualen Systems den Innovationen Raum gibt, die mit dem Konzept der Schlüsselqualifikationen verbunden sind. Das ist wohl in erheblichem Maße abhängig von der sogenannten Neuordnung der Berufe. Positive Signale setzen hier die Ausbildungsordnungen der industriellen Metall- und Elektroberufe, die eine berufliche Qualifizierung anstreben, die ausdrücklich die Vermittlung der Fähigkeiten zu selbständigem Planen, Durchführen und Kontrollieren festschreiben. Auch im kaufmännischen Bereich findet sich eine ähnliche Regelung z.B. in dem Entwurf zur Neuordnung des bisherigen Bürokaufmanns. Derartige Codifizierungen - wenigstens von Elementen des Konzepts der Schlüsselqualifikationen - dürften nicht ohne Auswirkungen auf die Ausbildung in der Berufsschule bleiben.

4.2 Zur Berücksichtigung des Konzepts der Schlüsselqualifikationen in der Schule

Auch hier kann nicht auf eine umfassende Bestandsevaluation zurückgegriffen werden. Nachzugehen wäre aber dem von Brater u.a. erhobenen Vorwurf, schulische bzw. verschulte Lernsituationen bereiteten in der Regel nicht für dasjenige Lernverhalten vor, das eine persönlichkeitsorientierte, auf Schlüsselqualifikationen zielende Ausbildung erfordere (Ges.f.Ausb.u.B., S.12).

In der Tat zeigen bereits Untersuchungen, die u.a. die Komplexität von berufsschulischen Lernprozessen und Inhalten zum Gegenstand haben, daß hier die Tendenz zu detailliertem Faktenwissen, das in rezeptiven Lernformen erworben wird, vorherrschend ist (vgl. dazu z.B. Krumm 1973, Reetz/Witt 1974; Manstetten 1978).

Diese Tatsache wird insbesondere der Lernzielprogrammatik zugeschrieben, die in den 70er Jahren in den Ausbildungsordnungsmitteln, insbesondere in den Lehrplänen fußfaßte. Die Orientierung der Lehrplangestalter an der behavioristischen Lernzielprogrammatik gab den Lehrplänen eine zum Teil widersprüchliche Struktur: Auf der oberen Lernzielebene wurden zwar komplexe Qualifikationen des fachlich-beruflichen, sozialen und persönlichkeitsbezogenen Handelns formuliert, die Kategorien eines solchen Handelns fanden sich jedoch auf der unteren Stufe der Lernzielformulierung in der Ebene des Unterrichts nicht wieder. Anstelle »kleingeschriebener« und konkreter Ziele beruflichen Handelns dominierten hier Beschreibungen des Verhaltens von Schülern gegenüber Lehrern, ohne daß die Transformation schulischer Verhaltensweisen in berufliches Handeln plausibel gemacht worden wäre. Man kann diesen Dissens zwischen berufs- und persönlichkeitsbezogenem Handeln auf der oberen Lernzielebene und dem schulbezogenen Verhalten auf der unteren Lernzielebene bereits auch an Rahmenlehrplänen erkennen.

Zur Demonstration und Erhärtung dieser These soll hier exemplarisch der »Rahmenlehrplan für den Ausbildungsberuf Industriekaufmann« (KMK Rahmenlehrplan...1978) näher betrachtet werden. Er enthält neben den allgemeinen Lernzielen auch Lernziele der Fächer »Industriebetriebslehre«, »Allgemeine Wirtschaftslehre« und »Industrielles Rechnungswesen mit Datenverarbeitung«.

Im KMK-Rahmenlehrplan »Industriekaufmann« von 1978 heißt es z.B.:

Der Schüler soll befähigt werden

– sein Wissen, seine Handlungsfähigkeit und sein Urteilsvermögen zu entwickeln, um damit seinen beruflichen Weg zu sichern;
– sich am Arbeitsplatz, im Staat und in der Gesellschaft zurechtzufinden und dort mitzuwirken;
– Bestehendes zu prüfen, gegebene Sachverhalte und Entwicklungen zu erkennen, daraus Folgerungen zu ziehen und entsprechend zu handeln.

Diese allgemeinen Zielformulierungen dürften sich durchaus im Einklang mit der Programmatik der Schlüsselqualifikationen befinden. Auch auf der Ebene der Fachlernziele (z.B. Industriebetriebslehre) befinden sich durchaus einige Ziele, die im Sinne der Schlüsselqualifikationen als überfachliche zu bezeichnen wären. Zu ihnen gehören z.B. »kosten- und risikobewußt...zu denken«, »betriebswirtschaftliche Zielsetzungen...verstehen und Entscheidungen vorbereiten« können, »in arbeitsteiligen Funktionen sinnvoll zu kooperieren«, »wirtschaftliche Daten zu sammeln und auszuwerten«, »Probleme selbständig zu erkennen und...lösen zu können« (KMK Rahmenlehrplan...1978, S. 7).

Demgegenüber beschreiben die dazugehörigen Formulierungen auf der unteren Lernzielebene fast nur noch reproduktive Verhaltensweisen, die sich auf das Fachwissen beziehen (beschreiben,

kennen, erkennen, aufzeigen, erläutern). Ein Zusammenhang mit den höheren allgemeinen Lernzielen erscheint *eher zufällig* als geplant und ist angesichts der *Stoffülle* und entsprechender *Prüfungsmodalitäten* im Unterricht wohl nur schwer zu realisieren.
Unberührt hiervon bleibt jedoch die Frage nach der grundsätzlichen Möglichkeit einer Vermittlung von Schlüsselqualifikationen im Unterricht.
Dabei soll nicht verkannt werden, daß die Vermittlung bestimmter Schlüsselqualifikationen auch in traditionellen Lernformen (Frontal-Unterricht) angebahnt werden kann (Kramer et.al. 1980; Manstetten et.al. 1977).
Vor allem aber die berufsschulischen Ansätze zu handlungsorientiertem Lernen
– durch Kombination von Arbeit und Lernen in Projekten
– mit Hilfe von Lernbüros, Fallstudien, Planspielen
– anhand von Leittexten
geben Anlaß, der Berufsschule eine gute Chance einzuräumen, wenn es darum geht, in der Berufsausbildung mehr als bisher komplexere fachübergreifende Qualifikationen zum Zuge kommen zu lassen. Doch insgesamt darf man hier skeptisch sein: *Organisation* (Fächerprinzip, Disziplinorientierung, Prüfungssystem) und *Interaktion* (Frontalunterricht und rezeptives Lernen) stellen keine optimalen Bedingungen für den Erwerb des größten Teils der Schlüsselqualifikation dar.
Damit stellt sich die Frage, welche Bedingungen denn in der Schule erfüllt sein müssen hinsichtlich der Lernprozeßgestaltung, um den Erwerb von Schlüsselqualifikationen zu begünstigen.
Betrachtet man unter diesem Gesichtspunkt die *betriebliche* Berufsausbildung, so ist auffallend das einhellige Votum für problemlösendes, entdeckendes, selbstgesteuertes Lernen, das in entsprechenden Modellversuchen und Verlautbarungen auf Ausbildertagungen bei der betrieblichen Förderung von Schlüsselqualifikationen geäußert wird.
Damit wird noch einmal der Zusammenhang der Programmatik der Schlüsselqualifikationen und der der Handlungsorientierung deutlich.

5. Schlüsselqualifikationen und Lernprozeßgestaltung
   — Handlungsorientiertes Lernen —

Im Konzept der Schlüsselqualifikationen kommt – wie wir sahen – eine allgemeine höhere Form beruflicher Handlungsfähigkeit zum Ausdruck. Es geht dabei darum, daß nicht nur über Sachwissen, sondern auch über Handlungswissen verfügt werden kann, so daß aus einer allgemeineren Kompetenz heraus jeweils ein situativer Transfer auf konkrete berufliche Situationen möglich ist.
Lernzieltheoretisch gesehen, sind Schlüsselqualifikationen allgemeine und komplexe Lernziele, die mit Hilfe von Dispositionsbegriffen formuliert sind. So ist z.B. die Disposition »Selbständigkeit« bei einer Person zu vermuten, wenn entsprechendes Verhalten entsprechend häufig auftritt. Das heißt Erwerb und Realisierung von Selbständigkeit setzen i.d.R. konkrete Situationen voraus, die entsprechendes Verhalten zulassen bzw. begünstigen.
Mit anderen Worten: Schlüsselqualifikationen setzen »Schlüsselsituationen« (Bunk) voraus. Schlüsselcharakter in diesem Sinne erhalten konkrete berufliche Situationen des Lernens und Anleitens dann, wenn sie
1. gewissermaßen als induktive Basis für Abstraktionsprozesse fungieren, also vom Konkreten zum Abstrakten führen, und
2. wenn sie eine angemessene Komplexität und Problemhaltigkeit aufweisen und so ein Lernen unter erweiterten Handlungsspielräumen ermöglichen.

Curriculumtheoretisch gesehen handelt es sich also bei den Schlüsselqualifikationen um *allgemeinere Lernziele,* die zu den Fachlernzielen im Verhältnis konkret – abstrakt sowie »ein«-fach – komplex stehen. Mithin läßt sich sagen, daß Schlüsselqualifikationen insgesamt eine *höhere kognitive Komplexität* voraussetzen.
Diese These der Abhängigkeit flexibler Handlungsfähigkeit von kognitiver Komplexität wird insbesondere von der Theorie der kognitiven Komplexität im Rahmen der Lern- und Kognitionstheorie vertreten. Den Ergebnissen dieser Forschungsrichtung zufolge sind Lernumwelten mit höherer Auf-

gabenkomplexität und mit Anlässen für intrinsische Motivation zu schaffen. Dem Gebot komplexerer Lernaufgaben mit Selbststeuerung des Lernens entspricht die Ausbildung in Schule und Betrieb vor allem dann, wenn sie Lernarrangements mit situativer Komplexität zum Zuge kommen läßt und so ein Lernen unter erweiterten Handlungsspielräumen möglich macht (Schroder 1978).

Seit Ende der 60er Jahre wird das menschliche *Handeln* als zentrale Kategorie im Verhältnis von Mensch und Umwelt – wie vorher schon in der philosophischen Anthropologie – jetzt auch in den neueren Geistes- und Sozialwissenschaften hervorgehoben. Die Forderungen der Pädagogik, insbesondere der Theorie der Curriculumentwicklung, nach Handlungsorientierung des Lernens und Lehrens in der Mitte der 70er Jahre basierten zunächst auf soziologisch bzw. sozialpsychologischen Theorien der Kommunikation, insbesondere der Theorie des symbolischen Interaktionismus.

Erst mit Fortentwicklung der *kognitiven Psychologie* und der *psychologischen Handlungstheorie* bekommt das gegen die behavioristische Lernzielprogrammatik gerichtete Postulat der Handlungsorientierung seine lerntheoretische Fundierung.

Besonders die von Hans Aebli im Anschluß an *Piaget* entwickelte psychologische Didaktik verbreitet den kognitions- und handlungstheoretischen Grundgedanken, daß zwischen Tun und Denken, zwischen Handlung und Begriff ein Kontinuum besteht, das sich nun nicht nur entwicklungspsychologisch sondern auch lerntheoretisch begründen läßt.

Gefordert ist eine Didaktik, in der deutlich wird, daß die Begriffe »Abkömmlinge und Werkzeuge des Handelns sind« (Aebli 1981).

Damit werden zwei neue Akzente in der Didaktik gesetzt:
(1) Die Bedeutung der Handlung für den Erwerb von Wissen und wird verdeutlicht und hervorgehoben
(2) Das Wissen mit Handlungsstruktur darf gegenüber dem Wissen mit Sachstruktur nicht länger vernachlässigt werden

Gefragt sind also Lernarrangements, die die situative Komplexität mit der Handlungsorientierung verbinden, zugleich die Motivation fördern und selbständiges Lernen begünstigen.

Die Verbindung von situativer Komplexität und Handlungsorientierung wird deutlich, wenn man sich den Begriff des beruflichen Handelns näher betrachtet. Hier ist zweierlei zu unterscheiden: Nämlich zunächst gemäß dem psychologischen Zusammenhang von Denken und Tun: *inneres und äußeres Handeln,* wobei äußeres Handeln als Tun vorwiegend auf die Veränderung der Umwelt gerichtet ist, während inneres Handeln als Denken und Lernen auf Veränderung der Innenwelt, der kognitiven Struktur, des Gedächtnisses gerichtet ist.

Die Grenze vom inneren zum äußeren Handeln wird überschritten beim Sprechen, »sich äußern« (vgl. dazu Dulisch 1986).

Zu unterscheiden sind zweitens *praktisches berufliches Handeln,* also Arbeit, *von schulischem Lernhandeln.* Beide Handlungsformen enthalten wiederum unterschiedliche Anteile von innerem und äußerem Handeln (vgl. Abb. 4 im Anhang).

Anhand dieser begrifflichen Differenzierung lassen sich drei Postulate für handlungsorientiertes Lernen in der Berufsbildung formulieren:
(1) Schulische Lernhandlungen sind praktischen Arbeitshandlungen anzunähern. Untersuchungen über die Wirkung von arbeitsanalogen Aufgaben oder von Lernbüros zeigen, daß hierdurch sowohl der Erwerb wie auch der Transfer beruflichen Wissens begünstigt wird.
(2) Im Bereich schulischer Lernhandlungen sollte äußeren dispositiv/operativen Lernhandlungen, also Handlungen auf höherer Regulationsebene, z.B. der Strategie mehr Raum gegeben werden. Äußere Lernhandlungen bezeichnen Lerntätigkeiten des Schülers, in denen er vor konkrete und komplexe Aufgaben gestellt wird. Sie können in Form von Fallstudien, Projekten, Planspielen usw. auftreten.
(3) Für betriebliches Lernen mag demgegenüber gelten: Praktische Arbeitshandlungen bedürfen einer Aufgabenkomplexität, die dem Lernenden selbständiges Planen, Ausführen und Kontrollieren erlaubt, also insgesamt den Anteil *innerer,* aktiver Handlungen vergrößert.

Eine besonders bedeutungsvolle Variante des Handelns als zielgerichtetem Tun und Denken ist das Problemlösen. *Die Theorie der Problemlösung* betont die These der Steuerung der Denk- und Lernprozesse von den Zielen und Aufgaben her. Problemlösen erzeugt Prozeßwissen im Durchgang durch situationsspezifisches Wissen und fördert damit die Handlungskompetenz.

Die Intensität handlungsorientierten Unterrichts wird besonders gesteigert durch problemlösendes Lernen anhand von Konfliktsituationen. Gelingt es dabei, die situativen Konflikte der beruflichen Situationen in kognitive Konflikte des Lernenden zu überführen, so werden damit Lernprozesse und Ergebnisse angebahnt, die Gegenstand der *Theorie des Entdeckenden Lernens* sind.
Entdeckungslernen ist – im Sinne Piagets – akkomodatives Lernen, das heißt die Problemlösung erfolgt über Diskrepanzerlebnisse zwischen vorhandenem und zu lernendem Schema (Begriff, Handlungsmuster).
Das *Besondere* an diesem problemlösenden und entdeckenden Lernen ist, daß die Lösung des Problems aus Diskrepanzerlebnissen heraus über die *nächsthöhere Komplexionsstufe* erfolgt. Damit wird eine Erweiterung in der Komplexität des Denkens und Handelns erreicht, die genau den *Forderungen der Schlüsselqualifikations-Programmatik* entspricht.
Ich kann all diese lerntheoretischen Zusammenhänge hier nur andeuten (Reetz 1988).

6. Schlüsselqualifikationen und Lerninhalte
— Fachwissen in der Krise? —

In der neueren Diskussion zu den Schlüsselqualifikationen fällt auf, daß seit dem inhaltsbezogenen Vorschlag von Mertens der Zusammenhang von Lerninhalt und Schlüsselqualifikation kaum mehr thematisiert wird. Plausibel erscheint diese Zurückhaltung durch das Argument, daß Schlüsselqualifikationen ja gerade durch die Kurzlebigkeit fachwissenschaftlicher Inhalte geboten seien. Mithin komme es darauf an, die Schlüsselqualifikationen gewissermaßen fachunabhängig oder aber doch fachbeliebig zu vermitteln. So heißt es in den Empfehlungen der Expertenkommission Rheinland-Pfalz 1985 »beispielsweise kann man die Schlüsselqualifikationen unabhängig von fachspezifischem Stoff vermitteln. Man kann sie aber auch mit fachspezifischem Wissen verknüpfen... Es geht in dieser Empfehlung nicht darum, wie die Schlüsselqualifikationen vermittelt werden, sondern ausschließlich darum, daß sie vermittelt werden...« (BMBW 36 1986, S. 63).
In einer weitergehenden Variante dieser Argumentation wird darauf verwiesen, daß gegenüber schulischen Inhalten eine wesentlich engere Beziehung zwischen dem methodischen Vorgehen und dem Erwerb von Schlüsselqualifikationen bestehe. »Das methodische Vorgehen erhält damit eine zentrale Bedeutung im Hinblick auf die künftigen Anforderungen« (Stössel 1986 S. 44).
Beiden Auffassungen,
— der These von der Beliebigkeit der Inhalte wegen schneller Entwertung und
— der These von der Priorität der Methoden gegenüber den Inhalten ist entgegenzutreten.
Die These von der Entwertung des Fachwissens wird von der Qualifikationsforschung nicht bestätigt. So zeigen die Untersuchungen von Baethge / Oberbeck in bezug auf die »Zukunft der Angestellten«, daß die »systemische Rationalisierung« und der unmittelbare EDV-Einsatz sich auf die Handlungsstruktur qualifizierter Sachbearbeitung auswirken. Es kommt dabei
— zur Erhöhung der inhaltlichen Komplexität der Tätigkeiten,
— zur Komprimierung der Tätigkeiten auf komplizierte Fälle (Fehlersuche).
— zu einem schnelleren Zugang zu abteilungsrelevanten Informationen,
— zu einer Verdichtung systemvermittelter Kommunikation und Kooperation
damit – zusammenfassend – zu einer weitreichenden *Veränderung des Typs geistiger* Arbeit, in der das Fundament an berufsfachlichem Wissen, verbunden mit hohen Anforderungen an formale Denkfähigkeit eine besondere Rolle spielt.
In ähnlicher Weise haben im gewerblich-technischen Bereich das Fachwissen und die fachlichen Fertigkeiten keineswegs ihre Bedeutung verloren.
Aber *innerhalb* des Fachwissens findet gerade unter dem Einfluß der neuen Technologien eine Umstrukturierung statt, denn der Facharbeiter »geht nicht mehr nur mit Maschinen und Werkzeugen selbst um, sondern mit den Zeichen und Symbolen, die sie repräsentieren« (Laur-Ernst, 1983, S. 187).
Der *Anteil* des Planungs- und Handlungswissens nimmt innerhalb des Fachwissens zu und gewinnt an Bedeutung.

Während also die Bedeutung des Fachwissens für die berufliche Qualifikation außer Frage steht, bleibt der Zusammenhang zwischen arbeitssituativen Fachinhalten und den Schlüsselqualifikationen weiter zu klären. Sowohl die Befunde der Transferforschung (Messner 1978, vgl. auch Reetz 1970, Schneider1983) wie die der kognitiven Handlungstheorie wie der Schematheorie (Aebli 1981) sprechen für eine situativ-fachliche Verankerung von abstrakten und komplexen Fähigkeiten. Deren Transferradius ist wiederum nur zu vergrößern durch Verbreiterung der Induktions-Basis bereichsspezifischer Erfahrungen (vgl. Laur-Ernst 1983, S. 189). Eine Bildungsplanung, die diese Basis vernachlässigt, entzieht auch dem Erwerb von Schlüsselqualifikationen den Boden.

7. Schlußbemerkung

Akzeptiert man diesen Zusammenhang von fachlich-situativer und allgemeiner Kompetenz, so kommt es nun in der Tat in besonderer Weise auf die methodische Gestaltung der Lernprozesse an. Auffallend ist das einhellige Votum für problemlösendes, entdeckendes, selbstgesteuertes Lernen, das in entsprechenden Modellversuchen und Verlautbarungen auf Ausbildertagungen bei der betrieblichen Förderung von Schlüsselqualifikationen geäußert wird. Dabei wird man die dort genannte These von der Priorität der Methode gegenüber den Inhalten relativieren müssen: Die Inhaltlichkeit verbirgt sich hinter neuen handlungsgebundenen Formen des Wissens, der Anteil des prozeduralen Wissens bzw. des Wissens mit prozeduraler Herkunft nimmt zu.

Die ganz offensichtliche Tendenz, »Neue Wege in der betrieblichen Ausbildung« (Friede 1988) zu beschreiten und dabei Formen selbstgesteuerten, entdeckenden Lernens zu begünstigen, signalisiert ein neues Verständnis von beruflichem Lernen als einem aktiv-problemlösenden Lernen. Diese Tendenz steht im Einklang mit den Intentionen der Problemlösungspsychologie, den Begriff des Lernens in Form von Problemlöseaktivitäten neu zu definieren (Neber 1987, S. 73). Sie ist vielleicht auch ein Resultat der Bemühungen der Berufs- und Wirtschaftspädagogik, handlungs- und kognitionstheoretischen Konzepten des Lernens in der beruflichen Ausbildung mehr Geltung zu verschaffen (vgl. u.a. Achtenhagen et.al.1987; Dulisch 1986; Pampus 1987; Söltenfuß/Halfpap 1987; Reetz 1984, 1987, 1988; Diepold/Rischmüller 1987; Kaiser 1987).

Wenn das Konzept der Schlüsselqualifikationen zu sinnvollen Innovationen in der Berufsbildung führen soll, so ist es in ein handlungsorientiertes Konzept des Lernens einzubinden, das auf Persönlichkeitsentwicklung des Lernenden zielt. Der Rückgriff auf die Persönlichkeitstheorie von Heinrich Roth sollte zeigen, daß die im Konzept der Schlüsselqualifikationen thematisierten Dimensionen und »Systeme« der Persönlichkeit in einem interdependenten Zusammenhang stehen: Das System der Handlungskompetenz bedarf eines entwickelten Antriebs-, Wertungs- und Orientierungssystems, die wiederum im Steuerungs- und Lernsystem auf sich selbst und auf das Handelnkönnen zurückbezogen sind.

Es liegt in der praktischen Konsequenz dieser ganzheitlichen Persönlichkeitsmodellierung, in Schule und Betrieb mehr ganzheitliche und komplexe Lernsituationen zuzulassen. Leistungsmotivation oder Problemlösungsfähigkeit sind durch isoliertes Skilltraining oder durch Verstärkung puritanischer Arbeitstugenden kaum zu verbessern. Wer als Verantwortlicher in der beruflichen Aus- und Weiterbildung z.B. den Verlust von Motivation (Albers 1978), die »innere Kündigung« (Höhn 1986; Volk 1988) verhindern will, wer sich Sachkompetenz, Lern- und Arbeitsfreude sowie Mitgestaltung wünscht, der sollte dem Lernen wie dem Arbeiten entsprechende Gestaltungsräume eröffnen. Dies gilt für die Schule wie für den Betrieb.

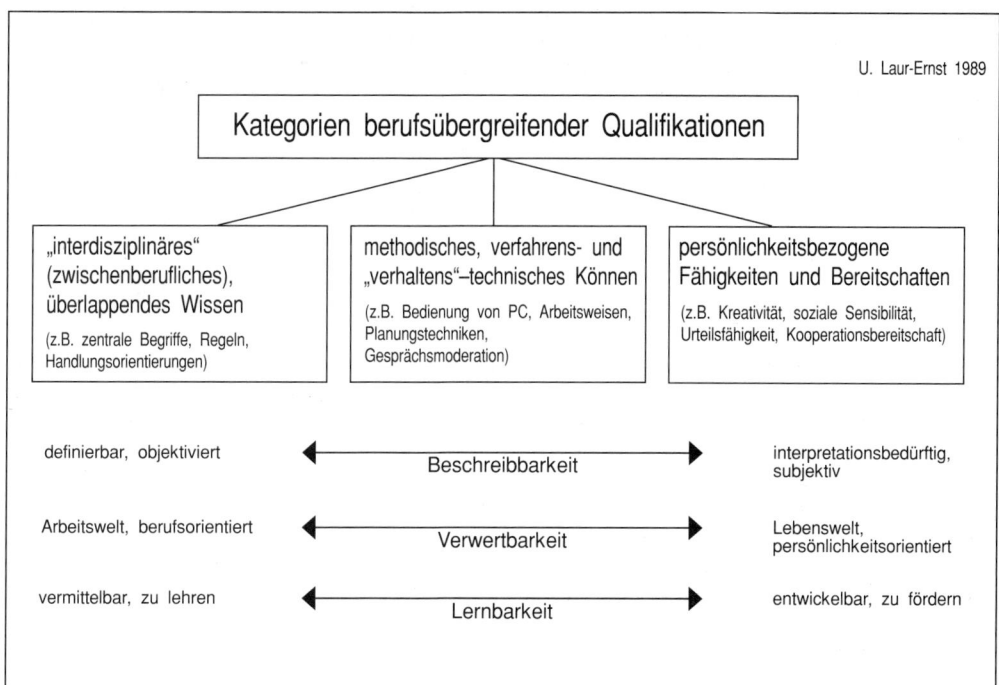
Abb. 1

	Schlüsselqualifikationen	
Materiale KENNTNISSE und FERTIGKEITEN	1. Berufsübergreifende, d.h., allgemeinbildende Kenntnisse und Fertigkeiten: z.B. Kulturtechniken, Fremdsprachen, technische und wirtschaftliche und soziale Allgemeinbildung	BREITEN-ELEMENTE (n. Mertens)
	2. Neuaufkommende Kenntnisse und Fertigkeiten: z.B. Elektronische Datenverarbeitung, Mikroelektronik, Pneumatik, Hydraulik, neue Technologien	VINTAGE-FAKTOREN (n. Mertens)
	3. Vertiefte Kenntnisse und Fertigkeiten, d.h., Ausbau von Grundlagen, die wenige veränderbar sind: z.B. höherer Meßlehrgang, Fachfremdsprache	TIEFEN-ELEMENTE (n. Bunk)
	4. Berufsausweitende, d.h., über den Einzelberuf hinausgehende Kenntnisse und Fertigkeiten: auf Berufsfeldbreite, auf weitere inhaltlich und funktional verwandte Gebiete	KONZENTRISCHE ELEMENTE (n. Bunk)
Formale FÄHIGKEITEN	1. Selbständiges, logisches, kritisches, kreatives Denken	BASIS- QUALIFIKATIONEN (n. Mertens)
	2. Gewinnen und Verarbeiten von Informationen, Informiertheit über Informationen	HORIZONTAL- QUALIFIKATIONEN (n. Mertens)
	3. Selbständiges Lernen, das Lernen lernen, sich etwas erarbeiten können	LERN- QUALIFIKATIONEN (n. Bunk)
	4. Anwendungsbezogenes Denken und Handeln, Einsatz der eigenen Sensibilität und Intelligenz, z.B. bei Umstellungen und Neuerungen, im Vorschlags- und Erfindungswesen	TRANSFER- QUALIFIKATIONEN (n. Bunk)
	5. Entscheidungsfähigkeit, Führungsfähigkeit, Gestaltungsfähigkeit, z.B. Selbständigkeit bei Planung, Durchführung und Kontrolle	HANDLUNGS- QUALIFIKATIONEN (n. Bunk)
Personale VERHALTENS- WEISEN	1. Verhaltensqualifikationen mit *einzelpersönlicher* Betonung: u.a. Selbstvertrauen, Optimismus, Wendigkeit, Anpassungsfähigkeit, Gestaltungskraft, Leistungsbereitschaft, Eigenständigkeit	WERTHALTUNGS- QUALIFIKATIONEN (n. Bunk)
	2. Verhaltensqualifikationen mit *zwischenmenschlicher* Betonung: u.a. Kooperationsbereitschaft, Fairneß, Verbindlichkeit, Gerechtigkeit, Aufrichtigkeit, Dienstbereitschaft, Teamgeist, Solidarität	
	3. Verhaltensqualifikationen mit *gesellschaftlicher* Betonung: u.a. Fähigkeit und Bereitschaft zu wirtschaftlicher Vernunft, technologischer Akzeptanz und zum sozialen Konsens	
	4. Arbeitstugenden, u.a. Genauigkeit, Sauberkeit, Zuverlässigkeit, Exaktheit, Pünktlichkeit, Ehrlichkeit, Ordnungssinn, Konzentration, Ausdauer, Pflichtbewußtsein, Fleiß, Disziplin, Hilfsbereitschaft, Rücksichtnahme	

Quellen:
BUNK, G.P., Einführung in die Arbeits-, Berufs-, und Wirtschaftspädagogik, Heidelberg 1982 (UTB 1172), S. 192 f.
MERTENS, D., Schlüsselqualifikationen, in: Mitteilungen aus der Arbeitsmarkt- und Berufsforschung, 7 (1974) 1, S. 36—43.
aus REFA/Arbeitspädagogik; München (Hanser) 1989

Abb. 2

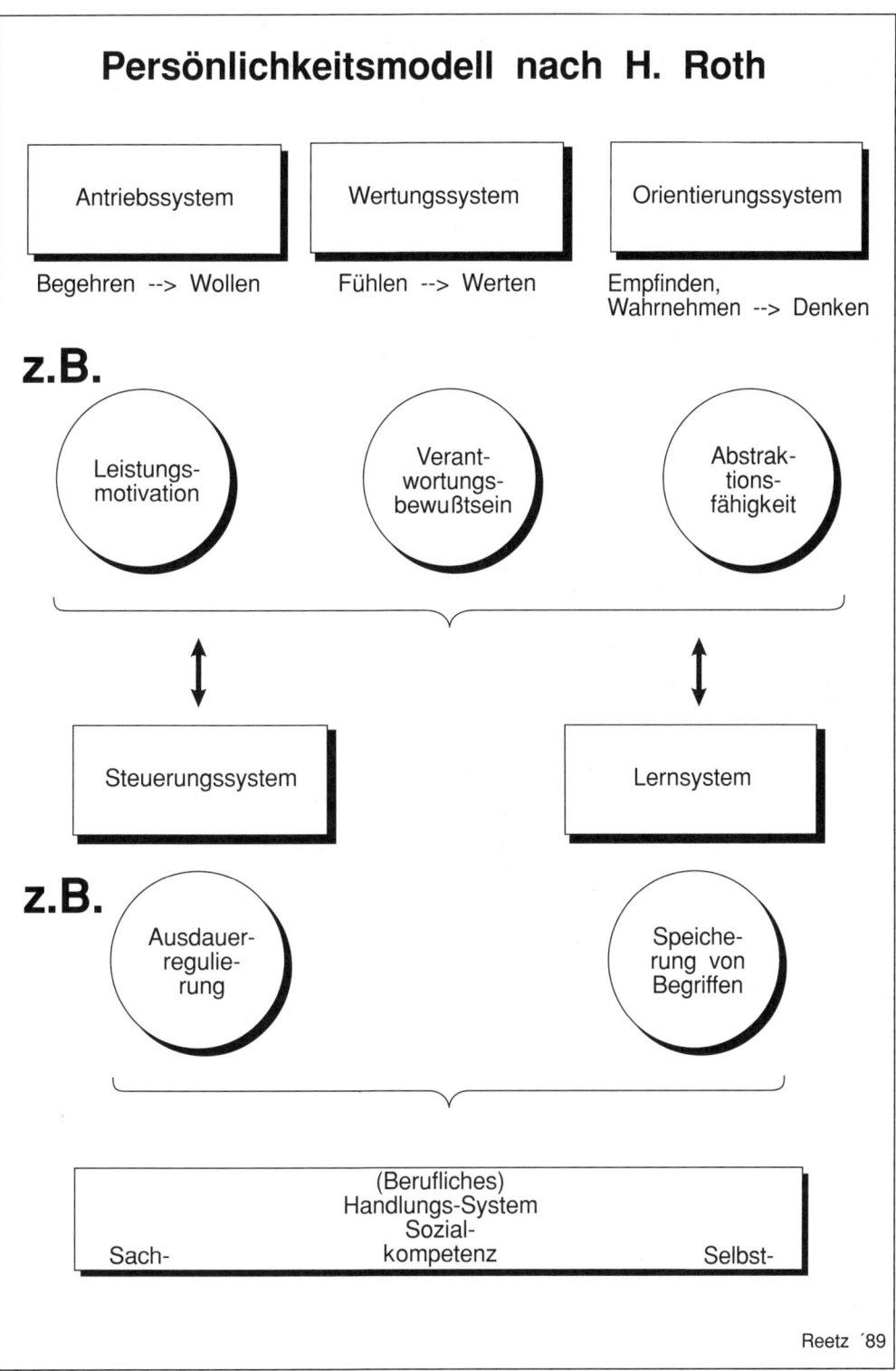

Abb. 3

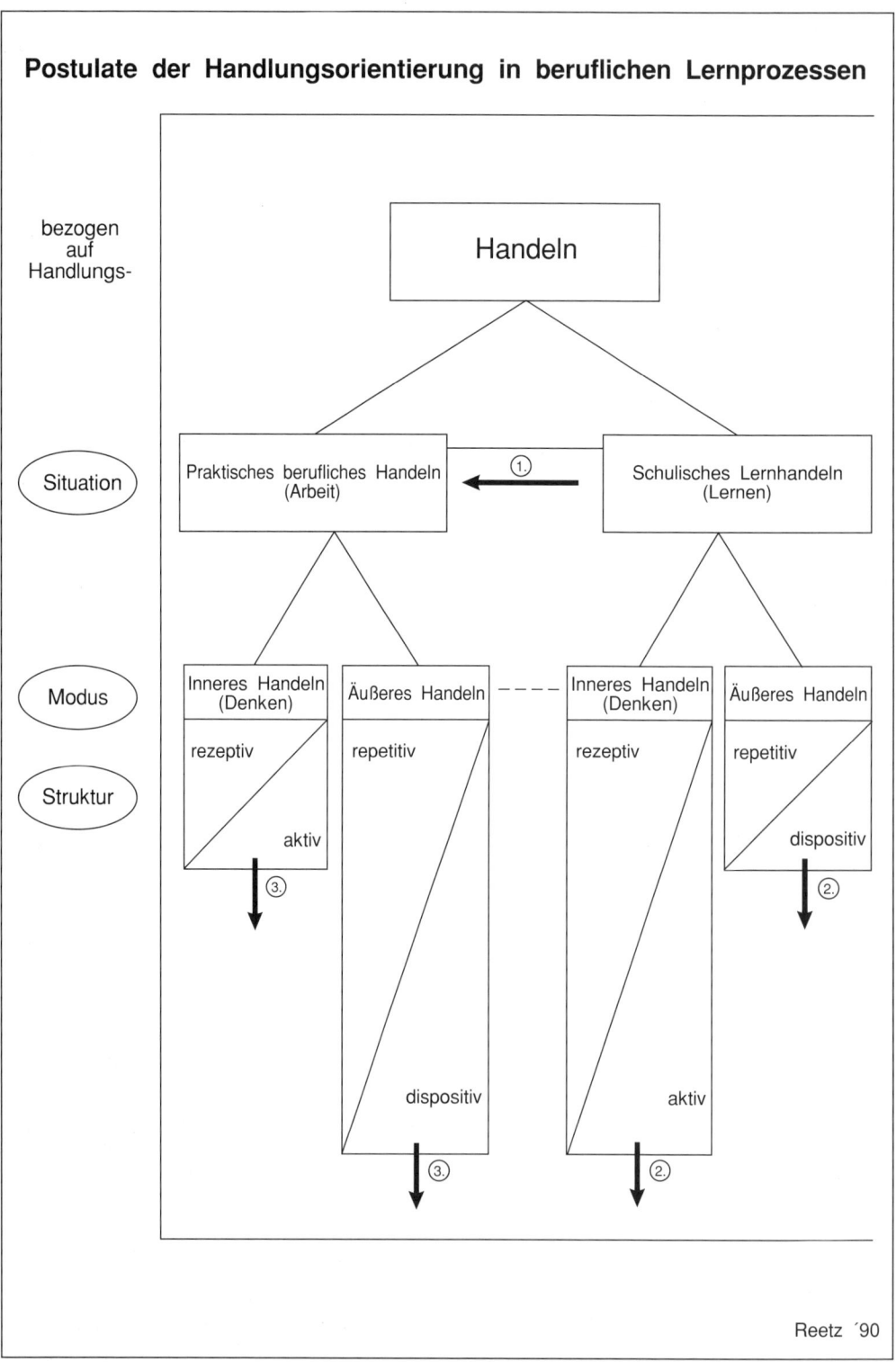

Abb. 4

Literatur:

Achtenhagen, F. et al.: Lernen, Denken, Handeln in komplexen ökonomischen Situationen – unter Nutzung neuer Technologien in der kaufmännischen Berufsausbildung. Göttingen – Sem. f. Wirtschaftspäd. Berichte 11 – 1 u. 2 (1987)

Aebli, H.: Denken: Das Ordnen des Tuns Bd. II: Denkprozesse. Stuttgart (Klett-Cotta) 1981.

Albers, H.-J.: Einstellungsänderungen während der Ausbildungszeit. In: Deutsche Berufs- und Fachschule, 74. Band (1978), Heft 12, S. 901–916.

Baethge, M./Oberbeck, H.: Die Zukunft der Angestellten. Frankfurt 1986.

Baron, W./Meyer, N.: Projektorientiertes Lernen als Ansatz zur Vermittlung von Handlungskompetenzen in der beruflichen Bildung. In: Berufsbildung in Wissenschaft und Praxis, 16. Jg. (1987), Heft 5, S. 144–149.

Beck, K.: Zum Problem der Beschreibung des Verhältnisses von Mensch und Arbeit. In: Zeitschrift für Berufs- und Wirtschaftspädagogik, 76. Band (1980), Heft 5, S. 355–364.

Benteler, P./Fricke, E.: Neuere Entwicklungen in der kaufmännischen Berufsausbildung. In: Koch, R. (Hrsg.): Technischer Wandel und Gestaltung der beruflichen Bildung. BiBB Berlin und Bonn 1988.

Blaschke, D.: Soziale Qualifikationen im Erwerbsleben. Beitr. z. Arbeitsmarkt- u. Berufsforschung 116, Nürnberg 1987.

Boretty, R./Fink, H./Holzapfel, H./Klein, U.: PETRA, Projekt- und transferorientierte Ausbildung. Berlin, München (Siemens) 1988.

Boehm, U. et al.: Qualifikationsstruktur und berufliche Curricula, Schriften BBF, Band 20, Hannover 1974.

Brater, M.: Arbeit – Beruf – Persönlichkeit. In: Lipsmeier (Hrsg.): Berufsbildungspolitik in den 70er Jahren, 4. Beiheft zur ZBW 1983, S. 36–48.

ders.: Allgemeinbildung und berufliche Qualifikation. In: Müller-Rolli (Hrsg.): Das Bildungswesen der Zukunft, Stuttgart (Klett-Cotta) 1987, S. 119–137.

Brater, M./Büchele, U.: Konzept des Modellversuchs »Erprobung arbeitsplatzorientierter Methoden für die Ausbildung von Industriekaufleuten unter den Bedingungen neuer Technologien« (Wacker Chemie München und Burghausen). In: Berufsbildung in Wissenschaft und Praxis, 15. Jg. (1986), Heft 2, S. 59 f.

Brater, M. et al.: Entwicklung schöpferischer Fähigkeiten in der Berufsvorbereitung und Berufsausbildung. In: Berufsbildung in Wissenschaft und Praxis, 14. Jg. (1985), Heft 3, S. 77–80.

Bundesminister für Bildung und Wissenschaft (Hrsg.): Schlüsselqualifikationen und Weiterbildung; Dokumentation des 3. BMBW-Kolloquiums zur Weiterbildung am 26. Sept. 1985 in Bonn. Bad Honnef (Bock) 1986).

Bunk, G.P.: Einführung in die Arbeits-, Berufs- und Wirtschaftspädagogik. Heidelberg (UTB) 1982.

Bunk, G.P./Zedler, R.: Neue Methoden und Konzepte beruflicher Bildung. Köln 1986.

Cromme, D. et al.: Höhere Handelsschule (Vollzeit) – Fachhochschulreife – Allgemeine Hochschulreife. Soest (Landesinstitut f. Schule und Weiterbildung) 1988.

Dauenhauer, E.: Berufsbildungspolitik. Berlin 1981.

Diepold, P./Rischmüller, H.: Konsequenzen der neuen Informations- und Kommunikationstechniken für Inhalte und Methoden beruflichen Lernens am Beispiel des Modellversuchs WOKI. Göttingen 1987.

Dörner, D.: Lernen des Wissens- und Kompetenzerwerbs. In: Treiber/ Weinert (Hrsg.) Lehr-/Lernforschung, München 1982, S. 134–148.

Dulisch, F.: Lernen als Form menschlichen Handelns. Bergisch Gladbach (Hobein) 1986.

ders.: Die Selbststeuerung in der berufsbezogenen Lerntätigkeit. In: Zeitschrift für Berufs- und Wirtschaftspädagogik, 84. Band (1988), Heft 6, S. 532–543.

Elbers, D. et al.: Schlüsselqualifikationen – ein Schlüssel für die Berufsbildungsforschung? In: Berufsbildung in Wissenschaft und Praxis, 4. Jg. (1975), Heft 4, S. 26–29.

Friede, Ch. K. (Hrsg.): Neue Wege der betrieblichen Ausbildung. Heidelberg (Sauer) 1988.

Gaugler, E.: Zur Vermittlung von Schlüsselqualifikationen. In: ders. (Hrsg.): Betriebliche Weiterbildung als Führungsaufgabe. Wiesbaden (Gabler) 1987, S. 69–84.

ders.: Gedanken zur Vermittlung von Schlüsselqualifikationen in der organisierten Weiterbildung. In: BMBW (Hrsg.): Schlüsselqualifikationen und Weiterbildung. Bonn 1986, S. 20–27.

Furck, H./Nispel, D.: Die Weiterentwicklung der industriellen Elektroberufe. In: Kuratorium der deutschen Wirtschaft für Berufsbildung (Hrsg.): Qualifikationsanforderungen im Wandel. 11. Tagung gewerblichtechnischer Ausbildungsleiter. Bonn 1988, S. 31–34.

Gesellschaft für Ausbildungsforschung und Berufsbildung e.V.: Persönlichkeitsorientierte Berufsausbildung. Hekt. Mskr. o.J.

Halfpap, K. et al.: Modellversuch Lehrbüro. Hg. v. Landesinstitut für Schule und Weiterbildung. Soest 1987.

Höhn, R.: Die innere Kündigung im Unternehmen. Bad Harzburg (wwt) 1986.

Kaiser, F.-J. (Hrsg.): Handlungsorientiertes Lernen in kaufmännischen Berufsschulen. Didaktische Grundlagen und Realisierungsmöglichkeiten für die Arbeit im Lernbüro. Bad Heilbrunn (Klinkhardt) 1987.

Kern, H./Schumann, M.: Das Ende der Arbeitsteilung? – Rationalisierung in der industriellen Produktion. München 1984.

Koch, R.: Beschäftigungs- und Qualifikationsentwicklung in den kaufmännischen Berufen und Probleme einer zukunftsorientierten Gestaltung der kaufmännischen Aus- und Weiterbildung. In: Koch, R. (Hrsg.): Technischer Wandel und Gestaltung der beruflichen Bildung. BIBB Berlin und Bonn 1988, S. 51–64.

Koch, J./Schneider, P.J.: Modellversuch Leittextgesteuerte Untersuchungsprojekte unter Nutzung moderner Bürotechnologien in der kaufmännischen Ausbildung. In: Berufsbildung in Wissenschaft und Praxis, 14. Jg. (1985), Heft 5, S. 194 f.

Klein, U.: Weiterbildung von Ausbildern in der »Projekt- und transferorientierten Ausbildung (PETRA)« bei Siemens. In: Berufsbildung und Wissenschaft und Praxis, 15. Jg. (1986), Heft 5, S. 150–157.

Koeder, K.W./Stein, H.: Personalentwicklung als zentrale Aufgabe des Personalwesens. In: Personalentwicklung, Sonderheft der Zeitschr. »Wirtschaft und Gesellschaft im Beruf«, Oktober 1988, S. 2–5.

Koll, H.J.: Mobilität und Beruf. Opladen 1981.

Kramer, B./Nibbrig, B./Reicherts, H.-J.: Kommunikation und Kommunikationsförderung im Unterricht an beruflichen Schulen. Trier 1980.

Kroeber-Riehl, W.: Wissenschaftstheoretische Sprachkritik in der Betriebswirtschaftslehre. Berlin 1969.

Kutscha, G.: Das politisch-ökonomische Curriculum. Wirtschaftsdidaktische Studie zur Reform der Sekundarstufe II. Kronberg/Ts. 1976.

ders: Das Theorie-Praxis-Problem in der Berufsausbildung und Aspekte zu seiner Differenzierung. In: Die berufsbildende Schule, 32. Jg. (1980), Heft 9, S. 491—500.

Lange, H.: Das Verhältnis von Berufsbildung und Allgemeinbildung in der erziehungswissenschaftlichen Diskussion. In: ZBW 78, Band (1982), Heft 10, S. 733—748.

Laur-Ernst, U.: Berufsübergreifende Qualifikationen und neue Technologien — ein Schritt zur Entspezialisierung der Berufsbildung? In: Koch, R. (Hrsg.) Technischer Wandel und Gestaltung der beruflichen Bildung. BIBB Berlin und Bonn 1988, S. 13—25.

dies.: Zur Vermittlung berufsübergreifender Qualifikationen. Oder: Warum und wie lernt man abstraktes Denken? In: Berufsbildung in Wissenschaft und Praxis, 12. Jg. (1983), Heft 6, S. 187—190.

Lehmensick, E.: Die Theorie der formalen Bildung. Göttingen 1926.

Lennartz, D.: Funktionsprobleme der Fertigkeitsprüfung — »Berufsbezogene Schlüsselqualifikationen« ein Ansatz zu ihrer Reduzierung? In: Berufsbildung in Wissenschaft und Praxis, 10. Jg. (1981), Heft 3, S. 7—12.

dies.: Abschlußprüfungen — Spiegelbild einer atomistischen Erstausbildung? In: Berufsbildung in Wissenschaft und Praxis, 13. Jg. (1984), Heft 2, S. 40—45.

Lennartz, D./Schwiedrzik, B.: Arbeit bildet — aber wie? In: Berufsbildung in Wissenschaft und Praxis, 11. Jg. (1982), Heft 4, S. 1—3.

Leu, H.R.: Berufsausbildung als allgemeine und fachliche Qualifizierung. In: Z. f. Päd. 42 Jg. (1978), Heft 1, S. 21—25.

Litzenberg, G./Tripp, W.: Methoden zur Förderung von Schlüsselqualifikationen. In: Kuratorium, der Deutschen Wirtschaft für Berufsbildung (Hrsg.): Berufliche Bildung und Innovation — Jahrestagung 1987 der kaufmännischen Ausbildungsleiter. Bonn 1987, S. 18—21.

Manstetten, R.: Transferfähigkeit. In: Manstetten(Nibbrig/Tümmers Zukunftsbedeutsame Lehrziele. Trier (Spee) 1977, S. 29—56.

Mertens, D.: Schlüsselqualifikationen. In: Mitt. d. Arbeitsmarkt und Berufsforschung, 7. Jg. (1974), S. 36—43.

Messner, H.: Wissen und Anwenden. Zur Problematik des Transfers im Unterricht. Stuttgart 1978.

Meyer-Dohm, P.: Technischer Fortschritt und lebenslanges Lernen — Anforderungen an die Aus- und Weiterbildung. In: BMBW (Hrsg.): Schlüsselqualifikationen und Weiterbildung. Bonn 1986, S. 7—19.

Michel, Ch./Novak, F.: Kleines psychologisches Wörterbuch. Freiburg (Herder) 1980.

Neber, H. (Hrsg.): Entdeckendes Lernen. Weinheim/Basel (Beltz) 1981.

Neber, H.: Angewandte Problemlösepsychologie. In: ders. (Hrsg.) Angewandte Problemlösepsychologie. Münster (Aschendorf) 1987, S. 1—118.

Posth, M.: Innovationen in der Berufsbildung als politische und unternehmenspolitische Aufgabe. In: Kuratorium der Deutschen Wirtschaft für Berufsbildung (Hrsg.) Zukunftsaufgaben in der beruflichen Bildung. 8. Tagung der gewerblich-technischen Ausbildungsleiter. Bonn 1985, S. 3—7.

Pampus, K.: Ansätze zur Weiterentwicklung betrieblicher Ausbildungsmethoden. In: Berufsbildung in Wissenschaft und Praxis, 16. Jg. (1987), Heft 2, Sd. 43—51.

Piazolo, P.H.: Ein Beispiel erfolgreicher Bildungspolitik. In: Institut der deutschen Wirtschaft (Hrsg.) Berufsausbildung für das Jahr 2000 — Eine Bilanz der Neuordnung der industriellen Metall- und Elektroberufe. Köln (DIV) 1987, S. 11—17.

Reetz, L.: Beruf und Wissenschaft als organisierende Prinzipien des Wirtschaftslehrecurriculums. In: Deutsche Berufs- und Fachschule, 1976, Heft 12, S. 810 ff.

ders.: Konzeptionen der Lernfirma. In: Wirtschaft und Erziehung (1986), Heft 11, S. 351—365.

ders.: Zum Einsatz didaktischer Fallstudien im Wirtschaftslehreunterricht. In: Unterrichtswissenschaft, 16. Jg. (1988), Heft 2, S. 38—55 (1988 a).

ders.: Fälle und Fallstudien im Wirtschaftslehre-Unterricht. In: Wirtschaft und Erziehung, 1988, Heft 5, S. 148—156.

Reetz, L./Seyd, W.: Curriculumtheorien im Bereich der Berufsbildung. In: Hameyer et al. (Hrsg.): Handbuch der Curriculumforschung. Weinheim/Basel (Beltz) 1983, S. 171—192.

Reetz, L./Witt, R.: Curriculumanalyse Wirtschaftslehre. Berufsausbildung in der Kritik. Hamburg (Hoffmann und Campe) 1974.

Refa (Verband für Arbeitsstudien und Betriebsorganisation e.V.) (Hrsg.): Methodenlehre der Betriebsorganisation: Arbeitspädagogik. München (Hanser) 1989

Roth, H.: Pädagogische Anthropologie. Band 1 Hannover (Schroedel) 1966, Band 2 Hannover (Schroedel) 1971.

Saum, K.L.: Künstlerische Tätigkeiten in der Berufsbildung. In: Zeitschrift für Berufs- und Wirtschaftspädagogik, 77. Band (1981), Heft 2.

Söltenfuß, G./Halfpap, K. (Hrsg.): Handlungsorientierte Ausbildung im kaufmännischen Bereich, St. Augustin 1987.

Schelten, A.: Grundlagen der Arbeitspädagogik. Stuttgart (Steiner) 1987.

Schlieper, F.: Allgemeine Berufspädagogik. Freiburg (Lambertus) 1963.

Schmiel, M.: Schlüsselqualifikationen als Lernziele in der beruflichen Aus- und Weiterbildung. Vortrag (Mskr.) Hochschultag für Ausbilder in Univ. Stuttgart 1978.

Schmitt, R.: Lernzielformulierung. In: Hameyer/Frey/Haft (Hrsg.): Handbuch der Curriculumforschung. Weinheim und Basel (Beltz) 1983, S. 607—616.

Schneider, W.: Transferförderung im betriebswirtschaftlichen Unterricht. In: Schneider, W. (Hrsg.) Wirtschaftspädagogik in Österreich. Festschrift für Hans Krasensky. Wien 1983, S. 27—58.

Schroder, H.M.: Die Bedeutsamkeit von Komplexität. In: Mandl, H./Huber, G.L. (Hrsg.) Kognitive Komplexität. Göttingen (Hogrefe) 1978, S. 35—50.

Stratmann, K.: Neue Wege des Lernens, Förderung der Lernbereitschaft und Lernfähigkeit. In: Kuratorium der Deutschen Wirtschaft für Berufsbildung (Hrsg.) Neue Wege des Lernens, 10. Tagung gewerblich-technischer Ausbildungsleiter. Köln 1987, S. 7—13.

Teichler U. et al.: Hochschulzertifikate in der betrieblichen Einstellungspraxis. Bad Honnef 1984.

Thomae, H.: Das Individuum und seine Welt. Eine Persönlichkeitstheorie. Göttingen 1968.

Volk, H.: Lernziel Sozialkompetenz. Das neue Bild vom Vorgesetzten. In: Zeitschrift für Berufs- und Wirtschaftspädagogik, 84. Band (1988), Heft 3, S. 222–229.

Wiemann, G.: Reformstrategien zur Einführung des Berufsgrundbildungsjahres. Zehn Jahre BGJ in Niedersachsen. In: Lipsmeier, A. (Hrsg.) Berufsbildungspolitik in den 70er Jahren, 4. Beiheft der Zeitschrift für Berufs- und Wirtschaftspädagogik, Wiesbaden 1983, S. 110–122.

Witt, R.: Das Verhältnis von Berufsbildung und Allgemeinbildung als Frage der didaktischen Transformation. In: Zeitschrift für Berufs- und Wirtschaftspädagogik, 78. Band (1982), Heft 10, S. 766–781.

Zabeck, J.: »Schlüsselqualifikationen« – Zur Kritik einer didaktischen Zielformel. In: Wirtschaft und Erziehung (1989), Heft 3.

ders.: »Schlüsselqualifikationen« zur Aufklärung eines Sachverhaltes. In: Die Realschule, 96. Jg. (1988), Hft 9, S. 328–332.

Ute Laur-Ernst

Schlüsselqualifkationen – innovative Ansätze in den neugeordneten Berufen und ihre Konsequenzen für Lernen.*

1. Schlüsselqualifikationen – der Schlüssel wozu?

1.1 Eine kurze Bemerkung vorab

Der Begriff »Schlüsselqualifikationen« scheint sich einzubürgern; er ist griffig, einprägsam, jedoch nicht ganz unproblematisch, denn er weckt spontan positive Erwartungen, er macht ein zwar vages, aber durchaus reizvolles Versprechen:

Besitzt man den »richtigen Schlüssel« oder die »richtigen Schlüsselqualifikationen«, dann eröffnen sich einem neue, interessante Zugangswege zum Arbeitsmarkt, dann hat man bessere Chancen für einen guten und sicheren Arbeitsplatz, vielleicht sogar für beruflichen Aufstieg.

Dieses scheinbare Versprechen ist angesichts der realen Arbeitsmarktlage wohl kaum einlösbar. Überdies sollen »Schlüsselqualifikationen« künftig zum Standard beruflicher Bildung werden, so daß sie den Charakter von »Privilegien« verlieren, den sie bisher zweifelsohne hatten. Viele dieser neuen Qualifikationen sind traditionell an Tätigkeiten auf höherer Ebene der Berufs- und Funktionshierarchie gebunden; dies beginnt sich zu ändern. Der Begriff führt also leicht in die Irre. Deshalb ziehe ich es vor, einen neutralen zu verwenden – z.B. berufsübergreifende oder sogar berufsfeldübergreifende Qualifikationen, Querschnitts- oder allgemeinberufliche Qualifikationen.[1]

Die Frage nach dem »Wozu« dieser Fähigkeiten entfällt mit der anderen Bezeichnung natürlich nicht. Ihre Beantwortung ist entscheidend, denn das »Wozu«, d.h. die letztlich verfolgten Zwecke und Ziele beeinflussen sowohl das »Was«, die Inhalte und Probleme als auch das »Wie«, also die Lehr-Lernkonzepte der Berufsbildung. So wird uns diese Frage im folgenden weiter begleiten.

1.2 Anbahnung eines Perspektivwechsels

Als MERTENS 1974 den Begriff »Schlüsselqualifikationen« in die Diskussion einbrachte, geschah dies vor dem Hintergrund wachsender Schwierigkeiten auf dem Arbeitsmarkt und einer Krise der Bildungsplanung: Der strukturelle, ökonomische Wandel und das Vordringen der neuen Informations- und Kommunikationstechniken in alle Bereiche der Arbeitswelt bestätigten die Unmöglichkeit, den Qualifikationsbedarf einer dynamischen Gesellschaft hinreichend präzise und zuverlässig prognostizieren bzw. die faktische Verwertung vorhandener Qualifikationen vorausschauend angeben zu können. Zudem waren Verfall und Veralten von (insbesondere technischem) Spezialwissen einfach nicht mehr zu übersehen – auch auf Facharbeiterebene nicht.

In dieser Situation empfahl MERTENS der Bildungspolitik, sich nicht mehr ausschließlich und vordergründig an den letztlich doch unsicheren Qualifikationsanforderungen des Beschäftigungssystems zu orientieren, um aus ihnen Ziele und Inhalte beruflicher Bildung direkt abzuleiten, sondern eigenständig Bildungsziele zu formulieren und langfristig verwertbare Qualifikationen zu bestimmen (vgl. hierzu auch die Überlegung von OFFE 1975 und BAETHGE 1975). Er selbst schlug

---

* Schriftliche Fassung eines Vortrags auf dem Hamburger Weiterbildungssymposion zum Thema: »Schlüsselqualifikationen – Fachwissen in der Krise?« im Juni 1989.
[1] Die Bezeichnungen »extrafunktional« oder »prozeßunabhängig« erscheinen mir ebenfalls weniger geeignet, weil sie ein zu enges, im Grunde auf Fachlich-Technisches eingeschränktes Verständnis von Arbeit signalisieren.

die konsequente Reduktion von hoch spezialisiertem, praxisnahem und additivem Faktenwissen und Können zugunsten einer funktional breit angelegten und »abstrakteren« beruflichen Bildung vor. Nur so könne sich der einzelne eine Qualifikationsbasis schaffen, die ihm »die rasche und reibungslose Erschließung von wechselndem Spezialwissen« ermöglichen würde (MERTENS 1974, S. 36). Die Unbestimmtheiten und Unwägbarkeiten in der künftigen Entwicklung der Arbeitswelt sollten durch ein möglichst flexibles, schnell an aktuelle Erfordernisse anpaßbares Qualifikationspotential auf seiten der Arbeitenden (Auszubildenden) aufgefangen werden. Darin lag seine Idee der Problemlösung.

Dieser Vorschlag fand Zustimmung, aber auch Kritik (vgl. z.B. ELBERS, HECKENAUER, u.a. 1975). Insbesondere die bildungspolitischen Implikationen seines auf eine »berufliche Allgemeinbildung« abzielenden Konzepts (Abbau der bisherigen Berufsorientierung/-struktur in der Berufsbildung) einerseits sowie die vier von ihm unterschiedenen Kategorien von »Schlüsselqualifikationen« (Basisqualifikationen, Horizontalqualifikationen, Breitenelemente und Vintage-Faktoren) und ihre Konkretisierungsversuche andererseits sind keineswegs unproblematisch. Aber das eigentlich Interessante in den Überlegungen von MERTENS ist der anvisierte Perspektivwechsel:

Nicht mehr die aktuellen oder kurzfristig erwarteten betrieblichen Anforderungen sollten die entscheidenden Leitlinien für die Berufsbildung abgeben, sondern Ausgangspunkt müsse der Lernende (Beschäftigte) und die Entwicklung seiner Kompetenzen sein.

Dabei hat MERTENS – und das ist ebenso wenig zu übersehen – nicht primär die Förderung der individuellen Persönlichkeit als Ganzes im Auge; ihn interessiert in erster Linie der Mensch als mobile, möglichst vielfältig einsetzbare Arbeitskraft, und er verbindet mir »Arbeitskraft« primär die Verfügbarkeit von kognitiven, intellektuellen Fähigkeiten. So fordert er vor allem die »Schulung des Denkens«, eines analytischen, logischen, dispositiven, strukturierenden, kontextuellen Denkens, auch eines kooperativen oder kreativen Denkens. Aber soziale, emotionale und motivationale Komponenten der Persönlichkeit, die für reales Arbeitshandeln ebenfalls relevant sind, klammert er weitgehend aus.

Durch diese Akzentuierung unterscheidet er sich deutlich von jenen, die ausdrücklich »Bildung im Medium des Berufs« anstreben und eine Förderung der individuellen Persönlichkeit insgesamt wollen. Sie beziehen Lernziele, wie Emanzipation, soziale Sensibilität, Initiative, Lernbereitschaft, Gefühlskultur, Kritikfähigkeit u.ä. bewußt in ihre Lernkonzepte ein (z.B. LEMPERT 1971, 1974, FUCKE 1981, BRATER 1983, LAUR-ERNST 1984, GRUSCHKA 1988).

Damit ist das Spannungsfeld umrissen, in dem sich die aktuelle Diskussion um die übergreifenden Qualifikationen bewegt: Je nachdem zu welcher Seite man mehr tendiert, wird man diesen oder jenen Akzent in der Berufsbildung setzen. Es besteht kein umfassender gesellschaftlicher und bildungspolitischer Konsens in dieser Frage – lediglich ein Minimalkonsens, der sich bisher in den Neuordnungen einiger Berufe niedergeschlagen hat. Darauf wird noch ausführlicher eingegangen (vgl. Abschnitt 3).

1.3 Zur Legitimierung berufsübergreifender Qualifikationen

Die Frage nach dem »Wozu« läßt sich also aufgrund der gesellschaftlichen Interessen- und Wertpluralität nicht allgemeinverbindlich beantworten. So wird jeder (jede Gruppe, Institution, Organisation) seine (ihre) Setzung machen. Das gilt in gleicher Weise für die Auswahl der letztlich in den Bildungsprozeß ausdrücklich aufzunehmenden übergreifenden Fähigkeiten als auch für ihre inhaltliche Bestimmung. Das eigene Menschen- und Weltbild, das Verständnis von Beruf und Arbeit sowie die damit assoziierte Auslegung der Funktion und Möglichkeiten beruflicher Bildung werden sich hier niederschlagen. Folglich ist von vornherein eine größere Schwankungs- und Interpretationsbreite für die übergreifenden Qualifikationen zu erwarten als bei den gewohnten fachspezifischen Lernzielen. Der Gleichklang der Wörter, die Verwendung desselben Vokabulars kann darüber nicht hinwegtäuschen. Schaut man sich die Begründungen für die Einbeziehung der neuen Qualifikationen an, wird dies deutlich. Es lassen sich hier fünf Argumentationsarten unterscheiden, die konkret teilweise in Kombination auftreten:

(1) Man zieht sich ausdrücklich auf die Ausbildungsordnungen zurück; die dort angegebenen übergreifenden Qualifikationen werden als verbindlich angesehen (legalistische Orientierung);

(2) es wird auf die betreffenden Fähigkeiten als schon immer existierende Voraussetzungen für eine kompetente Berufsausübung verwiesen (berufs-traditionelle Haltung);
(3) die möglichen künftigen Entwicklungen in der Arbeitswelt machen eine Neuorientierung in der Berufsbildung erforderlich; die übergreifenden Qualifikationen sind demnach »plausible Hypothesen« für einen künftigen, langfristig bedeutsamen Bedarf des Beschäftigungssystems, der viele Wege offen läßt (flexible, bedarfsorientierte Argumentation);
(4) Arbeit und Technik werden als Handlungsfelder angesehen, an deren Gestaltung sich die Beschäftigten aktiv unter Wahrung ihrer eigenen Interessen beteiligen sollen; hierfür werden entsprechende Kompetenzen benötigt (Beteiligungsprinzip) und
(5) Berufsbildung soll ebenso die Entfaltung der individuellen Persönlichkeit fördern; dementsprechend sind Fähigkeiten zu fördern, die auch für die außerberufliche Lebensgestaltung und -bewältigung von Bedeutung sind (ganzheitlich persönlichkeitsbezogene Orientierung).

Dieses Legitimationsspektrum läßt schlaglichtartig erkennen, wie vielfältig die neuen Bildungsziele ausgelegt werden können. Daß auch bisher nicht einheitlich ausgebildet wird, darüber besteht kein Zweifel, aber es könnten – insbesondere in einer Übergangsphase – noch größere qualitative Unterschiede entstehen. Neben diesen Fragen werden sich Bildungsforschung und Bildungspraxis mit weiteren Problemen befassen müssen, denn vieles ist bisher im Zusammenhang mit den allgemeinberuflichen Qualifkationen ungeklärt.

2. Versuche der Systematisierung und theoretischen Einbettung

So stehen wir vor einem beachtlichen wissenschaftlich-theoretischen Defizit in Hinblick auf die Klärung dessen, was eigentlich »hinter« diesen zahlreichen, als »Fähigkeiten« ausgewiesenen Begriffen/Wörtern steht. Verfügen sie tatsächlich über eigenständige psychische Korrelate, so daß ihre sprachliche Unterscheidung gerechtfertigt ist? Vielleicht liegen z.B. der Planungsfähigkeit, dem analytischen Denken und dem Umgehen mit Komplexität dieselben kognitiven Strukturen zugrunde und nicht jeweils besondere? Vielleicht sind Kreativität, Flexibilität und soziales Verständnis Ausprägungen ein und derselben Persönlichkeitskomponente? Darüber wissen wir zu wenig. Es gilt hier voranzukommen, um zu verhindern, daß sich immer mehr anscheinend eigenständige Fähigkeiten in den Köpfen von Bildungspolitikern, Bildungsplanern und Bildungspraktikern häufen, so daß der Eindruck entsteht, sie würden bald die gesamte Berufsbildung beherrschen, während berufsspezifische Qualifikationen verschwinden bzw. eindeutig zu kurz kommen.[2]
Weiterhin ist zu fragen, wie sich die vorfindlichen psychologischen Konstrukte (z.B. divergentes Denken, Problemlösen, Empathie, Flexibilität) mit den normativen Bildungszielen einerseits und den praktischen Arbeitsanforderungen andererseits in Beziehung setzen lassen. Wie können sie sinnvoll und für die Bildungspraxis einsichtig operationalisiert und anwendbar werden, ohne daß ein zu großer, von Betrieb und Schule nicht mehr aufbringbarer Veränderungsaufwand notwendig wird? Ansätze dafür gibt es; aber sie sind häufig punktuell auf einen einzelnen Qualifikationskomplex bezogen und in ein theoretisches Konzept eingebettet, das sich mit anderen nicht in Einklang bringen läßt, also auch keine Verbindungen zu anderen Qualifikationen herstellbar werden.[3] Einen neuen Ansatz in dieser Beziehung hat REETZ (1989, vergleiche seinen Beitrag in diesem Band) formuliert, indem er auf die Persönlichkeitstheorie von ROTH rekurriert. Die Einbettung der übergreifenden Qualifikationen in ein ganzheitliches sozialpsychologisches bzw. pädagogisches Konzept verspricht am ehesten erfolgreich zu sein.
Das Nebeneinander von Begrifflichkeiten und die gewisse Beliebigkeit, die aus mancher veröffentlichten Qualifikationsliste spricht, fordert in einem ersten Schritt zur Bildung von Kategorien heraus. Das verbreitetste Ordnungsschema, das vermutlich auf die Empfehlungen des Bildungsrates

---

[2] In einem BIBB-Forschungsprojekt (5.067) mit dem Arbeitstitel »Förderung von Systemdenken- und Zusammenhangsverständnis« (GUTSCHMIDT, LAUR-ERNST, LIETZAU) wollen wir auch diesem Problemkreis nachgehen.
[3] Hier ist z.B. an DÖRNER'S Konzept zum Problemlösen sowie die Handlungstheorie von HACKER und ihre Umsetzung zur Definition von Arbeitsaufgaben und »Operationsprogrammen« zu denken (vgl. FRANKE 1986).

von 1970 zurückgeht, unterscheidet drei **Qualifikationskomplexe**: die berufsspezifische Fachkompetenz, die übergreifende Methodenkompetenz und die Sozialkompetenz (teilweise auch Humankompetenz genannt). Doch diese drei – spontan einfach und plausibel anmutenden – Kategorien werden offensichtlich recht uneinheitlich interpretiert. So wird beispielsweise Selbständigkeit einmal zur Methodenkompetenz und ein anderes mal zur Sozialkompetenz gerechnet (vgl. MUDERS & WIENER 1988, S. 61); Kommunikationsfähigkeit wird teilweise als methodische, teilweise als soziale Fähigkeit ausgedeutet. Ebenso kritisch erscheinen Unterscheidungen (z.B. von STÖSSEL 1986) zwischen »formalen Bildungszielen (Fähigkeiten)« und »charakterlichen Bildungszielen (Verhalten)«, zumal unklar bleibt, wie diese Begriffe (theoretisch) verankert sind und warum z.B. Kommunikationsfähigkeit als »formales« und Zusammenarbeit als »charakterliches« Bildungsziel eingeordnet wird.

Offensichtlich stehen wir noch mitten in einem zweifellos schwierigen Klärungsprozeß. In dieser Situation wäre es – bei allem Verständnis für ein pragmatisches Vorgehen – sicher voreilig, sich bereits jetzt ein für allemal auf einen Qualifikationskatalog, ein Ordnungsschemata oder auf ein einziges methodisch-didaktisches Konzept festzulegen. Weder die Bildungsforschung noch die Bildungspraxis sind gegenwärtig in der Lage, hier endgültige Aussagen und Entscheidungen zu treffen. Offenheit und Flexibilität sind nicht nur Bildungsziele für Auszubildende und Weiterzubildende, sondern müßten ebenfalls Prinzipien der Gestaltung beruflicher Lehr- und Lernprozesse werden.

Im Sinne eines solchen, schrittweise approximativen Vorgehens bei der Problemlösung ist mein Ordnungvorschlag für die übergreifenden Qualifikationen (vgl. auch 1988) zu verstehen. Er unterscheidet analytisch drei Kategorien (vgl. Bild 1), die zugleich Aussagen über die Lernbedingungen zulassen; in diesem Punkt hebt er sich klar von anderen Systematisierungsversuchen ab.

Diese analytische Trennung der drei Kategorien berufsübergreifender Qualifikationen dient in erster Linie einer besseren Transparenz; jeder sollte sich bewußt sein, daß es nicht nur eine Art dieser Qualifikationen gibt. In der realen Lehr-Lernsituation jedoch wird diese Trennung wieder aufgehoben; hier werden alle Qualifikationen – in Verbindung mit der berufsspezifischen Fachkompetenz – möglichst integriert. Dazu bedarf es eines besonderen didaktischen Ansatzes; er wird später (vgl. Abschnitt 5) dargestellt. Zunächst sollten wir uns die drei Kategorien näher anschauen:

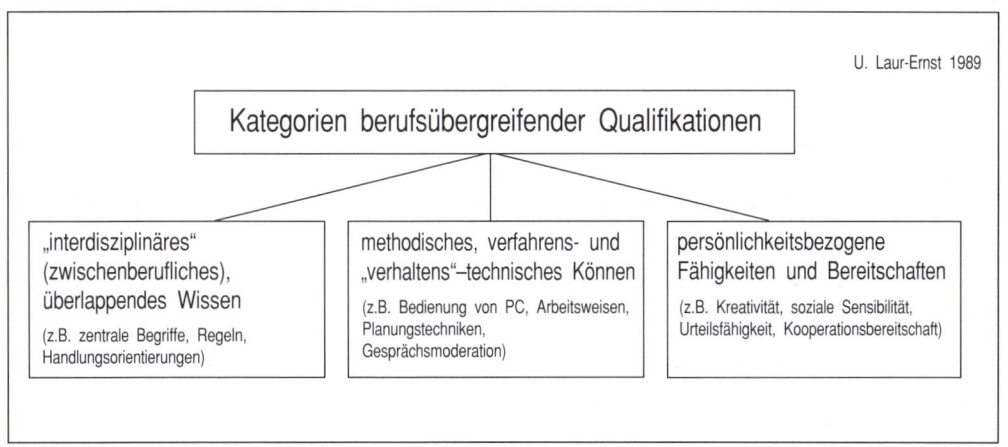

U. Laur-Ernst 1989

Kategorien berufsübergreifender Qualifikationen

„interdisziplinäres" (zwischenberufliches), überlappendes Wissen (z.B. zentrale Begriffe, Regeln, Handlungsorientierungen)	methodisches, verfahrens- und „verhaltens"-technisches Können (z.B. Bedienung von PC, Arbeitsweisen, Planungstechniken, Gesprächsmoderation)	persönlichkeitsbezogene Fähigkeiten und Bereitschaften (z.B. Kreativität, soziale Sensibilität, Urteilsfähigkeit, Kooperationsbereitschaft)

Bild 1: Kategorien »berufsübergreifender Qualifikationen«

Die drei Kategorien lauten:
(1) **interdisziplinäres,** zwischenberufliches, überlappendes *Sachwissen* über Berufsbereiche, die an die eigene Berufsarbeit angrenzen (z.B. kaufmännisches Wissen für den Metalltechniker produktionstechnische Grundkenntnisse für den Elektriker oder elektrotechnische Grundbegriffe für den Chemiefacharbeiter) sowie grundlegende Kenntnisse zur Arbeitsorganisation (z.B. Modelle der Arbeitsteilung), Arbeitssicherheit und zum Umweltschutz;

(2) generell verwertbares **methodisches**, verfahrens- und »verhaltens«-technisches **Können** (z.B. Arbeiten am PC, Metaplan-Technik, Gesprächsleitung, Vorgehen bei der Informationsbeschaffung);
(3) **persönlichkeitsbezogene Fähigkeiten** und Bereitschaften (z.B. Kreativität, Kommunikationsfähigkeit, Selbstvertrauen, soziale Sensibilität, Lernmotivation, kontextuelles Denken).

Worin unterscheiden sich diese Kategorien, welche Kriterien und Überlegungen liegen ihnen zugrunde? Sie lassen sich unter drei, für das Lernen relevanten Aspekten gegeneinander abgrenzen, und zwar in bezug auf:

- die Qualität der mit ihnen verbundenen Lernziele,
- den Lernmodus, also die mit ihnen verknüpfbaren Lern- und Entwicklungskonzepte,
- die Breite ihrer Verwertbarkeit für den Lernenden.

Bei Kategorie 1 handelt es sich eindeutig um Wissensbestände: Elementare Begriffe, Gesetzmäßigkeiten, Prinzipien, Verfahrensweisen allgemeinberuflicher Art sowie eines anderen Berufsbereichs, mit dem man als Facharbeiter/Fachangestellter – nicht zuletzt aufgrund neuer Arbeitsorganisationsformen – künftig mehr in Berührung kommen wird, sollen gelernt werden. Ohne daß man nun selbst zum Fachmann in diesem anderen Gebiet wird, erwirbt man einige Kenntnisse, die möglichst aus der Perspektive des jeweiligen Lernenden (also seines Berufsbereichs) vermittelt werden sollten. Dieses Wissen läßt sich eindeutig festlegen, es kann objektiv beschrieben werden und ist in diesem Sinn vergleichbar mit den bisher üblichen fach- bzw. berufsspezifischen Lernzielen. Dementsprechend kommen prinzipiell alle bekannten Vermittlungsmethoden in Frage (z.B. Lehrer- oder Schülervortrag, Lernen anhand von Informationsmaterialien oder Gespräche mit Trägern dieser anderen Berufsrollen usw.).

Der Nutzen eines solchen »zwischenberuflichen« Sachwissens liegt in erster Linie in der besseren eigenen Orientierung in der Arbeitswelt, in einem besseren Verstehen dessen, was in einem Betrieb unter fachlichen Aspekten geschieht und wie die Arbeitsbereiche zusammenwirken. Es erleichtert das Kooperieren mit Kollegen anderer Berufe.

Kategorie 2 bezieht sich auf den Erwerb berufsübergreifender methodischer Kompetenzen, das heißt auf Techniken, Vorgehensweisen, Strategien, die jeder beherrschen sollte – egal welchen konkreten Arbeitsplatz er ausfüllt bzw. für welchen Beruf er ausgebildet wird. Hierzu gehört der Umgang mit modernen Informations- und Kommunikationstechniken, aber eben nicht aus berufsspezifischer Perspektive, sondern z.B. die Verwendung des PC für Dokumentationszwecke, als Hilfsmittel für die Arbeitsorganisation oder als Zugriffsinstrument für arbeitsrelevante Datenbanken. Weiterhin ist an Maßnahmen/Verfahren zur Präsentation von Arbeitsergebnissen, zur Strukturierung von Problemdiskussionen oder zur Moderation von Gesprächen zu denken.

Alle diese Techniken/Methoden sind durchaus objektivierbar; sie liegen als »fertiges« Instrumentarium vor; entsprechend präzise können die Lernziele formuliert werden. Im Gegensatz zur Kategorie 1 ist ihr Bezugssystem keine Fachwissenschaft; es handelt sich um altbekannte, aber auch moderne Arbeits- und Kulturtechniken, deren Gebrauch jedoch bisher für den Facharbeiter/Fachangestellten als unwichtig angesehen wurde.

Für den Aufbau dieses Könnens sind Vermittlungsformen geeignet, die insbesondere auf praktisches Anwenden und Üben gerichtet sind, dabei werden diese Techniken/Vorgehensweisen, sofern ihnen keine formale Standardisierung entgegensteht, eine gewisse »Individualisierung« erfahren. Damit unterscheidet sich dieser Kompetenzbereich von der Wissenskategorie (1), die aus der Perspektive des Lehrenden meist nur ein »Richtig« oder »Falsch« zuläßt, aber keine individuellen Variationen. Dieses methodische Können weist über den Arbeitsplatz und die Arbeitswelt hinaus; es kann für vergleichbare außerberufliche Aufgaben/Situationen ebenso erfolgreich verwertet und in diesen Zusammenhängen weiterentwickelt werden.

Damit komme ich zur Kategorie 3, den persönlichkeitsbezogenen Fähigkeiten und Bereitschaften, denen in der Diskussion um die Veränderung beruflicher Bildung ein besonderes Gewicht zukommt. Diese Qualifikationen sind Lernziele besonderer Art und nicht vergleichbar mit jenen der Kategorie 1 und 2. Zum einen unterscheiden sie sich durch ihre nicht eindeutige Bestimmbarkeit, sie lassen sich nicht allgemeinverbindlich definieren. Ihnen liegt kein objektivierbares Wissen oder Können zugrunde, das abgerufen und vermittelt werden könnte. Selbständigkeit, Kreativität, soziale Sensibilität, kontextuelles Verstehen oder Initiative sind interpretationsbedürftige Wörter/Begriffe, und am Ende eines solchen Interpretationsprozesses stehen keine »harten«, präzisen Definitionen, sondern Orientierungen und Leitideen.

Diese höchst komplexen Fähigkeiten werden vom Lernenden produziert. Sie entstehen individuell über die Auseinandersetzung mit der gegenständlichen, natürlichen, geistigen und sozialen Umwelt. Sie sind nicht »äußerlich«, haben keinen definierbaren Endzustand und lassen sich weder unmittelbar unterrichten noch unterweisen. Hier greifen am ehesten »indirekte« Konzepte, d.h. es werden Lernsituationen geschaffen, in denen der Lernende diese Fähigkeiten aktiv und individuell ausbilden kann. Alle traditionellen Vermittlungskonzepte gehen vom Modell der Übernahme eines vorfindlichen Wissens und Könnens aus; dies funktioniert hier nicht; der konstruktive Prozeß beim Lernenden steht im Mittelpunkt. Folglich erfordert die Einbeziehung der personenbezogenen Qualifikationen ein wirkliches Umdenken in der Berufsbildungspraxis.

Mit der bewußten Förderung dieser Fähigkeiten wird die individuelle Persönlichkeitsentwicklung unterstützt; damit trägt Berufsbildung ausdrücklich zur Lebensgestaltung und -bewältigung insgesamt bei und überschreitet ihren traditionellen Wirkungsbereich.

Die drei Kategorien berufsübergreifender Qualifikationen unterscheiden sich deutlich in ihren Konsequenzen für die Gestaltung beruflicher Bildungsprozesse. Diese qualitative Unterschiedlichkeit muß erkannt und im konkreten Lehr-Lerngeschehen berücksichtigt werden, weil sonst »Verwerfungen« oder »Verkürzungen« gerade in bezug auf die personenbezogenen Fähigkeiten entstehen. Es stellt sich jetzt die Frage: Inwieweit sind berufsübergreifende Qualifikationen bereits in die neuen Ausbildungsordnungen eingegangen? Wie sieht die Entwicklung der Erstausbildung in dieser Hinsicht aus?

3. Innovative Ansätze in den Neuordnungen

3.1 Wesentliche Trends

Die aktuellen Trends in der Berufsbildung, die sich in den letzten Jahren herauskristallisiert, jedoch bisher keinen konsequenten Niederschlag in den neuen Ausbildungsordnungen gefunden haben, lassen sich folgendermaßen skizzieren:

(1) Orientierung am komplexen Bildungsziel »berufliche Handlungsfähigkeit«. Damit ist eine entscheidende Wende in der beruflichen Bildung eingetreten und zugleich eine gewisse »Entspannung«, denn mit diesem Konzept kann sich auch die betriebspraktische Seite leichter identifizieren als mit der Wissenschaftsorientierung, die wesentlicher Markierungspunkt der Reformbestrebungen in den 60er bis 70er Jahren war. Verwissenschaftlichung als zentrale Aufgabe jeder schulischen Bildung, also auch der berufsschulischen, sollte dazu beitragen, das berufliche Lernen aus seiner instrumentell-utilitaristischen Enge herauszuführen und dem Auszubildenden eine (mit der Allgemeinbildung) gleichwertige Bildung bieten. Die Umsetzung dieses Leitgedankens gelang jedoch in der Regel nur unzureichend. Eine falsch verstandene »Theoretisierung« des Unterrichts, die Ausweitung »formal allgemeinbildender« Inhalte (Fächer), die zunehmende Ablösung beruflichen Lernens von praktischen Arbeitsproblemen und -zusammenhängen haben letztlich kontraproduktiv gewirkt. – Die jetzt zu beobachtende explizite Hinwendung zum beruflichen Handeln, zu einer bewußten Ausbildung von Handlungskompetenzen darf jedoch nicht als »Gegenprogramm« zur Wissenschaftsorientierung und als eine platte Absage an sie gedeutet werden. Handlungsfähigkeit schließt Abstraktions- und Erkenntnisleistungen sowie das Umgehen mit theoretischem Wissen unbedingt ein. Sie begrenzt sich keineswegs auf ein nur »äußerliches«, praktisch-konkretes Lösen beruflicher Aufgaben.[4]

(2) Der **Qualifikationsbegriff**. Er enthält eine kritische Distanzierung gegenüber einem Bildungsverständnis, das auf die Vermittlung eines additiven, »atomisierten« Faktenwissens und Könnens abstellt. Er ist auf die Bewältigung von berufstypischen Problemen und Situationen gerichtet, zu der stets ein Bündel von Kenntnissen, Fertigkeiten und Fähigkeiten integrativ angewendet werden muß.

---

[4] Siehe hierzu auch meinen Beitrag »Handeln als Lernprinzip« in diesem Band.

Er stützt so das Konzept beruflicher Handlungsfähigkeit, bringt aber gewisse Probleme in bezug auf Fragen der Persönlichkeitsentwicklung mit, weil dem Qualifikationsbegriff stets eine klare arbeitsbezogene Verwertungsabsicht innewohnt.

(3) Die Entspezialisierung der Berufsbildung. Sie geschieht durch eine breiter angelegte Grundbildung und eine geringere Spezialisierung der darauf aufbauenden Fachbildung. In dieser Beziehung wurde in den Neuordnungen der metall- und elektrotechnischen Berufe der größte Schritt getan. Im Einzelhandel hat man dagegen an einer branchenspezifischen Aufsplitterung der Ausbildungsberufe festgehalten, die jedoch bei den neu zu ordnenden bürowirtschaftlichen Berufen vermieden werden soll (Querschnittsberufe). Hier diskutiert man das Konzept der »Sockelqualifikationen«, die berufliche Flexibilität und Mobilität sichern sollen, aber nicht mit einer beruflichen Grundbildung gleichgesetzt werden dürfen (siehe STÖSSEL 1989, S. 110). In diesem Punkt scheint es gewisse Meinungsdifferenzen zu geben. – Darüber hinaus wird eine berufliche Entspezialisierung durch die Angleichung der Arbeitsinstrumente und Problemlösungsmethoden als Folge der neuen Informations- und Kommunikationstechniken bewirkt. War früher der Fachmann an seinem speziellen Werkzeug unmittelbar zu erkennen, so läßt sich heute auf den ersten Blick kaum sagen, welche Berufsarbeit gerade an einem Computer geleistet wird (vgl. LAUR-ERNST 1988).

3.2 Das »Qualifikationsdreieck« und seine Interpretationsbedürftigkeit

Konkreten Niederschlag finden diese Trends auch in der ausdrücklichen Nennung berufsübergreifender Qualifikationen in den Ausbildungsordnungen. Neben einem übergreifenden Wissen in Fragen der Arbeitssicherheit sowie insbesondere des Umweltschutzes und der Energieeinsparung (Kategorie 1) werden methodische Kompetenzen (Kategorie 2) sowie personenbezogene Fähigkeiten (Kategorie 3) aufgeführt. Hier übernehmen die Metall- und Elektrotechnik ebenfalls eine Vorreiterfunktion. In ihren Ausbildungsordnungen werden das **selbständige Planen, Durchführen und Kontrollieren / Bewerten** als durchgängig zu fördernde Qualifikationen ausgewiesen. Das heißt: Sie sollen nicht nur gelegentlich oder punktuell aufgegriffen, sondern systematisch mit der Vermittlung der fachspezifischen Kenntnisse und Fertigkeiten verknüpft werden. Damit wird zugleich ein integratives Lernkonzept nahegelegt: Planen, Durchführen und Kontrollieren sind Eckpunkte einer ganzheitlichen Arbeitsbewältigung und einer ganzheitlichen Ausbildung. Eine entsprechende Zielsetzung ist in der Neuordnung der Büroberufe zu erwarten; auch hier stehen als wesentliche Elemente beruflicher Handlungsfähigkeit diese drei Qualifikationen im Vordergrund (vgl. STILLER 1988, STÖSSEL 1989).

Mit diesem »Qualifikationsdreieck« werden die teilweise sehr umfassenden Vorstellungen von beruflicher Handlungsfähigkeit nicht abgedeckt, aber es wird zumindest ein Minimalprogramm festgelegt, mit dem, mehr oder weniger ausformuliert, Fähigkeiten wie Kommunikations- und Kooperationsfähigkeit, Verantwortungsbewußtsein (auch im ökologischen Bereich), Initiative, Lernbereitschaft oder die Artikulation eigener Interessen verknüpft werden. Doch was ist konkret unter diesen neuen Qualifikationen zu verstehen? Der Bildungspraktiker steht nun – wie der Bildungsforscher – vor der Notwendigkeit, sich zu überlegen, wie weit oder eng er sie fassen will, wie er sie näher definieren will:

○ So kann z.B. »selbständiges Planen« auf einfache Arbeitsaufgaben begrenzt oder aber bewußt auf komplexe, sich länger erstreckende Projekte ausgedehnt werden.

○ Das »selbständige Durchführen« kann Fragen zur Arbeitsteilung und Kooperation, zum Zeitbedarf, zu den einzusetzenden Verfahren und Arbeitsmitteln einbeziehen, oder es werden hierzu Vorgaben seitens des Ausbilders / Lehrers gemacht und damit der Entscheidungsspielraum der Lernenden weitgehend eingeschränkt.

○ Das »selbständige Kontrollieren und Bewerten« kann darin bestehen, daß man fremd-festgelegte Kriterien lediglich anwendet oder darin, daß man selbst die Kriterien zur Überprüfung des Produkts / Arbeitsergebnisses auswählt und diese Auswahl begründen kann. Weiterhin ist es etwas anderes, ob man nur das Ergebnis analysiert und bewertet oder ebenso den gesamten Arbeitsprozeß.

Je nachdem wie sich der Betrieb oder die Schule entscheidet, wird mehr oder weniger Selbständigkeit in der Ausbildung erworben, werden eine schmalere oder breitere Planungskompetenz und

Urteilsfähigkeit, ein geringeres oder größeres Verständnis für Arbeitsorganisation und Kooperation und ein eher konvergentes oder divergentes Denken entwickelt. Die inhaltliche Präzisierung bestimmt wesentlich die Qualität der Bildungsaktivitäten.

Daneben ist noch eine weitere Interpretation zu vollziehen, und zwar die **berufs(gruppen)typische Differenzierung** der übergreifenden Qualifikationen. Ihre Einbeziehung in die Berufsbildung sollte nicht zu einer Nivellierung und Standardisierung der Lehr-Lernprozesse führen. Vielmehr sind die Besonderheiten der jeweiligen beruflichen Tätigkeit ausdrücklich herauszuarbeiten und in den Lernkonzepten zu berücksichtigen, denn:

Das Planungsverhalten eines Facharbeiters in der Fertigung z.B. sieht anders aus als die »Planung« oder besser: die Vorbereitung eines Kaufmanns auf ein Gespräch mit einem Lieferbetrieb. Die Organisation des Arbeitsablaufs für ein genau feststehendes Produkt hat andere Aspekte zu bedenken als die Gestaltung einer Kundenberatung usw. Planung ist also nicht gleich Planung, Arbeitsorganisation nicht gleich Arbeitsorganisation, Kontrolle nicht gleich Kontrolle. Gewiß lassen sich übereinstimmende, generalisierbare Elemente ausfindig machen, jedoch zum Teil auf einem recht hohen Abstraktionsniveau. Gelernt und gehandelt aber wird in konkreten beruflichen Zusammenhängen – unter spezifischen Bedingungen, mit bestimmten Zielen, Personen und Gegenständen. Dies sollte nicht aus dem Blick geraten. Dementsprechend bedürfen die übergreifenden Qualifikationen einer an den beruflichen Inhalten und den jeweiligen Tätigkeiten orientierten »Spezialisierung«. Wie dicht diese Spezialisierungen beieinander liegen, hängt von der Ähnlichkeit der beruflichen Aufgaben und Arbeitsbedingungen ab.

Daneben gibt es übergreifende Fähigkeiten, die grundsätzlich über eine größere Anwendungsbreite verfügen und weniger von Berufsinhalten und Arbeitsstrukturen geprägt sind. Hier ist zum Beispiel an die Bereitschaft zum Hinhören, an die Offenheit anderer Denkweisen und Interessen gegenüber, an das Fragen nach Alternativen im Gegensatz zum Zugreifen auf die erste »beste« (schlechte) Lösung zu denken. Dies sind an sich »Jedermann-Fähigkeiten«, die überall in der Arbeitswelt genauso wie sonst im Leben gebraucht werden, über die aber leider nicht jedermann verfügt.

3.3 Verknüpfung von fachspezifischen und übergreifenden Qualifikationen

Ziehen wir an dieser Stelle ein Fazit:

Die übergeordneten intellektuellen, sozialen und motivationalen Fähigkeiten bedürfen stets der Interpretation und sollten berufstypisch bzw. tätigkeitsspezifisch ausgelegt werden, um so den Besonderheiten des jeweiligen Arbeitsbereichs gerecht zu werden. Sie sind konsequent in vielen unterschiedlichen arbeitsrelevanten Zusammenhängen zu lernen und anzuwenden, um sich tatsächlich zu stabilen und generalisierbaren Kompetenzen auszuformen.

Intendiert ist also nicht eine neue »formale Bildung«, die sich inhaltsneutral gibt. Genauso wenig wird eine berufliche Allgemeinbildung mit dem Ziel der sogenannten »Entberuflichung« angestrebt. Die Förderung übergreifender Qualifikationen soll vielmehr **integrativ** und gemeinsam mit dem Erwerb berufs(gruppen)-spezifischer fachlicher Kompetenz erfolgen, und zwar in denselben Lernsituationen, an denselben Gegenständen, im Kontext mit denselben Problemstellungen.

Die berufsspezifische »Fachkompetenz« müßte m.E. angesichts der neuen Zielorientierung jedoch anders akzentuiert werden als bisher: Nicht das Akkumulieren isolierter Fakten, Regeln, Begriffe oder Verfahren kann im Vordergrund stehen; wesentlicher ist das Verstehen von Arbeitsprozessen und -strukturen, von technischen Systemen, von funktionalen und sozialen Zusammenhängen, von Wechselwirkungen und die Arbeit bestimmenden Faktoren. Ebenso müßten das Aufdecken und Abwägen von Alternativen, das Erkennen von Problemen, nicht nur die Lösung vorgegebener Aufgaben mehr gefördert werden. Nur so wird der Facharbeiter/Fachangestellte jenen umfassenden beruflichen Sachverstand aufbauen, der notwendig ist, um tatsächlich selbständig, verantwortungsbewußt, vorausschauend und kreativ-produktiv in der Arbeitswelt zu handeln. Nicht der Abbau von Fachkompetenz kann Folge einer Hinwendung auf die Querschnittsqualifikationen sein, sondern ihre Erweiterung bzw. neue Akzentuierung im eben genannten Sinne.

4. Funktionalisierungen und Lernprinzipien für die personenbezogenen Fähigkeiten und Bereitschaften

4.1 Was wird mit ihnen bezweckt?

Bisher ging es um die inhaltliche Präzisierung, insbesondere der »personenbezogenen Qualifikationen«, die in den Neuordnungen ausgewiesen bzw. zur Zeit überwiegend genannt werden. In einem nächsten Schritt – und er ist im Zusammenhang mit Fragen des Lernens entscheidend wichtig – ist zu klären, welche spezielle Funktion diesen persönlichen Fähigkeiten und Bereitschaften in der Berufsbildung und später in der Arbeitswelt zugeordnet wird. Gegenwärtig lassen sich drei Zweckbestimmungen erkennen, hinter denen ein je spezifisches Bildungsverständnis und Lernkonzept steht (vgl. Bild 2).

FUNKTIONALISIERUNG berufsübergreifender Qualifikationen und „typische" LERNKONZEPTE

beides integrativ

"moderne Arbeitstugenden"	Problemlösungskompetenz	Förderung der Persönlichkeit
Normen, Werthaltungen, Verhaltensregeln, Konventionen	Regeln, Verfahren, Instrumente, methodisch-technisches Können	personenbezogene, intellektuelle, soziale und emotionale Fähigkeiten, Bereitschaften
Sanktionen, Internalisierung, „Vorbild" – Lernen	Vermitteln / Lehren, Anwenden, Üben, Erfahren	selbstgesteuertes, aktiv-konstruktives Lernen

handlungsorientierte Lerkonzepte

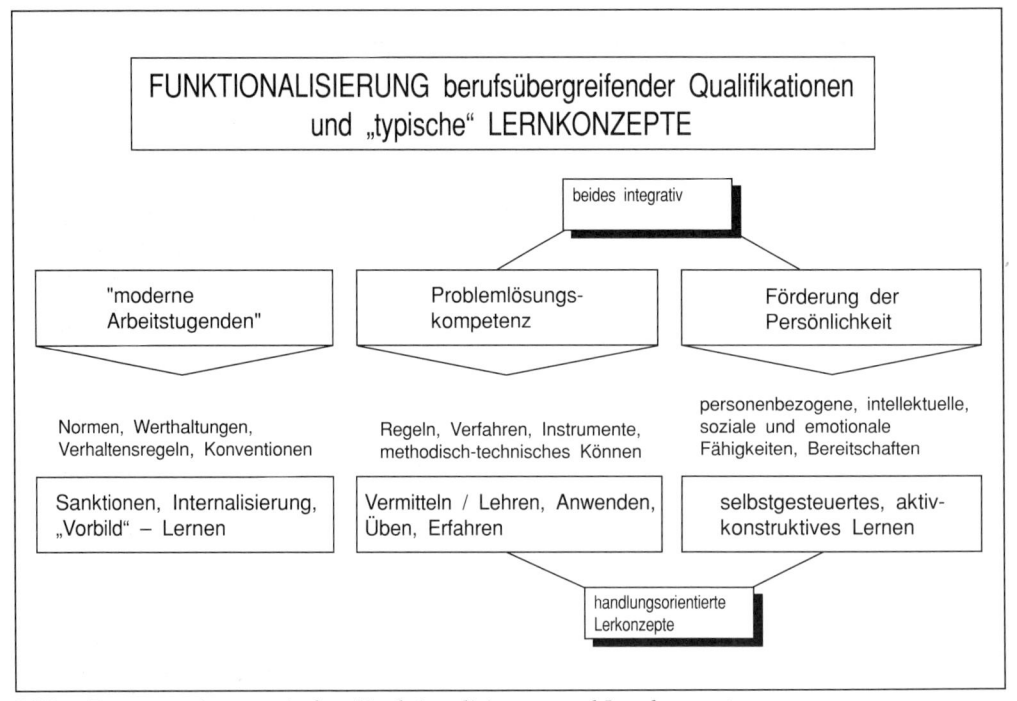

Bild 2: Zusammenhang zwischen Funktionalisierung und Lernkonzept

Demnach können diese Qualifikationen als »moderne Arbeitstugenden« ausgelegt werden oder als flexible »Problemlösungskompetenz« oder als Ansätze einer »Persönlichkeitsförderung«.
Beginnen wir mit der Zweckbestimmung »**Arbeitstugenden**«. Folgt man ihr, dann sollen die Auszubildenden/Arbeitenden primär auf Werthaltungen, Einstellungen, Verhaltensnormen verpflichtet werden. Die neuen Tugenden und Konventionen heißen zwar nicht mehr (oder nicht mehr nur) Pünktlichkeit, Sorgfalt oder Ordnungssinn, sondern z.B. Eigenverantwortung, Lernbereitschaft oder kooperativer Stil, aber sie sind gleichermaßen als Verhaltensreglementierung gedacht und auf die Ausbildung eines konformen Arbeitsverhaltens gerichtet:
> Man hat sich verantwortungsbewußt zu zeigen; man hat sich für die Arbeit einzusetzen, man hat sich kooperativ zu verhalten, man hat »lernbegierig« zu sein.

Ein »moralisierend-autoritäres« Bildungsdenken kommt hier erneut zum Tragen, dessen vorrangiges Ziel nicht darin besteht, den Lernenden in der Entfaltung seiner Persönlichkeit zu fördern, sondern ihn einzuordnen, zu etwas anzuhalten, ihn zur Übernahme bestimmter Werte und Verhaltensorientierungen zu drängen.

Um kein Mißverständnis aufkommen zu lassen:
○ Kooperatives Miteinander-Umgehen ist ein positives Ziel; aber es wird zur Qual und ist zum Scheitern verurteilt, wenn es verordnet wird.
○ Oder: Eigenverantwortlichkeit ist eine zentral wichtige Haltung; aber wenn hauptsächlich intendiert ist, »Untergeordnete« zur Verantwortung ziehen zu können, sie für etwas verantwortlich machen zu können (Schuldzuweisungen), dann wird es unerträglich.

Gelernt werden Normen und »Arbeitstugenden« – wenn überhaupt – übrigens durch Kontrolle und Sanktion, durch Ermahnung und Bestrafung, durch Lob und Appell oder im Wege der Identifikation, wenn der Lehrende als Vorbild akzeptiert wird. Das wäre das zugehörige, typische Lernkonzept, dessen Effektivität zwar divergent beurteilt, dessen Anwendung aber leider noch immer recht verbreitet ist – nicht nur in der Ausbildung, ebenso in anderen Lebensbereichen.

Die sich in diesem Ansatz manifestierende restriktive Orientierung und die Anwendung entsprechender Lehrmaßnahmen sind m. E. nicht nur höchst problematisch, sondern ausdrücklich kontraproduktiv zur auf der anderen Seite geforderten Selbständigkeit, zum kreativen Umgehen mit Sonderfällen und Unvorhergesehenem sowie zur aktiven Auseinandersetzung mit der Arbeitswelt. Wie sollen diese Ziele bei einer solchen Grundhaltung eingelöst werden? Das wird nicht gelingen, weil sich beides widerspricht.

Kommen wir zur zweiten Zweckbestimmung: Es soll eine flexible **Problemlösungskompetenz** aufgebaut werden, die zur Bewältigung sich wandelnder Arbeitsaufgaben und vielfältiger Situationen befähigt. Auf den ersten Blick erscheint diese Funktionalisierung vernünftig und akzeptabel; aber auch hier sollte man genauer hinschauen. Dieses Konzept ähnelt nämlich in hohem Maße dem, was bisher in der Aus- und Weiterbildung praktiziert wird: Es stellt auf die Vermittlung eines zweckrationalen, instrumentellen Wissens und Könnens auch in bezug auf die personenbezogenen Fähigkeiten ab. Das heißt, es werden praktisch dieselben didaktischen Prinzipien zur Entwicklung von Kooperativität, Selbständigkeit oder Flexibilität herangezogen, die man bisher beispielsweise für das Erlernen der sachgerechten Bedienung von Werkzeugmaschinen, des Planens einer Fertigung oder für richtiges Buchen und Bilanzieren angewendet hat.

Man ordnet demgemäß auch den personenbezogenen Qualifikationen zunächst bestimmte Techniken, Instrumente, Verfahren zu; zum Beispiel der Planungsfähigkeit eine Reihe von Planungstechniken, der Kooperation Regeln der Arbeitsteilung und des Miteinander-Umgehens, der Kommunikationsfähigkeit Argumentationstechniken, Anleitungen zur Gesprächsführung und Verfahren der Ergebnispräsentation. Dieses know how wird dann vom Ausbilder/Lehrer vermittelt und von den Auszubildenden angewendet, geübt und perfektioniert. Vielleicht erarbeiten sich letztere einige dieser Verfahren oder Regeln auch aufgrund gemachter Erfahrungen selbst.

Was spricht gegen diese Zweckbestimmung und dieses Lehr-Lernkonzept? Das entscheidende Gegenargument bezieht sich auf die **verkürzte, »technokratische« Auslegung** der persönlichen intellektuellen, sozialen und motivationalen Fähigkeiten, so daß z.B. zwischenmenschliches Zusammenarbeiten oder Kommunizieren auf das Anwenden von »Sozialtechniken« reduziert wird, daß ein sachgerechtes, angstfreies Umgehen mit Komplexität und Ungewißheit (das künftig sicher an Bedeutung gewinnen wird) primär durch das Lernen starrer Planungstechniken angegangen, daß ein erfolgreiches Verkaufen und Beraten mittels fragwürdiger »Kundentypologien« und entsprechender »Reaktionsprofile« erreicht werden soll oder Kreativität mit einem entsprechenden Training.

Dafür, daß sich diese technokratischen Ansätze in der Berufsbildung und später in der Arbeit häufig als weniger wirkungsvoll bestätigen als vielfach behauptet, hat man meist zwei Erklärungen parat: Entweder muß die entsprechende Methode/Technik »optimiert« werden oder es liegt an ihrer mangelhaften Beherrschung durch den Betreffenden. Daß sie aber vielleicht prinzipiell der Situation oder der Aufgabe nicht gerecht werden kann, das wird oft nicht bedacht. Aber dies ist m. E. der wesentliche Punkt.

Damit wird dem Kennenlernen und Anwenden von vernünftigen, problemgerechten Techniken, Regeln und Instrumenten auch für den nicht-fachlichen Bereich beruflicher Aufgaben keine Absage erteilt; sie haben ihre Bedeutung und Berechtigung. Aber es müssen zusätzlich besondere Lernmöglichkeiten geschaffen werden, um die Entwicklung personenbezogener Fähigkeiten wirklich zu unterstützen.

Damit sind wir bei der dritten Zweckbestimmung; sie lautet: Die neuen Qualifikationen sind Ansätze für eine bewußte **Förderung der Persönlichkeit**. In dieser Perspektive müssen sie deutlich weiter gefaßt werden. So wird z.B. Selbständigkeit als eine individuelle Verhaltensdimension begriffen, die immer etwas mit »Ich-Stärke«, Selbstvertrauen und Selbstwertgefühl zu tun hat. Sie erschöpft sich nicht im eigenständigen, nicht-fremdgesteuerten Erledigen einiger Arbeiten. Kooperativität ist in diesem Verständnis an soziale Sensibilität und Offenheit gebunden; sie impliziert die Fähigkeit und Bereitschaft, sich in andere Sichtweisen hineinzuversetzen – also wirklich die eigene Perspektive zu wechseln. Folglich ist es nicht damit getan, daß man gelegentlich in Gruppen lernen und arbeiten läßt oder gar daß man lediglich mehrere Lerner »zusammensetzt«. Dadurch allein wird man kaum kooperativ. Planung und Organisation einer komplexen Auftragsabwicklung setzen Überblick, die Strukturierung eines Feldes, das Abwägen von Alternativen, das Erkennen von Unwägbarkeiten voraus, dies ist nicht mit »einer Handvoll« Regeln und Verfahren zu erledigen. Die persönlichkeitsbezogenen Qualifikationen fordern eine breite Hinwendung auf den Lernenden, auf seine bisherigen Handlungsformen und -strategien, seine individuellen Denk-, Erfahrungs- und Motivationspotentiale. Sie gilt es weiterzuentwickeln.

Die besonderen Schwierigkeiten, die sich in diesem Zusammenhang der Berufsbildung stellen, liegen in folgendem:

(1) Wenn ein Jugendlicher im Alter von ca. 17 bis 20 Jahren die Berufsausbildung oder ein Erwachsener mit 30 oder 40 Jahren eine Umschulung beginnt, dann hat er eine individuelle Persönlichkeit herangebildet. Er verfügt über mehr oder weniger Selbständigkeit und Selbstvertrauen. Er verhält sich kooperativ oder ist ganz auf Konkurrenz und eigene Durchsetzung eingestellt. Er hat vielleicht bereits gelernt, die Arbeit gedanklich vorab zu planen und vorausschauend zu handeln, oder aber er ist an Vorgaben und Anweisung gewöhnt.

(2) Berufsbildung findet zeitlich parallel zu vielen anderen Formen der Lebensgestaltung statt: Freizeit, Familie, Hobbies, Engagement in Vereinen oder Parteien, private Arbeit sind individuelle Handlungs- und Lernfelder, die ebenso auf die Persönlichkeit einwirken. Diese Effekte können den Intentionen der Berufsbildung zuwiderlaufen oder sie positiv stützen (vgl. hierzu ULICH & ULICH 1977, HOFF 1986).

Diese doppelte sozialisatorische Determinierung – einmal vertikal als bisherige Biographie des Lernenden und horizontal als Einflüsse paralleler Lebensbereiche – erleichtert eine bewußte Persönlichkeitsentwicklung durch Berufsbildung sicher nicht. Deshalb wäre es unrealistisch, sie mit zu großen Erwartungen und Ansprüchen zu überfrachten. Sie kann weder alles bisher weniger Gelungene korrigieren noch den einzelnen zur konsequenten Entwicklung dieser personenbezogenen Qualifikationen führen. Sie kann jedoch einen Beitrag leisten, der stets individuell unterschiedliche Ergebnisse zeitigen wird, davon ist prinzipiell auszugehen.

Wie kann man nun konkret die Ausbildung gestalten? Eindeutige Antworten in Form von Rezepten lassen sich hier noch weniger geben als bei anderen Lernzielen. Aber es lassen sich Leitlinien für didaktisches Handeln formulieren, die sich auf solche **sozialisations-, entwicklungs- und handlungstheoretischen Ansätze** gründen, die stets die Persönlichkeit insgesamt im Blick haben. Hier ist z.B. an LEONTJEW und RUBINSTEIN, an PIAGET, an H.G. MEAD oder WATZLAWICK zu denken. Demnach liegen die Lernchancen für diese Qualifikationen in einer aktiven, individuellen Auseinandersetzung des einzelnen mit seiner gegenständlichen, geistigen und sozialen Umwelt. Diese weitgehend selbstgesteuerte und konstruktive Auseinandersetzung kann aber nur zu den gewünschten Effekten führen, wenn die Umwelt ein entsprechend »positives« Lernen tatsächlich zuläßt (vgl. hierzu z.B. die Arbeiten von BRONFENBRENNER 1989, MILLER 1986). Es müssen also Situationen geschaffen und Aufgaben ausgewählt werden, die im Hinblick auf die angestrebten Fähigkeiten, also in bezug auf Selbständigkeit, auf Kooperativität, auf kreativ-improvisierendes Handeln oder das Ergreifen von Initiative als lernförderlich gelten können.

Die Sozialisationsforschung zum Familienverhalten, Erziehungsstil der Eltern, zum frühen Lernen in Gruppen einerseits (vgl. HURRELMANN & ULICH 1980, OERTER & MONTADA 1987) und vorliegende Untersuchungen über die Auswirkungen von Arbeitsbedingungen auf die Persönlichkeit (vgl. KOHN & SCHOOLER 1983; HOFF, LEMPERT & LAPPE 1985) andererseits haben interessante Ergebnisse erbracht, die sich auf die Gestaltung von Lernsituationen in Schule und Betrieb prinzipiell übertragen lassen. Als **persönlichkeitsförderlich** können dementsprechend folgende Merkmale gelten:

- Komplexe, problemhaltige Aufgaben; sie werden als positive Herausforderungen erlebt, lassen eigenes Überlegen, das Abwägen von Alternativen und Entscheidungen zu. Ihre erfolgreiche Lösung wirkt positiv auf Motivation und Selbstwertgefühl. Dagegen hemmen zu einfache, »kleingehackte« Arbeiten die Entwicklung; sie dequalifizieren und entmutigen.
- Inhaltliche Abwechslung in den Aufgaben, so daß der Lernende wiederholt mit anderen Anforderungen konfrontiert wird, daß er seine Kompetenzen in veränderten Situationen anwenden, differenzieren und stabilisieren kann. Routine, Monotonie und repetitive Tätigkeiten lassen im Gegensatz dazu erlahmen, machen gleichgültig und frustrieren.
- Geringere Restriktivität der Arbeits- bzw. Lernsituation, d.h. hinlängliche Selbstbestimmung, mehr Handlungs- und Entscheidungsspielraum bei der Aufgabenerledigung oder Situationsbewältigung, damit eigene Ideen, Gewohnheiten, Hypothesen, Vorgehensweisen eingebracht, erprobt, evaluiert und weiterentwickelt werden können.
- Weniger Fremdkontrolle und Überwachung, weniger Eingriffe, Disziplinierung und kein rasches (Ver-)Beurteilen von gezeigten Vorgehensweisen oder erreichten Ergebnissen durch »Autoritäten«.
- Größerer Bewegungsspielraum – auch im Sinne des »Nicht-Räumlich-Zeitlichen-Angebundenseins«; Öffnung der Arbeits- und Lernsituation.
- Soziale Beziehungen in der Arbeit und beim Lernen; Kontakte, Kommunikationspartner, Möglichkeiten zum Informations- und Erfahrungsaustausch, zur reflexiven Diskussion.

Lernsituationen mit diesen Merkmalen sind aber **kein Garant für Erfolg**. Sie schaffen zwar wesentliche und günstige Voraussetzungen für die Entwicklung individueller, persönlicher Kompetenz, aber sie garantieren diese nicht im Einzelfall. Denn entscheidend für Lernen ist ja die **Art und Weise, wie der einzelne** mit der Umwelt interagiert, wie er sie erlebt, wie er mit ihr umgeht (umgehen kann) und welche Erfahrungen und Erkenntnisse er dabei gewinnt. Dieselbe Lernsituation kann bei dem einen günstige, bei dem anderen weniger günstige Effekte hervorrufen. Für den einen bedeutet sie eine Überforderung, für den anderen eher eine Unterforderung. Nicht jeder reagiert in gleicher Weise auf sein Umfeld. Dies ist keine neuartige Einsicht; aber sie wird **zu wenig** in der Bildungspraxis berücksichtigt. Da man weder im Unterricht noch in der Ausbildung meist nicht für jeden einzelnen ein auf ihn zugeschnittenes Lernarrangement schaffen kann (»Aufgabendifferenzierung«)[5], muß die notwendige Individualisierung durch den Lehrenden erfolgen (»Beratungsdifferenzierung«). Das bedeutet: Er unterstützt den einzelnen Lerner in seiner Art und Weise der Auseinandersetzung mit der Aufgaben/Problemsituation so, daß er möglichst viel von diesem Lernarrangement profitiert.

Fassen wir an dieser Stelle noch einmal kurz zusammen:
Weder die Funktionalisierung als »moderne Arbeitstugenden« noch jene als instrumentellprozessuales Können (»Problemlösungskompetenz«) ist geeignet, um die personenbezogenen Fähigkeiten von Auszubildenden und Beschäftigten effektiv weiterzuentwickeln. Die zugehörigen »typischen« Lernkonzepte gehen letztlich am Kern des Problems vorbei. Eine Persönlichkeitsförderung im Medium des Berufs erfordert also eine grundlegende Umorientierung in Fragen der Lehr-Lernprozeßgestaltung. Sie bedeutet zugleich, daß der traditionelle arbeitsspezifische Verwertungszusammenhang beruflicher Bildung überschritten wird: Die bewußte Entwicklung individueller Kompetenz weist, auch wenn sie (wie ausdrücklich beabsichtigt) unmittelbar integrativ mit dem Aufbau von berufsspezifischem Sachverstand erfolgt, über die Arbeitswelt hinaus und wird in positiver Weise in andere Lebensbereiche hineinwirken.

Wie kann nun diese Unterstützung der individuellen Persönlichkeitsentwicklung im Kontext der Berufsbildung verwirklicht werden? Welche Konzepte gibt es?

---

[5] Solche »Aufgabendifferenzeirung« findet teilweise (z.B. bei arbeitsplatznahem Lernen im Handwerk oder in der kaufmännischen Ausbildung) statt, aber auch dort häufig nicht konsequent.

5. Didaktische Ansätze für eine personenbezogene Berufsbildung und arbeitsstrukturelle Konsequenzen

5.1 Handlungsorientierte Lehr-Lernkonzepte

Eine Antwort auf die Frage nach dem »Wie« lautet: Didaktische Konzepte, die sich auf solche sozial- und kognitions-psychologischen Handlungs- und Entwicklungstheorien gründen, die die Persönlichkeit insgesamt ins Auge fassen. Auf dieser Basis können die neuen Qualifikationen im Kontext mit berufsspezifischer Fachkompetenz gefördert werden (vgl. SÖLTENFUß 1983, GERDS, RAUNER u.a. 1984, LAUR-ERNST 1984). Die praktische Umsetzung dieser Konzepte kann recht unterschiedlich aussehen: Projektunterricht, Erkundungen, praxisnahes Experimentieren, »Lernstatt«, Übungsfirmen, Problemlösungsgruppen sind solche Konkretisierungen. Wesentlich ist jedoch, daß bestimmte didaktische »essentials« eingehalten werden; auf sie kommt es entscheidend an. Diese Leitlinien lassen sich kurz folgendermaßen beschreiben (vgl. auch LAUR-ERNST 1989):

1. Ausgangspunkt ist die berufsrelevante, arbeitsweltliche Realität; und konkrete »Aufhänger« für die Initiierung von Lernprozessen sind ganzheitliche, mehrdimensionale und sinnvolle Aufgaben/Problemsituationen, die ein kompetentes Handeln erfordern. Dieses manifestiert sich, indem stets ein Bündel von Kenntnissen, Fertigkeiten und Fähigkeiten problemgerecht angewendet wird. Komplexität und Schwierigkeit dieser berufsrelevanten Arbeiten steigen mit dem Lernfortschritt bzw. werden diese Arbeiten in ihrer Vielschichtigkeit vom Lernenden zunehmend differenzierter wahrgenommen, aufgegriffen und behandelt. Gelernt werden kann in beruflichen Ernstsituationen, in »simulierten« Konstellationen oder an praxisnahen Aufgaben. Die Grenzen der Realitätsnähe liegen da, wo die realen Arbeiten so eng gefaßt, so »taylorisiert« sind, daß sie kaum Lernchancen in Hinblick auf die übergreifenden Qualifikationen bieten.

2. Orientieren sich Unterricht und Ausbildung an konkreten Arbeitsaufgaben/-situationen, dann greift die traditionell bevorzugte Fachsystematik des zugehörigen Wissensgebietes (also z.B. der Elektrotechnik, der Metalltechnik oder der Betriebswirtschaftslehre) als curriculares Gliederungs- und Ordnungsprinzip nicht mehr. Die Fragwürdigkeit der »Fächer« bzw. ähnlich konzipierter Lehrgänge wird in dieser Perspektive ebenfalls deutlich. Die abstrakte Sachlogik eines Faches führt an der konkreten Aufgabe vorbei; kann sie gar nicht treffen. Zudem bezieht sie nur einen Ausschnitt der ganzheitlichen Problematik in die Lösung ein. - Geeigneter erscheint eine Handlungssystematik, die vom konkreten Problem ausgeht und die für sein Verständis und seine Bearbeitung erforderlichen fachspezifischen und übergreifenden Qualifikationen aufschlüsselt und integrativ lernbar macht. Eine solche Handlungssystematik berücksichtigt stets die Mehrdimensionalität von Arbeit, sie zergliedert nicht das Problem, um jeden Qualifikationsaspekt gesondert anzugehen; vielmehr beläßt sie die verschiedenen Qualifikationsstränge (-erfordernisse) in ihrem Zusammenhang. Ein Curriculum, das der Handlungssystematik folgt, stellt sich als eine Reihe aufeinander aufbauender, sich ergänzender und wechselseitig stützender sinnvoller Arbeitsaufgaben/-situationen dar, mit denen sich der Lernende sukzessiv auseinandersetzt und so seine Kompetenz in ganzheitlicher Weise entwickelt.

3. Die Förderung personenbezogener Fähigkeiten setzt subjektives, selbstgesteuertes Lernen voraus. Dies kann nur realisiert werden, wenn Entscheidungs- und Handlungsspielräume für den Lernenden vorhanden sind, wenn er Freiheitsgrade bei der Problembewältigung oder Situationsgestaltung hat. Nur dann kann er eigene Vorstellungen, Hypothesen, Verfahrensweisen, bisherige Erfahrungen in individueller Weise einbringen, diese erproben, mit anderen besprechen und auf ihre Effizienz hin überprüfen. Je mehr Restriktivität und Vorbestimmtheit in der Lernsituation, je mehr Vorgaben, Anweisungen, Begrenzungen, desto geringer werden die Chancen für individualisiertes Lernen; dann wird in erster Linie nachvollzogen, eingeprägt, auswendig gelernt. Die eigene Person ist in ein solches fremdgesteuertes Lerngeschehen weniger involviert; vieles bleibt äußerlich, aufgesetzt, unbegriffen.

4. Lernen wird also als ein aktiv-konstruktiver Gestaltungsprozeß, der die Persönlichkeit insgesamt erfaßt, verstanden und nicht als die mehr oder weniger passive Übernahme eines »vorgefertigten«, abgesicherten, nicht mehr hinterfragbaren theoretischen oder praktischen Wissens und

Könnens. Die Hauptaktivität liegt beim Auszubildenden. Sein Vorgehen und seine Ergebnisse können dabei durchaus fehlerhaft, umständlich, uneffektiv sein und sich vom Optimum, das sich der Lehrende vorstellt, deutlich entfernen; sie können aber ebenso originell, überraschend einfach und höchst erfolgreich sein. Lernen wird so lebendiger und gewinnt an subjektiver Bedeutung, die sich motivierend auswirkt.

5. Lernen ist ein elementares soziales Geschehen. Dementsprechend sollte nicht vorrangig Einzelarbeit, sondern kooperatives Lernen in kleineren und größeren Gruppen unterschiedlicher Zusammensetzung realisiert werden. So können Diskussionen über aktuell gemachte Erfahrungen, der Austausch von Informationen und die Auseinandersetzung mit verschiedenen Ideen während des Prozesses der Aufgabenbewältigung stattfinden. Darüber hinaus wird so die gemeinsame Auswertung des Handelns, die kritische Reflexion von Erfahrungen, Vorgehensweisen und Forderungen unterstützt. Diese Diskussions- und Reflexionsprozesse untereinander sowie mit dem Ausbilder/Lehrer sind notwendiger Bestandteil von Handlungslernen.

6. Steht der Lernende im Mittelpunkt, soll von ihm die Hauptaktivität ausgehen, dann muß sich der Lehrende seinerseits im aktuellen Geschehen zurücknehmen. Ihm kommt in erster Linie die Rolle des »individuellen Lernberaters«, zu, der dem einzelnen oder der Gruppe hilft, den Lern- und Arbeitsprozeß für sich möglichst fruchtbar und förderlich zu gestalten. Diese sensible, differentielle Unterstützung, die nicht einfach vorwegnimmt oder fertige Lösungen anbietet, sondern anregt, Denkhilfen gibt, problematisiert und fragt, erfordert ein hohes Maß an Kompetenz seitens der Lehrenden, nicht nur auf fachlicher Ebene, sondern ebenso auf sozialer, kognitiver und pädagogischer Ebene. – Neben der beratenden Funktion sind insbesondere organisatorische Aufgaben vorrangig im Vorfeld des aktuellen Geschehens zu erledigen, um möglichst gute Rahmenbedingungen zuschaffen. Dabei heißt »gut« keineswegs das vorsorgliche Ausräumen aller denkbaren Probleme.

7. Lernen vollzieht sich in der aktiven Auseinandersetzung mit der Umwelt; folglich muß die Gestaltung der Lernumwelt bewußt aufgegriffen werden. Dies gilt gleichermaßen für die Lehrenden als auch für den Lernenden. Beide müssen Einfluß auf das Lernumfeld haben; es darf nicht »zementiert«, durch bürokratische Vorgaben unveränderbar gemacht werden. Der Lernort muß sich öffnen können, ein Hinausgehen gleichermaßen erlauben wie das Hineinkommen Externer. Berufliches Lernen endet nicht hinter Klassentüren, in Labors oder in der Werkstatt; der Austausch mit außerinstitutionellen berufsrelevanten Bereichen, auch über den Betrieb hinaus, sollte möglich sein.

Gerade dieser Aspekt: Die Gestaltung und Gestaltbarkeit der Lernumwelt wird häufig zu wenig beachtet. Das Aufstellen von »Sechsecktischen« oder das Bereitstellen von OH-Projektoren, der leichte Zugriff auf Informationsmaterial und Werkzeuge sind zwar positive Ansätze, um die Lernchancen zu erweitern, aber dies reicht natürlich nicht aus. Die Lernumwelt wird ebenso durch Arbeitsstrukturen und Arbeitsorganisation, durch bürokratische und hierarchische Bedingungen, die Art und Weise von Kommunikation, Kooperation und Entscheidungsstrukturen innerhalb der Bildungsinstitution (Betrieb/Schule) geformt. Diese Dimensionen sind mitzubedenken, und zwar insbesondere dann, wenn Lernen am Arbeitsplatz stattfindet. Gerade weil wieder eine ausdrückliche Hinwendung auf das Lernen im Betrieb, in der Produktion, in der Ernstsituation zu beobachten ist, wird die Frage nach der geeigneten Lernumwelt wieder höchst aktuell.

Diese didaktischen Leitlinien für ein Lernen im Handeln mit dem Ziel, Handeln zu lernen, bilden in ihrer Gesamtheit ein Rahmenkonzept, das sich in unterschiedlicher Weise – je nach den Bedingungen und Möglichkeiten des Betriebes und der Schule sowie den beteiligten Menschen ausfüllen läßt. Wichtig ist, daß sie wirklich alle systematisch berücksichtigt werden und nicht nur gelegentlich dieses oder jenes praktisch zur Geltung kommt und ansonsten alles beim alten bleibt. Dieses neue Verständnis der Gestaltung von Lehr-Lernprozessen schließt nicht aus, daß man hier und da konventionelle Methoden und Vorgehensweisen anwendet. So wird es sich beim Lernen im Betrieb, an den realen Arbeitsplätzen nicht vermeiden lassen, daß der Auszubildende auf Arbeiten stößt, an denen er wenig lernen kann, die eher monoton sind und ihn unterfordern. Auch sie muß er kennenlernen und zumindest kurzfristig durchführen, denn sie gehören zum Berufsbild bzw. zur typischen Arbeitstätigkeit eines gewerblichen Facharbeiters oder kaufmännischen Sachbearbeiters; der Arbeitsalltag ist nicht ständig interessant. Ebenso wird einmal eine Unterweisung des Ausbilders oder eine

Demonstration durch den Lehrer, der Vortrag eines externen Experten oder das intensivere Trainieren einer bestimmten Fertigkeit in einer handlungsorientierten Ausbildung möglich und sinnvoll sein. Das muß nun nicht alles aus der Aus- und Weiterbildung verschwinden, es darf aber nicht mehr vorherrschen. Der Großteil des Bildungsgeschehens sollte den oben skizzierten Prinzipien eines handlungsorientierten Lernens folgen.

5.2 Konsequenzen für die Arbeitswelt

Insgesamt läßt sich gegenwärtig eine positive Haltung gegenüber den neuen, personenbezogenen Qualifikationen beobachten; die Bereitschaft, Berufsbildung in dieser Weise zu erweitern und zu verbessern, ist vielerorts vorhanden. Aber wie sehen die konkreten Arbeitsplätze in der Fertigung, im Büro, im Lager- und Transportwesen, in der Instandhaltung, in der Industrieverwaltung oder in einer Behörde tatsächlich aus? Stehen sie nicht in einem deutlichen Gegensatz zu einer persönlichkeitsförderlichen Aus- und Weiterbildung? Wie soll z.B. Kooperativität am Arbeitsplatz gefördert bzw. später praktiziert werden, wenn in einer weitgehend menschenleeren Fabrik gearbeitet wird oder Kooperation lediglich informationell, über Computer erfolgt – ohne aktuelle zwischenmenschliche Kontakte? Wie soll ein übergreifendes Verständnis für Arbeitszusammenhänge und Produktionsprozesse entwickelt werden, wenn der Arbeitsplatz letztlich nur den Blick auf einen Mini-Ausschnitt zuläßt und keine Möglichkeiten bestehen, einen Einblick in die betriebliche Organisation zu gewinnen? Wie sollen Kreativität und Improvisation gefördert werden, wenn die Standardisierung und Normierung von Arbeit infolge wachsender informationstechnischer Vernetzung zunimmt, so daß im Normalfall immer weniger individuelles, originelles Denken und Handeln angewendet werden kann?

Die Diskrepanz zwischen arbeitsweltlichen Bedingungen und den neuen übergreifenden Qualifikationszielen sowie dem mit ihnen verknüpften »neuen Leitbild« vom Facharbeiter / Sachbearbeiter ist unübersehbar. Gewiß hat ein Teil der Unternehmen seine Arbeitsorganisation bereits – zumindest in einigen Bereichen oder Abteilungen – verändert oder befindet sich gerade im Prozeß der Umstrukturierung bzw. wird in den nächsten Jahren damit beginnen. Daneben gibt es insbesondere kleine und mittlere Betriebe, die nie den Prinzipien des Taylorismus konsequent gefolgt sind; für sie war der selbständige, kooperative, vorausschauende Beschäftigte schon immer notwendig. Aber dies darf nicht darüber hinwegtäuschen, daß vielerorts noch die alten, tayloristischen Arbeitsformen vorherrschen, daß an traditioneller Arbeitsorganisation festgehalten wird und sich nur ganz allmählich etwas ändert. Gegenwärtig läßt sich nicht abschätzen, ob und in welchem Maße sich der »technozentrierte« oder der »anthropozentrierte Entwicklungspfad« (BRÖDNER 1985) durchsetzen wird bzw. welche Mischformen sich konkret herausbilden. Doch wenn wir davon ausgehen, daß ein unmittelbarer Zusammenhang zwischen Arbeitsorganisation und Qualifikation besteht, dann müssen umfassende und entwicklungsfähige Qualifikationspotentiale aufgebaut und ständig »bereitgehalten« werden. Denn nur auf dieser Basis sind Arbeitsorganisationsformen umsetzbar, in denen mehr Selbständigkeit und Kooperation, mehr dispositive und organisatorische Fähigkeiten, mehr Technikverständnis und aktive Mitgestaltung vom einzelnen erwartet werden. Verfügt er über diese Kompetenzen nicht, ist der Griff nach der technischen Lösung (weitere Perfektionierung, Verlagerung von Intelligenz in die Systeme) nahegelegt. Es gilt also in die Qualifizierung zu investieren und sich damit zumindest Optionen auf Veränderungen zu schaffen.

Abgesehen davon sollte eines nicht vergessen werden: Wenn Berufsbildung mehr als bisher die Förderung der Gesamtpersönlichkeit anstrebt, dann sollte nicht ständig allein nach der Verwertbarkeit der neuen Qualifikationen für die Arbeitswelt gefragt werden. Ruft das Beschäftigungssystem diese jetzt weiter zu entwickelnden intellektuellen, sozialen und motivationalen Fähigkeiten nicht oder nur unzulänglich ab, dann werden sie deswegen nicht überflüssig oder sinnlos. Die Gefahr der »Überqualifizierung«, die jetzt von einigen beschworen wird, und die Warnung vor den Frustrationen gut ausgebildeter Fachkräfte angesichts der ihnen nachher angebotenen Arbeitsplätze verweisen darauf, daß viele noch der Denktradition verhaftet sind, die Berufsbildung ausschließlich am betrieblichen Bedarf orientiert sieht. Wenn wir uns davon ein Stück trennen, dann kann eine umfassende Berufsbildung nicht »daneben liegen«, denn für ein Mehr an Persönlichkeitsbildung haben der einzelne und die Gesellschafts stets »Bedarf«.

Literatur

Baethge, M.: Die Integration von Berufsbildung und Allgemeinbildung als Forschungskonzept für die Berufsbildungsforschung. In: Deutscher Bildungsrat, Bd. 50, Stuttgart 1975, S. 256–302.

Benteler, P. & Fricke, E.: Neuere Entwicklungen in der Kaufmännischen Ausbildung. In: R. Koch (Hrsg.), Technischer Wandel und Gestaltung der beruflichen Bildung, Sonderveröffentlichung des BIBB, Berlin 1988, S. 65–78.

BMW AG (Hrsg.): BMW-Lernstatt. Informationsbroschüre, München 1987.

Borretty, R.; Fink, R.; Holzapfel, H. und Klein, L.: PETRA, Projekt- und transferorientierte Ausbildung: Grundlagen, Beispiele, Planungs- und Arbeitsunterlagen. Berlin/München 1988.

Brater, M.: Berufliche Förderung Jugendlicher. Das Konzept des Modellversuch »JUBA«. In: BWP 1981, Heft 2, S. 7–10.

Brater, M.: Arbeit-Beruf-Persönlichkeit. Bestand und Veränderung in einer Dekade. In: Beiheft 4 zur ZBW, 1983, S. 36–48.

Brater, M. & Büchele, U.: Neue Technologien und arbeitsplatzbezogene Ausbildung – Erfahrungen aus dem Modellversuch der Wacker-Chemie GmbH. In: R. Koch (Hrsg.), Technischer Wandel und Gestaltung der beruflichen Bildung, Sonderveröffentlichung des BIBB, Berlin 1988, S. 79–89.

Brödner, P.: Fabrik 2000. Alternative Entwicklungspfade in die Zukunft der Fabrik, WZB, Berlin 1985.

Bronfenbrenner, U.: Die Ökologie der menschlichen Entwicklung natürliche und geplante Experimente. Frankfurt/M. 1989 (Original: Cambridge, Mass. 1979).

Buck, B.: Verkaufstätigkeit als soziales Handeln. In: BWP 1981, Heft 5, S. 1–6.

Deutscher Bildungsrat: Strukturplan für das Bildungswesen. Empfehlungen der Bildungskommission Stuttgart 1970.

Dörner, D.: Problemlösen als Informationsverarbeitung. Stuttgart, Berlin u.a. 1976.

Dörner, D.: Wissen und Verhaltensregulation; Versuch einer Integration. In: H. Mandl & H. Spada (Hrsg.), Wissenspsychologie, eine Einführung. München/Weinheim 1988, S. 264–279.

Elbers, D.; Heckenauer, M.; Mönikes, W.; Pornschlegel, H. & Tilmann, H.: Schlüsselqualifikationen – ein Schlüssel für die Berufsbildungsforschung? In: BWP 1975, Heft 4, S. 26–29.

Franke, G.: Wissen und Handeln. Theoretische Grundlagen, Hypothesen und Methoden im Forschungsprojekt »Determinanten von Transferleistungen«. Unveröffentl. Manuskript, Berlin 1988.

Franke, G. & Kleinschmitt, M.: Ansätze zur Intensivierung des Lernens am Arbeitsplatz. Berichte zur beruflichen Bildung, hrsg. vom BIBB, Berlin 1987, Heft 90.

Fucke, E.: Lernziel: Handeln können. Erfahrungen und Überlegungen zu einem erweiterten Bildungskonzept. Frankfurt/M. 1981.

Gerds, P., Rauner, F. & Weisenbach, K.: Lernen durch Handeln in der beruflichen Bildung. In: Projektgruppe Handlungslernen (Hrsg.), Reihe Berufliche Bildung, Bd. 4, Wetzlar 1984, S. 10–58.

Gruschka, A.: Von Humboldts Idee der Allgemeinbildung zur allgemeinen »Bildung im Medium des Berufs«. In: DDS, 1987, Heft 2, S. 156–173.

Höhler, G.: Neue Leistungsprofile, neue Führungsqualität – von der Askese zur Entfaltung. In: Management für Technologie und Arbeit, PTK 1989, Hrsg. IPK/IWF, Berlin 1989, S. 25–29.

Hoff, E.-H.: Gesellschaftlicher Zwang und indiviueller Freiraum? Naive und wissenschaftliche Theorie zum Verhältnis von Arbeit und Freizeit. In: Moser, H & Preiser, (Hrsg.), Umweltprobleme und Arbeitslosigkeit, Weinheim 1984, S. 167–190.

Hoff, E.-H.: Arbeit, Freizeit und Persönlichkeit. Wissenschaftliche und alltägliche Vorstellungsmuster. Schriftenreihe zur Arbeitspsychologie, Bd. 42, Bern, Stuttgart, Toronto 1986.

Hoff, E.-H.; Lappe, L. & Lempert, W.: Arbeitsbiographie und Persönlichkeitsentwicklung. Schriften zur Arbeitspsychologie, Bd. 40, Bern, Stuttgart, Toronto 1985.

Hurrelmann, K. & Ulich, D.: Handbuch der Sozialisationsforschung, Weinheim 1980.

Kohn, M.L.: Persönlichkeit, Beruf und soziale Schichtung, Stuttgart 1981.

Kohn, M.L. & Schooler, C.: Work and personality. An inquiry into the impact of social stratification, Horwood, N.J. 1983.

Kröll, W.; Schubert, U. u.a.: Mehr Selbständigkeit und Teamarbeit in der Berufsbildung. Selbststeuerung von Lernprozessen in der Ausbildungspraxis der Ford Werke AG. In: BIBB (Hrsg.), Modellversucher zur beruflichen Bildung, Heft 18, Berlin 1984.

Laur-Ernst, U.: Zur Vermittlung berufsübergreifender Qualifikationen. Oder: Warum und wie lernt man abstraktes Denken. In: BWP 1983, Heft 6, S. 187–190.

Laur-Ernst, U.: Entwicklung beruflicher Handlungsfähigkeit. In: Europäische Hochschulschriften, Reihe 11, Bd. 207, Frankfurt/M., Bern u.a. 1984.

Laur-Ernst, U.: Lernziel Kooperativität – angesichts menschenleerer Fabriken? In: BWP 1986, Heft 4, S. 101–104.

Laur-Ernst, U.: Berufsübergreifende Qualifikationen und neue Technologien – ein Schritt zur Entspezialisierung der Berufsbildung? In: R. Koch (Hrsg.), Technischer Wandel und Gestaltung der beruflichen Bildung, Sonderveröffentlichung des BIBB, Berlin 1988, S. 13–25.

Laur-Ernst, U.: Projektarbeiten zur CNC-Technik – eine Antwort auf die neuen Anforderungen in den metalltechnischen Berufen. In: W. Bückers; N. Meyer; BFZ, Essen (hrsg.), Zukunftsinvestition Berufliche Bildung, Bd. 2, Köln 1988, S. 144–161.

Laur-Ernst, U.: Mehr berufliche Handlungsfähigkeit entwickeln – Konzepte für eine umfassendere Ausbildung. In: BIBB (Hrsg.), Dokumentation des Fachkongresses 1988.

Lempert, W.: Berufliche Bildung als Beitrag zur gesellschaftlichen Demokratisierung. Frankfurt/M. 1974.

Lempert, W.: Technische und soziale Handlungsfähigkeit und handlungsbereitschaft. Allgemeine Ziele der Berufserziehung. In: Zeitschrift für Pädagogik, 1978, 3, S. 447–465.

Lempert, W. & Franzke, R.: Die Berufserziehung, München 1976.

Leontjew, A.N.: Tätigkeit, Bewußtsein, Persönlichkeit. Stuttgart 1977.

Mead, G.H.: Geist, Identität und Gesellschaft. Frankfurt/M. 1973.

Meissner, M.: The long arm oft the job: A study of work and leisure. Industrial Relations, 10 (1971), Heft 3, S. 239−260.

Mertens, D.: Schlüsselqualifikationen, Thesen zur Schulung für eine moderne Gesellschaft. In: MitAB 1974, S. 36−43.

Miller, R.: Einführung in die ökologische Psychologie. Opladen 1986.

Muders, W. & Wiener, D.: Methoden der Ausbildung an die Qualifikationsentwicklung anpassen (Teil 1). In: TIBB 1988, Heft 4, S. 57−61.

Oerter, R. & Montada, L. (Hrsg.): Entwicklungspsychologie. (2. Auflage), München, Weinheim 1987.

Offe, C.: Bildungssystem, Beschäftigungssystem − Ansätze zu einer gesamtgesellschaftlichen Funktionsbestimmung des Bildungswesens. In: Deutscher Bildungsrat, Bd. 50, Stuttgart 1975, S. 217−252.

Passe-Tietjen, H. & Stiehl, H. (Hrsg.): Betriebliches Handlungslernen und die Rolle des Ausbilders. Hochschultage Berufliche Bildung '84, Wetzlar 1985.

Piaget, J.: Einführung in die genetische Erkenntnistheorie. Frankfurt/M. 1973.

Piaget, J.: Theorien und Methoden der modernen Erziehung. Frankfurt/M. 1978.

Raschpichler, R.: Das Lernstattkonzept in der Ausbildung. Druckreifes Manuskript, München 1988.

Reetz, L.: Zum Konzept der Schlüsselqualifikationen in der Berufsausbildung. Unveröffentl. Manuskript, Hamburg 1989.

Rubinstein, S. L.: Grundlagen der Allgemeinen Psychologie. Berlin (Ost) 1968/71.

Söltenfuss, G.: Grundlagen handlungsorientierten Lernens. Bad Heilbronn 1983.

Stiller, I.: Zur Neuordnung der bürowirtschaftlichen Ausbildungsberufe. In: BWP, 1988, Heft 1, S. 10−15.

Stössel, H.: Ausbildungskonzept für die Neuordnung der Büroberufe (1) und (2). In: Der Ausbilder, 1989, Heft 5, S. 90−96 und Heft 6, S. 107−111.

Ulich, E. & Ulich, H.: Über einige Zusammenhänge zwischen Arbeitsgestaltung und Freizeitverhalten. In: Lauenburger, Th.; Ruffmann, K.-H. (Hrsg.), Bürokratie − Motor oder Bremse der Entwicklung, Bern 1977.

Watzlawick, P. u.a.: Menschliche Kommunikation. Formen, Störungen, Paradoxien. Bern, Stuttgart, Wien 1974.

```
                                                      U. Laur-Ernst 1989

            ┌─────────────────────────────────────────────┐
            │   Kategorien berufsübergreifender Qualifikationen   │
            └─────────────────────────────────────────────┘
```

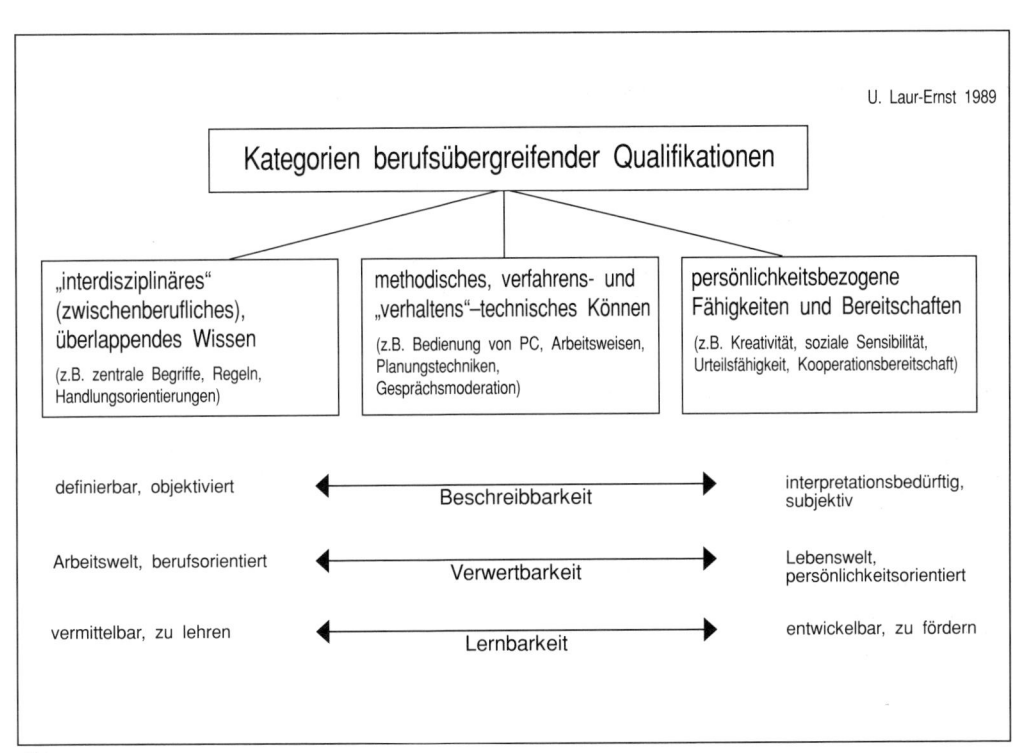

„interdisziplinäres" (zwischenberufliches), überlappendes Wissen (z.B. zentrale Begriffe, Regeln, Handlungsorientierungen)	methodisches, verfahrens- und „verhaltens"–technisches Können (z.B. Bedienung von PC, Arbeitsweisen, Planungstechniken, Gesprächsmoderation)	persönlichkeitsbezogene Fähigkeiten und Bereitschaften (z.B. Kreativität, soziale Sensibilität, Urteilsfähigkeit, Kooperationsbereitschaft)

definierbar, objektiviert	←——— Beschreibbarkeit ———→	interpretationsbedürftig, subjektiv
Arbeitswelt, berufsorientiert	←——— Verwertbarkeit ———→	Lebenswelt, persönlichkeitsorientiert
vermittelbar, zu lehren	←——— Lernbarkeit ———→	entwickelbar, zu fördern

Abb. 1

Innovative Ansätze in den Neuordnungen / in der Berufsbildung:

- Orientierung am übergeordneten Ziel »berufliche Handlungsfähigkeit«

- Einführung des Qualifikationsbegriffs (Absage an isoliertes Faktenwissen)

- Entspezialisierung: breite Grundbildung, geringere Spezialisierung in der Fachbildung; vereinheitlichte Arbeitsinstrumente.

Konsequenz: Neue berufsübergreifende Qualifikationen

Abb. 2

Übergeordnetes Ziel:

Berufliche Handlungsfähigkeit

Teilbereich (Mindestanforderung in AO):
»selbständiges Planen, Durchführen, Kontrollieren/Bewerten«

zwei Akzente

| Selbständigkeit fördern |

im Kontext mit der

| Bewältigung ganzheitlicher Aufgaben |

Was heißt das?

Abb. 3

DIFFERENZIERUNG

berufsübergreifender Qualifikationen

DURCH

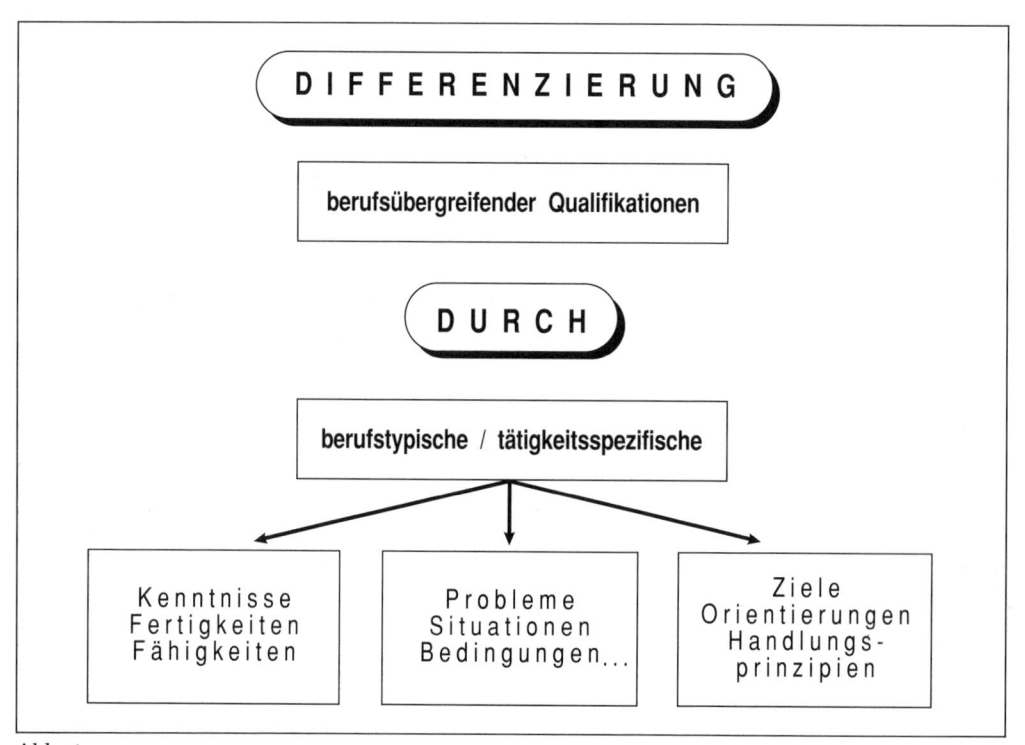

berufstypische / tätigkeitsspezifische

- Kenntnisse
  Fertigkeiten
  Fähigkeiten
- Probleme
  Situationen
  Bedingungen...
- Ziele
  Orientierungen
  Handlungsprinzipien

Abb. 4

FUNKTIONALISIERUNG berufsübergreifender Qualifikationen und „typische" LERNKONZEPTE

```
                          beides integrativ
                         ╱              ╲
"moderne            Problemlösungs-        Förderung der
Arbeitstugenden"    kompetenz              Persönlichkeit
```

"moderne Arbeitstugenden"	Problemlösungskompetenz	Förderung der Persönlichkeit
Normen, Werthaltungen, Verhaltensregeln, Konventionen	Regeln, Verfahren, Instrumente, methodisch-technisches Können	personenbezogene, intellektuelle, soziale und emotionale Fähigkeiten, Bereitschaften
Sanktionen, Internalisierung, „Vorbild" – Lernen	Vermitteln / Lehren, Anwenden, Üben, Erfahren	selbstgesteuertes, aktiv-konstruktives Lernen

handlungsorientierte Lernkonzepte

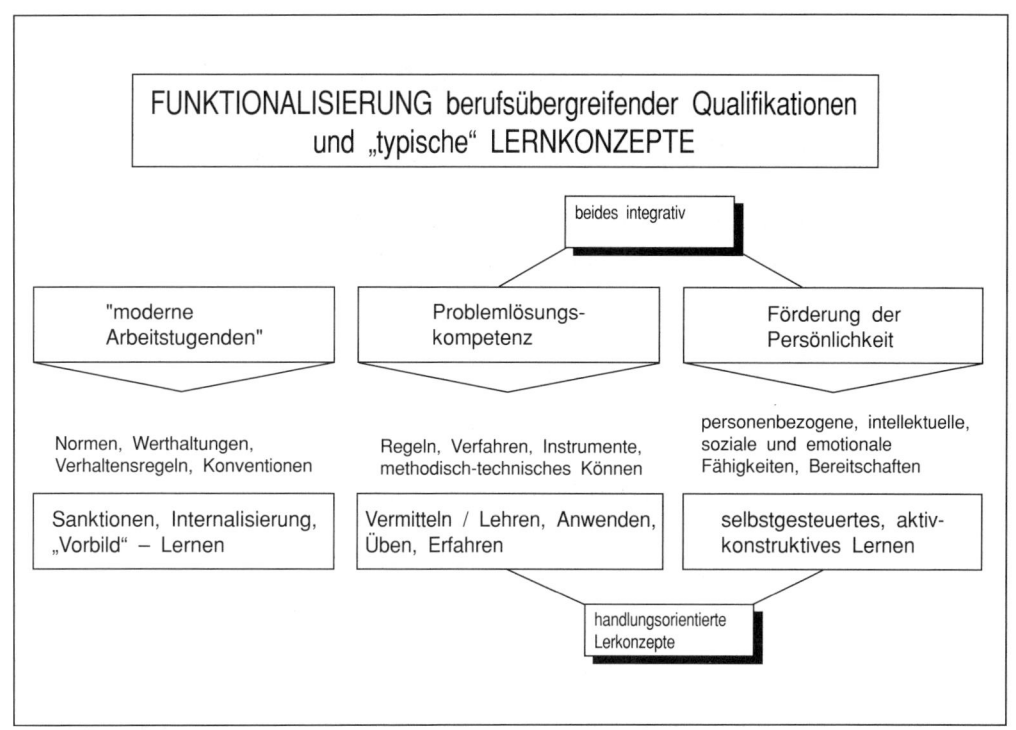

Abb. 5

---

handlungsorientierte Lernkonzepte

Didaktische Leitlinien zur Förderung beruflicher Handlungsfähigkeit

- ganzheitliche, mehrdimensionale Aufgabenstellungen
- orientiert an arbeitsweltlichen Realitäten
- problembezogene Handlungssystematik
- mehr Spielraum für den Lernenden
- aktive, erfahrungsgestützte Lernformen
- Lehrender als Berater und Organisator
- offene, gestaltbare Lernumwelt

Abb. 6

Bernd Schulz

Schlüsselqualifikationen in der betrieblichen Ausbildung am Beispiel der »Projekt- und transferorientierten Ausbildung« (PETRA) dargestellt (Siemens AG)

Anforderung aus der Praxis

Ausgangspunkt für die **veränderten beruflichen Anforderungen** an den Facharbeiter heute und in der nahen Zukunft sind die neuen Techniken bei Produktion und Verfahren.
Im Zuge dieser Veränderungen verschieben sich die Tätigkeiten des Facharbeiters immer weiter von manuellen Verrichtungen zu Steuer-, Überwachungs-, Programmier- und Instandsetzungsarbeiten. Diese bewirken **geringere körperliche** Belastungen, andererseits jedoch **größere geistige** Anforderungen und neue Herausforderungen für künftige Mitarbeiter.
Lernfähigkeit und Transferfähigkeit – also das Schließen-Können vom Bekannten zum Unbekannten – sind die Voraussetzung für das lebenslange Lernen zur Beherrschung neuer Techniken. (Abb. 1)
Bei den **neugeordneten Berufen** sind Fertigkeiten und Kenntnisse nicht mehr getrennt dargestellt, sondern als Zielbeschreibung (Endverhalten) angegeben. Gleichzeitig wird gefordert, daß Lernende die eigene Arbeit **selbständig planen, durchführen** und **kontrollieren** sollen, was zusätzliche personale Fähigkeiten und Einstellungen, wie Entscheidungsfähigkeit, Verantwortungsbereitschaft, Kooperationsfähigkeit, Belastbarkeit u.ä. verlangt. (Abb. 2)
Zukünftig gehört also zur Berufsqualifikation, die über eine solide **Grundausbildung**, die darauf aufbauende Fachbildung und die Vermittlung **neuer Techniken** erreicht wird, die verstärkte Förderung von **Schlüsselqualifikationen**.(Abb. 3)
Vom **Ausbilder** wird dabei viel Verantwortung, **Fach-, Sozial-** und **Methodenkompetenz** bei der Durchführung der Ausbildung gefordert.

Zielsetzung

Ausgehend von den unterschiedlichen Forderungen der Praxis und der einschlägigen Literatur wurden fünf »berufsübergreifende Fähigkeiten« – auch »**Schlüsselqualifikationen**« genannt – mit Ihren wesentlichen Einzelqualifikationen aufgestellt.
Dies sind:
Organisation und Ausführung der Arbeitsaufgabe
Kommunikation und Kooperation
Anwenden von Lerntechniken und geistigen Arbeitstechniken
Selbständigkeit und Verantwortung
Belastbarkeit
(Abb. 4)
In den Ausbildungsstätten soll die Förderung der Schlüsselqualifikationen durch die »Projekt- und transferorientierte Ausbildung (PETRA)« verwirklicht werden. Unter einem **Projekt** verstehen wir dabei eine fest umrissene Aufgabenstellung, die aus der Sicht des Lernenden zunächst komplex erscheint und vollständig durch den Lernenden einzeln oder gemeinsam mit anderen zu bearbeiten ist. Die **Transferorientierung** betont das Übertragen von Wissen, Fertigkeiten und Arbeitstechniken von bekannten auf neue Situationen, also das selbständige Lernen. Die praktische Umsetzung erfolgt nach der »Projekt- und transferorientierten Ausbildung (PETRA)« durch zwei wesentliche Elemente:

1. Organisationsformen

Selbstgesteuerte Einzelarbeit (SEA)
Der Auszubildende ist für die Planung, Ausführung und Bewertung selbst verantwortlich.
Gruppengeplante Einzelarbeit (GEA)
Die Kleingruppe plant die Aufgabenlösung gemeinsam, die Ausführung und Bewertung erfolgt aber durch den einzelnen Auszubildenden.
Gruppenarbeit (GRA)
Eine Kleingruppe erstellt für das Projekt eine gemeinsame Grobplanung und Schnittstellenabstimmung. Der Einzelne erarbeitet für seine Teilaufgabe eine eigenständige Detailplanung, führt seine Teilaufgabe aus und bewertet sie. Anschließend werden, gleichgültig, ob ein Projekt oder mehrere angefertigt werden, die Einzelteile zusammengefügt und von der Gruppe – einschließlich einer Funktionsprüfung – bewertet.
Der Einsatz der drei Organisationsformen erfolgt im Laufe der Ausbildung wechselweise, je nachdem, welche Schlüsselqualifikationen besonders gefördert werden sollen. Die Ausbildervorgaben und -informationen sollen mit zunehmendem Ausbildungsstand der Auszubildenden abnehmen, damit ihre Selbständigkeit und Aktivität zunehmen können.

2. Lehr- und Lernmethoden

Bei den Lehr- und Lernmethoden sind nachfolgend nur diejenigen aufgeführt, die zusätzlich in der Ausbildung eingesetzt werden.
Selbstgesteuertes Lernen
Die Aufgabe des Ausbilders besteht darin, die Auszubildenden zum selbstgesteuerten Lernen an Hand von Leitfragen/Leithinweisen und Leittexten methodisch anzuleiten, anzuregen und zu beraten.
Der Ausbilder stellt also **Lernmaterialien** bereit, ohne unmittelbar selbst zu unterweisen. Wichtig ist dabei, daß er vorher den Lernenden die Arbeitstechniken vermittelt, die selbstgesteuertes Lernen, z.B. aus Büchern, ermöglichen.
Einsatz von Leitfragen und Leithinweisen
Leitfragen/Leithinweise sind Hilfen für das systematische Planen und Bearbeiten von Übungsaufgaben. Sie stellen für den Auszubildenden einen »roten Faden« dar, der ihn durch die Bearbeitung einer Aufgabe führt: vom **Informieren, Planen, Entscheiden** und **Ausführen** zum **Bewerten**. Für jede Organisationsform gibt es dazu entsprechende Leitfragen/Leithinweise, mit jeweils 18 Fragen.
Einsatz von Leittexten
Leittexte sind alle **visuellen, auditiven und audio-visuellen Informationsträger**, mit deren Hilfe sich Auszubildende Fachinformationen selbständig erarbeiten können.
Es ist nicht erwünscht, daß der Ausbilder besondere Leittexte erstellt. Vielmehr wird angestrebt, die Lernenden nach und nach an die Verwendung betrieblicher Unterlagen, z.B. Datenbücher, Bedienungsanleitungen, Servicehefte, Fabrikationsvorschriften, Montageanleitungen, Fachbücher, Fachzeitschriften, aber auch an die Information über Videofilme und Tonbildschauen zu gewöhnen.
Selbständige Arbeitsplanung
Diese wird im PETRA-Konzept systematisch und **grundsätzlich schriftlich** vorgenommen. Um dies zu gewährleisten, wurde ein eigenes Formblatt entworfen.
Selbständige Arbeitsverteilung bei Gruppenarbeiten
Zur Förderung der Teamfähigkeit ist eine selbständige Arbeitsverteilung durch die Gruppe anzustreben. In der Regel wird der Ausbilder diese zunächst selbst vornehmen, um sie dann mit zunehmendem Ausbildungsfortschritt von den Auszubildenden durchführen zu lassen.
Selbstbewertung
Jede Aufgabe soll grundsätzlich vom Auszubildenden **selbst bewertet** werden. Anschließend folgt eine Bewertung durch den Ausbilder – Fremdbewertung. Aus der Gegenüberstellung der Selbstbewertung zur Fremdbewertung soll der Auszubildende den Qualitätsmaßstab, der einen Fachmann auszeichnet, entwickeln. Gleichzeitig ist das Ergebnis dieser Gegenüberstellung Ausgangspunkt für ein **Fachgespräch**, in dem auch gemeinsame Fehleranalysen erfolgen. (Abb. 5)

Durchführung in der Ausbildungspraxis

Wegen der unterschiedlichen Struktur der Ausbildungsstätten wird ein methodisches Konzept benötigt, das auf die Ausbildung in allen Berufen anwendbar ist. Das **Petra-Konzept** ist deshalb so offen gestaltet, daß es auf **alle** bisherigen **Ausbildungsberufe angewendet** werden kann.
Die Übertragung des Konzeptes in die Ausbildungspraxis beginnt mit der **Planung der Aufgabe durch den Ausbilder.** D.h., je nachdem welche Schlüsselqualifikationen er fördern will, wählt er Organisationsform, Lehrmethode und Medien aus und verknüpft diese mit den Inhalten der Aufgabe.
Nach dieser Planung informiert der Ausbilder den Auszubildenden über die Aufgabenstellung. Enthält die Aufgabe neue Inhalte, so entscheidet der Ausbilder, ob diese z.B. durch Unterweisung oder durch selbstgesteuertes Lernen vermittelt werden.
Bevor die **Auszubildenden** mit der Arbeitsausführung beginnen, erfolgt eine **Planung der Aufgabe.** Sie erstellen z.B. Arbeitspläne, Funktionsbeschreibungen, Maschinenbelegungspläne usw. Ihre **Planungsergebnisse besprechen** sie vor Beginn der praktischen Arbeit mit dem Ausbilder.
Damit die Auszubildenden den **geforderten Qualitätsmaßstab** entwickeln können, ist es grundsätzlich notwendig, daß nach Abschluß der Arbeitsausführung eine **Selbstbewertung** der Aufgabe mit anschließender **Bewertung durch den Ausbilder** erfolgt. Der Vergleich der Selbstbewertung mit der Ausbilderbewertung ist die Grundlage für ein Fachgespräch, in dem mögliche Fehler oder Qualitätsmängel besprochen werden.
Während der Arbeitsplanung, -ausführung und Bewertung durch die Auszubildenden **beobachtet der Ausbilder** punktuell ihr **Arbeitsverhalten,** bezogen auf die bei dieser Aufgabe zu fördernden **Schlüsselqualifikationen.** Im **Abschlußgespräch,** das der Ausbilder nur moderieren sollte, gibt er dem Auszubildenden über ihr Arbeitsverhalten **Rückmeldung.** Aus dem Abschlußgespräch und dem fachlichen Ergebnis zieht der Ausbilder seinerseits Rückschlüsse für seine weitere Planung.
An diese Vorgehensweise der Aufgabenbearbeitung sollten sich die Auszubildenden gewöhnen, da im Prinzip bei jeder Aufgabe so vorgegangen werden kann. (Abb. 6)

Vorgehensweise bei der Umsetzung einzelner Methoden

Es ist nicht sinnvoll, bei jeder Aufgabe eine Methodenvielfalt zu realisieren, jedoch bei allen Aufgaben läßt sich eine Arbeitsplanung und Selbstbewertung durchführen. Durch diese beiden Methodenelemente werden vor allem die Schlüsselqualifikationen »Organisation und Ausführung der Übungsaufgabe sowie die Selbständigkeit und Verantwortung« gefördert.
Es ist zu empfehlen, sobald als möglich, also mit dem **Beginn** der Ausbildung, die **Arbeitsplanung** einzuführen, da die Lernenden diese dann als selbstverständlichen Bestandteil im Rahmen der Bearbeitung einer Aufgabe empfinden. (Abb. 7)
Nach Beherrschung der Arbeitsplanung sollte die **Selbstbewertung** eingeführt werden. (Abb. 8) Wichtig ist dabei, daß der Ausbilder alle Methoden vorab in einem Unterricht den Auszubildenden vermittelt. Dabei müssen sie das Gefühl erhalten, daß Methoden selbstverständliche Bestandteile der Ausbildung sind und ihr Ausbilder besonderen Wert auf das Arbeiten nach diesen Methoden legt.
Im Prinzip hat diese Vorgehensweise bei der Einführung jeder Organisationsform und Methode Gültigkeit.
Der Ausbilder ist und bleibt für die Qualität der Ausbildung – einschließlich der Förderung von Schlüsselqualifikationen – verantwortlich. Er ist Fachmann, Ansprechpartner, Berater und Vorgesetzter in einer Person.

SIEMENS

Weiterbildung im gewerblichen Bereich
Projekt- und transferorientierte Ausbildung (PETRA)
Ausgangssituation

```
┌─────────────────────┐   ┌─────────────────┐   ┌─────────────────┐
│ Geringe körperliche │   │      Neue       │   │      Neue       │
│     Belastung       │   │ organisatorische│   │  Technologien,  │
│   Höhere geistige   │   │    Strukturen   │   │ neue berufliche │
│     Belastung       │   │                 │   │     Inhalte     │
└─────────────────────┘   └─────────────────┘   └─────────────────┘
           ▽                      ▽                      ▽
```

Veränderte Anforderungen an Facharbeiter

▽

Forderungen der Produktions-, Montage- und Wartungsabteilungen

Beispiele:
- Lernfähigkeit, Transferfähigkeit
- Eigeninitiative
- Erkennen der Grenzen des eigenen Könnens
- Entscheidungsfähigkeit
- Bereitwillige Zusammenarbeit mit anderen; Teamfähigkeit
- Systematisches, analytisches Vorgehen – nicht planloses Improvisieren und Probieren
- Selbständigkeit in der Arbeitsabwicklung, selbständige Arbeitsplanung
- Verantwortungsbereitschaft

▽

Gestiegene Anforderungen an die Ausbildung

▽   ▽

| Vermittlung neuer Inhalte | Verstärkte Förderung von Schlüsselqualifikationen |

Abb. 1

SIEMENS

Weiterbildung im gewerblichen Bereich

Projekt- und transferorientierte Ausbildung (PETRA)
Ausgangssituation

Neuordnung der industriellen
Elektro- und Metallberufe 1987

▽

Aus den Verordnungen über die Berufsausbildung
in den industriellen Metall- und Elektroberufen

§3(4) "..., die insbesondere selbständiges Planen, Durchführen
und Kontrollieren einschließt". "Die ... beschriebene
Befähigung ist auch in den Prüfungen nachzuweisen."

Auszug Ausbildungsberufsbilder Metallberufe
§4 bis 9(1) "7. Planen und Steuern von Arbeits- und Bewegungs-
abläufen; Kontrollieren und Beurteilen der Ergebnisse."

Auszug Ausbildungsberufsbilder Elektroberufe
§11   Zwischenprüfung
§11(3)   "1. Aufstellen eines Arbeitsplanes".

▽

Neue Anforderungen an die Ausbildung

▽　　　　　　　　▽

| Vermittlung neuer Inhalte | Verstärkte Förderung von Schlüsselqualifikationen |

Abb. 2

Anforderungen an die Ausbildung

- Solide Grundausbildung
- Ausbildung in neuen Techniken
- Förderung von Schlüsselqualifikationen

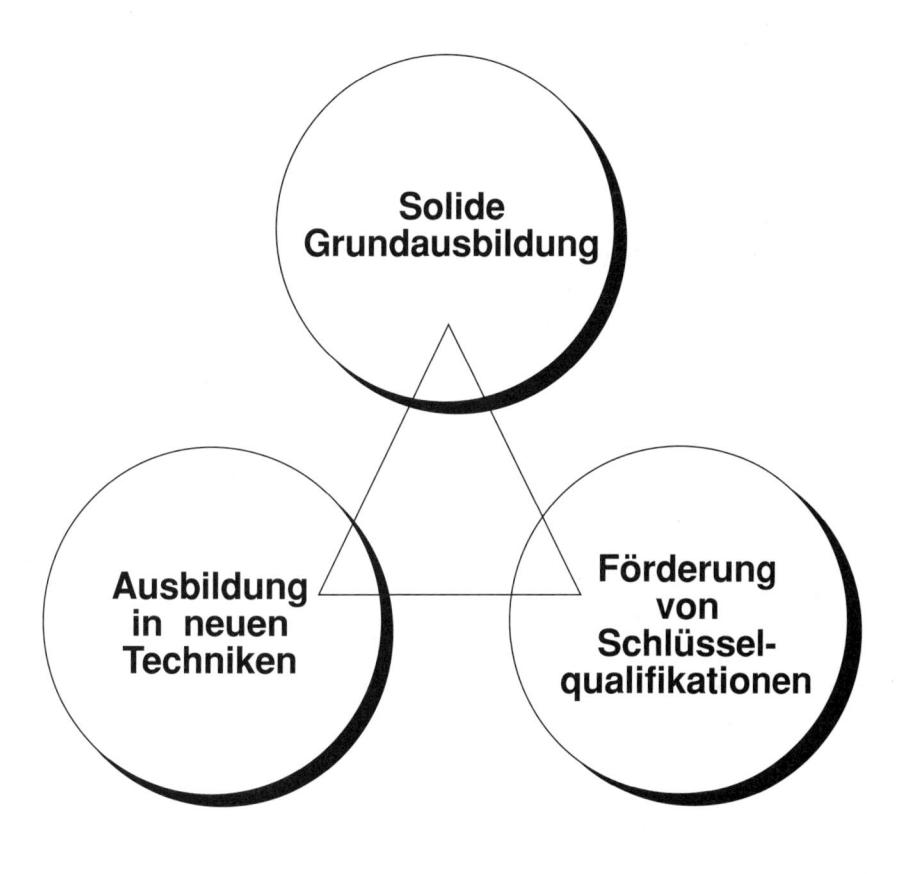

Abb. 3

SIEMENS

Weiterbildung im gewerblichen Bereich

Projekt- und transferorientierte Ausbildung (PETRA)
Zielsetzung

Förderung von Schlüsselqualifikationen...
(berufsübergreifende Fähigkeiten)

Schlüssel- qualifikationen	Organisation und Ausführung der Übungsaufgabe	Kommunikation und Kooperation
Wesentliche Einzelqualifikationen	Zielstrebigkeit Genauigkeit Systematisches Vorgehen Organisationsfähigkeit Koordinationsfähigkeit	Offenheit Kooperationsfähigkeit Einfühlungsvermögen Kundengerechtes Verhalten

Anwenden von Lerntechniken und geistigen Arbeitstechniken	Selbständigkeit und Verantwortung	Belastbarkeit
Einsatz von Lerntechniken Abstrahieren Transferfähigkeit Denken in Systemen	Mitdenken Zuverlässigkeit Umsichtiges Handeln Selbstkritikfähigkeit Eigene Meinung vertreten	Konzentrationsfähigkeit Ausdauer Vigilanz Frustationstoleranz Umstellungsfähigkeit

... durch **P**rojekt– und **T**ransferorientierte **A**usbildung (PETRA)

Abb. 4

SIEMENS

Weiterbildung im gewerblichen Bereich

Projekt- und transferorientierte Ausbildung (PETRA)
Grundlagen des Modells

> Offenes Modell: Wird "wie ein Netzwerk" über die bisherige Ausbildung im Standort gelegt

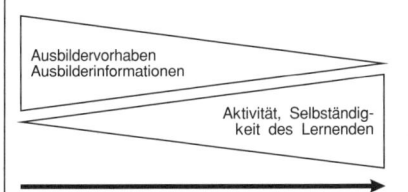

Ausbildervorhaben
Ausbilderinformationen

Aktivität, Selbständigkeit des Lernenden

Fachlicher Ausbildungsstand des Lernenden

Selbstgesteuerte Einzelarbeit (SEA)
- Eigenständige Arbeitsplanung und -ausführung

Gruppengeplante Einzelarbeit (GEA)
- Gemeinsame Arbeitsplanung
- Arbeitsausführung einzeln in Eigenverantwortung

Gruppenarbeit (GRA)
- Gemeinsame Grobplanung und Abstimmung der Schnittstellen
- Eigenständige Detailplanung und Ausführung der Teilprojekte

Organisationsformen

Selbstgesteuertes Lernen
- Der Ausbilder: Gibt Anleitung zum Selbstgesteuerten Lernen. Berät, regt an

Leittexte
- alle vorhandenen Lehr-/Lernmedien

Leitfragen und Leithinweise
- Informieren → Planen → Entscheiden → Ausführen → Bewerten

Selbständige Arbeitsplanung
- systematisch, schriftlich

Selbständige Arbeitsverteilung
- bei Gruppenarbeiten
- bei Schnittstellen

Selbstbewertung der Übungsaufgaben
- Vergleich Selbst- mit Ausbilderbewertung

Methoden

Abb. 5

SIEMENS

Weiterbildung im gewerblichen Bereich

Projekt- und transferorientierte Ausbildung (PETRA)

Durchführung in der Ausbildungspraxis

Informieren
- über die Aufgabenstellung
- Erarbeitung neuer Inhalte
  Unterweisung
  Lehrgespräch
  Selbstgesteuertes Lernen

Planen der Arbeitsausführung
- Arbeitsplanung
- Aufgabenverteilung
- Funktionsbeschreibung
- Arbeitsplatzbelegung

Entscheiden
der konkreten Vorgehensweise
- Fachgespräch mit dem Ausbilder
  WER macht WAS
  WOZU, WIE, WARUM,
  WOMIT, WO, WANN
  und bis WANN

Einzelplanung der Übungsaufgabe
- Verknüpfen von Inhalten mit Organisationsformen, Lehr-/Lernmethoden und Medien

Ausführen
- der Übungsaufgabe
- Montagebericht

Langzeitplanung
- Zuordnen von Organisationsformen zu Übungsaufgaben

Kontrollieren und Bewerten
- Selbstbewertung
- Fremdbewertung (durch Ausbilder, Lernende oder andere)

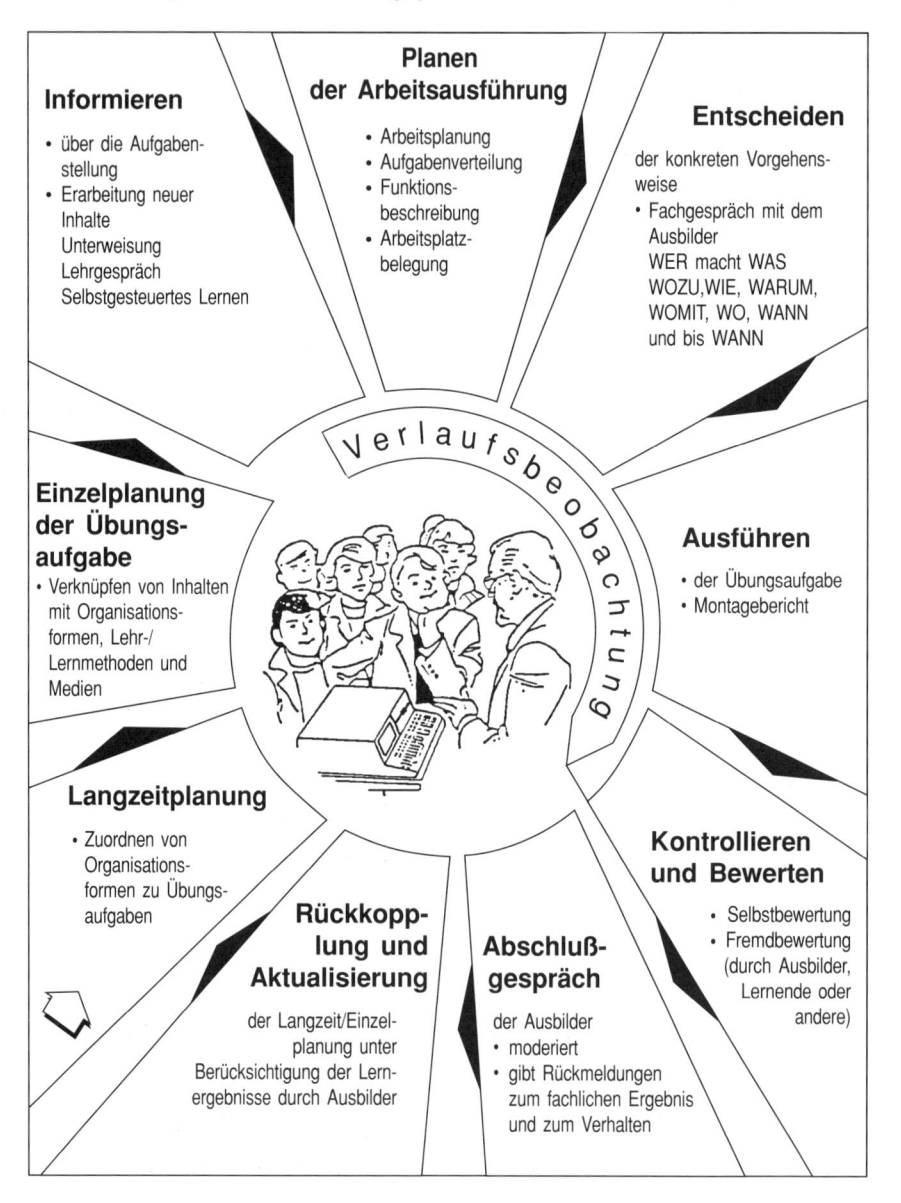

Rückkopplung und Aktualisierung
der Langzeit/Einzelplanung unter Berücksichtigung der Lernergebnisse durch Ausbilder

Abschlußgespräch
der Ausbilder
- moderiert
- gibt Rückmeldungen zum fachlichen Ergebnis und zum Verhalten

Verlaufsbeobachtung

Abb. 6

Arbeitsplanung durch die Lernenden

SIEMENS Gewerbliche Berufsbildung	Arbeitsplanung	Standort: KWF Bocholt	Datum: 4.11.85 Raum: 1
Name: Michael Wedel	Übungsaufgabe: Haltewinkel mit Klappe — Fertigen des Haltewinkels Zeichnungs-Nr.: M-AA1-D-025-A01		Anzahl: 1

Arbeitsschritte	Zeitplanung	Werkzeugmaschinen Werkzeuge und Hilfsmittel	Prüfmittel	Arbeitssicherheit	Hinweise
1. Zuschnitt auf ausreichendes Übermaß prüfen, entgraten und richten	20'	Feile 150 x 3, Schonhammer	Meßschieber		
2. Zwei Bezugskanten zueinander rechtwinklig feilen	20'	Feile 150 x 3	Anschlagwinkel		
3. Form nach Abwicklung anreißen	15'	Höhenreißer, Reißnadel, Zirkel, Körner, Hammer			Anrißlinien, dürfen nach Fertigstellung nicht mehr sichtbar sein
4. Form nach Anriß sägen und feilen	2h	Bügelsäge, Feilen			
5. Bohrungsmittelpunkt für Langlöcher anreißen und körnen	15'	Anreißwerkzeug, Körner, Schlosserhammer			
6. Langlöcher bohren und feilen	30'	Bohrer ⌀ 4mm, Feilen		Haarnetz und enganliegende Kleidung tragen	auf Drehzahl achten

Anleitung durch den Ausbilder:
— Einführung der Arbeitsplanung mit Beginn der Ausbildung
— Erläuterung des Vordrucks »Arbeitsplanung«
— Gemeinsames Erarbeiten von Arbeitsplänen im Lehrgespräch bei mehreren einfachen Übungsaufgaben

Selbständiges Ausarbeiten des Arbeitsplanes
— bei jeder Übungsarbeit
— durch die Lernenden einzeln oder gemeinsam mit anderen
— Durchsprache der Ausarbeitungen mit dem Ausbilder

Abb. 7

Ulrich Hänisch

Schlüsselqualifikationen aus der Sicht der Berufsschulen

0. Zum Aufbau des Referates

Mir ist vom Veranstalter die Aufgabe gestellt worden, über »Schlüsselqualifikationen« aus der Sicht der Berufsschulen zu referieren.
Da meine Vorredner den Begriff bereits definiert haben, werde ich dies unterlassen.
Nach der Schilderung eines Schlüsselerlebnisses aus meiner Studentenzeit im Vorwort werde ich im
    1. Abschnitt zum Erziehungs- und Bildungsauftrag der Schulen in Hamburg
sprechen. Vom
    1.1 allgemeinen Erziehungs- und Bildungsauftrag aller Schulen in Hamburg werde ich die
    1.2 Aufgabe der Berufsschule, im Unterricht die Vermittlung von Schlüsselqualifikationen zu fördern,
ableiten. Im
    2. Abschnitt erläutere ich am Beispiel des **Konzepts Laborunterricht** wie wir in Hamburg durch **schülerzentrierten Experimentalunterricht** handlungsorientiert Fachwissen und Schlüsselqualifikationen vermitteln,
um im
    3. Abschnitt über **Erfahrungen** zu berichten, die wir im schülerzentrierten Unterricht gewonnen haben.
Im Schlußwort (4) werde ich aufzeigen, wodurch die von mir skizzierte insgesamt positive Entwicklung des Berufsschulunterrichts in Hamburg z.Zt. behindert wird.

0.1 Vorwort

Ich werde mich bei meinen Ausführungen auf Einsichten und Erkenntnisse stützen, die ich als Student, Berufsschullehrer und Schulleiter im Umgang mit allen an der beruflichen Bildung Beteiligten in über 30 Jahren erfahren habe, und beginne daher mit einem »Schlüsselerlebnis« aus meiner Studentenzeit.
Ein »kritisches Abschlußgespräch« zwischen Studenten und beteiligten Dozenten am runden Tisch beendete unser 1. Semester des Gewerbelehrerstudiums. Vor der Aussprache wurde uns zugesichert, daß keine Äußerung übel genommen würde. Wir sollten unsere Fähigkeit unter Beweis stellen, reflektierend Kritik zu üben. Der Begriff »Schlüsselqualifikation« wurde damals noch nicht benutzt.
In meiner jugendlichen Naivität – wir schrieben das Jahr 1954 – erklärte ich:
1. in der Übung »Einführung in den Unterricht an der Berufsschule« hätte kein teilnehmender Student begriffen, was die Ausführungen des leitenden Dozenten mit Berufsschulunterricht zu tun gehabt habe,
2. da der Dozent in seinem Vorträgen häufig Fremdwörter benutzte, die nicht erklärt wurden, habe ihn niemand verstanden, und
3. hätten wir den »roten Faden« in seinen Ausführungen vermißt.

Zornig erwiderte daraufhin der Angesprochene:
    »Ich wollte Ihnen in meiner Übung nur bewußt machen, daß Sie nichts wissen. Ich erkenne: ich habe mein Ziel erreicht. Im übrigen: Sie studieren an einer freien Universität und brauchen in Zukunft **meine** Vorlesungen und Übungen nicht mehr zu besuchen.«

Danach meldete sich kein Diskussionsteilnehmer mehr zu Wort. Ich hatte Kritik geübt. Kritikfähigkeit ist eine Schlüsselqualifikation. Doch nun saß ich da mit meiner Schlüsselqualifikation und mußte mir andere Dozenten suchen. Gottseidank war dies möglich.

Ich wollte mit der Schilderung meines »Schlüsselerlebnisses« nur exemplarisch deutlich machen, daß die Vermittlung von »Schlüsselqualifikationen« kein einseitiger Bildungsprozeß ist. Der Erfolg bei der Vermittlung von Schlüsselqualifikationen ist in hohem Maße abhängig von denjenigen, die »Schlüsselpositionen« innehaben.

Schlüsselqualifikationen beschreiben anzustrebende Fähigkeiten und gewünschtes Verhalten. Sie haben daher etwas zu tun mit Grundeinstellungen und Wertvorstellungen der Lernenden, der Lehrenden und der Gesellschaft.

1. zum Erziehungs- und Bildungsauftrag der Schulen in Hamburg

1.1 zum allgemeinen Erziehungs- und Bildungsauftrag aller Schulen in Hamburg

Es besteht daher kein Zweifel, daß es Erziehungs- und Bildungsziel der staatlichen Schulen sein muß, Schlüsselqualifikationen zu vermitteln und zu fördern.
So beschreibt das Hamburger Schulgesetz von 1977 den Erziehungs- und Bildungsauftrag der Schulen u.a. wie folgt:
§ 2 Abschnitt 1:
  Zitat: »Die Schule soll dem Schüler helfen, seine Fähigkeiten und Neigungen zu entwickeln, selbständig zu denken, zu urteilen und zu handeln, sowie sein Leben in eigener Verantwortung und zugleich Staat und Gesellschaft verpflichtet zu führen.«
Diese Aufgabe war sinngemäß bereits vorformuliert in der Veröffentlichung des Amtes für Schule von 1976 über
  »Allgemeine Lernziele, Grundlagen für die Lehrplanarbeit in Hamburg«.
Dort heißt es u.a. ergänzend:
  Zitat: Die Schule »vermittelt...Fähigkeiten, die die Schüler in die Lage versetzen sollen: 'sich selbständig zu orientieren, an Werte zu binden und entsprechend zu handeln',
  'Leistungen zu erbringen und in einer sich verändernden Welt ständig zu lernen'.«
Die »Allgemeinen Lernziele« werden hier als
  Zitat: »Zielorientierung für die Entwicklung von Verhaltensdispositionen«
verstanden.

1.2 zur Aufgabe der Berufsschule, die Vermittlung von Schlüsselqualifikationen zu fördern

Aber auch schon vor diesen offiziellen Veröffentlichungen waren wir uns als Lehrer an den berufsbildenden Schulen in Hamburg unseres beruflichen Erziehungs- und Bildungsauftrages bewußt. Wir forderten daher sehr früh die Erziehung des Jugendlichen zur beruflichen Mobilität.
Wir fassen unter diesem Begriff die handwerklichen und geistigen Fähigkeiten des Menschen zusammen, auf wechselnde Situationen in seiner Arbeitswelt fachgerecht und verantwortungsbewußt zu reagieren. Auch bei wirtschaftlichen, technischen und sozialen Veränderungen muß er in der Lage sein, Zusammenhänge zu verstehen. Über selbst gewonnene Einsichten muß er kritisch und wertbewußt reflektieren können, um fachgerecht und sozial verantwortlich zu entscheiden.
Die so verstandene berufliche Mobilität erfordert Handlungskompetenz. Der Fachmann muß über Methoden verfügen, die es ihm ermöglichen, Prozeßstrukturen von unbekannten technischen Abläufen zu erkennen und gewonnene Handlungsstrategien methodisch auf andere Beispiele zu übertragen.

Soziale Kompetenz soll ihn befähigen, mit seinen Mitarbeitern angemessen umzugehen und in sozialer Verantwortung zu handeln.
Hierfür sind Schlüsselqualifikationen erforderlich.
Wenn ich die Ziele der Ausbildungskonzeptionen »Petra« der Firma Siemens und die »integrative Ausbildungskonzeption« der Firma AEG mit den Bildungszielen der Berufsschulen in Hamburg jetzt vergleiche, so stimmen sie in wesentlichen Grundsätzen überein.

2. zum Konzept des schülerzentrierten Experimentalunterrichts

Die Ausbilder in den Betrieben und die Lehrer in den berufsbildenden Schulen sollen aber nicht nur mit schönen Worten »Zielvorstellungen« proklamieren, sondern »vor Ort« praktische Ausbildung bzw. Berufsschulunterricht konkret gestalten.
Mein Vorredner hat am Beispiel der betrieblichen Ausbildung bei der Firma Siemens erläutert, wie man Auszubildenden Schlüsselqualifikationen vermitteln kann.
Ich will nun exemplarisch für die berufsbildenden Schulen Elektrotechnik aufzeigen, wie wir in Hamburg im Berufsschulunterricht versuchen, die Vermittlung von Schlüsselqualifikationen zu fördern.
Schon seit Jahrzehnten ist Berufsschullehrern durch Erfahrung bekannt, daß es ihren Schülern leichter fällt, Theorie und Praxis, Denken und Handeln, geistig miteinander zu verknüpfen, wenn sie im Umgang mit den Geräten, Bauteilen usw. lernen.
Der Transfer der gewonnenen Einsichten auf ihre Arbeitswelt gelingt oft gar nicht, wenn die Schüler im Berufsschulunterricht ihre Arbeitswelt nicht wiedererkennen.
Wir haben daher in enger Zusammenarbeit zwischen allen berufsbildenden Schulen Elektrotechnik in Hamburg und den Ausbildungsbetrieben Laborräume entwickelt und eingerichtet, die im Fachunterricht eine enge Verzahnung von Theorie und Schülerversuchen zulassen.
Die Laborräume und ihre Einrichtungen wurden in den vergangenen Jahren stetig der Entwicklung angepaßt. Ein Labor ist heute in der Regel wie folgt eingerichtet:

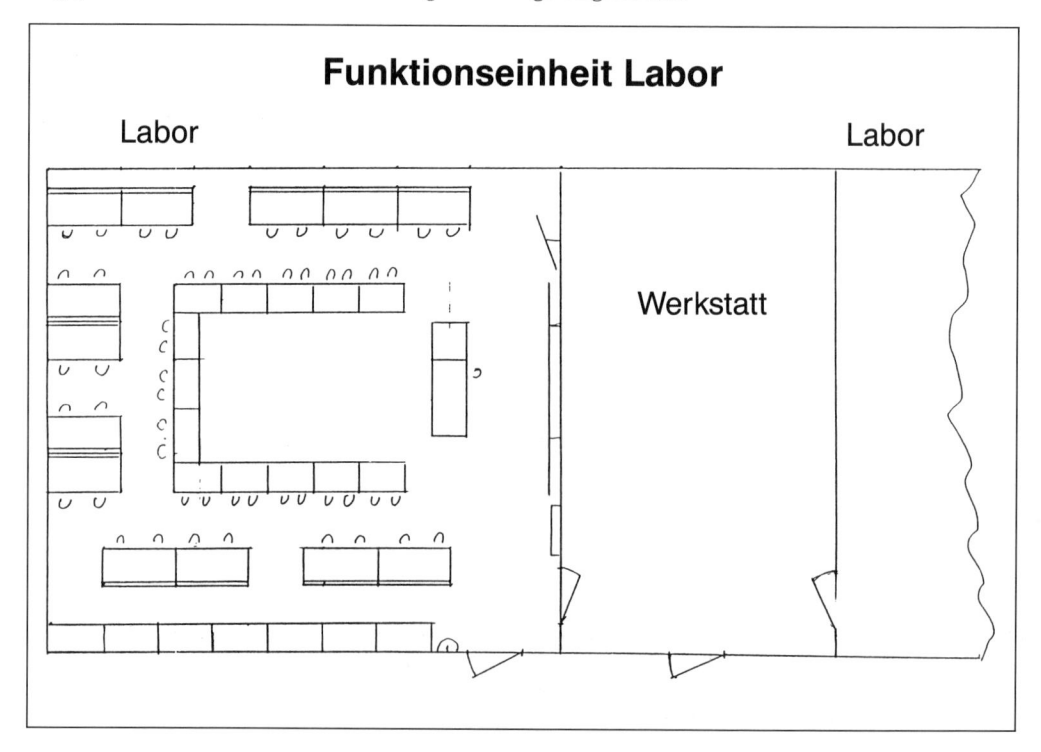

In dem ca. 100 bis 150 qm großen Raum sind U-förmig an den Wänden Labortische angeordnet. In der Mitte befinden sich die Schülertische für den Theorieunterricht. Vorne steht das Schaltpult des Lehrers mit Overheadprojektor und Tafel. An der Seite, für die Schüler zugänglich, befinden sich Lagerschränke mit Meßgeräten, Bauteilen und Modellen, ggf. Fachbüchern, Nachschlagewerken, Tabellen, Datenblättern, Bedienungsanleitungen, Anwendungsvorschriften, Serviceunterlagen, Technischen Zeichnungen. Über eine Videoanlage können auch Videofilme eingespielt werden.
Ein Laborunterricht in einem Lehrgang »Elektronische Schaltungen«, der die Vermittlung von Schlüsselqualifikationen fördert, könnte z.B. wie folgt gestaltet werden:

1. Phase:
Der Lehrer schildert einen Fall aus der Praxis: »Ein Kunde fordert einen Wartungsmonteur an, da eine elektrische Anlage nicht mehr funktioniere. Nähere Angaben kann er nicht machen. Der Monteur hat nur die Bedienungsanleitung und den Schaltplan«.
Beides wird den Schülern ausgehändigt. Sie sollen gemeinsam besprechen, wie sie den Fehler diagnostizieren und beseitigen können.
Die Anlage ist an jedem Laborplatz aufgebaut.

2. Phase:
Der Lehrer moderiert das Gespräch. Die Schüler besprechen anhand der Unterlagen die **Funktion** der Schaltung. Wenn sie dazu Fragen haben, können sie sich anhand der Fachbücher und Datenblätter im Schrank informieren.
Nach kurzer Diskussion beschließen sie, daß sie die Anlage gefahrlos in Betrieb setzen können. Als Sicherheitsbeauftragter bestätigt dies der Lehrer.
Die Schüler wollen die laufende Anlage beobachten und anschließend das weitere Vorgehen beraten.

3. Phase
Die Schüler gehen in Zweiergruppen an ihre Labortische, nehmen die Anlage lt. Bedienungsanleitung in Betrieb und testen sie.
Der Lehrer überwacht die Betriebssicherheit und steht ggf. als Berater zur Verfügung.

4. Phase
Die Schüler kommen wieder in der Mitte zusammen. Sie berichten von ihren Testergebnissen und erklären, daß verschiedene Fehler vorliegen können.
Sie legen fest, durch welche Meßmethoden die vermuteten Fehler festgestellt bzw. ausgeschlossen werden können.
Um Zeit zu sparen, beschließen sie, daß in Arbeitsteilung verschiedene Gruppen jeweils einen Fehler untersuchen sollen.
Der Lehrer moderiert das Gespräch.

5. Phase
Die einzelnen Schülergruppen besprechen die Reihenfolge ihres Vorgehens und legen fest, welche Meßgeräte sie benötigen. Der Lehrer berät die Gruppen.

6. Phase
Die Schüler gehen an die Schränke, wählen die notwendigen Meßgeräte aus und führen die Messungen an den Labortischen durch.
Der Lehrer berät die Schüler auf Anfrage und überwacht die Einhaltung der Sicherheitsvorschriften.

7. Phase
Jede Gruppe berichtet, wie sie ihre Messung durchgeführt hat und gibt ihr Meßergebnis bekannt. Der Fehler wird identifiziert.
Der Lehrer moderiert das Gespräch.

8. Phase
Das fehlerhafte Bauteil wird ausgetauscht und die Anlage danach auf seine Funktionsfähigkeit überprüft.

9. Phase
Schüler und Lehrer formulieren im gemeinsamen Gespräch eine Strategie zur Fehlersuche.
Parallel oder integriert zum bzw. mit dem Lehrgang »elektronische Schaltungen« können im Fach Politik z.B. folgende Themen besprochen werden:
— Möglichkeiten der Energieeinsparung durch elektronische Schaltungen

- Strukturwandel der Wirtschaft durch die Mikroelektronik
- Veränderung der Arbeitsplatzanforderungen durch die Mikroelektronik.

Diese Art des schülerzentrierten Lernens im Labor fördert meiner Meinung nach den Erwerb von Schlüsselqualifikationen.

Ich konnte aus Zeitmangel nur in groben Zügen den Verlauf eines schülerzentrierten Experimentalunterrichts beschreiben. Ich habe 2 detailliertere Dokumentationen mitgebracht, die eingesehen bzw. zur Vervielfältigung ausgeliehen werden können.

Beide Ausarbeitungen beschreiben projektorientierte Lehrgänge über MC-Technik.

Die erste am Beispiel einer MC-gesteuerten Verkaufseinrichtung Waage und die zweite anhand einer Ampelanlage. Das erste Projekt haben wir bereits auf den Hochschultagen »Berufliche Bildung 88« im vergangenen Jahr in Berlin vorgestellt.

Ähnliche Einrichtungen, die einen handlungsorientierten Unterricht ermöglichen wie die beschriebenen Elektrolabore, finden Sie heute an den meisten berufsbildenden Schulen in Hamburg und können z.B. auch hier im Berufsförderungswerk besichtigt werden.

Die Konzeption des schülerzentrierten Experimentalunterrichts ist eine Gemeinschaftsleistung der Gewerbeschulen 10, 16, 18 und des Berufsförderungswerkes in enger Zusammenarbeit mit den Ausbildungsbetrieben der Elektroindustrie und des Elektrohandwerks. Ich freue mich, daß ich mich hier noch einmal sehr herzlich für die ausgezeichnete Zusammenarbeit bedanken kann.

3. zu unseren Erfahrungen im schülerzentrierten Unterricht

Im nächsten Abschnitt meiner Ausführung will ich über unsere Erfahrungen berichten, die wir mit dieser Unterrichtsform gemacht haben:

Die Schüler arbeiten gern in dieser Weise. Wenn sie im Labor im Umgang mit den Bauelementen und Geräten aus ihrer Arbeitswelt lernen und die Relevanz der im Unterricht erörterten Probleme für ihre Berufsbildung unmittelbar erleben, sind sie betroffen und für den Laborunterricht intrinsisch motiviert. Im Labor erproben die Schüler auch unmittelbar die Realisierungsmöglichkeiten ihrer Problemlösungsvorstellungen selbst. Dadurch wird ihnen die sachliche Auseinandersetzung mit den eigenen Vorstellungen, die Reflexion, die für einen fruchtbaren Lernprozeß erforderlich ist, ermöglicht. Sie setzen sich nicht mittelbar über den Lehrer, sondern unmittelbar durch den Versuch mit der Sache auseinander.

Die vielfältigen Möglichkeiten des eigenen Handelns im Labor fördern die Kreativität der Schüler. So haben wir es **auch** erlebt, daß Problemlösungen der Schüler einfacher und wirtschaftlicher waren als kommerzielle Lösungen. Wichtig für den Laborunterricht ist es aber auch, daß der Schüler hier in seiner Ganzheit angesprochen wird und keine künstliche Trennung zwischen Theorie und Anwendung, zwischen kognitiver, psychomotorischer und affektiver Beanspruchung des Schülers stattfindet. Auch lernt er nicht isoliert, sondern hat durch das auf Kooperation basierende Konzept die Möglichkeit, soziale Verhaltensweisen und Schlüsselqualifikationen zu üben.

Der Lehrer ist hier besonders gefordert in seiner Rolle als Berater und Helfer der Schüler. Er gibt Impulse und moderiert. Kreative Mitarbeit der Lerner im schülerzentrierten Experiementalunterricht beansprucht den Pädagogen **total** und führt ihn als Fachmann häufig auch an die Grenzen seines eigenen fachlichen Wissens und Könnens, da man sich auf Kreativität und eigenständiges Denken der Schüler nur in Grenzen vorbereiten kann.

Der Berufsschullehrer muß nicht nur die Theorie seines Faches beherrschen, sondern auch mit der Anwendung vertraut sein und die Arbeitswelt seiner Schüler kennen. Darum müßte er auch viel häufiger als dies z.Zt. der Fall ist, Betriebspraktika besuchen können.

4. Schlußwort

Zum Abschluß will ich aufzeigen, wodurch die von mir skizzierte insgesamt positive Entwicklung des Berufsschulunterrichts in Hamburg z.Z. behindert wird.

Leider sind heute die Facheinrichtungen an einigen Berufsschulen in vielen Bereichen veraltet und spiegeln daher die Wirklichkeit der Arbeitswelt nicht mehr wider. Es fehlt Investitionskapital zur Modernisierung. So kann z.B. an den berufsbildenden Schulen Elektrotechnik über einige Gebiete der modernen Technologien, wie z.B. über die Leistungselektronik, überhaupt noch nicht laborbezogen unterrichtet werden. Und gerade hier ist es besonders notwendig, da die sehr komplizierten und komplexen fachlichen Zusammenhänge den Schülern **nur** im Umgang verständlich gemacht werden können.

Unsere Arbeitswelt wird durch die Einführung von computergesteuerten Automatisierungs- und Informationssystemen in einem in der Geschichte der Technik nicht vergleichbaren Tempo verändert. Berufsschullehrer müssen sich daher mehr als bisher fachlich weiterbilden. Sie müssen die neuen Lerngebiete didaktisch so aufbereiten, daß die Schüler exemplarisch an »praxisnahen Fällen« lernen können, in komplexen Zusammenhängen zu denken und Schlüsselqualifikationen zu erwerben.

Die Lehrerfortbildung muß daher umgehend erheblich intensiviert werden.

Mittel zur Finanzierung der Teilnahmegebühren für Fortbildungsveranstaltungen der Industrie und des Handwerks stehen für Lehrer so gut wie gar nicht zur Verfügung.

Ich appeliere hier auch an die Industrie, Lehrer kostenlos an solchen Veranstaltungen teilnehmen zu lassen.

Mit Sorgen sehe ich jedoch in die Zukunft.

Qualifikationen können Schulen nur vermitteln, wenn Lehrer für den Unterricht zur Verfügung stehen. Heute werden jährlich mindestens 8–10% weniger Berufsschullehrer eingestellt als benötigt werden. Die Studienbewerber haben sich darauf eingestellt. So studiert z.B. kaum noch jemand Gewerbelehrer mit der Lehrbefähigung Elektrotechnik. Wir hatten früher an unserer Schule 20–23 Referendare zur Ausbildung; heute nur noch einen. Im Praktikum befindet sich an unserer Schule gar kein Student mehr. Dabei werden bis zum Jahre 2000 durchschnittlich 4 Lehrer jährlich unsere Schule verlassen und von diesem Zeitpunkt an wird sich die Anzahl der jährlichen Pensionierungen verdreifachen. Ich empfinde diese Entwicklung als Bedrohung unserer Schule.

Meine Damen und Herren,

»Kritik üben« ist eine Schlüsselqualifikation.

Ich habe mich seit meiner Studentenzeit darum bemüht, meine Kritikfähigkeit ständig zu verfeinern und hoffe auch, daß die Reaktion auf meine heutigen Ausführungen fruchtbarer sein wird als damals.

Arbeitsgruppen

1 Schlüsselqualifikationen in den Ordnungsmitteln neuer und neugeordneter gewerblich-technischer Berufe

   Moderation: Prof. Dr. Ernst-Günther Schilling, Institut für Berufs- und Wirtschaftspädagogik

   Referenten: Horst Linke, Hamburger Berufsschulen
   Klaus-Peter Jochimski, Hamburger Berufsschulen

2 Schlüsselqualifkationen als Inhaltsproblem

   Moderation: Prof. Dr. Hermann Lange, Institut für Berufs- und Wirtschaftspädagogik

   Referenten: Prof. Dr. Fritz Kath, Prof. Dr. Ralf Witt,
   Institut für Berufs- und Wirtschaftspädagogik
   Dr. Sigrid Sadowsky, Hamburger Berufsschulen

3 Schlüsselqualifikationen und deren didaktisch-methodische Umsetzung in der Ausbildung zu Bank- und Versicherungskaufleuten aus schulischer und betrieblicher Sicht

   Moderation: Thomas Reitmann, Institut für Berufs- und Wirtschaftspädagogik

   Referenten: Fridjof Gutendorf, Leiter der Aus- und Fortbildung der Hamburger Sparkasse
   Hans Perczynski, Leiter der Handelsschule Weidenstieg (Kreditwesen), Hamburg
   Rolf Meier, Leiter der Aus- und Fortbildung, Hamburg-Mannheimer Versicherung
   Jürgen Barthel, Leiter der Handelsschule St. Pauli (Versicherungswesen), Hamburg

4 Handlungsorientierte Vermittlung von Fachwissen und Schlüsselqualifikationen in neugeordneten Berufen der gewerblich-technischen Fachrichtung

   Moderation: Prof. Dr. Wolfgang Bürger, Institut für Berufs- und Wirtschaftspädagogik

   Referenten: Dr. Ute Laur-Ernst, BiBB Berlin
   Hanjo Schild, Volkshochschule Rheingau
   Frank Stritzel, Ausbildungsleiter, Technologiezentrum Buxtehude

5 Handlungsorientierte Vermittlung von Fachwissen und Schlüsselqualifikationen in der Ausbildung zu Kaufleuten im Einzelhandel

   Moderation: Klaus Wicher, Berufsförderungswerk Hamburg

   Referenten: Hartmut Schulze, Hamburger Berufsschulen
   Hans-Georg Meyer, Leiter der Aus-, Fort- und Weiterbildung
   der Ludwig Görtz GmbH & Co., Hamburg

6 Die Vermittlung von Schlüsselqualifikationen am Beispiel der Ausbildung in der Elektroindustrie

   Moderation: Dr. Rainer Brechmacher, Institut für Berufs- und Wirtschaftspädagogik

   Referenten: Bernd Schulz, Leiter der gewerblichen Ausbildung, Siemens AG, Kiel
   Helmut Cornell, Berufsförderungswerk Hamburg

7 Probleme der Vermittlung von Schlüsselqualifikationen in der schulischen hauswirtschaftlichen Berufsbildung

   Moderation: Dr. Christine Mayer, Institut für Berufs- und Wirtschaftspädagogik

   Referenten: Prof. Dr. Heinrich Meyer, Institut für Berufs- und Wirtschaftspädagogik
   Dorothea Balzer, Berufsbildende Schulen Buxtehude
   Gabriele Hackbart, Berufsbildende Schulen Hannover
   Barbara Bartsch / Maria Mielke, Staatl. Gewerbe- und Hauswirtschaftschule Uferstraße in Hamburg

8 Probleme der Vermittlung von Schlüsselqualifikationen in der Ausbildung zu kaufmännischen Berufen in Industrie und Handel

   Moderation: Prof. Dr. Walter Tenfelde, Prof. Dr. Willi Brand,
   Institut für Berufs- und Wirtschaftspädagogik

   Referenten: Dagmar Lennartz, BiBB Berlin
   Karl Michael Baldin, Leiter der Aus- und Weiterbildung, Draegerwerke Lübeck
   Ina Bogalski, Berufsbildende Schulen Lübeck

9 Neue Varianten des Lernens in Betrieb und Schule: z.B. Leittextmethode und Fallstudie

   Moderation: Prof. Dr. Waltraude Pawlik, Johannes Schlesinger,
   Institut für Berufs- und Wirtschaftspädagogik

   Referenten: Peter Jürgen Schneider, Friedrichsdorfer Büro für Bildungsplanung, Salzgitter
   Wolfgang Sander, Norddeutsche Eisen- und Stahlberufsgenossenschaft Hamburg

10 Veränderungen in der Rolle des Ausbilders und des Lehrers bei der Vermittlung von Schlüsselqualifikationen

   Moderation: Prof. Dr. Ellen Schulz, Institut für Berufs- und Wirtschaftspädagogik

   Referenten: Winfried Schulz, BiBB Berlin
   Susanne Witt, Ausbildungsleitung der Beiersdorf AG, Hamburg
   Wolfgang Tappmeyer, Universität Hamburg

11 Probleme der Vermittlung von Schlüsselqualifikationen in der Ausbildung im Berufsfeld Bautechnik unter besonderer Berücksichtigung der Positionen der Tarifpartner

   Moderation: Prof. Dr. Günter Spreth, Institut für Berufs- und Wirtschaftspädagogik

   Referenten: Dr. Rudolf Bode, Leiter der Gewerbeschule für Bauberufe, Hamburg
   Arne Knudsen, Gewerbeschule für Bauberufe, Hamburg
   Ronald Schlaeffke, IG Bau - Steine - Erden, Hamburg
   Heinz Paßlack, Bauindustrie e.V., Hamburg

Arbeitsgruppe 1
Schlüsselqualifikationen in den Ordnungsmitteln neuer und neugeordneter gewerblicher Berufe

Einführung / Bericht
Prof. Dr. Ernst-Günther Schilling,
Universität Hamburg

Jochen Walter,
Student Universität Hamburg

Referate

Horst Linke,
Berufsschullehrer, Staatl. Schule für Maschinenbau Hamburg, Mitglied der Bundesfachgruppe Gewerbliche Schulen der GEW

»Analyse und Kritik der entwickelten beruflichen Ordnungsmittel im Rahmen der Neuordnung der industriellen Metall- und Elektroberufe.«

Klaus-Peter Jochimski,
Berufsschullehrer, Staatl. Gewerbeschule für Nachrichten-, Meß- und Regeltechnik Hamburg

»Schlüsselqualifikationen in den Ordnungsmitteln des neuen Lehrberufs Ver- und Entsorger/in und Ansätze zu ihrer Umsetzung.«

Ernst-Günther Schilling
Jochen Walter

Einführung

1. Zur Thematik und Feststellung der Arbeitsgruppe

Die Entwicklung der neuen Ordnungsmittel für die oben angesprochenen Ausbildungsberufe verlief in etwa zeitgleich mit der Rezeption und Bedeutungszunahme des Begriffs »Schlüsselqualifikationen« in der berufspädagogischen Diskussion. Bereits in den 1978 vom Arbeitgeberverband Gesamtmetall und der Industriegewerkschaft Metall festgelegten »Eckdaten zur Neuordnung der industriellen Metallberufe« ist von neuen Zielvorstellungen die Rede, die eindeutig in der Spur der von MERTENS 1974 formulierten Thesen zur Vermittlung von Schlüsselqualifikationen liegen. Nach diesen »Eckdaten« soll die Arbeiterqualifikation dazu befähigen, den erlernten Beruf in unterschiedlichen Betrieben und Branchen auszuüben und sich auf neue Arbeitsstrukturen, Produktionsmethoden und Technologien flexibel einstellen sowie an Maßnahmen der Weiterbildung, Fortbildung und Umschulung teilnehmen zu können. Eine solche Befähigung entspricht ziemlich genau jener, auf die MERTENS' Vorschlag zur Vermittlung von Schlüsselqualifikationen abzielt.
Es stellt sich daraufhin die Frage, wie diese allgemeinen, auf Schlüsselqualifikationen verweisenden Absichtserklärungen und Intentionen sich in den verbindlicheren Ordnungsmitteln niedergeschlagen haben, die nach fast zehnjährigem Ringen um Konsens inzwischen fertiggestellt und eingeführt worden sind.
Die neuen Ausbildungsordnungen und Rahmenlehrpläne sind in ihrem Aufbau zweigeteilt. Sie enthalten im ersten Hauptteil formale Regelungen und Aussagen über die allgemeinen Ausbildungs- bzw. Bildungsziele und im zweiten einen Katalog zu vermittelnder Fertigkeiten und Kenntnisse bzw. Groblernziele.
Diese Zweiteilung verdient Aufmerksamkeit aus zwei Gründen. Erstens: Wenn im ersten Teil der Pläne (Präambel) etwas über allgemeine Ziele und – hypothetisch – über die Vermittlung von Schlüsselqualifikationen ausgesagt ist, dann muß der zweite, den eigentlichen Ausbildungsinhalten gewidmete Teil auch damit kompatibel sein. Beispielsweise müssen die vorgegebenen Inhaltlichkeiten und Zeitrichtwerte angemessenen Spielraum für die in der Präambel aufgeführten Ausbildungsziele bieten. Damit stellt sich die Frage nach der inneren Konsistenz der neuen Ordnungsmittel. Zweitens: Wie Befragungen gezeigt haben, wenden sich viele Ausbilder und Lehrer bei der Erstellung ihrer konkreten Ausbildungs- oder Lehrplanungen direkt den inhaltlichen Vorgaben zu, ohne sich zuvor mit den Zielangaben in den Präambeln auseinandergesetzt haben. Daraus ergeben sich Forderung und Frage nach einer sichtbaren und nachvollziehbaren Verbindung beider Teile.
Dies wiederum verweist auf den Detailliertheitsgrad der neuen Ordnungsmittel. Diese sind bewußt auf flexible Handhabung angelegt worden, damit »sich eine dynamische Entwicklung der Berufsausbildung vollziehen kann« (BIBB). Detaillierte Ausbildungs- und Lehrplanvorgaben engen den Handlungsspielraum für eine adressaten- und situationsgerechte Gestaltung der Lernprozesse ein. Vor allem aber sind sie, was die inhaltlichen Vorgaben betrifft, angesichts der hohen Verfallsrate aktuellen technischen Wissens permanent revisionsbedürftig. Detaillierte Vorgaben kommen demnach nur für solche Inhalte und Lernziele in Betracht, die in bestimmten Maße zeitüberdauernde Gültigkeit für sich in Anspruch nehmen können, was per Definition für die Schlüsselqualifikationen zutrifft. Wo immer neue Ausbildungs- und Lehrpläne ins Detail gehen, dürften also Hinweise auf Schlüsselqualifikationen nicht nur nicht fehlen, sondern diese hätten vielmehr Anspruch auf bevorzugte Berücksichtigung. Das mit den neuen Ordnungsmitteln postulierte Prinzip der Offenheit ist unter diesem Aspekt kritisch zu hinterfragen.
Schließlich ist auf die Problematik der Umsetzung der neuen Qualifizierungsziele zu verweisen, die derzeit im Mittelpunkt aller Entwicklungsarbeiten und Diskussionen steht. Man ist sich weitgehend

einig darin, daß die neuen Ziele mit ihrer stärkeren Betonung des Verhaltensbereichs eine Ausbildung verlangen, die handlungsorientiert und persönlichkeitsbildend zu gestalten ist. Dazu sind komplexere Ausbildungsmethoden einzusetzen und veränderte Lernbedingungen zu schaffen. Die sich daraus ergebende, an der Interdependenz von Ziel und Methode festgemachten Frage ist, ob die Ordnungsmittel entsprechende Umsetzungshinweise enthalten.

Damit sind die Fragenkomplexe umrissen, mit denen die Vorbereitungsgruppe in die Arbeitssitzungen ging. Abfolge und Akzentuierung der Referate waren darauf angelegt, in der ersten Sitzung die Ordnungsmittel auf Schlüsselqualifikationen, Innovationsgehalt und innere Konsistenz hin zu analysieren und in der zweiten Sitzung die Umsetzungsmöglichkeiten und -probleme zu behandeln.

2. Arbeitsergebnisse

Beide Referate regten zu lebhafter Diskussion unter den aus Berufsschulen, Handwerk, Hochschulen, (beruflicher) Rehabilitation und Studienseminar kommenden Teilnehmern an. Im Mittelpunkt der Diskussion stand die Konfrontation der neuen Ausbildungsziele mit den unterschiedlichen Bedingungen und Ausbildungsrealitäten an den vertretenen Bildungs- und Ausbildungsstätten. Kontrovers diskutiert wurden vor allem Rolle und Realisierbarkeit von Projekten bzw. Projektarbeit bei der Umsetzung der vorgegebenen neuen Qualifikationsansprüche.

Die Diskussionen führten zu folgenden Feststellungen:

(1) Schlüsselqualifikationen sind von der berufspädagogischen Intention her nichts Neues, wohl aber der Begriff als solcher und sein Stellenwert in der Diskussion um eine Berufsausbildung, die dem schnellen technologischen und arbeitsstrukturellen Wandel Rechnung tragen will. Neu ist dabei vor allem die Forderung nach stärkerer Gewichtung von Schlüsselqualifikationen gegenüber den engeren fachlichen Qualifikationen. Diese Gewichtungsfrage ist im Zuge der Neuordnung verschiedener Berufe und der damit einhergehenden Neufassung der beruflichen Ordnungsmittel und deren Umsetzung zu einem zentralen Punkt der Berufsbildungsdebatte geworden.

(2) Es wurde bewußt darauf verzichtet, das in den Referaten und Diskussionsbeiträgen zum Ausdruck kommende Spektrum von konkreten Vorstellungen über Schlüsselqualifikationen auf eine genauere Begriffsdefinition festzulegen. Denn ob eine bestimmte Qualifikation eine Schlüsselqualifikation ist, läßt sich nicht wertfrei analysieren, weil dies vom jeweiligen 'bildungspolitischen' Standort, d.h. von den insgesamt verfolgten Bildungs- und Ausbildungszielen abhängt. Schlüsselqualifikationen können auf rein funktionale Anpassung an den technologischen Wandel zielen oder aber darüber hinausgehen, indem sie die Befähigung des Arbeitnehmers zur beruflichen Mündigkeit mit einbeziehen.

(3) Wesentliches Merkmal der Neuordnung der Elektro- und Metallberufe ist ein neuer Qualifikationsbegriff, der das selbständige Planen, Durchführen und Kontrollieren von Facharbeit zum Ziel hat. Werden diese Optionen ernstgenommen und versucht zu realisieren, kann die Neuordnung zum auslösenden Moment für eine grundlegende Reform der beruflichen Bildung werden, indem sie sich nicht auf bloße Anpassung an und Ergänzung um neue Technologien beschränkt.

(4) Die KMK-Rahmenlehrpläne für neue und neugeordnete Berufe unterscheiden deutlich fachspezifische und fachübergreifende Qualifikationen, ohne den Begriff der Schlüsselqualifikationen explizit einzuführen. Es werden übergreifende Lernziele formuliert, deren Vermittlung durch Anbindung an berufsspezifische Inhalte erfolgen soll.

(5) Die neuen Verordnungen über die Berufsausbildung und Rahmenlehrpläne weisen also, i.d.R. in ihren Präambeln, die Vermittlung von Schlüsselqualifikationen als anzustrebende Zielsetzung auf. Bei den genaueren Qualifikationsbeschreibungen ist dann jedoch wieder die traditionelle Aneinanderreihung einzelner Ausbildungsinhalte bzw. Lernziele vorherrschend, womit ein den neuen Qualifikationsanforderungen adäquater, d.h. ganzheitlicher komplexer, fächerübergreifender Vermittlungsanspruch nicht eingelöst wird.

Die in den Ordnungsmitteln genannten berufsübergreifenden Qualifikationen haben vielfach nur den Charakter von Überschriften, die erst noch zu differenzierteren Elementen bestimmter Schlüsselqualifikationen 'kleingearbeitet' werden müssen.

(6) An der immensen Stoffülle, die sich an der inhaltlichen Überfrachtung der fachspezifischen Rahmenvorgaben ablesen läßt, hat sich im Vergleich zu früheren Plänen wenig geändert.

(7) Obgleich es im Entstehungsprozeß der neuen Ordnungsmittel allen Verantwortlichen klar geworden war, daß sich die neuen Qualifikationsanforderungen nicht mit den herkömmlichen Ausbildungs- und Lehrmethoden werden einlösen lassen, entbehren die neuen Ordnungsmittel entsprechender Anregungen oder Hinweise für eine methodische Konkretisierung der komplexeren Ausbildungsansprüche. Das Konzept des handlungsorientierten Lernens wird in den Ordnungsmitteln nicht thematisiert.

(8) Die neuen Ordnungsmittel werden trotz ihrer Defizite als ein erster Schritt in die richtige Richtung angesehen und als positive Herausforderung verstanden. Ihre Umsetzung in die Praxis jedoch, d.h. insbesondere die Vermittlung von Schlüsselqualifikationen wird »nicht zum Nulltarif zu haben« sein sondern erfordert weitere entsprechende, z.Z. noch nicht gegebene Rahmenbedingungen in Betrieben und Schulen.

Die Vermittlung von Schlüsselqualifikationen kann nur verwirklicht werden, wenn
— einzelne Fächer und/oder Inhalte integriert werden, damit die Komplexität von Sachverhalten und Entscheidungssituationen für die Auszubildenden erfahr- und sichtbar wird;
— an den einzelnen Lernorten eine entsprechende materielle und personelle Ausstattung vorhanden ist;
— die existierende Stoffülle gesenkt und dem Ausbildungs- und Lehrpersonal inhaltlich und zeitlich mehr Gestaltungsfreiräume für die Anwendung komplexerer Lehr- und Lernmethoden (Fall- und Projektmethode u.a. Ansätze handlungsbezogenen und problemlösenden Lernens) eingeräumt werden;
— das Ausbildungs- und Lehrpersonal zur Veränderung des eigenen Rollenverständnisses bereit und befähigt ist, ohne welches neuere, komplexere Lehr- und Lernmethoden nicht zu realisieren sind;
— auch die Prüfungsanforderungen und -methoden den neuen, anspruchsvolleren Ausbildungszielen Rechnung tragen, damit es nicht dazu kommt, daß überholte Prüfungsmodalitäten (durch den unbestreitbaren Einfluß von Prüfungspraxis auf Lernwirklichkeit) die Realisierung des Neuen unterlaufen.

(9) Insbesondere bei der Entwicklung von didaktischen Leitlinien und Methodenkonzeptionen gibt es großen Nachholbedarf. Bei dem Versuch, handlungsorientiert zu arbeiten, theoretische und praktische Inhalte zu verbinden, gleichzeitig fachliches Können bzw. Wissen und fachübergreifende Qualifikationen zu vermitteln, scheint einerseits das Arbeiten mit Projekten besonders erfolgversprechend zu sein. Andererseits gilt es aber auch, einen monomethodischen Ansatz zu vermeiden und andere komplexere Lehr- und Lernmethoden (z.B. Fall- und Simulationsmethoden) zu berücksichtigen und für die angestrebte Qualifikationsvermittlung weiterzuentwickeln.

Didaktisch-methodische Konzeptentwicklung für die Vermittlung von Schlüsselqualifikationen hat die unterschiedlichen Motivationen und Lernpotentiale der Auszubildenden zu berücksichtigen. Vor allem im Handwerk und in der beruflichen Rehabilitation, aber auch in kleinen und mittleren Industriebetrieben werden Lernbereitschaft und Lernfähigkeit der Auszubildenden für das Erreichen der höher gesteckten Qualifikationsziele als ernstes Problem gesehen. Auch wird die Lernortfrage bei der Verfolgung bestimmter Schlüsselqualifikation neu zu stellen und von Fall zu Fall auch neu zu beantworten sein, die 'Arbeitsteilung' zwischen Ausbildungsbetrieb und Berufsschule eingeschlossen. Die Konzeptentwicklung ist deshalb mit ausführlichen Bedingungsanalysen und mit entsprechenden Modellversuchen zu verknüpfen.

3. Fazit

Insgesamt kann die Arbeitsgruppe zum gegenwärtigen Zeitpunkt nur zu der Feststellung gelangen, daß in den neuen Ordnungsmitteln zwar richtungsweisende Zeichen für die Vermittlung von Schlüsselqualifikationen und für eine Neuorientierung der Berufsausbildung gesetzt werden. Das Fehlen entsprechend innovativer Veränderungen bei den Randbedingungen für die konkrete Ausbildungsarbeit bremst jedoch ein engagiertes und konstruktives Mitwirken der an der Ausbildung Beteiligten bei der Gestaltung der jetzt zu bewältigenden wichtigen Umstellungsphase erheblich.

Horst Linke

Schlüsselqualifikationen in den Ordnungsmitteln neuer und neugeordneter gewerblich-technischer Berufe

Vor einer Bewertung der Ordnungsmittel / Lehrpläne neugeordneter Berufe auf vorhandene Schlüsselqualifikationen sind einige Einschränkungen und Vorbemerkungen notwendig.
1. Die Ausführungen beziehen sich ausschließlich auf den Bereich der neugeordneten industriellen Metallberufe
2. Im Vordergrund der Beurteilung steht der schulische Bereich der »dualen« Berufsausbildung.

Um beurteilen zu können, inwieweit Schlüsselqualifikationen Eingang in Ordnungsmittel / Lehrpläne gefunden haben, ist zu beschreiben, welche Ansprüche an eine berufliche Erstausbildung zu stellen sind.

Ob eine Qualifikation Schlüsselqualifikation ist, läßt sich nicht wertfrei analysieren, sondern ist geprägt durch den jeweiligen »Standort«, d.h.: Welche Intention wird mit beruflicher Bildung verbunden?

Im Gegensatz zur Berufsbildungsreform 1969 wurden die Reformaspekte der Neuordnung kaum von einer breiten Öffentlichkeit zur Kenntnis genommen. Um so dringlicher ist es, den Kern der Reform immer wieder öffentlich zu benennen. Festgeschrieben ist dieser »Kern« im § 3 (4) der Verordnung über die Berufsausbildung in den industriellen Metallberufen:

»Die in dieser Rechtsverordnung genannten Fertigkeiten und Kenntnisse wollen so vermittelt werden, daß der Auszubildende im Sinne des § 1, Abs. 2 BBiG zur Ausübung einer qualifizierten beruflichen Tätigkeit befähigt wird, die insbesondere selbständiges Planen, Durchführen und Kontrollieren einschließt.«

In der Beschreibung dieses neuen Qualifikationsbegriffs Planen, Durchführen und Kontrollieren, liegt der eigentliche Reformaspekt der Neuordnung. Ernstgenommen macht dieser Reformaspekt Druck und verändert die Berufsausbildung.

Nicht zur Kenntnis genommen, wird Berufsausbildung angepaßt an neuere Entwicklungen und in ihren Inhalten um »neue Technologien« ergänzt, aber im wesentlichen bleibt es wie bisher.

Veränderte **Produktionsbedingungen** mit sich verändernden Arbeitsanforderungen und Arbeitsbelastungen an berufliche Facharbeiter, sowie reale Ängste, bezogen auf den Verlust von Arbeitsplätzen, haben letztlich die »Neuordnung« als Kompromißwerk der Tarifparteien bewirkt.

Gewerkschaftlicher Anspruch an ein Neuordnungskonzept ist dabei:
– Qualifizierung und Mitgestaltung von Arbeit und Technik gehören zusammen
– zur beruflichen Qualifikation von Arbeitnehmern / innen gehören auch Fähigkeiten wie selbständiges Denken, Planen und Handeln
– eine zukunftsorientierte Berufsausbildung umfaßt auch die Fähigkeit und Bereitschaft zur Fort- und Weiterbildung
– berufliche Qualifikationen müssen eine ausreichende Grundlage zur Bewältigung qualifikationsbezogener Risiken im Arbeitsleben schaffen
– über berufliche Bildung müssen Kompetenzen zur selbstbestimmten und solidarischen Gestaltung der Arbeits- und Lebensbedingungen erworben werden können

(IGM, »Qualifizierte Berufsausbildung für alle«, Schriftenreihe 106)

Der oben formulierte Anspruch bedeutet aus gewerkschaftlicher Sicht, gemessen am Auftrag der berufsbildenden Schulen, allgemeine und berufsbezogene Lerninhalte für die Berufsausbildung, die Berufsausübung und im Hinblick auf die berufliche Weiterbildung zu vermitteln, daß berufsbildende Schulen in verstärkten Maße allgemeine Bildung in berufliche Bildungsgänge integrieren müssen, sowie zukunftsorientierte Bildungsinhalte als ganzheitlichen Lernprozeß vermitteln.

Dazu gehören:
– hohe fachliche Kompetenzen
– eigenständige Lern- und Weiterbildungsbereitschaft

- die Befähigung zum analytischen und abstrakten Denken
- Kreativität
- selbständiges und vorausschauendes Problemlösungsverhalten
- Kritik-, Urteils- und Entscheidungsfähigkeit
- Befähigung zur Mitgestaltung von Arbeit und Technik unter humanen, sozialen und ökologischen Gesichtspunkten
- Teamarbeitsfähigkeit, Toleranz und Verantwortungsbereitschaft
- Sozialkompetenz und Konfliktfähigkeit
- Denken und Handeln in beruflichen und gesellschaftlichen Zusammenwirken

(GEW-Hauptvorstand »Forderungen zur Reform und Perspektive
der berufliche Schulen«, Januar 1989)

Auf dem beschriebenen Hintergrund soll versucht werden, aus Verordnung, Rahmenlehrplan (KMK) und Lehrplan (HH) vorhandene Ansätze von Schlüsselqualifikationen zu benennen und einzuschätzen. Bei der Einschätzung, inwieweit die Vermittlung von Schlüsselqualifikationen Einzug in die Ordnungsmittel gehalten haben, ist es wichtig, darauf hinzuweisen, daß ein Eckpfeiler gewerkschaftlicher Reformpolitik in der Berufsbildung die berufliche Grundbildung ist.

Hierzu gehört zum Beispiel die Entspezialisierung der Ausbildung in den Basisqualifikationen, Verwertbarkeit der Qualifikationen unabhängig von einzelbetrieblichen Entscheidungen usw., welche erstmals verbindlich im § 3 (1) der Verordnung festgehalten wurde.

Damit ist zumindest formal ein wesentliches Merkmal von Schlüsselqualifikationen erfüllt, hier verstanden als verwertbare Qualifikationen an Arbeitsplätzen unterschiedlicher Berufsbereiche.

Dieses und die Festschreibung des Qualifikationsbegriffes, gemessen an bisherigen Ordnungsmitteln, ist ein nicht zu unterschätzender Fortschritt. Im weiteren legt der Verordnungstext die fachlichen Inhalte der Ausbildung als **Aufzählung fest.**

Ansätze von möglichen Schlüsselqualifikationen lassen sich eher an der **Spezifizierung** der Verordnung und an dem Ausbildungsrahmenplan erkennen.

Dieser läßt Freiheit zur Gestaltung, wenn man den Qualifikationsbegriff richtig anwendet und nicht ausschließlich den technologischen Hintergrund sieht.

Zur Verdeutlichung, hier ein Beispiel aus der Fachrichtung Betriebstechnik:

Dem Inhalt »Feststellen, Eingrenzen und Beheben von Fehlern und Störungen« werden beispielsweise folgende Fähigkeiten und Kenntnisse zugeordnet:
- Inspektion, ...Vorbereiten und nach Plänen durchführen
- Fehler unter Beachtung der Schnittstellen mechanischer, hydraulischer, pneumatischer und elektrischer Baugruppen eingrenzen
- Störungen und Fehler auf mögliche Ursachen untersuchen, die Möglichkeiten ihrer Beseitigung bearbeiten und die Instandsetzung einleiten.

Ersichtlich ist, daß bei diesem Inhalt auch eine Qualifikation vermittelt werden kann, die die bereits genannten Kriterien wie selbständiges und vorausschauendes Problemlösungsverhalten, Teamarbeitsfähigkeit usw. beinhaltet.

Voraussetzung dafür ist jedoch, daß ein Umdenken bei der Gewichtung »was und wie gelernt werden soll«, stattfindet.

Dies bedeutet, daß nicht mehr allein die Vermittlung von Faktenwissen als abprüfbares Ergebnis von bestimmten Fähigkeiten und Kenntnissen im Mittelpunkt steht, sondern die Vorbereitung des Lernenden über die direkte Verwertbarkeit fachlicher Inhalte hinaus auf die Bewältigung allgemeiner Lebenssituationen.

Hier kommt den Lernmethoden eine herausragende Bedeutung zu.

Ähnliche Aussagen treffen für den Bereich Schule zu. Die Diskrepanz wird deutlich bei einem Vergleich der allgemeinen und berufsbezogenen Vorbemerkungen mit dem eigentlichen Rahmenlehrplan KMK. In den Vorbemerkungen finden sich Ansätze, die den genannten Kriterien von Schlüsselqualifikationen in gewissen Umfange entsprechen.

Da heißt es u.a.:
- »Fähigkeiten und Einstellungen erwerben, die ihr Urteilsvermögen und ihre Handlungsfähigkeit und -bereitschaft in beruflichen und außerberuflichen Bereichen vergrößern,
- Möglichkeiten und Grenzen der persönlichen Entwicklung durch Arbeit und Berufsausübung erkennen,...

- sich der Spannung zwischen eigenen Ansprüchen und denen ihrer Mit- und Umwelt bewußt werden und bereit sein, zu einen Ausgleich beizutragen und Spannungen zu ertragen,
- Zusammenhänge zwischen technologischen Phänomenen und naturwissenschaftlichen gesetzmäßigkeiten erkennen,
- mit der Berufsausübung verbundenen Umweltbelastungen und Maßnahmen zu ihrer Vermeidung bzw. Verminderung beschreiben...«

(KMK Rahmenplan)

Unschwer ist zu erkennen, daß hier Qualifikationen angesprochen werden, die zur Bewältigung allgemeiner Lebenssituationen notwendig sind. Danach folgt eine nach Lerngebiet, Lernziel und Lerninhalt geordnete Aufzählung der zu vermittelnden technologischen Inhalte.

Hier wird bisher auf Vollständigkeit, Fachsystematik und entsprechend den Lernzieltaxonomien auf beobachtbares, abprüfbares Verhalten der Lernenden wie z.B.

— Aufbau metallischer Werkstoffe erläutern
— Werkstoffe, die im Berufsfeld Verwendung finden, nach verschiedenen Merkmalen einteilen

Wert gelegt.

In den Hamburger Lehrplänen für die berufsbezogenen Fächer wurden die allgemeinen Vorbemerkungen, sowie Lerngebiete, Lernziele und Lerninhalte des KMK-Rahmenlehrplans übernommen. Darüberhinaus geben die im Hamburger Lehrplan ausgeführten, didaktischen und methodischen Folgerungen aus der Neuordnung, direkte Hinweise auf die Notwendigkeit, Schlüsselqualifikationen in der Berufsausbildung zu vermitteln, in dem es heißt:

»Flexibilität und Mobilität setzt die Vermittlung von extrafunktionalen Qualifikationen (Schlüsselqualifikationen) voraus, die nur durch entsprechende Unterrichtsverfahren zu realisieren sind. Darbietender, die Schüler vorwiegend in eine rezeptive Haltung verweisender Unterricht, muß in hohen Maße zurücktreten gegenüber problemorientierte, experimentelle, projektorientierte Kooperation, Kommunikation und Selbständigkeit fördernde Unterrichtsverfahren, die zu einer ausgeprägten Methodenkompetenz führen. Unterricht darf sich nicht allein auf die Vermittlung von Kenntnissen beschränken, sondern muß berufliche und soziale Handlungskompetenz im weitesten Sinne sowie ihre langfristige Absicherung zum Ziel haben.«

(Hamburger Lehrplan, Industriemechaniker/Industriemechanikerin)

Dem ernsten Bemühen des Lehrplanausschusses entgegen steht m. E. die Festschreibung, daß es keine methodischen Vorgaben für den Unterricht gibt. Hier werden unter dem Vorwand der unterrichtlichen Methodenfreiheit die Schulen, bzw. Kollegen/innen bei der Umsetzung der Vermittlung von Schlüsselqualifikationen allein gelassen.

Die Realisierung im Unterricht ist aber nur möglich über handlungsorientierte, projektbezogene Ansätze.

Wäre es eine Vorgabe, müßten Behörden auch die Rahmenbedingungen schaffen, die nicht zum Null-Tarif zu haben sind. An dieser Stelle ist eine Veränderung, aber auch ein Festhalten an traditionellen Unterrichtsverfahren möglich.

Die Neuordnung hat die Breite der Ausbildung verbessert. Sie bieten die Chance zu einer Veränderung von beruflicher Bildung, aber nur wenn bestimmte Rahmenbedingungen verbessert werden. Die Intention der Neuordnung fordert geradezu die Vermittlung von Schlüsselqualifikationen. Diese sollten nicht an beliebigen Inhalten, sondern über beruflich fachliche Inhalte in Ausbildung und Unterricht Eingang finden.

Dies ist nur möglich, wenn handlungsorientierter Unterricht zum Prinzip wird. Bisher ist die in den allgemeinen Vorbemerkungen aufgenommene Absicht, zukünftig dieser Thematik mehr Beachtung zu schenken, in der Realität nicht eingelöst:

- Vermittlung von Schlüsselqualifikationen benötigt Zeit, die Stoffülle steht dem entgegen, es ist bisher nicht gelungen, zwischen fachlich notwendigen Inhalten und Vermittlungsmethoden ein ausgewogenes Verhältnis zu finden,
- im Vordergrund steht noch immer ein nach Fächern gegliederter Unterricht, Fachsystematik und abfragbares Wissen sind vorherrschend.

Daraus ergeben sich folgende Schlußfolgerungen:
- Inhalte müssen reduziert werden, exemplarisches Arbeiten gewinnt immer mehr an Bedeutung,
- projektorientierter Unterricht ist aufwendig, dafür müssen mehr Freiräume geschaffen werden,

- Fächer, wo möglich, aufheben oder einzelne Inhalte integrieren,
- »Wissenschaft« und Schule/Betrieb sollten verstärkt gemeinsam Lehrpläne überarbeiten und Projekte entwickeln,
- die Abschlußprüfungen müssen den Kriterien einer handlungsorientierten Ausbildung entsprechen,
- durch neue Aufgabenstellung für Lehrer/Ausbilder und dadurch bedingtes anderes Rollenverständnis ist entsprechende Weiterbildung notwendig.

K.-P. Jochimski

Schlüsselqualifikationen in den Ordnungsmitteln des neuen Lehrberufs »Ver- und Entsorger/in« und Ansätze zu ihrer Umsetzung

Gliederung

1. Zum Beruf des Ver- und Entsorgers und zur Entstehung der Ordnungsmittel
2. Schlüsselqualifikationen
   2.1 Was sind Schlüsselqualifikationen und welche Bedeutung haben sie?
   2.2 Zum Spannungsfeld Fachwissen – Schlüsselqualifikation
   2.3 Schlüsselqualifikationen im Rahmenlehrplan des Ver- und Entsorgers
   2.4 Schlüsselqualifikationen in der Ausbildungsordnung
   2.5 Kritik
3. Ansätze zur Vermittlung von Schlüsselqualifikationen
   3.1 Die Methode der Projektarbeit
   3.2 Aspekte der Projektarbeit und deren Umsetzung

1. Zum Beruf des Ver- und Entsorgers und zur Entstehung der Ordnungsmittel

Die Ausbildungsordnung zum Beruf des Ver- und Entsorgers wurde (nach fast zehnjähriger Arbeit) im Sommer 1984 zusammen mit dem Rahmenlehrplan erlassen. Einige Bundesländer begannen noch im Jahr '84 – andere in 1985 mit der Ausbildung. Der Ver- und Entsorger ist der erste Beruf auf Facharbeiterebene, der eindeutig dem sog. »techn. Umweltschutz« zuzurechnen ist. Der Beruf wurde dem Berufsfeld »Chemie, Physik und Biologie« zugerechnet.
Die prakt. Ausbildung geht von einer breiten berufl. Grundbildung im ersten Jahr über eine sog. 1. Fachstufe im zweiten Ausbildungsjahr zu der Spezialisierung/Vertiefung im dritten Jahr. Wie Sie der Abb. 1 entnehmen können, sind in der Dachbezeichnung Ver- und Entsorger drei Fachrichtungen enthalten:
   1. Fachrichtung Wasserversorgung
   2. Fachrichtung Abwasser (-entsorgung)
   3. Fachrichtung Abfall (-entsorgung)
Die Verabschiedung der Ordnungsmittel zu diesem Beruf hat u.a. deshalb etwa 10 Jahre in Anspruch genommen, weil vor allem die Fachverbände aus diesen drei Fachrichtungen drei Einzelberufe machen wollten, während z.B. die Berufspädagogen versucht haben die Zahl der Berufe möglichst zu verringern und **berufsübergreifende Grundqualifikationen** auf Berufsfeldbreite zu vermitteln.
Die Lehrplanarbeit stand also schon im Spannungsfeld »Fachwissen – Schlüsselqualifikationen«. Man konnte sich dann jedoch nur darauf verständigen, zwar die gemeinsame Berufsbezeichnung »Ver- und Entsorger« zu führen, die Ausbildung in den drei Fachrichtungen jedoch sehr fachspezifisch durchzuführen. Die Jugendlichen müssen schon zu Beginn der Ausbildung die Entscheidung für eine Fachrichtung treffen (weil der Betrieb, mit dem der Jugendliche den Ausbildungsvertrag schließt, i.d. Regel nur eine Fachrichtung anbieten kann).
Die sog. »Fremdeinsätze« in den beiden anderen Fachrichtungen sollten lt. Ausbildungsordnung mind. 2 Wochen betragen.
Damit wurde vor allem für die prakt. Ausbildung die Chance vertan, berufsübergreifend auszubilden. Vor allem die Berufsschule hat nun die Aufgabe zu erfüllen, den Auszubildenden deutlich zu machen,

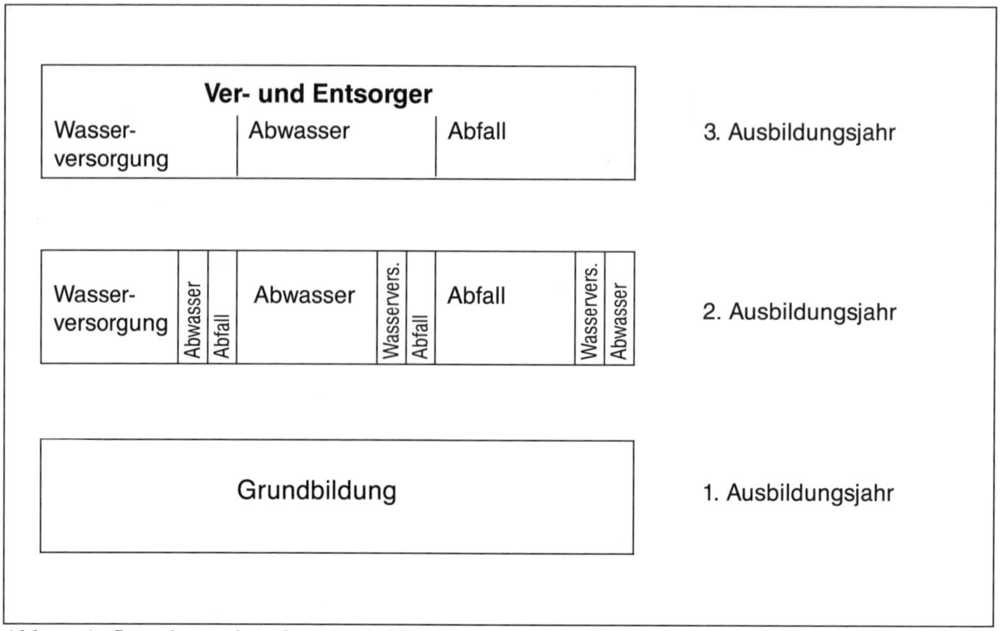

```
┌─────────────────────────────────────────────────────┐
│  ┌─────────────────────────────────────────┐        │
│  │           Ver- und Entsorger            │        │
│  │ Wasser-   │  Abwasser  │    Abfall     │  3. Ausbildungsjahr
│  │ versorgung│            │               │        │
│  └─────────────────────────────────────────┘        │
│                                                     │
│  ┌─────────────────────────────────────────┐        │
│  │ Wasser-  │A│ Abwasser │W│  Abfall  │W│A│ 2. Ausbildungsjahr
│  │ versorgung│...│         │...│        │...│...│  │
│  └─────────────────────────────────────────┘        │
│                                                     │
│  ┌─────────────────────────────────────────┐        │
│  │             Grundbildung                │  1. Ausbildungsjahr
│  │                                         │        │
│  └─────────────────────────────────────────┘        │
└─────────────────────────────────────────────────────┘
```

Abb. 1: Aufbau der praktischen Ausbildung

wie wichtig die Kenntnis der nichtgewählten Fachrichtungen für ein ganzheitliches Berufsverständnis ist.

Zu den Aufgaben eines Ver- und Entsorgers:

Der Ver- und Entsorger – Fachrichtung Wasserversorgung beschäftigt sich u.a. mit der Bedienung von Anlagen / Einrichtungen, die der Wasserversorgung dienen. So z.B. Gewinnung des Rohwassers in Brunnenfassungen, Aufbereitung zu Trinkwasser, Verteilung des Trinkwassers mittels Rohrnetz...

Die Bezeichnung »Ent-Sorger« steht für 2 Sparten der Entsorgung: Abwasser- und Abfallentsorgung. Die Abwasserentsorgungsaufgaben beinhalten z.B.

— Reinigung, Wartung und Inspektion des Kanalnetzes,
— Bedienung / Wartung / Instandhaltung von Anlagen zur Abwasserreinigung.

Die »Abfall-Entsorger« arbeiten z.B. auf

— Kompostierungsplätzen
— Deponien
— Müllverbrennungsanlagen
— Sondermüll-Annahmestellen
— Recyclingplätzen...

Die eingangs genannten Vorentscheidungen zugunsten einer Spezialisierung gegenüber berufsübergreifenden Qualifikationen hat z.B. dazu geführt, daß ein Beschäftigungswechsel innerhalb der drei Fachrichtungen erschwert ist.

2. Schlüsselqualifikationen

2.1 Was sind Schlüsselqualifikationen und welche Bedeutung haben sie?

Schlüsselqualifikationen sind solche Kenntnisse, Fähigkeiten, Fertigkeiten, welche nicht unmittelbaren direkten und begrenzten Bezug zu bestimmten praktischen Tätigkeiten erbringen (Fächer- bzw. berufsübergreifende Qualifikationen).

Schlüsselqualifikationen eignen sich für eine größere Anzahl von Funktionen / Positionen; sie befä-

higen mit unvorhersehbaren Veränderungen der Anforderungen fertig zu werden. Sie sind somit ein Beitrag zu größerer Mobilität und Flexibilität.
Schlüsselqualifikationen weisen eine relativ hohe Komplexität und eine große situative Breite bzw. Transferierbarkeit auf. Bewußte, breit angelegte, selbständige berufliche Handlungsfähigkeit des Auszubildenden stehen bloßer Funktionsfähigkeit gegenüber.
Wozu brauchen wir Schlüsselqualifikationen?
Spezialisiertes Fachwissen kann sehr schnell veralten. Wir sehen aus allen Bereichen der Berufswelt, daß »gängige Verfahren« abgeschafft werden- zugunsten neuer Technologien. Der heute ausgebildete Spezialist kann morgen überflüssig werden.
Die Bedeutung eines einmal erworbenen Spezialwissens ist somit eingeschränkt.
Die Veränderungen der Arbeitswelt - z.B. durch EDV - Einsatz zeigen, daß Facharbeiter befähigt werden müssen zu:
- handlungsorientierter, qualifizierter Sachbearbeitung
- autonomem Handeln
- selbständiger Problemlösung
- Flexibilität
- Lern- und Leistungsbereitschaft
- Kooperationsfähigkeit
- moralischer Reife

Wir brauchen also Schlüsselqualifikationen, um berufliche Bildung breiter und langfristig verwertbarer zu gestalten. Wir brauchen sie auch, um die scharfen Abgrenzungen zwischen den Einzelberufen zu überwinden (Überlappendes, traditionelle Kompetenzschneidungen überwindendes Wissen wird benötigt!).

2.2 Zum Spannungsfeld »Fachwissen – Schlüsselqualifikationen«

Nach dem bisher Gesagten könnte nun die Forderung nahe liegen:
- Abschaffung jeglichen Fachwissens (weil kurzlebig...),
- ausschließliche Vermittlung eines Kanons von Schlüsselqualifikationen

Diese Forderung wäre jedoch ebenso abwegig wie die einer einseitigen Spezialisierung. Berufliche Bildung kann nicht ohne die Vermittlung von Fachwissen auskommen. Schlüsselqualifikationen bleiben ohne fachliche Inhalte Leerformeln. Die inhaltliche Präzisierung von Schlüsselqualifikationen muß sich am spezifischen Arbeitsbereich orientieren. Die Frage, welche berufsübergreifenden Inhalte in einer bestimmten Ausbildung überhaupt sinnvoll sind, bestimmt der spez. Arbeitsbereich. Der sog. »Praxisbezug« muß erhalten bleiben. An welchen Inhalten sollte man die »allgemeinen Fähigkeiten« denn erproben, wenn nicht an den Fragestellungen des spez. Arbeitsbereiches?
In der berufl. Bildung müssen wir Fachwissen mit berufsübergreifenden Qualifikationen verbinden. Das Fachwissen gerät aber spätestens dann in die Krise, wenn in den Lehrplänen:
- kein Raum für übergeordnete Inhalte geschaffen wurde,
- Stoffanhäufung / Überhäufung betrieben wurde,
- keine methodischen Freiräume vorhanden sind.
- die Bedeutung des handlungsbezogenen, problemlösenden Lernens nicht berücksichtigt wurde.

Mit den letzten Aspekten wird u.a. deutlich, daß in dem Spannungsfeld »Schlüsselqualifikationen - Fachwissen« die Unterrichtsmethode / Unterrichtsorganisation eine bedeutende Rolle spielt.

2.3 Schlüsselqualifikationen in dem KMK – Rahmenlehrplan

Der KMK - Rahmenlehrplan stellt das Handlungsgerüst für die Ausbildung in der Berufsschule dar. Der Rahmenplan nennt:
- Lernziele,
- Lerngebiete,
- Lerninhalte,

ohne den hier zur Disposition stehenden Begriff der Schlüsselqualifikation explizit zu nennen.

Dennoch ist der Aufbau deutlich in übergreifende und fachspezifische Qualifikationen unterscheidbar. Die Tatsache, daß der Begriff der Schlüsselqualifikationen hier nicht ausdrücklich Eingang gefunden hat, kann evtl. damit erklärt werden, daß zum Zeitpunkt der Lehrplanarbeit der von Mertens 1974 eingeführte Begriff noch nicht die erforderliche »Breitenwirkung« erreicht hatte.

Zur 1. Ebene: Übergreifende Lernziele

Für den Rahmenlehrplan wurden übergreifende Lernziele formuliert, deren berufsspezifische Anbindung an den entsprechenden Inhalten vorgenommen werden soll. Hier eine Auswahl:
Die Schüler sollen...

- ...durch die Berufsausbildung in die Lage versetzt werden, sich auf **veränderte Anforderungen** einzustellen,
- ...**Urteilsvermögen** und **Handlungsbereitschaft** vergrößern,
- ...Möglichkeiten der persönlichen Entwicklung durch Arbeit und Berufsausübung erkennen,
- ...befähigt werden zur Weiterbildung,
- ...in **komplexen Zusammenhängen** denken...,
- ...betriebliche, rechtliche sowie wirtschaftliche, soziale und politische **Zusammenhänge** erkennen...

Zur 2. Ebene: Berufsübergreifende Qualifikationen

Die Ebene der berufsübergreifenden Qualifikationen ist die Ebene der Schlüsselqualifikationen. Der Rahmenlehrplan nennt berufsübergreifende Qualifikationen, die man in drei Felder gliedern kann (vgl. Abb. 2).

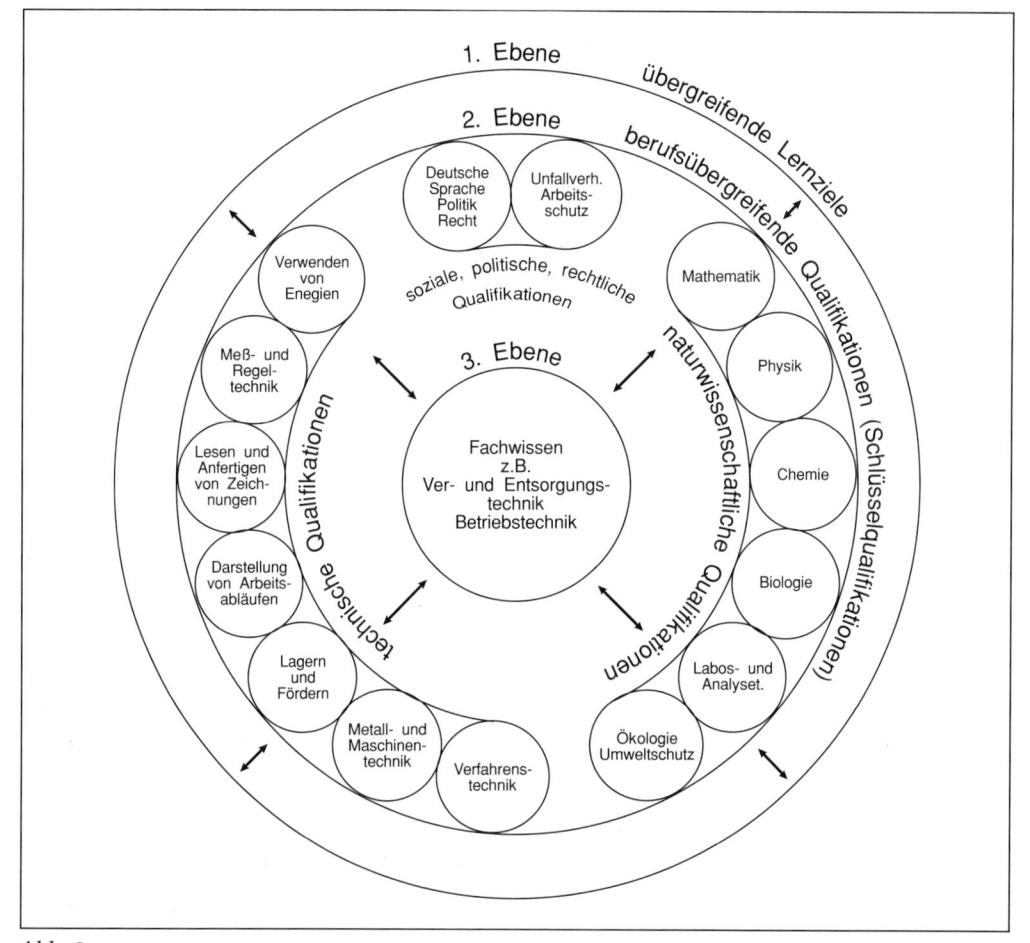

Abb. 2

2.4 Schlüsselqualifikationen in der Ausbildungsordnung

Die Ausbildungsordnung regelt – mit bundesweiter Geltung – den betrieblichen Teil der Ausbildung. Auch hier finden wir eine Reihe berufsübergreifender Qualifikationen, die vom Ansatz her Schlüsselqualifikationen sind.

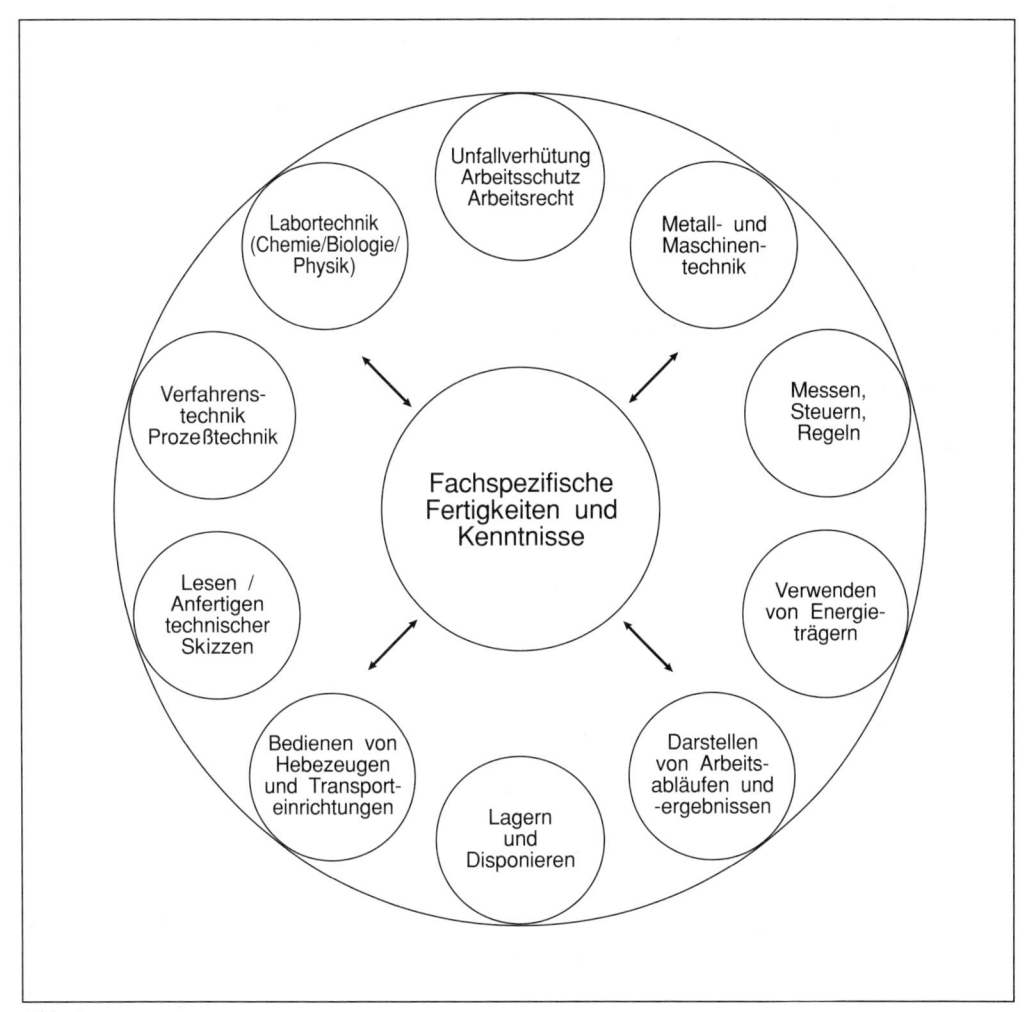

Abb. 3

2.5 Kritik

1.) Die in den Ordnungsmitteln genannten »berufsübergreif. Qualifikationen« haben vielfach nur den Charakter von »Überschriften« – sie müssen zu differenzierten Schlüsselqualifikationen »kleingearbeitet« werden. Ebenso muß das Konzept des handlungsorientierten Lernens in die Lehrplanarbeit einbezogen werden.
2.) Der Rahmenlehrplan gibt in bezug auf die Unterrichtsmethoden keinerlei Hinweise. Das Konzept der Schlüsselqualifikationen kann jedoch nur mit bestimmten Unterrichtsmethoden umgesetzt werden.
3.) Die Überfrachtung des Rahmenlehrplanes – besonders im fachspezifischen Teil – läßt wenig Raum für die Verwirklichung übergreifender Ansätze.

4.) Die Zeitrichtwerte für das 1. Ausbildungsjahr f.d. Berufsschule werden mit insgesamt 440 h angegeben. Diese Stundenzahl steht aber nur dann zur Verfügung, wenn das 1. Ausbildungsjahr als BGJ durchgeführt wird. Tatsächlich stehen sonst nur 238 h zur Verfügung.
5.) Mit der scharfen Trennung in die drei Einzelfachrichtungen (Wasserversorgung/Abwasser/Abfall) und der damit verbundenen starken Spezialisierung wurde vor allem für die prakt. Ausbildung die Vermittlung von Schlüsselqualifikationen wesentlich erschwert.

3. Ansätze zur Vermittlung von Schlüsselqualifikationen

3.1 Projektarbeit

Die Bedeutung der Unterrichtsmethode für die Umsetzung des Konzeptes der Schlüsselqualifikationen wurde in den vorangegangenen Ausführungen schon deutlich.
Insbesondere bei dem Versuch handlungsorientiert zu arbeiten, erscheint die Methode der Projektarbeit geeignet.
Ich möchte dies an einigen »Aspekten der Projektarbeit« begründen. Die Erläuterung der Aspekte soll am Beispiel einer Projektarbeit erfolgen, die 1988 mit Auszubildenden einer Ver- und Entsorger-Klasse an der Gewerbeschule 18 (Hamburg) durchgeführt wurde.

3.2 Aspekte der Projektarbeit und deren Umsetzung

Aspekte	Umsetzung
1. Erarbeitung einer ganzheitlichen, mehrdimensionalen Themenstellung, welche zentrale Bedeutung für die Auszubildenden hat	Thema: Projektarbeit über die Deponie »Havighorster Moor« Dimensionen: a) Deponie (Altlast/Sanierung) **Abfall** b) Deponiesickerwasser, Pflanzenkläranlage **Abwasser** c) Untergrund (Hydrogeologische Untersuchungen) Grundwassersituation unter der Deponie **Trinkwasser**
2. Verbindung theoretischer und berufspraktischer Inhalte	Praxis: Arbeiten auf der Deponie/Pflanzenkläranlage, Probenahme, hydraulische Untersuchungen, Labor-Untersuchungen Theorie: Erarbeitung des theoretischen Hintergrundes
3. Gleichzeitige Vermittlung von Fachwissen und fachübergreifenden Schlüsselqualifikationen	Fachwissen z.B.: – Deponietechnik – Sanierungsmöglichkeiten – Probenahme/Analysen Schlüsselqualifikationen z.B.: – Anwendung der skizzierten naturwissenschaftlichen, technischen sowie sozial/pol./rechtlichen Qualifikationen (vgl. Abb. 2) – komplexe Aufgabenstellungen systematisch zu bearbeiten – Möglichkeiten der Informationsfindung kennen und ausschöpfen – die eigene Arbeit bewerten – die eigene Arbeit selbst organisieren, koordinieren, steuern – durch die Dokumentation der Projektarbeit die schriftl. (und mündl.) Ausdrucksfähigkeit verbessern – Kooperationsfähigkeit u. Fairness durch das Verhalten in der Gruppe und den Kontakt zu weiteren Personen verbessern – eigene Meinungen entwickeln und vertreten

Aspekte	Umsetzung
	— die eigene Zuverlässigkeit unter Beweis stellen — konzentriert, aufmerksam und ausdauernd arbeiten...
4. Erreichen einer hohen Identifizierung bzw. Motivation	Durch Beteiligung der Schüler sowohl am Prozeß der Themenfindung als auch Methodenfindung
5. Einrichten eines großen Gestaltungs-Spielraumes für die Auszubildenden, in dem aktive, erfahrungsgestützte Lernformen möglich werden und der Lehrer weitgehend als Berater tätig ist	Der Lehrer gibt den einzelnen Arbeitsgruppen nur den »roten Leitfaden« vor und arbeitet dann als »Berater«.
6. Ständige Betrachtung/Analyse des Lernprozesses bzw. der Vorgehensweise	In bestimmten Zeitabständen wird »Zwischenbilanz« gezogen, um zu sehen, welche Wege/Methoden erfolgversprechend sind und welche aufgegeben werden müssen.

7. Einbeziehung möglichst vieler Lernorte und Informationsquellen	Lernorte, die bei dieser Projektarbeit gewählt wurden:
	— Klassenzimmer
	— Chemie-Labor
	— Deponie
	— Pflanzenkläranlage
	— Behörden: Umweltbehörde
	              Geolog. Landesamt
	              Hygien. Institut (Biologie-Lab.)
	— Hamburger Wasserwerke
	— Fachhochschule Hamburg

8. Einbringen der jeweiligen Persönlichkeitsstrukturen bzw. Erfahrungen der Auszubildenden durch entsprechende (gezielte) Aufgabenzuteilung	Durch entsprechende (gezielte) Aufgabenzuteilung erreicht man, daß Schüler ihre persönlichen Neigungen, Interessen, Hobbys in den Arbeitsprozeß einbringen. Z.B. Schüler, die sich in ihrer Freizeit mit Computern beschäftigen, haben mit einem Textverarbeitungs-Programm die Dokumentationsarbeit geleistet...
9. Erreichen eines hohen Grades an Sozialkompetenz	Durch die Notwendigkeit einer aktiven Kooperation der Gruppen untereinander — aber auch mit Vorgesetzten und Fachbehörden haben wir versucht dieses Ziel zu erreichen.

Arbeitsgruppe 2
»Schlüsselqualifikationen als Inhaltsproblem«

Einführung / Bericht

Prof. Dr. Hermann Lange,
Universität Hamburg

Referate

Prof. Dr. Ralf Witt,
Universität Hamburg

»Aspekte der Inhaltlichkeit von Schlüsselqualifikationen«

Prof. Dr. Fritz Kath,
Universität Hamburg

»Schlüsselqualifikationen – Vorwärts in die Vergangenheit?«

Dr. Sigrid Sadowsky,
Hamburger Berufsschulen

»Zur Ermittlung von Schlüsselqualifikationen durch Abnehmerbefragungen und Lehrplananalysen«

Hermann Lange

Einführung

Das Thema der Arbeitsgruppe mag von manchem der mehr als vierzig Teilnehmer so verstanden worden sein, daß aus wissenschaftlicher Sicht dargestellt werde, welches die »Inhalte« seien, wenn von »Schlüsselqualifikationen« gesprochen wird. Die Referate aber brachten zum Bewußtsein, wie wenig geklärt das Konzept »Schlüsselqualifikationen« ist und daß es vorerst eher ein Problem benennt als löst. Das zeigte schon die unterschiedliche Zugriffsweise der Referenten auf das Thema.
Ralf Witt hatte die kognitive Dimension des Problems im Blick, verstand »Schlüsselqualifikationen« als (Problemlösungs-, Kommunikations-, Lern-) Kompetenzen und lenkte die Aufmerksamkeit darauf, daß man solche Kompetenzen / Schlüsselqualifikationen nicht abgelöst von Inhalten vermitteln / erwerben kann. Solche Inhalte aber heißen in kognitiver Perspektive Fachwissen. Den Einzelposten dieses Fachwissens gelte es, wie an Beispielen aus dem Kaufmännischen dargestellt wurde, formal Gemeinsames abzugewinnen; und eben dieses führe zu den Inhalten von Schlüsselqualifikationen. Dahinter stand eine Neufassung des didaktischen Inhaltsbegriffs.
Schlüsselqualifikationen und deren Vermittlung / Erwerb sind also an Fachwissen gebunden. Sigrid Sadowskys Präsentation der Ergebnisse ihres Vergleichs der Lehrpläne überbetrieblicher Ausbildungsstätten des Kreditgewerbes bestätigte dieses Fazit an einem Beispiel.
Fritz Kath bemängelte, daß in der Diskussion um »Schlüsselqualifikationen« nicht nach kognitiven, motorischen und affektiven Zielsetzungen unterschieden werde. Nur die beiden ersteren seien lehrgangsmäßig zu vermitteln, affektive Lernziele aber hätten andere Lernvoraussetzungen. Genau besehen handele es sich um »Dispositionen«, die dem vergleichbar seien, was man früher »Tugenden« genannt habe. So unterschied er zwischen »Schlüsselqaulifikationen« und »Schlüsseldispositionen« und befaßte sich mit letzteren. Dabei ging es nicht ohne Kulturkritik ab; denn die angemessene Lernvoraussetzung für solche Dispositionen ist für Kath gerade der im sozialen Kontext aufgehobene »heimliche Lehrplan« mit Traditionsbeständen, die geschichtlich (evolutionär) entstanden sind.
Es ist verständlich, daß in der sehr lebhaften Aussprache insbesondere Witts, aber auch Kaths Referat z.T. recht kontrovers diskutiert wurde.
Erkennbar wurde ein dringender Bedarf für die Fortsetzung der hier begonnenen Klärungsbemühungen, wobei zugleich die unterschiedlichen Interessenlagen von Wissenschaftlern und Praktikern zu Tage traten. Offen blieb, z.B., worin die offensichtliche Differenz zwischen den Inhaltsbegriffen der beiden Referenten besteht und ob sie sich nur aus ihren unterschiedlichen lerntheoretischen Zugriffen ergibt. Zwar wurde erkennbar, warum Kath zwischen Qualifikationen und Dispositionen unterscheidet, nicht aber, warum er von **Schlüssel**dispositionen spricht und wie sie sich von schlichten Dispositionen abheben. Ob hier eine kompetenztheoretische Sicht mit ihrer Unterscheidung einer Oberflächen- und einer Tiefenstruktur, also von Performanz und Kompetenz, weiterhelfen könnte? Aber was sind dann Inhalte von Schlüsselqualifikationen?

Ralf Witt

Schlüsselqualifikationen als Inhaltsproblem

1. Ziele des Vortrags

Als Dieter Mertens Anfang der siebziger Jahre den Begriff der Schlüsselqualifikationen in die Diskussion eingeführt hatte, war damit ein dezidiert inhaltliches Konzept gemeint: Die konkreten Inhalte beruflichen Handelns seien raschem Wandel unterworfen; erworbenes Wissen veralte schnell (Obsoleszenzproblem), und über die Entwicklung der künftigen Anforderungen bestehe Unsicherheit. Auf diese Unsicherheit reagiere das Bildungssystem tendenziell mit einer Verbreiterung des Faktenwissen. Aber das erhöhe nur die ohnehin bestehende Unüberschaubarkeit. Nicht in größerer Breite der Inhalte sollte die Lösung gefunden werden, sondern in der Suche nach einer **neuen Art von Inhalten,** die das strukturell Gemeinsame unterschiedlichen Spezialwissens sichtbar machen. Dieses »gemeinsame Dritte« bezeichnete Mertens als Schlüsselqualifikationen, und sein zentrales Problem sah er darin, hierzu handfeste curriculare »organization and assimilation of content« zu leisten (1974a, S. 218).
Vergleicht man dieses curriculare Konzept der Schlüsselqualifikationen mit deren aktueller Diskussion, so wird deutlich, daß von dem ursprünglich kognitiv-inhaltlichen Anspruch und dem Versuch seiner analytisch-strukturellen Einlösung nur relativ wenig übrig geblieben ist. Die Schlüsselqualifikationen von heute werden eher affektiv als kognitiv und eher 'ganzheitlich' als analytisch gedacht. Ebenso wird die Vermittlung von Schlüsselqualifikationen eher als Problem der Organisation von Prozeßstrukturen des Lernens und kaum als Problem der Struktur von Lerninhalten behandelt. Diese Erosion der Inhaltlichkeit von Schlüsselqualifikationen sollte zur Nachdenklichkeit und zur erneuten Suche nach Lehrinhalten einladen, die das strukturell Gemeinsame unterschiedlicher Lehrstoffe verdeutlichen. Ziel meines Vortrages soll es deshalb sein
(1) Gründe für die Notwendigkeit einer Neufassung des didaktischen Inhaltsbegriffes herauszuarbeiten, dabei aber
(2) auch die im Kontext der Schlüsselqualifikationen unverminderte Relevanz eines inhaltlich spezifizierten Fachwissens zu betonen und schließlich
(3) Ansätze zu einer wissenstheoretischen Klärung der eigenen Inhaltlichkeit von Schlüsselqualifikationen anzudeuten.
Vorgehen möchte ich dabei so, daß zunächst noch einmal das ursprüngliche, inhaltliche Konzept der Schlüsselqualifikationen und die Vorschläge zu seiner curricularen Konkretisierung diskutiert werden, daß dann drei Thesen zu den genannten Vortragszielen formuliert und schließlich zwei Beispiele aus dem Wirtschaftslehreunterricht zur Illustration der Grundidee des strukturell Gemeinsamen vorgestellt werden.

2. Schlüsselqualifikationen und Lehrinhalte nach Mertens

Mertens unterschied vier Arten von Schlüsselqualifikationen:
(1) Kenntnisse, die einen vertikalen Transfer über mehrere Stufen der Abstraktion hinweg gestatten (Basisqualifikationen),
(2) Kenntnisse, die sich vielseitig einsetzen lassen (Breitenelemente),
(3) Kenntnisse, die die Suche nach neuen Informationen unterstützen (Horizontalqualifikationen),
(4) Kenntnisse, die einen Wissensausgleich zwischen den Generationen ermöglichen (Vintagefaktoren).
Nach eigener Hervorhebung basieren »alle« seine Überlegungen auf den beiden Ausgangshypothesen, daß spezialisierte Fertigkeiten zugunsten »übergeordneter struktureller Gemeinsamkeiten«

zurücktreten und »enumerativ-additives« Bildungsverständnis durch »Zugriffswissen« und Wissen des Wissens (»know how to know«) abgelöst werden sollten (1974a, S. 217; 1974b, S. 40). Mit anderen Worten: Schlüsselqualifikationen beziehen sich auf strukturelle Abstraktion und auf Meta-Wissen. Beiden Dimensionen wird dabei spezifische **eigene Inhaltlichkeit** zubemessen. Dies hat Mertens an umfangreichen Katalogen von Zuordnungen von Bildungsziel, Konkretisierung und Lehrgegenstand verdeutlicht. Drei Beispiele hierzu werden in Abbildung 1 dargestellt:

Bildungsziel	Konkretisierung	Lehrgegenstand
Logisches Denken	Logisches Schließen	formale Logik
Konzeptionelles Denken	Planungsfähigkeit	Netzplantechnik
Informiertheit über Informationen	Wesen von Informationen	allgemeine Zeichenlehre (Semiotik)

Abbildung 1: Schlüsselqualifikationen und Lehrgegenstände

Diese Zeilen sind als Postulate zu lesen: Wenn die Schüler lernen sollen, logisch zu denken, dann muß der Lehrer Logik unterrichten; wenn sie lernen sollen, konzeptionell zu denken, dann müssen im Unterricht Planungstechniken behandelt werden usw.

Auf den ersten Blick erscheinen diese Postulate als trivial. Man braucht nur die Analogie zur didaktischen Argumentation bei den traditionellen Inhalten beruflichen Lernens herzustellen: Wenn die Schüler lernen sollen, Buchungssätze zu bilden oder Kettensätze zu rechnen, dann muß der Lehrer die Regeln für Buchungs- bzw. Kettensätze unterrichten. Also müßten auch Regeln des logischen Schließens unterrichtet werden, wenn die Schüler lernen sollen, logische Schlüsse zu ziehen. Ähnlich wäre es bei der Entscheidungs-, Problemlösungs- oder Kommunikationsfähigkeit: Wenn sie als Ziele postuliert werden, dann müßten entsprechende Inhalte aus der Entscheidungstheorie, der Heuristik, der Kommunikationstheorie, der Semiotik usw. thematisiert werden.

Wie man sich leicht vergewissern kann, stimmt diese Analogie in der didaktischen Praxis aber nicht. Man kann zwar immer wieder hören, daß die Schüler lernen sollen, logisch zu denken, Entscheidungen zu treffen, Probleme zu lösen, effizient zu kommunizieren und mit Informationen umzugehen. Aber in einer dem Buchungssatz oder Kettensatz analogen Weise werden Regeln der Logik, etwa der modus ponendo ponens, oder vergleichbare Regeln der anderen Theorien weder als Unterrichtsgegenstand behandelt noch explizit als Inhalt in den Lehrplänen repräsentiert. Anders gesagt: Verallgemeinerte Handlungsmuster der genannten Art werden zwar als Ziel, aber nicht als Inhalt des Unterrichts thematisiert. Es war gerade diese Diskrepanz von Ziel und Inhalt, deren Abbau sich Mertens zum Ziele gesetzt und derentwegen er sich der Mühe unterzogen hatte, Inhalte für seine Schlüsselqualifikationen zu spezifizieren.

Dennoch besteht ein prinzipielles Problem, das die geringe Akzeptanz der von Mertens entwickelten inhaltlichen Spezifikation von Schlüsselqualifikationen erklären kann: Auch wer der Idee der eigenen Inhaltlichkeit der Schlüsselqualifikationen prinzipiell zu folgen bereit ist, muß Zweifel haben, ob die ihr zugrundeliegenden Transferhypothesen tragfähig sind. Ob und wieweit beispielsweise die Thematisierung von Netzplantechnik als Lehrgegenstand dazu befähigt, in konkreten Handlungssituationen konzeptionell zu denken, das läßt sich nicht ein für allemal sagen: Wer noch wenig selbst geplant hat, wird durch einen Kurs über Netzplantechnik nur wenig Zugewinn an Planungskompetenz verzeichnen. Wer indessen über breitere eigene Erfahrungen im Planen auch komplexerer Vorhaben verfügt und über diese Erfahrungen auch schon selbst nachgedacht hat, der wird in einem solchen Kurs strukturellen Durchblick gewinnen und künftig besser planen können. Ähnliches gilt für das logische Denken, die Entscheidungsfähigkeit usw.

Generell legen neuere wie auch ältere Psychologie die Vermutung nahe, daß 'höhere' kognitive Fähigkeiten nicht direkt durch verbale Vermittlung aufgebaut werden können, sondern nur mittelbar durch eigene Abstraktionsleistung und deren nachträgliche Vergegenwärtigung. Nicht Fachliteratur über Logik, Entscheidungstheorie, usw. produziert entsprechende Schlüsselqualifikationen, sondern die eigene aktive Bewährung in Handlungszusammenhängen, die das Schlußfolgern, Entscheiden und Problemlösen herausfordern.

Dennoch greift auch diese letztere Sichtweise für sich allein wieder zu kurz. Piaget hat mit seiner Theorie der 'reflektiven Abstraktion' deutlich gemacht, daß der Vollzug von Handlungen für sich allein noch nicht zur Herausbildung höherer kognitiver Potentiale führt. Es bedarf vielmehr zusätzlich der systematischen Reflexion des vollzogenen Handelns, bei der die vorher als Werkzeuge des Denkens verwendeten Aktionen oder Operationen zu »thematisierten Denkgegenständen« (1976, S. 177) werden, so daß »die Formen der höheren Strukturen (durch reflexive Thematisierung) die Inhalte höherer Formen werden« (ebenda, S. 178).

Diese 'reflexive Thematisierung' ist kein rein subjektiver Prozeß; sie kann durch objektivierende Wissenschaft wie Logik oder Entscheidungstheorie unterstützt werden. Die Inhalte dieser Theorien, die ja Theorien abstrakter Strukturen bzw. Meta-Theorien sind, müssen mit der subjektiven Vergegenwärtigung eigenen Denkens und Handelns verbunden werden. Und um eben diese Verbindung geht es bei der Neufassung des Inhaltsbegriffes als Basis einer didaktischen Theorie der Schlüsselqualifikationen. Diesen Gedanken möchte ich als Rahmenthese meines Vortrages hervorheben:

> Rahmenthese
> Schlüsselqualifikationen sind keine Alternativen zum Fachwissen, sondern Meta-Wissen für den Umgang mit Fachwissen. Ihnen liegt eine Meta-Thematisierung von Prozeßstrukturen als Inhalt eigener Art zugrunde. Solches Meta-Wissen kann durch Reflexion eigener kognitiver Prozesse in Verbindung mit einer Thematisierung von Modellen der Wissentheorie aufgebaut werden.

3. Einzelthesen

Diese Rahmenthese hat drei Konsequenzen, die ich als Einzelthesen hervorheben möchte:

> These 1: Neufassung des Inhaltsbegriffes
> In der didaktischen Diskussion der letzten Jahre wurde zwar die Notwendigkeit betont, die curricularen Fragen als inhaltliche zu begreifen. Dennoch hat die Unterscheidung von 'Ziel' und 'Inhalt' bzw. von 'Inhaltsaspekt' und 'Verhaltensaspekt' bei der Definition von Lehrzielen zu einer Sichtweise geführt, wonach die als Verhaltensweisen beschriebenen Lernziele zwar 'an' Inhalten, aber nicht 'als' Inhalte zu lernen wären. Durch diese Sichtweise wird der Blick auf die eigene Inhaltlichkeit des angestrebten Verhaltens, nämlich dessen Binnenstruktur, verstellt.

Der wesentliche Unterschied zwischen den Perspektiven, ob höhere Verhaltensmuster 'als' Inhalt oder 'an' Inhalten gelernt werden, besteht in der Explizität und Überprüfbarkeit des Lehrziels. Wer sich damit zufrieden gibt, seine höheren Lehrziele 'an' irgendwelchen Inhalten aufzuarbeiten, ohne die Ziele selbst 'als' Inhalt zu thematisieren, läßt offen, worin deren Binnenstruktur besteht und entzieht sich insofern der Überprüfung durch sich selbst, seine Schüler oder Dritte. Die verbreitete Redeweise, die Inhaltlichkeit dieser Lehrziele bestehe darin, daß sie 'an' konkreten Inhalten realisiert werden müßten, erweist sich insofern als Erscheinungsformen der inhaltliche Erosion verallgemeinerter Ziele. Aus ähnlichen Überlegungen hatte Aebli schon 1970 betont: »Ich glaubte lange, daß man Verhalten untersuchen müsse. Heute bin ich der Auffassung: Wenn ich Verhaltensweisen untersuche, muß ich in ihnen Strukturen untersuchen, nämlich Elemente und ihre Verknüpfungen. Nun meint man ja mit dem, was man Inhalte zu nennen pflegt, gerade dieses: Wer einen Inhalt bezeichnet, der nennt Elemente und ihre Verbindungen. Das hat wichtige Konsequenzen. ... Inhalte müssen in strukturellen Begriffen gefaßt werden, letztlich in logisch-mathematischen, und Verhalten auch.«

> These 2: Relevanz des Fachwissens
> Aus der eigenen Inhaltlichkeit von Schlüsselqualifikationen folgt nicht, daß das Fachwissen seine Bedeutsamkeit verloren hätte. Ein Konzept von Schlüsselqualifikation als Meta-Wissen für den Umgang mit Fachwissen wäre nutzlos, wenn es das Fachwissen nicht gäbe, auf das sich die Schlüsselqualifikationen beziehen.

Diese These soll darauf hinweisen, daß die Überlegungen zur Obsoleszenz erworbenen Wissens und zur Unsicherheit von Relevanzprognosen zu dem Irrtum verleiten könnten, der 'Krise des Fachwissens' könne allein durch Ausweichen auf Schlüsselqualifikationen begegnet werden. Gemeint hatte Mertens aber nicht, daß Schlüsselqualifikationen einen Ersatz für kritisch gewordenes Fachwissen darstellen, sondern vielmehr, daß sie eine Hilfe bieten, sich auf neues Fachwissen einzustellen. Grundsätzlich können strukturelle Probleme des Fachwissens nur am Fachwissen selbst behoben werden. An der Problematisierung der Wissenstruktur führt deshalb kein Weg vorbei, schon gar nicht eine Theorie von Schlüsselqualifikationen als Meta-Wissen für den Umgang mit Fachwissen. Die 'Krise des Fachwissens' hat verschiedene Seiten. Mertens behandelt sie in bezug auf das Beschäftigungssystem als Obsoleszenzproblem. Eine andere Sichtweise zielt auf Probleme innerhalb des Bildungssystems selbst, und zwar auf die in Lehrplan- und Schulbuchanalysen nachgewiesenen Strukturmängel von Teilen des Schulwissens, insbesondere der Prüfungsinhalte (Krumm 1973; Reetz/Witt 1974).

Das Obsoleszenzproblem kann durch ein Lehren des Lernens abgemildert, aber nicht gelöst werden. Wenn Wissen veraltet, muß man es durch fortlaufendes Hinzulernen auf dem laufenden halten. Ebenso können die 'hausgemachten' Strukturprobleme, z.B. der Detaillismus oder die Konfusion logisch differenter Lehrstoffsorten, nur durch Behebung dieser Defizite an der eigenen Wurzel ausgeräumt werden. [Das wissenstheoretische know how, wie es auch zur Fundierung der eigenen Inhaltlichkeit von Schlüsselqualifikationen vonnöten ist, kann dabei gute Dienste tun.]

Um die These zuzuspitzen: Wenn und soweit die 'Krise des Fachwissens' eine Folge mangelnder Professionalität der Wissensstrukturierung ist, dann liefert das Konzept der Schlüsselqualifikationen keinen Ausweg, sondern es fordert dazu heraus, sich mit dem heute für professionelle curriculare Arbeit verfügbaren Stand der Wissenstheorie auseinanderzusetzen.

Noch ein Nachtrag bietet sich an: Das Konzept der verallgemeinerten Problemlösungsfähigkeit hat in der beruflichen Praxis auch seine Kehrseite. Natürlich soll man mit neu auftretenden Problemen umgehen können. Aber wer wegen fehlenden Fachwissens ständig genötigt ist nachzulernen, nachzufragen und nachzudenken, hat wenig Erfolg in der laufenden beruflichen Tätigkeit. Die Idee der Schlüsselqualifikationen hat demnach in der beruflichen Prraxis ihre Grenzen dort, wo situativ treffsicheres Wissen einen guten Ersatz für strukturelle Abstraktion und Meta-Wissen liefert.

These 3: Bedeutung der Wissenstheorien
Eine didaktisch professionelle Strukturierung von Lehrinhalten setzt interdisziplinären Bezug auf moderne Wissensstruktur-Theorien, insbesondere in der Philosophie, Linguistik, Semiotik, Psychologie und Informatik voraus.

Während sich Mertens als Nationalökonom darauf konzentrieren konnte, die Frage der Schlüsselqualifikationen als ein für sein Forschungsgebiet zwar relevantes, aber doch fachexternes Problem aufzuwerfen, und deshalb davon absehen durfte, seine Lösungsvorschläge über den Grundansatz hinaus explizit wissenstheoretisch zu fundieren, steht diese Freiheit dem Didaktiker nicht zu. Wer von Berufs wegen mit der Vermittlung von Wissen zu tun hat, muß das eigene Tun vor dem Stand der wissenstheoretischen Forschung rechtfertigen können. Leider ist ein darauf gerichtetes Interesse unter Pädagogen nicht weit verbreitet. Wenn heute in der Literatur oder auf Tagungen Fragen der Struktur, der Repräsentation, des Erwerbs oder der Verarbeitung von Wissen thematisiert werden, dann geben Psychologen, Wissenschaftstheoretiker, Linguistiken, Semiotiker oder Informatiker, aber nur selten Pädagogen den Ton an. Ein Blick in die Klappentexte der Bücher oder die Tagungsprogramme zeigt dies deutlich.

Wenn man bedenkt, wie eng Schule und Wissen zusammenhängen, nicht nur historisch, sondern auch gegenwärtig, so macht es nachdenklich, wie peripher die Beziehungen zwischen Pädagogik und interdisziplinärer Wissenstheorie bzw. 'cognitive science' sind. Dies umso mehr, als sowohl die eigene theoretische Tradition (z.B. Klafkis Theorie der kategorialen Bildung) wie auch der seit Jahrzehnten mit der pädagogischen Psychologie (Piaget, Bruner, Ausubel, Gagné, Aebli) geführte Austausch immer wieder die Notwendigkeit von Analysen der Wissensstruktur hervorgehoben haben. Es besteht also keine Unklarheit über die Relevanz des Problems. Die kritische Differenz besteht vielmehr darin, daß in der Erziehungswissenschaft nur punktuell (etwa am IPN in Kiel oder in den Forschungsprojekten von Klauer, Schott, Mandl, Achtenhagen und wenigen anderen) daran gearbeitet wird, didaktische Fragen der Wissensstruktur mit dem Grad von technischer Professionalität anzugehen, wie er heute in 'konkurrierenden' Disziplinen der Wissenstheorie Standard ist. Das bedeutet, daß den Schülern nur bedingt ein Wissensstand angeboten wird, der in bezug auf Lernbarkeit und spätere Anwendbarkeit die heute theoretisch verfügbaren Strukturierungsmöglichkeiten ausschöpft.

4. Beispiele

An zwei Beispielen soll abschließend verdeutlicht werden, wie schon mit geringem technischen Aufwand grundlegende Dimensionen der Detailanalyse von Lehrstoffstrukturen herausgearbeitet werden können. In beiden Fällen geht es um die Schlüsselqualifikation des Lernens durch Thematisierung des im Mertens'schen Sinne strukturell Gemeinsamen unterschiedlicher Lehrstoffe.

Das erste Beispiel berichtet über eine Unterrichtsepisode, die tatsächlich stattgefunden hat. Es geht um den Unterricht in den Fächern Investitionslehre und Finanzmathematik an einer Fachschule für Staatlich geprüfte Betriebswirte. Abbildung 2 stellt tabellarisch die Merkmale dar, in denen sich der Unterricht aus der Sicht der Schüler unterschieden hatte:

Lehrfach	Betriebswirtschaftslehre	Mathematik
Thema	Investitionslehre	Finanzmathematik
Lehrbuch	Leitfaden zur BWL	Mathematik für Wirtschaftsgymnasien
Problem	Vorteilhaftigkeit einzelner Investitionen	Tilgungspläne für Annuitätenschulden
Fachbegriff	Kapitalwiedergewinnungsfaktor (KWF)	Annuitätenfaktor
Formel	$\dfrac{i^* (1+i)^n}{(1+i)^n - 1}$	$\dfrac{q^{n*} (q-1)}{q^n - 1}$
Tabellen	spezielle KWF-Tabellen	allgemeine Zinseszinstabellen

Abbildung 2: Ähnlichkeit von Lehrstoffen

Wer sich in der Thematik auskennt, wird sofort erkennen, worauf das Beispiel hinaus will. Der springende Punkt besteht darin, daß die hier vorliegende Isomorphie (s.w.u.) den beiden beteiligten Lehrern (einer von ihnen war der Vf.) so selbstverständlich erschien, daß sie ganz einfach nicht auf die Idee gekommen waren, dies den Schülern mitzuteilen. Sie hatten sogar ihren Unterricht wegen der thematischen Überschneidung zeitlich so abgestimmt, daß die Parallelität der Strukturen voll zum Zuge kommen konnte. Nur auf die Idee, den Schülern die 1:1-Zuordnung von Problem, Terminologie, Formeln und Tabellen zu verraten, waren sie nicht gekommen. Ans Tageslicht kam die Sache zufällig. Nachdem längst alles gelaufen war, ergab sich in einer ad-hoc-Wiederholung die Notwendigkeit, Tabellenwerte nachzuschlagen. Da die finanzmathematischen Tabellen nicht greifbar waren, empfahl der Mathematiklehrer, in den Tabellen aus der Investitionslehre nachzusehen, darin stehe ja dasselbe. Jetzt kam heraus, was versäumt worden war. Die freundliche (aber doch Enttäuschung verratende) Kritik war klar: »Wenn Sie uns das vorher gesagt hätten, hätten wir die halbe Miete im Keller gehabt.« In der Tat: Ein Schlüssel zu nicht unerheblicher Einsparung von Lernaufwand war fahrlässig vorenthalten worden.

Das zweite Beispiel soll illustrieren, daß strukturelle Entsprechungen von Lehrstoffen im Wirtschaftslehreunterricht geradezu an der Tagesordnung sind. Dieses Beispiel soll zugleich andeuten, wie sich die Thematisierung von Isomorphien durch gegenständliche Handlungen realisieren läßt. Verwendet wird dabei eine insbesondere in der kognitiven Psychologie weitverbreitete Technik der Wissensdarstellung durch semantische Netze. Dies sind graphische Gebilde, die aus 'Knoten' (Kästchen) und 'Katen' (Linien) bestehen. Die Knoten können (im logischen Sinne) Prädikate oder Argumente bilden dabei propositionen (Abbildungen von Sachverhalten). Die 'Rolle', die ein Argument in einer Proposition spielt, wird durch 'Kasusrelationen' (Etiketten an den Kanten) dargestellt. Solche Kasusrelationen sind z.B. 'act' (für Actor), 'obj' (für Objekt), 'rez' (für Rezipient).

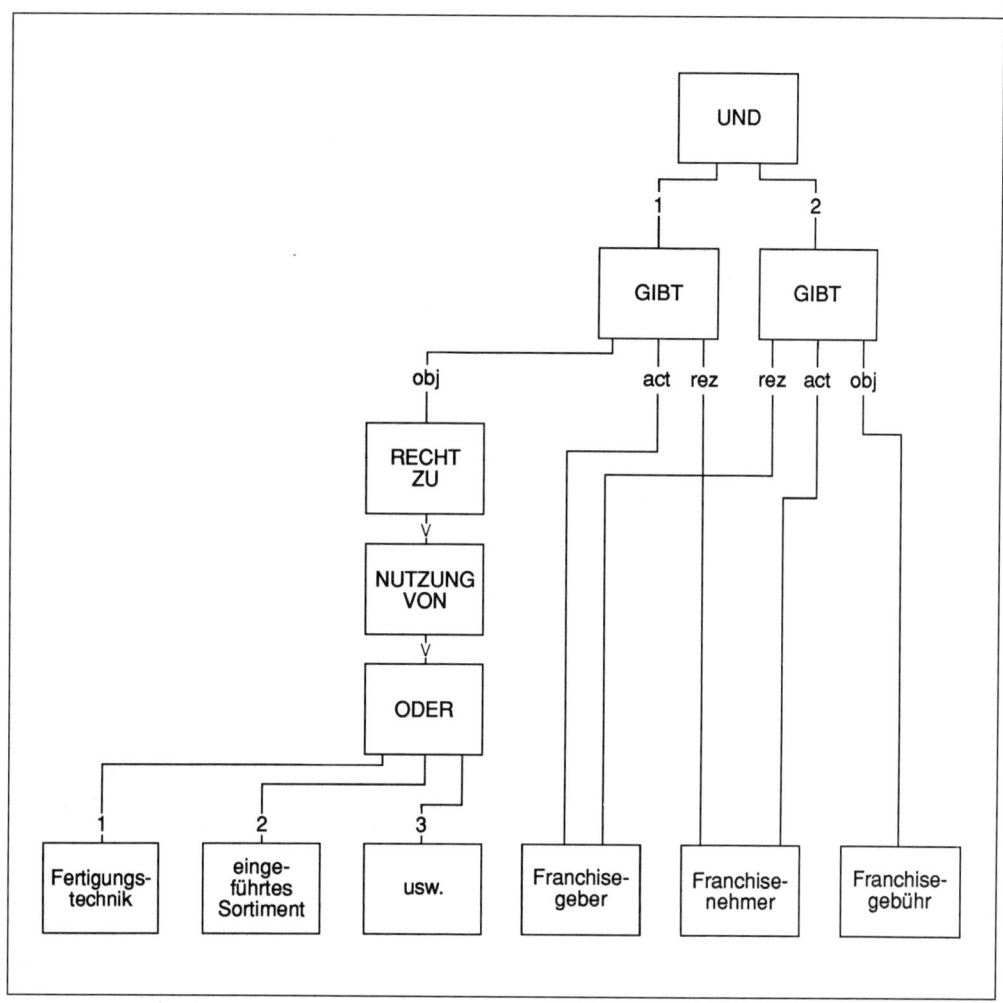

Abbildung 3a: Netzdarstellung des Franchising

Theoretische Grundlagen des hier illustrierten Vergleichs ist das Konzept der Isomorphie (wörtlich: Gestaltgleichheit). Isomorphismen sind Funktionen, die eine Struktur A auf eine zweite Struktur B abbilden, und zwar so, daß es umkehrbar eindeutige Zuordnungen aller Elemente und aller Relationen beider Strukturen gibt. Strukturvergleiche auf der Grundlage von Isomorphismen spielen in allen Bereichen der Wissenstheorie, sowohl in der Psychologie als auch in der Wissenschaftstheorie, eine ähnlich wichtige Rolle wie der Begriff des Kontos in der Buchführung; er ist im Grunde auch nicht schwerer zu verstehen als der Begriff des Kontos.

Von Bedeutung ist hierbei nicht nur das statische Moment der Isomorphie, sondern vor allem das dynamische Moment. Isomorphismen sind als Abbildungen zugleich auch Handlungen. Diese Handlungen umfassen sowohl Abstraktions- als auch Konkretisierungsprozesse. »Abs-trahere« heißt wörtlich »abziehen«: von einer konkreten Struktur werden deren aktuellen Konstanten abgezogen, so daß die tieferliegende Struktur übrig bleibt. »Con-crescere« heißt »zusammenwachsen«. In unserem Zusammenhang ist damit gemeint, daß die zugrundeliegende Struktur mit einem neuen

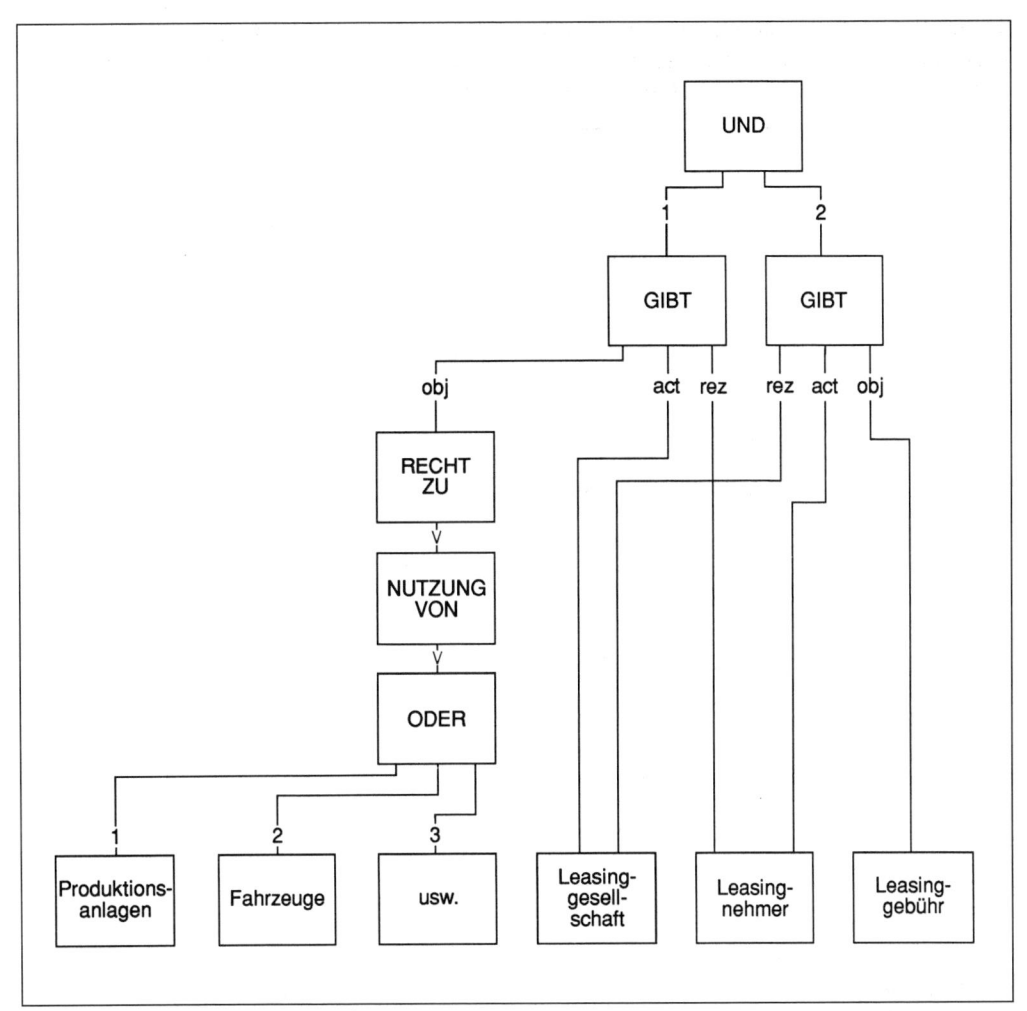

Abbildung 3b: Netzdarstellung des Leasing

Satz von Konstanten aus einem anderen Gebiet zusammenwächst. Im Unterricht kann man die Tätigkeiten der Abstraktion und der Konkretisierung dadurch herausarbeiten, daß man mit Foliensätzen für Overhead-Projektoren arbeitet. Erforderlich sind drei kongruente Folien. Die erste enthält das strukturelle Gerüst, die zweite den ersten und die dritte den zweiten Konstantensatz. Legt man nun als erstes die Strukturfolie mit der darüberliegenden ersten Belegung auf den Projektor, so erscheint die erste konkrete Struktur. Zieht man die Folie mit dem Konstantensatz ab, so vollzieht man expressis verbis eine Abstraktion. Legt man dann auf die freigelegte Strukturfolie den zweiten Konstantensatz, so wachsen diese beiden Folien zu einer neuen konkreten Struktur zusammen. Diese didaktische Gesamthandlung und die in ihr enthaltene Reflexion läßt sich dann nach folgendem Schema vollziehen:
(1) Erörterung zunächst des Leasing und dann des Franchising (oder umgekehrt) im Unterrichtsgespräch.
(2) Vergleich beider Vertragstypen im Unterrichtsgespräch.
(3) Strukturdarstellung der besprochenen Sachverhalte durch die semiformale Repräsentation in Form von semantischen Netzen.
(4) Physikalischer Vollzug der Abstraktion durch Abziehen der Konstantenfolie.
(5) Physikaler Vollzug der Rekonkretisierung durch Auflegen einer neuen Konstantenfolie.

(6) Nachträgliche Thematisierung der Vorgehensweise und reflexive Vergegenwärtigung der ihr zugrundeliegenden Prinzipien. Dies sollte eine verallgemeinernde Erörterung der Anwendbarkeit und Grenzen des Verfahrens einschließen. Es kann dabei gezeigt werden, daß sich das Konzept der Strukturanalyse und Reflexion auch auf andere Kommunikationsprozesse (Verständigung als Austausch von Sinnstrukturen unter Vergegenwärtigung von Geltungsansprüchen) und auf Problemlösungsprozesse (als Finden und Prüfen neuer Strukturen unter Berücksichtigung von Folgeproblemen) übertragen läßt.

5. Literatur

Aebli, Hans: Entwicklungspsychologische Kriterien für die Auswahl von Curriculuminhalten. In: Frey, Karl: Kriterien in der Curriculumkonstruktion. Weinheim/Basel 1970.

Krumm, Volker: Wirtschaftslehreunterricht. Stuttgart 1973.

Mertens, Dieter: Schlüsselqualifikationen. Überlegungen zu ihrer Identifizierung und Vermittlung im Erst- und Weiterbildungssystem. In: Faltin, G./Herz, O. (Hrsg.), Berufsforschung und Hochschuldidaktik I. Arbeitskreis für Hochschuldidaktik, Hamburg 1974a.

Mertens, Dieter: Schlüsselqualifikationen. Thesen zur Schulung für eine moderne Gesellschaft. In: Mitteilungen aus der Arbeitsmarkt- und Berufsforschung, 7. Jg. 1974b.

Piaget, Jean: Die Äquilibration der kognitiven Strukturen. Stuttgart 1976.

Reetz, Lothar/Witt, Ralf: Berufsausbildung in der Kritik. Curtriculumanalyse Wirtschaftslehre. Hamburg 1974.

Fritz M. Kath

Schlüsselqualifikationen – Vorwärts in die Vergangenheit?

»Schlüsselqualifikationen sind die beste Garantie für eine Top-Position«(4a)*. Das ist die Schlagzeile in den VDI-Nachrichten vom 17. 3. 1989. Und was wird darin – neben viel Arbeitsmarktpolitischem – gesagt? Daß Führungskräfte »Stetigkeit, Teamgeist und Führungseigenschaften« haben müßten. Das Wort Schlüsselqualifikation ist nun schon mehr als 15 Jahre im Umlauf. Oft wurde es als Modewort in den Mund genommen, wie z.B. auch in obiger Schlagzeile. MERTENS fragt darum zu Recht, was aus seinen damaligen Anstößen geworden ist. Er beantwortet die Frage, daß sie nicht zu viel mehr als einer abstrakten Diskussion geführt haben, mit viel verbaler Zustimmung, mit wenig Umsetzung und wenig Handfestem. Und »in den Schulen meinte man, das habe man immer schon gewußt und im Prinzip immer so gehandhabt« (21, 15). Hat man es wirklich so getan? Wir wollen es prüfen.

1. Qualifikationen und Schlüsselqualifikationen

Eine begriffliche Klärung, die wir zunächst vornehmen, hat verständlicherweise erziehungswissenschaftlich zu sein. Denn ganz klar beginnt MERTENS seinen '88er Vortrag:
»Der Begriff der Schlüsselqualifikationen hat nicht, wie man denken möchte, in erster Linie eine kultur- und bildungspolitische Genese, auch keinen sozial- und staatspolitischen Hintergrund, sondern einen wirtschafts- und arbeitsmarktpolitischen. Die Propagierung dieses Begriffs und der Ideen, die dahinterstehen, ist auch nicht zufällig in einem Institut für Arbeitsmarkt- und Berufsforschung erfolgt.«
Er erhebt also keinen Anspruch darauf, daß der Ausdruck »Schlüsselqualifikation« in der Berufspädagogik so übernommen werden sollte, wie er ihn verstand. Im Gegenteil, es sollte keiner daran gehindert werden, »den Begriff anders oder...weiter zu fassen«
Doch zunächst noch einmal zurück zu dem Ausgangsbegriff »Qualifikation«. Wir erinnern uns der Kontroverse in den 60er Jahren, »Beruf versus Qualifikation«. Dahinter steckte das Bestreben, während der damaligen Hochkonjunktur bei gleichzeitigem Mangel an qualifizierten Arbeitskräften, die Tätigkeit des Mitarbeiters so sachlich wie möglich zu bezeichnen und dann die Kenntnisse und Fertigkeiten des Werktätigen so kohärent wie möglich den Anforderungen der Industrie anzupassen. Für die von der Industrie angeforderten Tätigkeiten sollten die Mitarbeiter qualifiziert werden. Der Beruf habe seine Bedeutung verloren – so meinte man in den 60er Jahren. Nur durch eine Ausbildung, die eine den Tätigkeitsanforderungen gemäße Qualifizierung garantiert, könne man den Erfordernissen der sich rasant ausweitenden Industrie gerecht werden – sagte man. Man ordnet den Menschen – in dieser Denkweise – der Technologie zu bzw. unter.
Und dies ist, was Qualifikationen charakterisiert:
– Sie werden vom Menschen getragen,
– sie sind objektiv definierbar,
– sie sind in Lehrgängen erwerbbar und
– sie sind überprüfbar.
Diese Charakteristika lassen sich zu einer Definition umformulieren:
Qualifikationen sind überprüfbare *kognitive* Kenntnisse und Erkenntnisse und / oder *motorische* Fertigkeiten, die ein Mensch erwirbt bzw. erwerben kann.
Qualifikationen sind das Komplement zu den Tätigkeitsanforderungen von Industrie und Wirtschaft, die als sachliche Forderungen am Arbeitsplatz aufgestellt werden:
Tätigkeitsanforderungen sind die verschiedenen während der Tätigkeit eines Arbeiters auszuführenden Aktivitäten. Sie sind durch die vorgegebenen (technologischen) Arbeitsbedingungen sachlich feststellbar. Sie werden in *Tätigkeitskategorien* (vgl. 23;109ff.) zusammengefaßt. Sie »Qualifikationsanforderungen« zu nennen, ist demnach eine Fehlbezeichnung.

* Die in Klammern gesetzten Ziffern sind Hinweise auf den Quellennachweis am Schluß des Beitrags.

Die Diskussion »Beruf versus Qualifikation« führte einerseits zu der Einsicht, die Ausbildung in ihren Grundlagen zu verbreitern und andererseits, sie auf das Essentielle zu konzentrieren. Das führte zunächst zu dem Gedanken, funktionale und extrafunktionale Qualifikationen zu unterscheiden und dann dazu, Schlüsselqualifikation zu formulieren. Aber wie bei ähnlichen Gelegenheiten zuvor und weiteren bis zum heutigen Tage, hat man bei möglicherweise gutgemeinten Intentionen – dessen ich mir gar nicht sicher bin (vgl. 11; 205f.) – beim Begriff Schlüsselqualifikation vom Menschen als Träger dieser Qualifikation abstrahiert (19; 40). In Anlehnung an MERTENS, aber auch in Abhebung von ihm möchte ich darum formulieren:

> **Schlüsselqualifikationen** sind solche Qualifikationen die den Menschen zum Ausfüllen einer großen Zahl von Positionen und Funktionen befähigen und ihm ermöglichen Sequenzen von (meist unvorhersehbaren) Änderungen und Veränderungen in seinem (nicht nur beruflichen) Leben zu bewältigen.

2. Tradition und Haltungen

MERTENS weiß sehr wohl, daß bei weitem nicht alles, was von fundamentaler Bedeutung für beruflichen Erfolg und Beweglichkeit ist, kognitiven Charakter hat und auf kognitivem Wege zu erwerben ist (vgl. 21; 10f). Er weiß um die Bedeutung affektiver Handlungsweisen und sozialer Einstellungen, betont aber, daß sich sein »Begriff der 'Schlüsselqualifikationen' im wesentlichen auf vermittelbare intellektuelle Fähigkeiten konzentriert« (21; 11). Das Dominieren von intellektuellen Anforderungen in der Schule, und auch außerhalb derselben, beklagt auch SEYD. »Sozialverhalten wird in Lehrplanpräambeln propagiert, bleibt aber ... ohne große praktische Bedeutung für den schulischen Abschluß« (25; 137). Es ist kein Geheimnis, daß ähnliches für emanzipatorisches und moralisches Verhalten gilt.

Sehr deutlich wird das an Beispielen: da wird von »Mitverantwortung« und »Lebensfreude« (19; 40), von »Durchhaltefähigkeit« und »Teamfähigkeit« (25; 132) oder »Fairness« und »Zuverlässigkeit« (26) gesprochen und so getan, als ob sich solches in Lehrgängen erlernen ließe. Um aber diese »guten alten Gewohnheiten«, oder sollten wir besser sagen »(für uns) lebensnotwendigen Tugenden«, zu erlernen, bedarf es intensiven Übens vom Kleinkindalter an und das über Generationen hinweg, die solches für richtig und notwendig erachtet haben. Solche Tugenden haben wir aber vor wenigen Jahrzehnten als lästige Traditionen diskreditiert. Darf ich nur daran erinnern, daß auf dem Höhepunkt der Curriculumdiskussion »Wissenschaftspropädeutik« und »Kritik« (23; 25ff.) als wichtigste Ziele betrachtet wurden. Im Schwunge der Bildungseuphorie nahm man sich nicht die Zeit darüber nachzudenken, daß beides nur Mittel sind, genau so wie Emanzipation selbst, das damals vornehmste »Ziel«, eben auch nur Mittelcharakter hat (9; 91f). In jener Zeit gelang es Bildungspolitikern und auch einem großen Teil von Pädagogen, die Tradition über Bord zu werfen, ohne sich darüber Rechenschaft zu geben, was Tradition erziehungswissenschaftlich für eine Bedeutung hat, wie wichtig sie für den Menschen ist und wie sie von Generation zu Generation weitergetragen wird. Einige in jüngster Vergangenheit fragwürdig gewordene »Tugend« wurden zum Anlaß genommen, Tradition als Ganzes in Mißkredit zu bringen, weil sie »in einer 'verwissenschaftlichten', 'emanzipierten' und damit selbstbewußten Gesellschaft... als fortschrittsfeindlich und darum zu überwindende kulturelle Haltung« (7; 769) galt. Daß unsere Gesellschaft gar nicht so emanzipiert ist, und daß die Verwissenschaftlichung zu gefährlichen Auswüchsen führen kann, haben wir inzwischen erkannt. Aber das Entscheidende: indem Tradition (nur) als kulturelle Haltung verstanden wird, bleibt sie in hohem Maße verkürzt.

> **Tradition** ist die Gesamtheit der von vorausgegangenen Generationen überlieferten Wertvorstellungen, Verhaltensweisen, Verhaltensmuster, Orientierungsweisen, Vorurteile und Legitimierungsmaßstäbe sowie der dadurch bewirkten spezifischen individuellen und sozialen Beziehungen zur Kultur (vgl. 7; 769).

Tradition ist also mehr als nur eine kulturelle Haltung. WUST bezeichnet Tradition als ein »Erbgedächtnis der Menschheit« (zitiert nach 18; IV, 238). Als geschichtsgebundenes Wesen zieht sich der Mensch auf bereits Geschaffenes bewußt, vor allem aber unbewußt als etwas Selbstverständlichem zurück. Der Mensch lebt und überlebt(e), weil er das von den vor ihm Lebenden Geschaffene nicht immer wieder von Neuem hervorbringen muß. Tradition ist in diesem Sinne das menschliche Analogon zu den Instinkten bei Tieren. Diese sind angeboren, Traditionen sind erlernt. Der Mensch wird in seine Gesellschaft hineingeboren und wächst in seine Kultur durch Sozialisierungsprozesse, die teils bewußt, zum überaus größten Teil aber unbewußt sind, hinein. Wiewohl diese Erziehung durchaus kognitive und motorische Komponenten hat, ist ihre Grundausprägung affektiver Art und als solche tief im Menschen verwurzelt.

Traditionen sind es, die es dem Menschen ermöglichten, sich über Jahrmillionen zu entwickeln und sich in den letzten Jahrtausenden zu dem zu entfalten, was er heute ist. Das Aufgeben ihrer jeweiligen Tradition war bei einem Großteil der nicht mehr existierenden Gesellschaften einer der Gründe zu ihrem Verfall. Mit den lebenserhaltenden Traditionen sind immer Werte verbunden, die dem Leben seinen Sinn geben. Sie beinhalten auch die Prinzipien, Regeln und Normen, die als Moral die Maxime für das Zusammenleben der Menschen in einer Gesellschaft sind. So gesehen ist Erziehung also immer Moralerziehung.

Sinn, der das Leben lebenswert und damit letztlich auch erst möglich macht, steht in einem dialektischen Verhältnis zu **Haltungen**, die sich im Menschen entwickeln. Haltungen werden hier in Anlehnung an die Bedeutung des englischen Ausdrucks »Attitudes« verstanden [1].

Haltungen bezeichnen relativ überdauernde, d.h. mehr oder weniger verfestigte Systeme von Anschauungen, Meinungen und/oder Überzeugungen, die sich als Dispositionen im Individuum bei der Wahl von Handlungsalternativen (z.B. hinsichtlich seiner Motive, des Wahrnehmens, des Erkennens oder des Verhaltens) auswirken.

Dabei sei unter **Dispositionen** die physische und/oder psychische Befindlichkeit (des Menschen) verstanden, aktiv werden zu können.

In welche Richtung sich Haltungen im Menschen ausprägen, ist zu einem wesentlichen Teil durch Tradition bedingt. Bei den sozialen Haltungen z.B. definieren wir »Grundhaltungen des Menschen« (vgl. 15; 11ff.), die seine Einstellungen und Interessen in besonderer Weise prägen. Auf sie wirkt sich Tradition in hohem Maße aus.

3. Vorwärts in die Vergangenheit

Die Diskussionen und die Anstöße aus Abs. 1 zeigen deutlich, daß viele Menschen sich in der Werteunsicherheit der heutigen Zeit nicht wohl fühlen und für sich einen neuen oder alten Weg suchen. Das Stichwort ist »Unsicherheit«. Sicherheit erhält ein Lebewesen durch seine Wurzeln, im wörtlichen wie im übertragenen Sinne. Wir haben uns in der letzten Zeit selbst entwurzelt. Heute versuchen wir, neue Wurzeln zu schlagen, mehr intuitiv als bewußt gewollt. Ohne Zweifel sind die in Abs. 2 genannten sechs Beispiele als ein Ausdruck des Zurückholens von Tugenden zu verstehen, die vor etwa 2 Jahrzehnten fallen gelassen wurden. Man vergleiche: Mitverantwortung – Sittlichkeit, Lebensfreude, Durchhaltefähigkeit – Pflichterfüllung, Teamfähigkeit – Gemeinschaftsgeist, Fairness – Gerechtigkeit (Unparteilichkeit) und Zuverlässigkeit. Das Auffallende bei den Diskussionen um die Schlüsselqualifikation ist,

1. daß man sich bis jetzt kaum die Mühe gemacht hat, präzise zu unterscheiden, welche der benannten Schlüsselqualifikationen kognitiver bzw. motorischer Art und welche primär affektiv geprägt sind. Dies deshalb weil
2. man in aller Regel immer noch davon ausgeht, daß Veränderungen von Einstellungen und Haltungen quasi automatisch mit kognitiven bzw. motorische Veränderungen einher gehen (vgl. sogar 17; 20). Das führt
3. zu der Notwendigkeit Tradition und was mit ihr zusammenhängt erziehungswissenschaftlich zu untersuchen, d.h. hier in erster Linie unterrichtsmethodisch und daraus folgernd dann auch didaktisch.

Wir sind erst am Anfang unserer Erkenntnisgewinnung darüber, in welcher Weise Emotionen und Einstellungen gelernt werden. Eines ist sicher, Einstellungen und Haltungen sind nicht in Lehrgängen zu »vermitteln«. Sie sind überhaupt nicht zu **vermitteln**. In lange Zeit währenden Erziehungsprozessen sind sie zu **initiieren, zu fördern** und zu **entwickeln**.

Ein weiterer Gesichtspunkt ist damit angesprochen, bei dem Vergangenheit in einer anderen Weise relevant wird, als es gängigerweise im Zusammenhang mit Schlüsselqualifikationen und neuen Technologien der Fall ist. **Zeit** kann als eine unendliche Folge von Momenten verstanden werden, die von der Vergangenheit über die Gegenwart in die Zukunft führen. Bewußt **erleben** können wir jedoch nur den **einen** Moment, der die jeweilige Gegenwart darstellt. Das bewußte Erleben dieser Gegenwart und das darüber Nach-Denken ist die Form des Lernens, die wir **Erfahren** nennen. Von Neuem müssen wir die Gelassenheit erlernen, die notwendig ist, diesen jetzigen Moment tatsächlich in Ruhe und konzentriert zu erfahren. In der »Hektik unserer Zeit« – ungeduldig haben wir uns selbst in diese Hast hineingetrieben – sind unsere Gedanken so sehr auf das Morgen gerichtet, daß wir das Heute gar nicht mehr wahrnehmen. Nur im bewußten Erleben der Gegenwart aber sind wir in der Lage, aus unseren in der Vergangenheit ruhenden Wurzeln Energie zu gewinnen, um die zukünftige Aufgaben zu bewältigen.

Schlüsselqualifikationen sind also als das zu nehmen, was sie sind: intentional erlernbare und bewußt vervollkommenbare (Arbeits-) Techniken, die die Fähigkeit des Leben-Gestaltens voraussetzt. Wir müssen darum deutlich zwischen diesen Schlüsselqualifikationen und den psychologischen Befindlichkeiten unterscheiden, die primär affektiver Art sind. Sie initiieren und fördern diese Schlüsselqualifikationen sowohl in der beruflichen Tätigkeit als auch außerhalb derselben. Wir nennen sie Schlüsseldispositionen.

4. Schlüsselqualifikationen

Lothar REETZ hat einen umfassenden Abriß »zum Konzept der Schlüsselqualifikationen in der Berufsausbildung« (24) zusammengestellt. Um sie zu systematisieren, entwickelt er eine Fünferteilung, die auf den Arbeiten von ROTH basiert (vgl. seinen Beitrag in diesem Band). In ihrer Dreiteilung spricht Ute LAUR-ERNST in einer dritten Gruppe von »technikunabhängigen, personenbezogenen Fähigkeiten«. Der wesentliche Unterschied zwischen diesen Fähigkeiten und den Qualifikationen werden aber im weiteren auch bei ihr nicht herausgearbeitet (vgl. 17;20f). Aus diesem Grund gebe ich zunächst dem MERTENSschen Konzept der Schlüsselqualifikationen den Vorzug gegenüber anderen, weil er ein Raster von nur kognitive Aktivitäten zusammengestellt hat. Er unterteilte sie in vier verschiedene Typen (vgl. 5; 50f). Über die Details einer solchen Struktur kann man diskutieren. Das ist jedoch nicht Thema dieses Beitrages. Hier wird die besondere Bedeutung und das Wesen der Schlüsseldispositionen untersucht. Damit beginnen wir im nächsten Abschnitt.

5. Schlüsseldispositionen

Als erstes listen wir die Schlüsseldispositionen aus vier verschiedenen Quellen [2] (vgl. Bild 1) auf. MERTENS ist diesbezüglich besonders interessant, weil er einen Katalog von 20 Schlüsselqualifikationen aus der Literatur aufführt (vgl. 19;40), der sich wie ein Angebot aus einem Supermarkt von Tugenden liest. Affektive und kognitive Kategorien liegen darin völlig durcheinander. Von den von ihm selbst detailliert aufgeführten Schlüsselqualifikationen betrachte ich nur das »Kreative Vorgehen«, als eine affektive Kategorie [3]. Aus seinem '88er Vortrag (21) habe ich dann noch die Kategorie »Flexibilität« übernommen, der er dort einen weiten Raum widmet, ohne sie ausdrücklich als Schlüsselqualifikation zu benennen. Vielmehr sieht er sie als eine Voraussetzung für diese an. SEYD ist offensichtlich diese Beziehung nicht deutlich, wenn er den ehemaligen niedersächsischen Kultusminister OSCHATZ interpretiert und dann besonders die »Mobilität« der Beschäftigten hervorhebt (vgl. 25; 133). Bezogen auf Schlüsselqualifikationen meint er sicher »Flexibilität«. Darum ist »Mobilität« in Bild 1 in Klammern gesetzt [4]. SIEMENS, von denen das Projekt PETRA – eine Variante der Leittextmethode – vermarktet wird, hat darin mit den Schlüsselqualifikationen im Jahre 1988 genau das getan, was MERTENS bereits 1974 kritisierte und ich als »Supermarkt von Tugenden« anprangerte. Dem gegenüber unterscheiden HAASE und JAEHRLING richtig zwischen Fähigkeit und Bereitschaft. Bei vielen anderen wird Bereitschaft als selbstverständlich unterstellt, d.h. man müsse einen Menschen »nur« zu etwas befähigen, damit er dann auch tut, was er tun könnte. Das Herausarbeiten des Unterschiedes zwischen Können und Wollen ist also ein weiteres, das wir hier verfolgen werden. In Bild 1 sind die Schlüsseldispositionen in drei Gruppen differenziert: Fähigkeiten, Haltungen und Bereitschaften. Über Haltungen haben wir bereits im Abs. 2 gesprochen. Sie nehmen den Charakter von Eigenschaften an. Von ihnen heben sich Fähigkeiten und Bereitschaften deutlich ab:

Unter **Fähigkeiten** wird das Vermögen verstanden, in der Lage zu sein, bestimmte Aktivitäten in einem bestimmten Qualitäts- bzw. Quantitätsniveau ausführen zu **können**.

Nicht nur in der Psychologie ist dieser Ausdruck mehrdeutig. In unserer Disziplin haben wir uns daran gewöhnt, Fähigkeit im Zusammenhang mit Begaben und Begabung zu benutzen. Dem liegt obige Formulierung zugrunde, die unterrichtsmethodisch geprägt ist. Von Fähigkeiten sind Bereitschaften zu unterscheiden:

Bereitschaft meint das Vermögen, in der Lage zu sein, bestimmte Aktivitäten ausführen zu **wollen**. Die Gegenstücke zu Bereitschaft, denen sehr unterschiedliche Ursachen zugrunde liegen können, sind Lethargie bzw. Resignation.

Hier geht es darum, der bekannten Erscheinung wissenschaftlich Ausdruck zu verleihen, daß jemand sehr wohl zu einer Sache fähig wäre, sie also **ausführen könnte**, aber es **nicht tun will**. Es geht um ein zentrales Problem institutionalisierten Unterrichtens für die Mehrheit der jungen Menschen in hochindustrialisierten Ländern: wie wird es möglich, junge Menschen zu mobilisieren, damit sie gerade dafür Energie aufwenden, was die Mehrheit der Gesellschaft als lebensnotwendig ansieht. SEYD z.B. stellt dazu fest, daß die Bildungsbereitschaft der Jugendlichen nicht in dem Maße zunimmt, wie das bei den Tätigkeitsanforderungen geboten scheint (vgl. 25; 134). Sein Argument läuft darauf hinaus, daß ihre Bildungsbereitschaft sehr stark von der Perspektive abhängig ist, die sich ihnen mit ihrem erfolgreichen Einsatz in gewünschte Tätigkeiten eröffnet. Damit erhebt sich für sie eine Frage nach dem Sinn des Lernens und des Arbeitens. Die methodische Frage nach dem Entwickeln von Bereitschaft, nach dem **Motivieren**, schlägt um in eine didaktische Frage, in eine Sinnfrage. Wie kann in einem jungen Menschen Sinn für sein Leben entwickelt werden, wenn er heute schon als Kind von seinen Eltern, die ja zum größten Teil dem Konsum-»zwang« gehorchen, fast alles bekommt und oft noch mehr als er haben möchte, und ihm (z.B. im Fernsehen) auf dem Bildschirm mehr gezeigt wird als er sich erträumt. Wie kann sich dabei seine Phantasie entwickeln, die doch die Quelle dessen ist, woraus sich der Sinn seines Lebens entwickeln könnte?

Der Umschlag des methodischen Problems in ein didaktisches, bedingt durch die unterschiedliche Gewichtung der verschiedenartigen Dispositionen verdeutlicht und rechtfertigt, diese in Fähigkeiten, Haltungen und Bereitschaften zu differenzieren und analytisch zu betrachten. Desweiteren, und das ist ein sehr wesentlicher Punkt, werden bestimmte benannte Fähigkeiten, Haltungen und Bereitschaften ausdrücklich als Unterrichtsinhalte deklariert und dabei immer als Ganzheiten erfaßt. Jeder von uns hat eine relativ sichere Vorstellung von »Ausdauer« oder von »Zusammenarbeit« oder von »Flexibilität«, wenn wir auch über keine Maßeinheit verfügen, sie zu messen. Dennoch ist eine solche heuristische Unterscheidung – und das sei auch hier nochmals unterstrichen – nicht als Ab- oder Ausgrenzung zu verstehen. Als Dispositionen sind sie in hohem Maße interdependent, in ihrer deutlichsten Ausprägung werden sie unterschieden und die Übergänge von Haltungen zu Fähigkeiten oder von diesen zu den Bereitschaften sind fließend. »Genauigkeit« beispielsweise ist in Bild 1 als Fähigkeit eingetragen. Sicher wäre es auch vertretbar sie unter bestimmten Umständen als Haltung zu bezeichnen.

Nachdem zunächst Schlüsseldispositionen von Schlüsselqualifikationen deutlich unterschieden sind, ist zu zeigen, daß sich Lerner die einen wie die anderen durch sehr unterschiedliche Prozesse zu eigen machen.

6. Erste Hinweise zum Erlangen von Schlüsseldispositionen

Was heißt es z.B., daß die Verantwortungsbereitschaft beim Lerner gefördert werden sollte? Wie geschieht das? Geschieht das von selbst? Offensichtlich doch nicht. Sonst würde man doch nicht immer wieder beklagen, daß es einem großen Teil der Jugendlichen an Verantwortungsgefühl fehlt. Wie war das früher? Haben damals junge Menschen verantwortlich gehandelt? Auch früher gab es genug Schelte von der älteren Generation für die jüngere. Bis in die Zeit der Bibel zurück können wir das verfolgen. Wenn es also nicht das ist, daß die jungen Menschen heute so prinzipiell anders sind (in ihrem Verhältnis zu den älteren) als früher, was ist es dann?

Gehen wir die Thematik von einer anderen Seite an. Im Zusammenhang mit neuen Technologien wird immer wieder beklagt, daß der moderne Mensch in den letzten Jahrhunderten zwar eine gewaltige intellektuelle Entwicklung durchgemacht hat, daß aber dabei seine emotionale Entwicklung nicht nachgekommen sei. Er hat es nicht gelernt, seine kognitiven Errungenschaften verantwortlich zu benutzen und einzusetzen (vgl. z.B. 8). In jener Zeit (früher) geschah die intellektuell bedingten Veränderungen noch mit einem Maße, daß die Menschen deren Ergebnisse noch emotional erfassen und Verarbeiten konnten. Über die Jahrtausende der geschichtlichen Zeit gab es diesbezüglich Höhepunkte und Einbrüche, Krisen und ausgeglichene Zeiten, in denen die Menschen die von ihnen eingebrachten Veränderungen beurteilen und werten konnten. Der gültige Maßstab, Veränderungen einzuordnen und überschäumenden Umschwung zu hemmen, war die Tradition. So enormen Einfluß hatte sie – und das hielt ganz allgemein bis zum Beginn der sog. industriellen Revolution an –, daß beide, sowohl HUMBOLDT als auch SCHLEIERMACHER noch der Überzeugung waren, »wenn nur die wissenschaftliche Arbeit der inneren Dynamik der Forschungsprozesse überlassen würde, dann müßte sich ... die moralische Kultur, überhaupt das geistige Leben der Nation (durchaus im platonischen Sinne) in den höheren wissenschaftlichen Anstalten wie in einem Focus zusammenfassen« (zitiert nach 6a; 707).

Heute wird Tradition skeptisch betrachtet. Ihr regulierender Einfluß ist geringer geworden. Das ist auch ein Grund, daß wir unsere Welt, von der wir ein Teil sind, so sehr verändert haben, daß wir sie an den Rand einer ökologischen Katastrophe geführt haben. Wir, die wir das zu verantworten haben, sind dieser unserer Verantwortung nur zu einem kleinen Teil gerecht geworden. Und nun verlangen wir von unserer Jugend das, was wir vermissen ließen: das Beherrschen von »Schlüsselqualifikationen«. Wir haben immer noch nicht erkannt, daß es nicht nur diese, sondern insbesondere die davor und dahinter liegenden Schlüsseldispositionen sind, die junge Menschen in die Lage versetzen können, Verantwortung zu übernehmen.

Und erneut ist die Frage zu stellen: Wie kann das geschehen? Schlüsseldispositionen lassen sich nicht »vermitteln«. Das bedeutet, daß es nicht möglich ist, z.B. Haltungen in einem Lehrgang als kognitive Inhalte anzubieten und davon auszugehen, sie würden angenommen werden. Sie werden es nicht. HUMBOLDT und SCHLEIERMACHER glaubten das und mit ihnen auch heute noch die meisten unserer Mitbürger. Dafür zwei Hauptgründe:

1. Es geht hierbei nicht um das Neu-Lernen eines Inhaltes. Affektive Inhalte sind mit den »Grundhaltungen eines Menschen« (vgl. 15; 11ff.) geprägt. Der (junge) Mensch muß umlernen. Er muß zunächst bereit sein, seine bisherige Haltung aufzugeben – und wer gibt schon gern etwas auf, um danach etwas Neues, das zunächst nicht von ihm selbst kommt, anzunehmen. Das tut er nur, wenn er sich davon überzeugt hat, daß ihm diese (neue) Haltung dienlich ist.
2. Haltungen werden in aller Regel nicht durch das Großhirn, sondern hauptsächlich durch das Zwischenhirn gesteuert. Sie werden durch Sozialisierung geprägt und widerstehen deshalb solchen Veränderungen in hohem Maße. Haltungen sind halt primär affektiver Natur.

Was ich dargelegt habe, ist eigentlich nicht neu, und die meisten Leser vollziehen es auch intellektuell nach. Aber es hat ebenfalls bei den meisten, die es verstehen (sprich: nachvollziehen können) noch nicht zu neuen Haltungen geführt; vor allem, solche Denkweisen und Prozesse, seine eigenen Dispositionen überdenken zu **wollen**, sind noch nicht Allgemeingut geworden. Wie schwierig solches offensichtlich ist, zeigt sich u.a. auch daran, wie man z.B. hierzulande mit der Taxonomie der Unterrichtsziele des affektiven Feldes umgegangen ist; nämlich fast gar nicht. Der weitaus größte Teil derjenigen, die im Feld der Erziehung arbeiten, sind sich der vielfältigen Möglichkeiten nicht bewußt, die ihnen gerade dieser Teil der Taxonomie eröffnet (vgl. z.B. 12; 175ff u. 10). Eine dieser Möglichkeiten läge z.B. darin, die Prozesse verstehen zu lernen, die ablaufen, wenn ein Mensch sich bewußt darauf einläßt, über intellektuelle Impulse seine eigenen Dispositionen modifizieren zu wollen. Ihre Stabilität gegenüber Veränderungen wird subjektiv immer noch so verstanden, daß es eben

»angeboren ist«, so oder so zu handeln. Es bedarf großer persönlicher Anstrengungen, eigene Dispositionen zu fördern, zu hemmen, im günstigsten Falle zu modifizieren. »Keiner kann aus seiner Haut«, sagt der Volksmund. So wahr, wie das für die eigene Person, für mich als Lehrer ist, ist es auch für das Einwirken auf Lerner beim Unterrichten.

Am ehesten ist es noch möglich auf Bereitschaften einzuwirken. Sie werden außer von Haltungen und teilweise von Fähigkeiten noch durch folgendes beeinflußt:
- dem **Neugiertrieb** - als im Menschen angelegt -, soweit er nicht gerade bei einem Teil junger Menschen durch ihre spezifische Umwelt so verkümmert ist, daß er kaum noch wirksam wird,
- dem **Aktivitätstrieb** - als gleichfalls im Menschen angelegt. Dieser läßt sich nur in einem bestimmten Maße eindämmen. In welch hohem Maße er in unserer Gesellschaft eingedämmt wird, ist jedem von uns bekannt. Was Kinder an Möglichkeiten zur Aktivität benötigen, wird ihnen sehr oft verwehrt (Kinderfeindlichkeit vielerorts). Gerade bei jüngeren Menschen bricht dieser Trieb, wenn es nicht möglich wurde, ihn gesellschaftlich positiv zu kanalisieren (in der Ausbildung, in der Schule, durch Hobbies, durch soziale Betätigungen usw.), gesellschaftlich negativ durch und entlädt sich in Rockbegeisterung, die sich in die bekannten Folgen entlädt, in Drogenabhängigkeit, in Rowdytum (z.B. auf Fußballplätzen), in politischen Extremismus usw.,
- der **Werbung** (im weitesten Sinne), als Fremderziehung. Sie wirkt - ob neben den gezielt einbezogenen **beiden** oben **genannten Trieben** - durch bewußtes Rekurrieren darauf, daß der Mensch, wie jedes Wesen, den Weg des geringsten Widerstandes wählt, wenn er sich nicht bewußt dagegen entscheidet.

Beim Erzeugen von Bereitschaften geht es also um das Fördern, Hemmen oder Modifizieren von Motiven, die dann ihrerseits positiv zurückwirken sowohl auf das Fördern von Fähigkeiten als auch das von Haltungen des Lernenden.

Ein Erziehender hat das zu berücksichtigen. Er arbeitet ja im Wettbewerb mit einer Reihe von Miterziehenden (Politiker, Medien u.v.a.) und oft gar in Konkurrenz zu ihnen.

Was ist zu tun? Patentrezepte gibt es nicht. In einem Beitrag über »Arbeit im Schulunterricht« unterstreicht BRATER die persönlichkeitsprägende Wirkung von Arbeit im Hinblick auf die Anforderungen der Arbeit an das Verhältnis des Arbeitenden

a) zu sich selbst,
b) zum Gegenstand der Arbeit und
c) zu anderen (vgl. 3; 287).

Damit wird Arbeit zu einem Medium zur Moralerziehung, wenn Moral den »für die Daseinsweise des Menschen konstitutiven Grundrahmen darstellt - für sein Verhalten zu den Mitmenschen, zu sich selbst und zu seiner sachlichen Umwelt« (13; 4), mit all den daraus folgenden Implikationen.

Kommen wir also zurück auf den Titel dieses Beitrages. Einige der in Bild 1 aufgeführten Dispositionen lesen sich wie die seinerseits verpönten Tugenden. Wollen wir die Vergangenheit zurückholen; Nein. Es wird uns auch nicht gelingen. Wir wollen deshalb lernen, neue Traditionen zu initiieren und dabei die Erfahrungen aus der Vergangenheit für unsere Gegenwart fruchtbar machen. Die in Bild 1 aufgelisteten Schlüsseldispositionen werden darum in Bild 2 neu benannt und geordnet (alphabetisch).

Dabei zeigt sich, daß die in Bild 1 aufgelisteten Dispositionen von sehr unterschiedlicher Komplexität sind. Einige von ihnen bilden z.B. die Basis für andere und tauchen darum in Bild 2 nicht wieder auf. So kann man z.B. nur »Zeit und Mittel einsetzen« oder »sich Ziele setzen«, wenn »genau« und folgerichtig gedacht wird. »Genauigkeit« ist also für das eine wie auch für das andere erforderlich. Es ist darum methodisch nicht nur sinnvoll, sondern notwendig, »dispositionale Elemente« zu formulieren - in anderem Zusammenhang nannte ich sie »Elemente zur moralischen Erziehung« (vgl. 13; 18). Sie sind die »Bausteine«, mit deren Hilfe Fähigkeiten und Bereitschaft gefördert oder Haltungen modifiziert werden können (Auch in Bild 3 sind sie alphabetisch geordnet, um nicht zu ungewollten Präferenzen zu animieren):

»Sch.-disp.«	Seyd (25; 132f.)	Mertens (19; 40 + 20; 3ff.)	Haase/Jaehrling (6; 162)	Siemens (26)
Fähigkeiten	Konzentration Kommunikation Teamfähigket	Konzentration Kommunikation Zusammenarbeit Planung Zeit u. Mittel einsetzen sich Ziele zu setzen Genauigkeit rationales Austragen von Konflikten	Entscheidung Führung	Konzentration Kooperation Organisation; Koordination; Entscheidung Genauigkeit eigene Meinung vertreten Integration Qaulitätsbewußtsein Sicherheitsbewußtsein
Haltungen	Durchhalten z. Aufmerksamkeit Weiterlernen (Mobilität)	Ausdauer Lebenslangen Lernen; Hinzulernen Wechsel sozialer Rollen Kreativität Mitverantwortung Verminderung von Entfremdung Flexibilität	Lebenslangen Lernen Verantwortungsbewußtsein Flexibilität	Ausdauer; Aufmerks. bei abwechslungsarmen Tätigkeit Umstellung; flexibles Disponieren Fairness Zuverlässigkeit Selbstkritik Erkennen der eigenen Grenzen
Bereitschaften	Leistung Auseinandersetzung mit neuen Anforderungen auf Mensch – Mensch-Kommun. für eine begrenzte Zeit zu verzichten zugunsten sog. Mensch-Maschine-Kommun.		Höherqualifizierung Gruppenarbeit Umgang mit Neuer Technol. Verantwortung zu tragen	

Bild 1: Schlüsseldispositionen als Affektive Kategorien der Schlüsselqualifikation

A. Fähigkeiten Bewußtsein für Qualitätsunterschiede Bewußtsein für Sicherheitsbelange Bewußtsein für Verantwortung Erkennen der eigenen Grenzen Konflikte rational austragen Meinungsverschiedenheiten zu überbrücken Menschen zu führen mit anderen zusammenzuarbeiten partnerschaftlich zu handeln Probleme anderer zu erkennen sich anderen mitzuteilen Solidarität zu üben Zeit und Mittel einzusetzen (zu organisieren) Ziele zu setzen	**B. Haltungen** Abbau von Entfremdungen (human handeln) Bejahen der eigenen Fähigkeiten Bejahren der eigenen Schwächen Bejahren der Fähigkeiten anderer Bejahren der Schwächen anderer Einfühlungsvermögen Fairneß Flexibilität Kreativität Leistung zu erbringen Lernfreudigkeit Zuverlässigkeit

C. Bereitschaft
Bei den Fähigkeiten ist jeweils einzeln und besonders zu lernen, bereit zu sein, sie tatsächlich zu aktivieren.
Der Begriff der Hatlung schließt Motive ein. Damit sind Bereitschaften den Haltungen immanent.

Bild 2: Liste von aus Bild 1 zusammengestellten Schlüsseldispositionen

— aufmerksam sein (Schärfen des Wahrnehmungsvermögens)	— präzise denken
	— sensibel sein
— ausdauernd sein	— sich bescheiden
— die Scheu überwinden, seine Gedanken zu artikulieren	— sich entscheiden
	— sich konzentrieren
— divergent denken	— sich selbst annehmen
— Erscheinungen (und Gedanken) differenzieren (unterscheiden)	— sich verpflichten
	— Vertrauen entgegenbringen
— für Selbstverständliches danke sagen	— Vertrauen haben
— geduldig sein	— wahrhaftig sein (echt sein)
— genau arbeiten	— wißbegierig sein
— genau sprechen	— zuhören

Bild 3: Einige hier relevante dispositionale Elemente

Diese dispositionalen Elemente [5] gilt es zunächst zu fördern und zu entwickeln. Ohne sie bauen wir Luftschlösser. »Zuzuhören« und »Geduld zu haben« sind z.B. zwei Seiten derselben Münze. Ohne sie werden wir weder fähig werden, die »Probleme anderer zu erkennen« oder »Partnerschaften zu üben« noch »Konflikte rational auszutragen«.

7. Schlußbetrachtung

Zusammenfassend läßt sich sagen:
- »Schlüsselqualifikationen« und »Schlüsseldispositionen« werden erziehungswissenschaftlich unterschieden, weil
  - **Schlüsselqualifikationen** mit Lernern beim Unterrichten (in der Werkstatt, im Lehrgang [6], in der Berufsschule ...) erarbeitet werden können.
  - das Initiieren, Fördern und Entwickeln von **Schlüsseldispositionen** viel Zeit in Anspruch nimmt und bereits im Elternhaus, spätestens aber in der Grundstufe begonnen werden müßte. Wegen ihres affektiven Charakters leben wir mit ihnen scheinbar in einem Paradoxon: Spricht man über sie, muß man noch nicht über sie verfügen. Verfügt man über sie, braucht man nicht mehr über sie zu sprechen.

  Da wir hier und heute noch nicht davon ausgehen können, daß solche **Schlüsselaktivitäten** (Schlüsselqualifikationen und Schlüsseldispositionen [7]) Allgemeingut geworden sind, wird es notwendig
- **dispositionale Elemente** zu benennen, die z.B. von Lehrern in Lernern bewußt und gezielt initiiert und gefördert werden.

Solches zu erreichen, kann nur in leisen Tönen geschehen. Mit Schlagworten ist nicht gut erziehen. Das Schreierische, das immer wieder Neues- und Anderes-Haben-Müssen kann hierbei keine Hilfe sein. Beim Unterrichten und überhaupt beim Erziehen – und das gilt auch für die Berufserziehung – wären wir schlecht beraten, Moden nachzulaufen oder ihnen gar vorauseilen zu wollen. Denn, wie wir auch hier gesehen haben, ist nicht alles so neu, wie es uns oft dargestellt wird; weder bei den neuen Technologien, noch bei den (neuen) Schlüsseldispositionen:
- Das Formulieren von Schlüsseldispositionen wird uns aber einen Schritt weiter bringen zu erkennen, daß z.B. der sog. »heimliche Lehrplan« eigentlich ein »verdeckter Lehrplan« ist. Damit wird es uns möglich, ihn nicht primär als politische, sondern als pädagogische Kategorie zu behandeln.
- Schlüsseldispositionen könnten aber auch den Weg freimachen, die Diskussion um die Integration beruflicher und allgemeiner Bildung in neue Bahnen zu lenken. So kann es doch nicht darum gehen, Berufserziehung (mit aller Macht) auf das kognitive Niveau der sog. allgemeinen Bildung zu hieven. Damit wird der Berufserziehung Gewalt angetan. Eine intensive Diskussion um Schlüsseldispositionen – könnte, sollte und müßte die Despotie des Kognitiven auf das menschlich gesunde Maß herabschrauben.

- Schließlich eröffnet sich damit auch eine weitere Zugehensweise zu dem überaus wichtigen Thema »Moralerziehung«.

Damit wäre vielleicht ein Anfang gemacht, die von MERTENS gestellten Fragen auf sein Qualifikationsparadoxon (vgl. 20; 455) zu beantworten.

Anmerkungen

[1] Im dtv-Wörterbuch zur Psychologie erscheint »Haltung« überhaupt nicht als Stichwort. Hingegen ist »Einstellung« in zwei Bedeutungen erläutert (vgl. 16; 101f.)
[2] Die Auswahl ist eine fast beliebige. Es ist hier nicht daran gedacht, eine Vollerhebung durchzuführen oder auch nur einen signifikanten Querschnitt darzustellen.
[3] Sämtliche Bezeichnungen aus den vier Quellen sind jeweils in originaler Form übernommen.
[4] Der Zusammenhang zwischen »Mobilität«, »Disponibilität« und »Flexibilität« ist in (9; 94ff) erläutert.
[5] Dispositionalen Elemente sind Aktivitäten und sind deshalb als Verben aufgeführt. Es geht also darum, sie im Lernenden zielgerichtet zu fördern. In einem solchen Verständnis ist auch meine Kritik im Abschnitt 2, 2. Abs. zu verstehen.
[6] Damit Mißverständnisse vermieden werden: mit der Charakterisierung »Schlüsselqualifikationen – in Lehrgängen vermittelbar« und »Schlüsseldispositionen – über lange Zeiträume entwickelbar« werden keine Abgrenzungen vorgenommen. Vielmehr lassen sie sich tendenziell auf einer Skala vermittelbar – entwickelbar darstellen, wie Ute LAUR-ERNST (in diesem Bande) gezeigt hat.
[7] Daß Dependenzen und Interdependenzen zwischen kognitiven und affektiven Handlungsweisen bestehen, d.h. hier zwischen Schlüsselqualifikationen und Schlüsseldispositionen, muß nicht weiter erörtert werden.

Quellennachweis

(1) Berndt, Günter (Hrsg.): Personalentwicklung. Ansätze – Konzepte – Perspektiven. Heymann; Köln; 1986.
(2) Bode, R.; Schröder, H.-D. (Hrsg.): Stufenausbildung in der Bauwirtschaft. Ein Beitrag zur Berufsbildungsreform? Leuchtturm; Alsbach; 1979.
(3) Brater, Michael: Arbeit im Schulunterricht. Berufsvorbereitung oder Bildungsmittel. Westermanns Pädagogische Beiträge 31 (1979) 8, S. 286–292.
(4) Crusius, R.; Wilke, M.: Plädoyer für den Beruf. Aus Politik und Zeitgeschichte (1.12.1979) B48; 79, S. 3–13.
(4a) Frechen, Gregor: Schlüsselqualifikationen sind die beste Garantie für eine Top-Position. VDI-Nachrichten 43 (17.3.1989) 5, S. 1.
(5) Fröhlich, W.D.; Drever, J.: dtv-Wörterbuch zur Psychologie. (1952, deutsch 1968) 11. völlig neu bearbeitete Auflage. dtv; München; 1978.
(6) Haase, P.; Jaehrling, D.: Zukunftsorientierte Qualifikationssicherung als unternehmerische Aufgabe – dargestellt an Beispielen aus der Volkswagen AG und AUDI AG. Erschienen in Nr. 1, S. 113–168.
(6a) Habermas, Jürgen: Die Idee der Universität – Lernprozesse. Zeitschrift für Pädagogik 32 (1986) 5, S. 703–718.
(7) Hartfiel, F.; Hillmann, K.-K.: Wörterbuch der Soziologie. (1972) 3. überarbeitete und ergänzte Auflage. Kröner; Stuttgart; 1982.
(8) Jonas, Hans: Das Prinzip Verantwortung (1979). Suhrkamp; Frankfurt; 1984.
(9) Kath, Fritz M.: Einführung in die Berufs- und Wirtschaftspädagogik. Skript nach dieser Vorlesung im SS 1975. Fachschaft Gewerbelehrer der Universität Hamburg; Hamburg; 1975 (nicht veröffentlicht).
(10) Kath, Fritz M.: Die Taxonomie der Unterrichtsziele. Lernzielorientierter Unterricht (1976) 4, S. 11–21.
(11) Kath, F.M.: Vorüberlegungen über Zuordnungen von Ausbildungsanteilen und Ausbildungsphasen. Erscheinen in Nr. 2, S. 205–235.
(12) Kath, Fritz M.: Einführung in die Didaktik. (1978) 3. umgearbeitete Auflage. Leuchtturm; Alsbach; 1983.
(13) Kath, Fritz M.: Moralerziehung – ein erziehungswissenschaftliches Problem? Vortrag im Rahmen der Universitätstage–Hamburg, am 15.11.1983.
(14) Kath, Fritz M.: Was ist neu an den Neuen Technologien? – Eine Herausforderung an den Menschen? Vortrag auf dem »Forum G 15« in Hamburg, am 26.11.1987.
(15) Kath, Fritz M.; Kahlke, Jochen: Das Umsetzen von Aussagen und Inhalten. Didaktische Reduktion und methodische Transformation. Eine Bestandsaufnahme. (1982) 2. korrigierte Auflage. Leuchtturm; Alsbach; 1985.
(16) Koch, Richard (Hrsg.): Technischen Wandel und Gestaltung der beruflichen Bildung. Forschungsergebnisse, Modellversuche, Perspektiven. bibb; Berlin; 1988.
(17) Laur-Ernst, Ute: Berufsübergreifende Qualifikationen und neue Technologien – ein Schritt zur Entspezialisierung der Berufsbildung? Erschienen in Nr. 16, S. 13–25.

(18) Lexikon der Pädagogik, in 4 Bänden. 2. Auflage. Herder; Freiburg; 1971.

(19) Mertens, Dieter: Schlüsselqualifikationen. Thesen zur Schulung für eine moderne Gesellschaft. Mitteilungen aus der Arbeits- und Berufsforschung 7 (1974) 1, S. 36–43.

(20) Mertens, Dieter: Das Qualifikationsparadox. Zeitschrift für Pädagogik 30 (1984) 4, S. 439–455.

(21) Mertens, Dieter: Das Konzept der Schlüsselqualifikationen als Felxibilitätsinstrument. Referat im Forum I »Schlüsselqualifikationen«; Köln; 18.5.1988 (Manuskript).

(22) Münch, Joachim u.a.: Bildungsarbeit im Betrieb. Planung und Gestaltung. Eine empirische Untersuchung...in...der metallverarbeitenden Industrie. Georg Michael Pfaff Gedächtnisstiftung; Kaiserslautern; 1975.

(23) Nordrhein-Westfalen, der Kultusminister: Kollegstufe NW. Schriftenreihe: Strukturförderung im Bildungswesen des Landes Nordrhein-Westfalen, Heft 17. Henn; Ratingen; 1972.

(24) Reetz, Lothar: Zum Konzept der Schlüsselqualifikationen in der Berufsausbildung. Vortragskonzept vom 7.2.1989 (unveröffentlicht).

(25) Seyd, Wolfgang: Qualifikationsanforderungen im Beruf und Qualifikationsvoraussetzungen der Berufsanfänger – gegenläufige Tendenzen? DGB Bildungspolitik (1984 5, S. 131–139.

(26) Siemens AG: 2 Ausbildungsblätter – Zielsetzungen & Verknüpfungen der Schlüsselqualifikationen mit den Inhalten der neugeordneten Berufe. Autor; Hamburg; 1988 (Manuskript).

(27) Többe Fritz: Anmerkungen zum Problem der Schlüsselqualifikation in der berflichen Bildung. DGB Bildungspolitik (1989) 5, S. 149–151.

Sigrid Sadowsky

Zur Ermittlung von Schlüsselqualifikationen durch Abnehmerbefragungen und Lehrplananalysen

1. Problemstellung

Die Thematik der Schlüsselqualifikationen als Problem vermittelbarer Inhalte läßt sich grob in zwei unterschiedliche Problemfelder unterteilen, nämlich
1. das Verhältnis von sogenannten »Schlüsselqualifikationen« zum sogenannten »Fachwissen«, und
2. die einzelnen Dimensionen von »Schlüsselqualifikationen« sowie deren Verhältnis zueinander, wobei Schlüsselqualifikationen gekennzeichnet sein sollen durch Komplexität und Transferierbarkeit (vgl. REETZ 1989) und nach MERTENS klassifiziert werden in Basisqualifikationen. Horizontalqualifikationen, Breitenelemente und Vintagefaktoren (MERTENS, S. 41 f.).

Ausbildungs- und Unterrichtstätigkeit steht vor dem Problem diesen theoretischen Konstrukten konkrete Lerninhalte zuzuordnen, anhand derer Schlüsselqualifikationen erreicht werden sollen. ROBINSOHN hält die Expertenbefragung für ein adäquates Instrument zur Lösung dieses Problems, wobei als Experten u.a. die Repräsentanten der wichtigsten Verwendungsbereiche für das Gelernte, oder, mit ROBINSOHNs Worten, die »Abnehmer« wichtige Informanten sind (ROBINSOHN 1967, S. 48 ff.). ROBINSOHN hat aber auch auf gewisse Mängel dieser Methode aufmerksam gemacht und als Lösung einen empirischen »Mehrfachzugriff« vorgeschlagen, also die Kombination der Experten- bzw. Abnehmerbefragung mit einer anderen Form empirischer Curriculumforschung. Dafür hält MERTENS, für den Bereich der Breitenelemente den Vergleich von Ausbildungs- und Tätigkeitsnormen und -inhalten für geeignet.

Beide Verfahren wurden in einer Untersuchung eingesetzt, die sich mit der überbetrieblichen kaufmännischen Ausbildung, speziell im Kreditgewerbe, befaßte. Dabei wurde u.a. untersucht, welche Ausprägungen und Interdependenzen die Lernortkomponenten kaufmännischer überbetrieblicher Ausbildungsstätten (ÜAS) aufweisen und welche curriculare Position die kaufmännische ÜAS relativ zu den Lernorten Betrieb und Berufsschule einnimmt. Die Ergebnisse hierzu lieferten dabei auch interessante Ergebnisse zur Bedeutung von Schlüsselqualifikationen und Fachwissen in der überbetrieblichen Erstausbildung im Kreditgewerbe. Im Folgenden soll zunächst kurz auf den Begriff eingegangen werden. bevor anschließend jeweils das Erhebungsverfahren sowie ausgewählte Ergebnisse vorgestellt werden (für eine Gesamtdarstellung des Erhebungsdesigns und der Ergebnisse s. SADOWSKY 1989).

2. Begriff der ÜAS

Das BBiG kennt den Begriff der ÜAS nicht; dort ist lediglich von »Einrichtungen außerhalb der Ausbildungsstätte« die Rede. Im Rahmen des hier referierten Forschungsprojektes wurden ÜAS definiert als Institutionen, die originär Ausbildungszwecken dienen und deshalb Lernangebote organisieren, die von Auszubildenden mehrerer voneinander unabhängiger Betriebe im Rahmen eines Berufsausbildungsverhältnisses gemäß den Vorschriften des BBiG zusätzlich zu den Lernorten Ausbildungsbetrieb und Berufsschule besucht werden.

3. Die Abnehmerbefragung

Es wurden alle 22 bekannten ÜAS im deutschen Kreditgewerbe befragt (Rücklauf = 86.4%). Hier soll hauptsächlich den Aspekt der leitenden Intentionalität eingegangen werden, also auf die übergeordnete Zielsetzung der Ausbildungsmaßnahmen, wobei allerdings auch Querverbindungen zu anderen Lernortkomponenten aufgezeigt werden. Die Frage an die ÜAS lautete: Welche Funktionen soll die überbetriebliche Ausbildung in ihrem Hause erfüllen? Abbildung 1 stellt die Ergebnisse dar.

Funktionen der überbetrieblichen Ausbildung

leitende Intentionalität

Ergänzung Betrieb

Institutsgruppe

Soziale Funktionen

Rangabstufung

||||| keine Angabe
☐ unwichtig
⧅ weniger wichtig
⧄ wichtig
■ sehr wichtig

Abnehmerbefragung

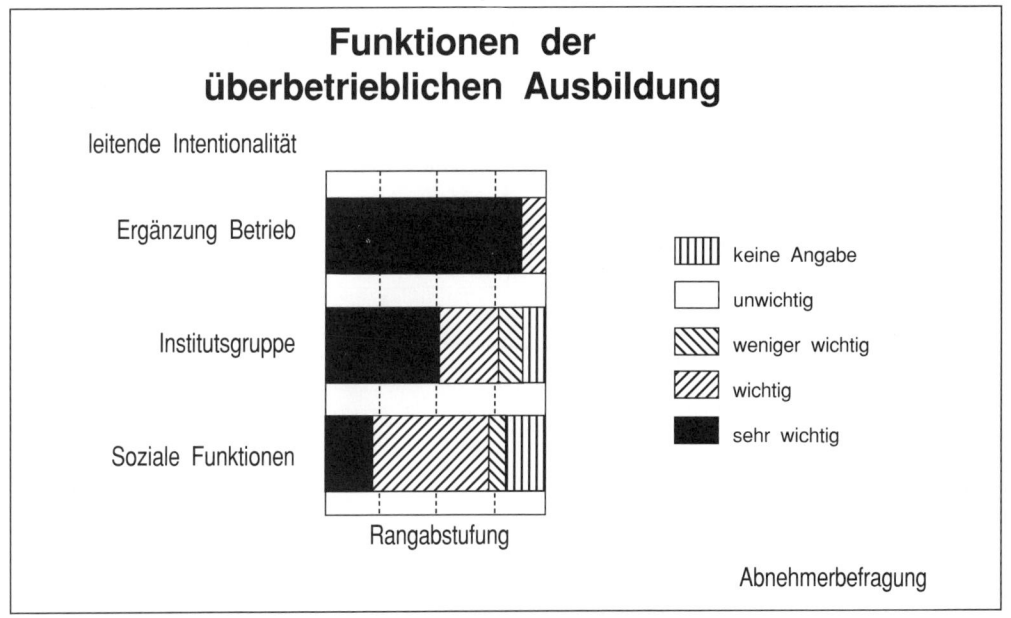

Abbildung 1

Die wichtigste angestrebte Funktion ist demnach die Ergänzung der betrieblichen Ausbildung. An zweiter Rangstelle steht (zusammen mit der Prüfungsvorbereitung) die Vermittlung betriebsübergreifender, institutsgruppenspezifischer Kenntnisse. Diese Ergebnisse können als eindeutiges Votum für betrieblich relevante Fachkenntnisse und Fertigkeiten angesehen werden. Dennoch ist es ebenso beachtlich, daß betriebsübergreifende, institutsgruppenspezifische Kenntnisse schon an zweiter Stelle folgen, z.B. vor den Funktionen der Ergänzung und Vertiefung der schulischen Ausbildung. Dieser Befund gewinnt noch an Bedeutung. wenn man die Korrelation dieser betriebsübergreifenden Funktion mit den übrigen Befragungsergebnissen vergleicht (siehe Abb. 2).
Die Bedeutung betriebsübergreifender, institutsgruppenspezifischer Kenntnisse korreliert positiv mit den Funktionen der Ergänzung und Vertiefung der betrieblichen Ausbildung sowie mit dem Bedarf der angeschlossenen Ausbildungsbetriebe als für die Lerninhalte entscheidende Planungsgrundlage. Wer also die Funktion der Ergänzung und Vertiefung der betrieblichen Ausbildung für sehr wichtig oder wichtig hielt (100% bzw. 89%) und wer den Bedarf der angeschlossenen Betriebe für eine sehr wichtige oder wichtige Planungsgrundlage für die Inhalte der überbetrieblichen Ausbildung hielt (84,2%), hielt auch die Vermittlung betriebsübergreifender Kenntnisse für relativ wichtig. Man kann daraus den Schluß ziehen, daß die Vermittlung solcher Kenntnisse von den Abnehmern bzw. deren Interessenvertretern als notwendiger Bestandteil der kaufmännischen Erstausbildung im Kreditgewerbe betrachtet wird.
Von Interesse sind hier auch die Korrelationen zwischen Lernvoraussetzungen und institutsgruppenspezifischen Kenntnissen, die bezüglich des Realschüleranteils in den ausbildenden Betrieben negativ, bezüglich des Abiturientenanteils aber positiv ausfällt. Es gibt im Prinzip keinen Grund zu der Vermutung, daß Realschüler über eine besser institutsgruppenspezifische Vorbildung verfügen als Abiturienten; trotzdem werden betriebsübergreifende Kenntnisse für Realschüler anscheinend als weniger wichtig und für Abiturienten als eher wichtig angesehen. Da die Norm der Ausbildungsordnung von beiden Gruppen zu erfüllen ist, muß die Erklärung für solche gravierenden Unterschiede außerhalb dieser Norm liegen, z.B. im prospektiven Berufsverlauf der Auszubildenden.

Eventuell werden Abiturienten durch die überbetriebliche Ausbildung mehr als andere Auszubildende hinsichtlich weiterbildungsbezogener Eignungen qualifiziert, da institutsgruppenspezifische Kenntnisse im Weiterbildungsbereich eine größere Rolle spielen als in der Erstausbildung, z.B. im Bereich institutsgruppenspezifischer Rechtsgrundlagen, die in gehobenen Positionen eher handlungsrelevant sind als auf Sachbearbeiterebene.

Institutsgruppenkenntnisse
(leitende Intentionalität)

korrelieren mit

andere Items der leitenden Intentionalität	Lernvoraussetzungen	Planungsgrundlagen
- Ergänzung der betrieblichen Ausbildung [+]	- Realschulabschluß [-]	- Bedarf der Ausbildungsbetriebe [+]
- Vertiefung der betrieblichen Ausbildung [-]	- Abitur [+]	

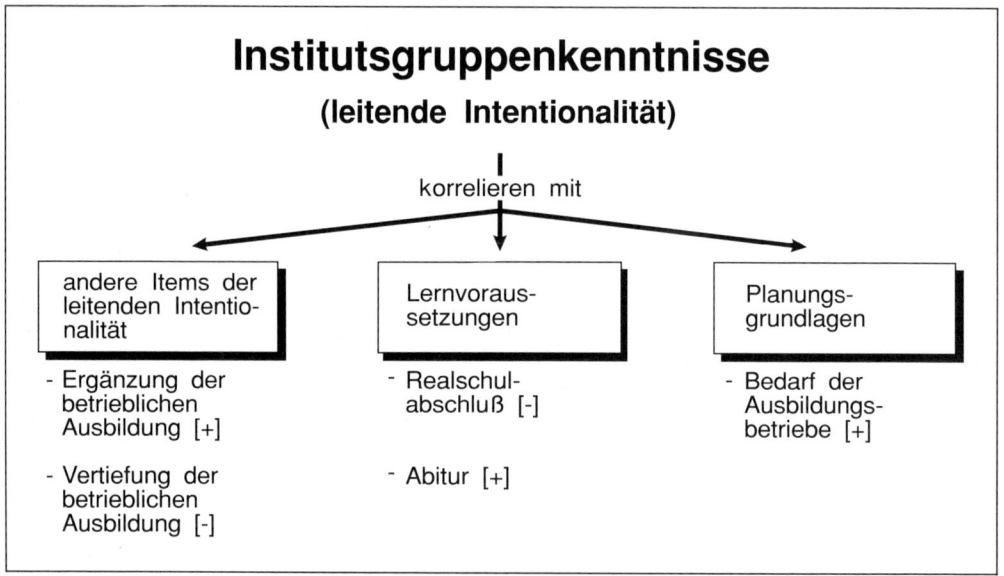

Abbildung 2

Diese weiterbildungsbezogenen Eignungen würden dann im Sinne von MERTENS als Schlüsselqualifikationen von heute den Schlüssel für das Verständnis derer von morgen beinhalten (MERTENS 1974, S. 43). Eine solche akquisitorische Funktion für künftige Weiterbildungsmaßnahmen wird in den Richtzielen der ÜAS-Lehrpläne ausdrücklich betont, z.B. »Aufzeigen von Zukunftsperspektiven und Vorbereitung auf weiterführende Seminare im Bereich der Fortbildung«. Hier schlägt sich wohl nicht zuletzt die Multifunktionalität dieser ÜAS nieder, die auch Fort- und Weiterbildungsstätten sind. Antworten, die die Akquisitionsfunktion der ÜAS-Maßnahmen betonten, wurden als soziale Funktionen erfaßt (s. Abb. 1, allerdings zielen nicht alle sozialen Funktionen auf Weiterbildungsmaßnahmen).

Mittels Abnehmerbefragung und Lehrplananalysen sollte nun festgestellt werden, welchen konkreten Fachgebieten die Lerninhalte zuzuordnen sind, die diese Funktionen erfüllen sollen. Da die Abweichungen der Ergebnisse beider Verfahren recht gering waren, sollen hier nur ausgewählte Ergebnisse der Lehrplananalyse dargestellt werden.

4. Die Lehrplananalyse

Kriterien für Schlüsselqualifikationen sind, wie eingangs erwähnt, Transferierbarkeit und Komplexität. Es muß demnach ein metasprachliches Analyse- bzw. Beschreibungsinstrument für den Realitätsbereich des Wirtschaftslebens zur Erfassung der Lehrstoffbenennungen in den Lehrplänen entwickelt werden, das auf den dahinterstehenden Lehrstoff schließen läßt. Zu diesem Zweck wurden drei Variable entwickelt und eingesetzt, wovon die erste die Variable 'Stoffgebiete' war, die nach 18 Fachgebieten differenziert wurde, die wiederum in 110 Themen unterteilt wurden.

In den ÜAS-Lehrplänen liegt das Fachgebiet Auslandsgeschäft, auf das 13,5% der in den ÜAS-Lehrplänen aufgeführten Lerninhalte entfallen, an erster Stelle. Mit nur geringem Abstand folgen Lerninhalte aus den Bereichen des Wertpapiergeschäfts mit 12,3% und der Rechtskunde mit 11,3%.

Die eher 'allgemeinbildenden' Stoffgebiete Rechnen, Sozialkunde und Deutsch rangieren dagegen auf den Plätzen 12, 15 und 18 mit Anteilen zwischen 0 bis 3,2%. Dies sieht auf den ersten Blick nach einer eindeutigen Bestätigung der Befragungsergebnisse aus, die ein klares Votum für betriebsrelevante Fachkenntnisse abgaben.

Ein solcher Schluß erweist sich jedoch als vorschnell, denn ein relativ abstraktes Fachgebiet wie die Volkswirtschaftslehre rangiert immerhin auf Platz 8 der Rangskala, noch vor bankspezifischen Standardstoffgebieten wie Inlandszahlungsverkehr und Einlagengeschäfte. Außerdem umfaßt einerseits das tendenziell eher bankspezifische Gebiet 'Auslandsgeschäft' z.B. auch das Thema 'Vertragsbindungen und Dokumente im Außenhandel', das offensichtlich auch für andere kaufmännische Ausbildungsberufe von Bedeutung ist, etwa für Speditions- oder Schiffahrtskaufleute. Andererseits umfaßt das eher allgemeinbildende Fachgebiet 'Rechnen' auch solche Themen wie 'Effektenrechnen', die über den Bereich der Kreditinstitute hinaus nur wenig Anwendung finden dürften. Damit stellt sich die Frage, ob nicht im Sinne eines induktiven Ansatzes die sehr bankspezifischen Inhalte auch Elemente enthalten, die in anderen Verwendungssituationen als der der Tätigkeit in einem Kreditinstitut von Bedeutung sind bzw. ob umgekehrt nicht sehr abstrakte Kenntnisse notwendige Bestandteile von Sachbearbeitertätigkeiten in Kreditinstituten sind.

Die potentielle Verwendungssituation der Lerninhalte wurde in der Variablen 'Rollenperspektive' erfaßt, d.h. es wurde ermittelt, in welchen wirtschaftlichen Lebenssituationen der Auszubildende die durch die ÜAS-Maßnahmen erworbenen Kompetenzen einbringen kann, und welche Unterschiede sich unter diesem Aspekt zu den beiden anderen Lernorten Betrieb und Berufsschule ergeben. Am häufigsten sprachen die Lerninhalte der ÜAS-Lehrpläne die Auszubildenden in ihrer künftigen Rolle als Sachbearbeiter, Institutsgruppenmitglied oder Staats- und Wirtschaftsbürger allgemein an (vgl. Abb. 3). Dagegen waren die Rollenperspektiven, die Marktpositionen oder Positionen im Beschäftigungsverhältnis thematisierten, relativ nachrangig. In Abbildung 4 werden deshalb lediglich die Ergebnisse für die wichtigsten Kategorien der Variablen 'Rollenperspektive' zu den ÜAS-Lehrplänen, der Ausbildungsordnung und dem Rahmenlehrplan gegenübergestellt. In den ÜAS-Lehrplänen dominiert, ebenso wie in der Ausbildungsordnung, die Sachbearbeiterperspektive, die in ca. der Hälfte aller Lerninhalte vorzufinden ist. Im schulischen Rahmenlehrplan belegt sie nur den zweiten Rang. In den ÜAS-Lehrplänen rangiert an zweiter Stelle die Rollenperspektive des Staats- und Wirtschaftsbürgers allgemein, wohingegen sie in der Ausbildungsordnung lediglich von untergeordneter Bedeutung ist, jedoch im Rahmenlehrplan den ersten Rang einnimmt. Rang 3 belegt in den ÜAS-Lehrplänen die Perspektive des Mitglieds einer Institutsgruppe, die in der Ausbildungsordnung an zweiter Stelle rangiert und im Rahmenlehrplan nahezu bedeutungslos ist.

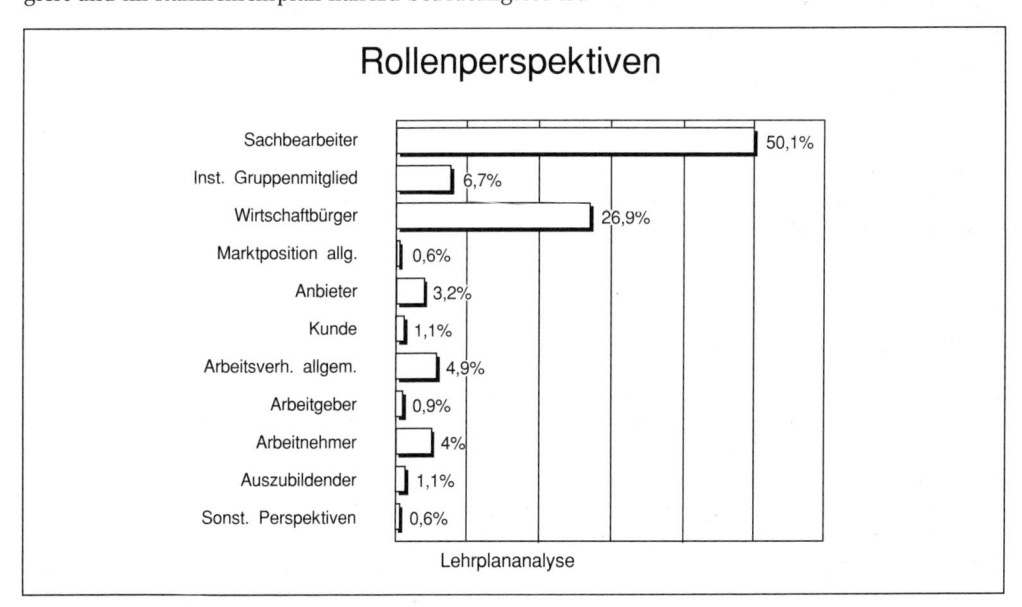

Rollenperspektiven

Sachbearbeiter	50,1%
Inst. Gruppenmitglied	6,7%
Wirtschaftbürger	26,9%
Marktposition allg.	0,6%
Anbieter	3,2%
Kunde	1,1%
Arbeitsverh. allgem.	4,9%
Arbeitgeber	0,9%
Arbeitnehmer	4%
Auszubildender	1,1%
Sonst. Perspektiven	0,6%

Lehrplananalyse

Abbildung 3

Rollenperspektiven

Sachbearbeiter	50,1% / 38,6% / 57,1%
Inst. Gruppenmitglied	6,7% / -0,3% / 13,8%
Wirtschaftbürger	26,9% / 45,8% / 4,8%

Legende: ÜAS-Lehrpläne, Rahmenlehrplan, Ausbildungsordnung

Lehrplananalyse

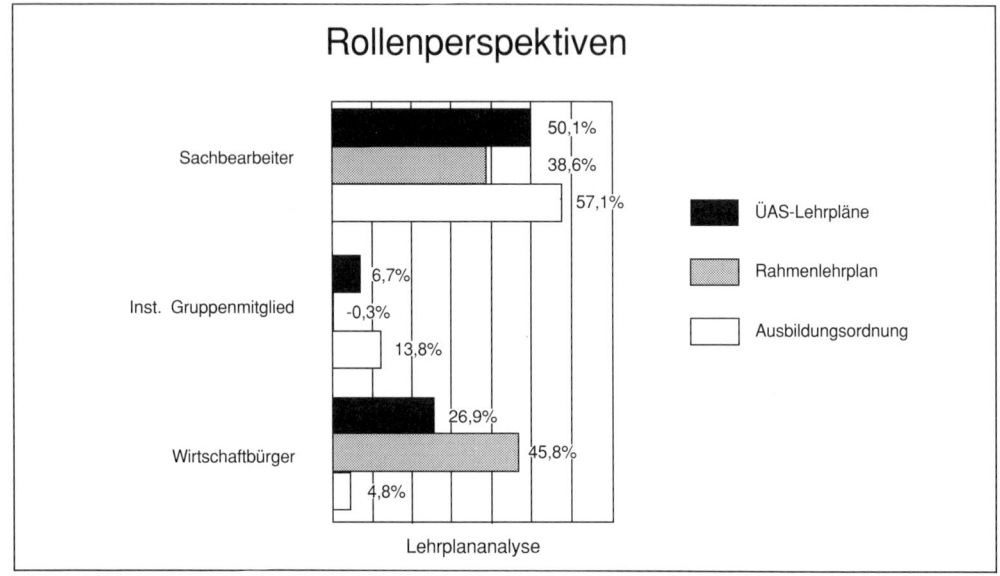

Abbildung 4

Insbesondere mit der Kategorie »Staats- und Wirtschaftsbürger allgemein« sind damit Lerninhalte angesprochen, die MERTENS als Breitenelemente bezeichnet, nämlich Kenntnisse und Fertigkeiten, die in der beruflichen Spezialausbildung vermittelt werden, obwohl sie in vielen Berufsfeldern immer wiederkehren.

Wenn man dabei die Schwerpunkte der verschiedenen Rollenperspektiven pro Lernort betrachtet, spiegelt sich in diesen Daten eine in der berufs- und wirtschaftpädagogischen Lernortdiskussion häufiger geäußerte Grundauffassung wider, die Ausbildung im Betrieb diene mehr als die in anderen Lernorten dem Erlernen berufspraktischer Fertigkeiten, die direkt in die berufliche Tätigkeit eingehen, während eine Hauptaufgabe der Berufsschule die Vermittlung kaufmännischen bzw. wirtschaftlichen und gesellschaftlichen Grund- oder Überblickswissens ohne direkte berufspraktische Verwendungsmöglichkeit sei. Die Mittelposition speziell der kaufmännischen ÜAS war dabei stets ein Kernstreitpunkt bzw. wurde schlichtweg negiert (zu diesem vorwiegend bildungspolitischen Aspekt s. SADOWSKY 1989, S. 47ff.).

Im Rahmen der Lehrplananalyse sollte auch erfaßt werden, welche Strukturen der potentielle Kompetenzerwerb seitens der Lernenden aufweist. Dafür wurde die Textoberflächenstruktur der Lehrstoffbenennungen in den Lehrplänen mittels des Erhebungsmerkmals 'Implizite Lehrstoffsorte' nach wissenschaftsmethodologischen Kriterien untersucht, insbesondere nach dem Kriterium der Geltung, um so die den Lehrstoffbenennungen zugrundeliegenden Sachstrukturen der Lerninhalte zu ermitteln. Abbildung 5 stellt die Daten zu den verschiedenen Lehrninhalten dar.

Bei der Kategorie der sprachlich-begrifflichen Lerninhalte ist der Rahmenlehrplan anteilsmäßig am stärksten vertreten. Bei der Kategorie der empirischen Lerninhalte nimmt die Ausbildungsordnung nicht nur anteilsmäßig von den drei Lernorten den vordersten Platz ein, sondern setzt dort auch innerhalb des eigenen Curriculums den mit Abstand größten Schwerpunkt. Wie schon bei der Variablen 'Rollenperspektive' so spiegelt sich auch hier ein im Rahmen der berufs- und wirtschaftpädagogischen Lernorttheorie des öfteren vorzufindendes didaktisches Grundverständnis wider, daß die Ausbildung im Betrieb mehr als andere Lernorte Kenntnisse, Eindrücke und Erfahrungen etc. von kaufmännischer Realität vermittle, während es hauptsächlich Aufgabe der Berufsschule sei, die betrieblich erfahrene Wirklichkeit auf geordnete Begriffsgefüge zu bringen, d.h. der Schule wird eine größere Reflexionsfunktion zugewiesen. Die Mittelposition der kaufmännischen ÜAS war dabei aus bildungspolitischen Gründen umstritten. In eine ähnliche Richtung wie die eben dargestellte weist auch die Vorrangstellung des Rahmenlehrplans gegenüber den ÜAS-Lehrplänen und der Ausbildungsordnung bei den formal-operativen Lerninhalten, d.h. den mathematischen Kalkulationsschemata und den buchhalterischen Techniken.

Implizite Lehrstoffsorten

Lehrplananalyse

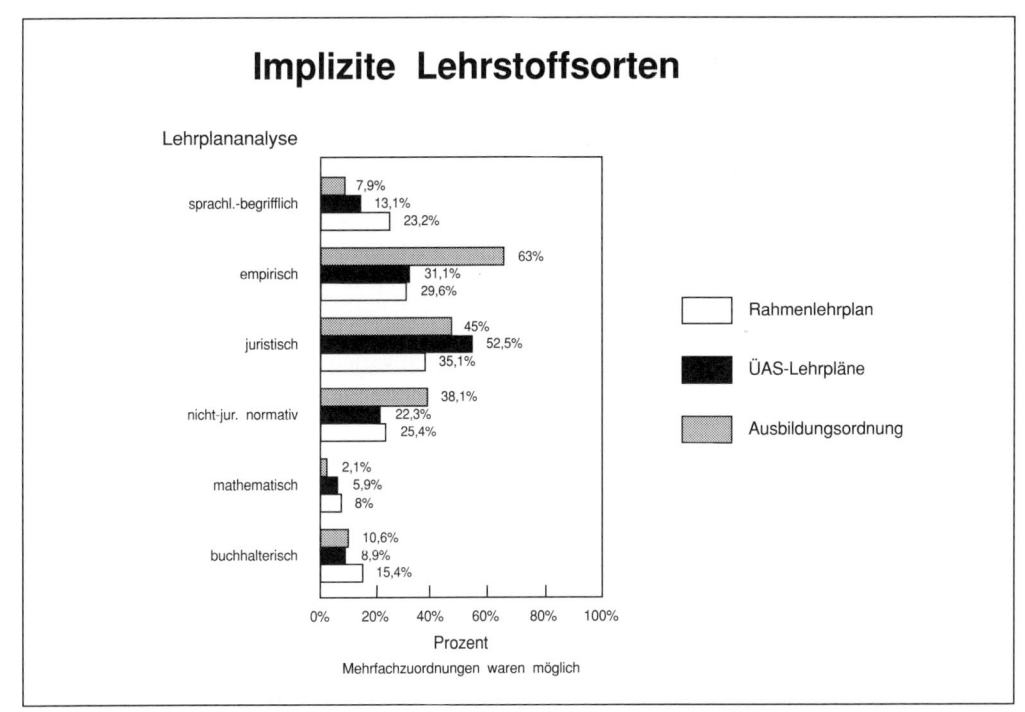

	Rahmenlehrplan	ÜAS-Lehrpläne	Ausbildungsordnung
sprachl.-begrifflich	7,9%	13,1%	23,2%
empirisch	63%	31,1%	29,6%
juristisch	45%	52,5%	35,1%
nicht-jur. normativ	38,1%	22,3%	25,4%
mathematisch	2,1%	5,9%	8%
buchhalterisch	10,6%	8,9%	15,4%

Prozent
Mehrfachzuordnungen waren möglich

Abbildung 5

Dabei ist hier ein weiterer Aspekt von Bedeutung, den man mit dem Begriff der 'Durchdringungsdichte' kennzeichnen kann. Mehrfachzuordnungen von Lerninhalten zu verschiedenen impliziten Lehrstoffsorten waren intendierter Bestandteil des Analyseschemas. Je höher die Summe der Anteilsprozente pro Lernort über 100 hinausgeht, desto größer ist der Anteil der Lerninhalte, für die mehr als eine implizite Lehrstoffsorte einschlägig ist, d.h. desto dichter ist die wechselseitige Durchdringung von Lehrstoffkomponenten, denen unterschiedliche Geltungsansprüche zugrundeliegen. Addiert man die Prozentwerte pro Lernort, so erhält man für die ÜAS-Lehrpläne einen Wert von 133,8, für den Rahmenlehrplan einen Wert von 136,7 und für die Ausbildungsordnung einen Wert von 166,7. In der Ausbildungsordnung fließen demnach wesentlich öfter empirische, juristische, normative und andere Strukturen in eine komplexe Einheit zusammen, während in den ÜAS-Lehrplänen und im Rahmenlehrplan stärker nach den impliziten Lehrstoffsorten bzw. dem Geltungsgrund systematisiert wird. Wenn man unterstellt, daß eine stärkere Systematisierung des Lehrstoffs nach den Geltungskriterien auch eine stärkere Thematisierung der Geltungskriterien in der konkreten Lehrsituation beinhaltet, unterstützt dieser Befund die schon eben genannte These von der Reflexionsfunktion schulisch organisierter Lernprozesse. Wenn diese Unterstellung zuträfe, wäre der Befund aber auch ein Indiz für das Vorliegen von Horizontalqualifikationen – im Sinne von MERTENS, denn wenn die Geltungskriterien thematisiert wurden, hieße dies z.B. Kompetenzen im Umgang mit Rechtsnormen, sonstigen Normen, Begriffssystemen oder mathematischen Symbolen zu vermitteln. Dieses Problem der komplexen Strukturen kaufmännischer Bildungsinhalte, insbesondere im Hinblick auf ihren jeweiligen Geltungsmodus, ist in der didaktischen Diskussion schon seit längerer Zeit bekannt, u.a unter dem Stichwort der »Schichtung des Lehrstoffs« (WITT 1982, S. 773 ff). Dabei konnte keine aussagekräftige Korrelation zwischen den Erhebungsmerkmalen 'Rollenperspektive' und 'Implizite Lehrstoffsorte' festgestellt werden. Dieses Negativergebnis zeigt, daß der Geltungsmodus als ein Merkmal des Lehrstoffs für sich allein betrachtet keine pauschalierbaren Aussagen über die Art oder den Grad der Praxisrelevanz zuläßt, wie sie zum Teil in der wirtschaftsdidaktischen Literatur zu finden sind, etwa der Art, daß juristische Lerninhalte stets wenig handlungsrelevant und empirische Lerninhalte stets praxisbezogen seien.

5. Resümee

Aus den dargestellten Ergebnissen läßt sich stichpunkt- bzw. thesenartig folgendes Resümée ziehen:
1. Grundsätzlich sind Lerninhalte, die Eigenschaften von Schlüsselqualifikationen aufweisen, durch den Vergleich von Ausbildungsnormen und -inhalten empirisch ermittelbar.
2. Die hier durchgeführte Abnehmerbefragung ergab, daß Fachkenntnissen bislang der Vorrang vor betriebsübergreifenden Kenntnissen und Fertigkeiten eingeräumt wurde; allerdings folgen die betriebsübergreifenden Kenntnisse in der Rangfolge gleich an zweiter Stelle.
3. Eine nähere Analyse des Lehrstoffs (soweit er sich aus den Lehrstoffbenennungen in den Lehrplänen rekonstruieren läßt) zeigt jedoch, daß Fachkenntnisse nicht notwendigerweise als Gegenpol zu Schlüsselqualifikationen zu verstehen sind, sondern daß Fachkenntnisse durchaus Strukturen und Eigenschaften aufweisen, die zumeist Schlüsselqualifikationen zugerechnet werden.

Die inhaltliche Problematik der sogenannten Schlüsselqualifikationen besteht demnach vorrangig darin, ob diese Strukturen und Eigenschaften der Fachkenntnisse auch thematisiert werden, d.h. ob sie für die Lernenden während des Lernprozesses transparent gemacht werden, so daß gleiche Strukturen verschiedener Phänomene erkannt werden und ein analoges Schließen von berufstypischen auf andere Situationen mittels der erworbenen Kompetenzen und Qualifikationen möglich wird. An dieser Stelle gelangen die Methoden der Abnehmerbefragung und der Lehrplananalyse jedoch an ihre Grenzen.

Literatur

Mertens, D.: Schlüsselqualifikationen; In: Mitt. der Arbeitsmarkt- und Berufsforschung 7 (1974), S. 36–43.

Reetz, L.: Zum Konzept der Schlüsselqualifikationen in der Berufsausbildung; in diesem Band.

Robinsohn, S.B.: Bildungsreform als Revision des Curriculums; Neuwied 1967.

Sadowsky, S.: Überbetriebliche Ausbildungsstätten in der kaufmännischen Erstausbildung, speziell im Kreditgewerbe; München 1989.

Witt, R.: Das Verhältnis von Berufsausbildung und Allgemeinbildung als Frage der didaktischen Transformation; in: ZBW 1982. H. 10, S. 766–781.

Arbeitsgruppe 3
»Schlüsselqualifikationen und ihre didaktisch-methodische Umsetzung in der Ausbildung zu Bank- und Versicherungskaufleuten aus schulischer und betrieblicher Sicht.«

Einführung / Bericht

Thomas Reitmann,
Wiss. Mitarbeiter, Universität Hamburg

Anja Glaeske/Bettina Overbeck,
Studentinnen, Universität Hamburg

Referate

Hans Perczynski,
Schulleiter, Staatl. Handelsschule Weidenstieg, Berufsschule für Kreditwesen, Hamburg

»Schlüsselqualifikationen – ein Anlaß zur Umstrukturierung des Berufsschulunterrichts?«

Fridjof Gutendorf,
Leiter der Aus- und Fortbildung der Hamburger Sparkasse

Anmerkungen zum Thema aus betrieblicher Sicht«

Jürgen Barthel,
Schulleiter, Staatl. Handelsschule St. Pauli, Berufsschule für Versicherungswesen, Hamburg

«Schlüsselqualifikationen und ihre Umsetzung in der Ausbildung zu Versicherungskaufleuten aus Sicht der Berufsschule«

Rolf Meier,
Leiter der Aus- und Fortbildung, Hamburg-Mannheimer Versicherungs AG, Hamburg

»Schlüsselqualifikationen – eine fachdidaktische Erweiterung?«

Thomas Reitmann

Verlauf und Schwerpunkte der Diskussion in der Arbeitsgruppe 3

In den letzten Jahren finden sich in den Diskussionen vor allem der Bildungs- und Ausbildungsfachleute immer wieder dieselben Problemfelder: Technische und organisatorische Entwicklungen erzwingen Veränderungen in der Berufsausübung und damit der Berufsqualifikation.
Partielle Marktsättigung und zunehmender Konkurrenzdruck auf den Finanzmärkten – auch europaweit – verlangen stärkeres Kostenbewußtsein. Der besser informierte und anspruchsvollere Kunde erwartet individuelleren Service.
Fachleute sind sich einig, daß im Beruf des Bank- und Verischerungskaufmanns zuletzt folgende Entwicklungen eingetreten sind:
- Zunehmender Abbau der Taylorisierung, d.h., die organisatorische Aufgliederung in einzelne Sparten und die spezialisierte Bearbeitung einzelner Teilschritte vor allem im Versicherungswesen wird durch technische Möglichkeiten überholt.
- Durch sein Terminal haben Sachbearbeiter und Kundenberater die Möglichkeit, alle finanzrelevanten Daten eines Kunden insgesamt zu analysieren und zu ver- resp. bearbeiten.
- Der sog. Spezialsachbearbeiter wird so zum Universalsachbearbeiter, der komplett alle Vorgänge und Geschäftsfälle des Kunden sinnstiftend regelt.
- Damit wird es notwendig, die Finanz- und davon berührte Lebensumweltsituation des Kunden, Chancen und Risiken richtig einzuschätzen sowie Bedarfsanalysen individuell und kundenorientiert durchzuführen, den Kunden persönlich anzusprechen und zu informieren, in Versicherungsunternehmen in enger Zusammenarbeit mit den Außendienstmitarbeitern Kundengespräche optimal vorzubereiten, als Kundenberater im Kreditwesen diese selbständig optimal zu führen. Dabei müssen Sachbearbeiter und Kundenberater Märkte und Bedürfnisse ihrer Kunden sorgfältig analysieren, sowie bei Produkt- und Absatzstrategien aktiv mitwirken.

Was heute und morgen auf die kaufmännische Ausbildung zukommt, hat bereits in neue Ausbildungsordnungen des Elektro- und Metallbereichs Eingang gefunden, d.h. eine Veränderung des Ausbildungsgeschehens durch eine systematische Förderung von Schlüsselqualifikationen in der Ausbildung mit der Neuakzentuierung einer umfassenden Berufsqualifizierung anstelle einer ausschließlichen Prüfungsorientierung. Berufsqualifizierung umfaßt in diesem Sinne neben fachlichen Kenntnissen ebenso Fertigkeiten, Einstellungen und Verhalten ergänzt um besondere Fähigkeiten.
Arbeitsplanung, -organisation müssen vom Auszubildenden genauso erlernt werden wie ein ausgeprägtes Bewußtsein für Qualität von Serviceleistungen in der Kundenberatung. Hinzu kommt unternehmerisches Kostenbewußtsein. Für kundengerechtes Handeln nach außen und mitarbeiteradäquates Handeln nach innen benötigt er ferner Fähigkeiten zur Problemlösung, Teamfähigkeit, Durchsetzungs- und Kompromißfähigkeit, Kritikfähigkeit, Psychologie, Selbständigkeit, Umgang mit Informationen, Flexibilität, Eigenverantwortung, Zielorientierung, Ausdauer, Selbstsicherheit, Flexibilität und Kreativität.
Diese fachübergreifenden Kompetenzen, als Schlüsselqualifikationen bezeichnet, lassen sich unter drei miteinander vernetzten Bereichen einordnen:
- Fachliche und methodische Kompetenz (Selbständigkeit und Verantwortlichkeit beim Lernen und Arbeiten)
- Soziale Kompetenz (Bereitschaft und Fähigkeit zum Lernen und Handeln in einer Gruppe)
- Persönliche Kompetenz (Bereitschaft und Fähigkeit, die eigene Person weiterzuentwickeln)

Der Grund für eine intensive und systematische Förderung der Schlüsselqualifikationen liegt also – wie dargestellt – in den veränderten Berufsqualifikationen.
Einschränkenderweise hat der Moderator zu Beginn der Arbeitsgruppensitzung in einer Einführung darauf hingewiesen, daß der Begriff der Schlüsselqualifikationen ein schillernder ist, welches insbesondere in der Verwendung des Begriffs im Hinblick auf seine unterschiedlichen Zwecksetzungen zum Ausdruck kommt.

1. SQ wurden von D. Mertens in einer IAB-Studie für den Europarat als Thesen zur Schulung für eine moderne Gesellschaft 1974 ins Spiel gebracht gewissermaßen in Form eines Konzepts für eine antizipative Bildungsplanung, um Schwierigkeiten und Unzulänglichkeiten von Prognosen im qualifikatorischen Sektor entgegenzuwirken. Fachwissen müsse permanent revisioniert werden, weil es durch Innovationen einer stetigen Veralterung unterliegt (vgl. D. Mertens, Schlüsselqualifikationen, in: Mitt AB 1/1974, S. 36ff.).
2. Neben dem oben skizzierten soziologischen Ansatz wird der Begriff gern von Wirtschaftsunternehmen in Anspruch genommen, um eine Weiterentwicklung von Konzepten für eine bedarfsorientierte Aus- und Weiterbildung zu legitimieren, die folgende Ziele impliziert:
   – eine verstärkte Kundenorientierung/Marktbeobachtung;
   – vor dem Hintergrund von Europa 1992, wo es darum geht, die Flexibilität der Mitarbeiter über fachliche und persönliche Qualifikationen zu erhöhen, um einerseits eine schnellere Anpassung an wechselnde Betriebsumwelten bzw. Unternehmenskulturen zu erreichen und um andererseits die langfristige Wettbewerbsfähigkeit des Unternehmens zu sichern;
   – SQ als notwendige Voraussetzung für die weitere Entwicklung von Technik und neuer Arbeitsorganisationen.
3. Pädagogisch wird aus der Perspektive des Individuums argumentiert, wonach Schlüsselqualifikationen die Maxime einer vollkommenen Bildung des Menschen unterstützen, die auf Ganzheitlichkeit ausgerichtet ist, bei der Allgemeinbildung und Berufsbildung nicht als Gegensätze sondern als Kontinuum aufzufassen sind. Es genügt nicht mehr, sich auf die Förderung vorgegebener Fachqualifikationen zu konzentrieren. Vielmehr müssen junge Menschen in ihren persönlichen Fähigkeiten, Eigenschaften und Kräften, die sie in ihren bisherigen Sozialisiationen entwickelt haben, so gefördert werden, daß sie in der Lage sind, für neue Anforderungen selbständig richtige Wege zu finden. SQ stehen ferner im Kontext neuer Ausbildungsmethoden, die die tradierte Rolle des Lehrers und Ausbilders verändern.

Was das Berufsfeld Banken und Versicherungen anbetrifft, so betonte der Moderator, daß es bisher keine konsensfähige Programmatik für die Innovation betrieblicher und schulischer Aus- bzw. Weiterbildungsstrategien unter dem Aspekt der Einbindung bzw. besonderen Betonung der Schlüsselqualifikationen gäbe. Dies wurde auch in dem Referat aus betrieblicher Sicht am Beispiel der Hamburger Sparkasse deutlich. In seinen Ausführungen merkte Herr Gutendorf an, daß »ein Beweis, daß die Konstruktion eines beruflichen Bildungsweges über Schlüsselqualifikationen den anderen Verfahren überlegen sein wird, ...noch nicht vorgelegt worden« ist (F. Gutendorf, Anmerkungen zum Thema aus betrieblicher Sicht, Anmerkung 1, S. 1). Hingegen seien Fachwissen und fachliche Kompetenz unersetzliche Grundlage für jede spätere berufliche Weiterentwicklung. Diese Aussage wurde im AG-Plenum mit Vehemenz kontrovers diskutiert. Ausbilder aus der Praxis merkten kritisch an, daß, wenn auf Fachwissen und Noten der Auszubildenden abgestellt wird, immer gravierender die folgenden Mängel auftreten:
– Die Auszubildenden legen eine gute Prüfung ab, brauchen danach aber Monate, bis sie selbständig arbeiten können.
– Viele Auszubildende hängen am »Rockzipfel« des Ausbilders.

Unter den Referenten bestand trotz nuancierter, unterschiedlicher Auffassungen Grundkonsens darüber, daß dem Fachwissen eine gewisse Schlüsselrolle zu attestieren sei, jedoch stellte Herr Perczynski unmißverständlich aus seiner Sicht dar, daß gegenwärtig und zukünftig tendenziell weniger breites, umfassendes und exaktes Fachwissen in Form von Einzelwissen zu fordern sei. »Die Berufsschule muß die neueren Strömungen aufnehmen und umsetzen. Sie muß sich von der Betonung des Detailwissens lösen und verstärkt den Erwerb eines strukturierten Grundwissens fördern, auf dem der junge Mensch bei Bedarf aufbauen kann.« (vgl. Hans Perczynski, Thesenpapier für die Arbeitsgruppe 3 des Symposions Schlüsselqualifikationen – Fachwissen in der Krise). Diese Aussage stieß bei Ausbildern und Lehrern im Auditorium auf breite Zustimmung, die ihrerseits in Wortbeiträgen angemerkt und kritisiert hatten, daß viele »gute« Auszubildende zwar über eine Menge Faktenwissen verfügen können, jedoch nicht das Wissen strukturieren könnten. Es mangele an der Entwicklung rationeller Lerntechniken, d.h. es werde nicht systematisch gelernt, sondern der Stoff »gepaukt« womit unmittelbar die Methodenfrage, die Lehrer und Ausbilder täglich lösen müssen, angesprochen ist.

Herr Barthel widmete sich in seinem Referat besonders der Methodenfrage und führte dazu aus, daß, wenn es um die Förderung von Schlüsselqualifikationen im Unterricht geht, nicht allein der klassische Frontalunterricht dominieren könne nach dem Motto »wenn alles schläft, und einer spricht, so nennt sich dieses Unterricht«. Vielmehr verlangen die allgemeinen Lernziele Lernmethoden, die den Schüler aus der passiven Lernrolle herausholen und aktives, selbstgesteuertes Lernen ermöglichen. Die Berufsschule muß Selbständigkeit des Schülers stärker fördern, sie muß zu entdeckendem Lernen ermutigen. Gefordert wurde von allen Referenten, Ausbildern und Lehrern eine noch stärkere Praxisbeziehung. In diesem Zusammenhang seien exemplarisch Fallstudien, Plan- und Rollenspiele, mehr Realbegegnungen, Projekte oder zumindest Projektansätze im Berufsschulunterricht genannt.

Ein wesentliches Hemmnis aus der Sicht der Schule wurde in der Aufsplittung eines ganzheitlichen Ausbildungsansatzes in einzelne Fächer gesehen. »Leider hat kaum ein Lehrer die übergreifende Qualifikation für so unterschiedliche Fächer wie Versicherungslehre, Rechnungswesen, EDV und Deutsch, so daß er z.B. exemplarisch in einem Rollenspiel einem fingierten Ehepaar dessen Altersprobleme und Versorgungslücken berechnen kann. Das scheitert bereits an der universitären Ausbildung, deren Wissenschaftsanspruch – den ich gar nicht bestreiten will – sich im schulischen Fachlehrerprinzip niederschlägt.« (J. Barthel, Schlüsselqualifikationen und ihre Umsetzung in der Ausbildung zu Versicherungskaufleuten aus Sicht der Berufsschule, S. 5). In diesem Zusammenhang verwies Herr Meier, Leiter der Aus- und Fortbildung der Hamburg-Mannheimer Versicherung auf die Flexibilität in der betrieblichen Ausbildung, welche sich dem starren Korsett der schulischen Lernbedingungen entblößen könne. Für ihn sind organisatorische Rahmenbedingungen wichtige Voraussetzungen zur Umsetzung didaktischer und methodischer Zielvorstellungen. Er verwies auf die Einrichtung sogenannter zentraler Ausbildungslerngruppen (ZAGs) bei der Hamburg-Mannheimer Vers., in denen die Auszubildenden vernetztes Denken und Handeln lernen. In dieser Phase hat der Auszubildende gelernt, durch Rollenspiele, Fallbeispiele, Teilnahme am Unternehmensplanspiel sowie Kritik- und Fördergesprächen, in Kommunikationsübungen sich auf die unterschiedlichsten Anforderungen mental und übend einzustellen. Schlüsselqualifikationen sieht die Hamburg-Mannheimer-Versicherung in Kundenorientierung, in komplexer (fachlicher) Fallbearbeitung, im Erlernen von Arbeitsmethoden und Bearbeitungsweisen.

Am Ende der Diskussion fiel das Stichwort der Lernortsymbiose im Sinne einer fundierten Abstimmung und Kooperation sowie wechselseitiger pädagogischer Beratung und Austauschbarkeit im dualen System. Am Ende bleibt festzuhalten, Lehrer und Ausbildungspartner sind sich über die Schlüsselqualifikationsdebatte wesentlich näher gekommen, auch wenn die letztlich schlüssige inhaltliche Besetzung des Begriffs der Schlüsselqualifikationen offenblieb.

Anja Glaeske
Bettina Overbeck

Arbeitsgrundlage für die Diskussion in Gruppe 3

Gliederung:
I. Schlüsselqualifikationen und ihre Bedeutung für den Banken- und Versicherungsbereich
II. Begründung von Schlüsselqualifikationen in der Ausbildung zu Bank- und Versicherungskaufleuten
    1. Veränderte Rahmenbedingungen
        a. Demographische Entwicklung
        b. Technologische Entwicklung
    2. Entwicklungstendenzen und neue Anforderungen
    3. Folgen veränderter Qualifikationsprofile
III. Didaktische Folgerungen
    1. Verhältnis der Lernorte Schule und Betrieb
    2. Berücksichtigung von Schlüsselqualifikationen in der betrieblichen Ausbildung
    3. Berücksichtigung von Schlüsselqualifikationen in der schulischen Ausbildung

I. Schlüsselqualifikationen und ihre Bedeutung für den Banken- und Versicherungsbereich

Zielstrebigkeit, Kontaktfähigkeit, Problemlösungskompetenz, Rhetorik, Fähigkeit Branchenfremdes aufzunehmen- diese Schlagworte findet man immer wieder, wenn man Stellenanzeigen und Aufsätze von betrieblichen Ausbildern liest. Die von den Mitarbeitern geforderten Qualifikationen sind relativ komplex und weisen eine große situative Breite bzw. Transformierbarkeit auf. Schlüsselqualifikationen des Banken- und Versicherungsbereiches stehen auch im bildungspolitischen Mittelpunkt.
Wieso gewinnen die Schlüsselqualifikationen in diesen Bereichen erst jetzt an Bedeutung? Zwei wesentliche Veränderungen im Finanzsektor haben neue Handlungsstrukturen qualifizierter Tätigkeiten bedingt:
a Der Wandel von der reinen Sparten- zur stark kundenorientierten Organisation (von stark arbeitsteiligen zu ganzheitlichen Formen).
b Die Einführung neuer Technolgien verbunden mit systematischem EDV-Einsatz.
Durch die Umstrukturierungen werden neue Ausbildungsziele neben berufsfachlichen Zielen bedeutsam, deren Verwirklichung sowohl für die Zukunft der Unternehmen (qualifiziertes Personal) als auch für die des Auszubildenden wichtig sind.

II. Begründung von Schlüsselqualifikationen in der Ausbildung zu Bank- und Versicherungskaufleuten

1. Veränderte Rahmenbedingungen
a. Demographische Entwicklung

Die allgemeine Tendenz in der Berufsausbildung ging dahin, daß der Anteil der Abiturienten stieg. Die Ausbildung zum Bankkaufmann bzw. Versicherungskaufmann gilt als besonders qualifiziert und oft als »Sprungbrett« für die Karriere. Der Anteil der Abiturienten liegt in diesen Berufen höher als bei anderen kaufmännischen Berufen und hat somit eine höhere Altersstruktur der Auszubildenden.

Durch demographische Veränderungen wird die Zahl der Schulabgänger in den nächsten zehn Jahren um ein Drittel zurückgehen. Vor diesem Hintergrund stellen sich folgende Fragen:
1. Wird es bei sinkenden Schulabgängerzahlen zu einer Verknappung der Auszubildenden kommen?
2. Welche Anforderungen ergeben sich daraus für die Ausbildungsqualität?

b. Technologische Entwicklung

Technikeinsatz beeinflußt nachhaltig die Arbeitsbedingungen und stellt somit eine Einflußgröße für Sozialisationsprozesse dar. EDV-Anlagen werden im Banken- und Versicherungsbereich bereits seit ca. 20 Jahren eingesetzt. Erst mit der Einführung der Mikroelektronik und der Weiterentwicklung der Systeme kam es zu einem bedeutsamen Wandel der Tätigkeitsstrukturen der Angestellten dieser Bereiche. Die technischen Qualitäten machen die EDV-Anlagen zu einem umfangreichen Informations- und Kommunikationssystem. Die Determinanten des mikroelektronischen Einsatzes sind die Geschäftsstrategien. Als Mitte der siebziger Jahre die Märkte zwischen den Banken ziemlich verteilt waren, wurde die Geschäftspolitik auf eine
– Intensivierung des Kundenkontaktes (durch effektivere Informationsbeschaffung),
– eine Ökonomisierung des Personaleinsatzes (durch Einsatz von EDV-Anlagen) gerichtet.
Die Entwicklung im Versicherungswesen verlief ähnlich.

2. Entwicklungstendenzen und neue Anforderungen

Die Entwicklungen im Banken- und Versicherungsbereich verlaufen sehr ähnlich. Nach der Phase der Expandierung der Geschäftstätigkeit und der darauf folgenden Rationalisierung mittels EDV-Systemen, ist in beiden Bereichen eine starke Kundenorientierung zu beobachten. Wird für den Versicherungskaufmann die Ablösung vom Spezialsachbearbeiter zum Universalsachbearbeiter, so werden auch für den »optimalen« Bankkaufmann Kenntnisse auf allen Gebieten gefordert. Die Kunden werden anspruchsvoller, sie sind informierter als früher. Da die umfassende Finanzberatung immer stärker in den Vordergrund rückt, bieten Banken häufig Versicherungsleistungen an bzw. gründen eigene Versicherungstochtergesellschaften. Die gleiche Entwicklung vollzieht sich im Versicherungsbereich, so daß die Grenzen der Bereiche zunehmend aufweichen. Gleiche Absatzwege fördern diese Tendenz. In Banken finden Schulungen zu Themen des Versicherungswesens statt und umgekehrt. Aus diesen Konstellationen ebenso wie aus häufig auftretenden Kooperationsverträgen zwischen Banken und Versicherungen ist erkennbar, daß Unternehmen den gesamten Finanzmarkt abdecken wollen.

Gefragt wird mehr und mehr der Allround-Finanzkaufmann mit Spezialkenntnissen im Bank-, Versicherungs- und Steuerbereich und Schlüsselqualifikationen, die ihn allseitig einsetzbar machen. Die Einführung des EG-Binnenmarktes mit der damit verbundenen Freizügigkeit im Bank- und Versicherungsbereich schafft einen größeren Markt mit mehr Konkurrenten. Gerade britische Versicherungen und Banken haben umfassende Finanzierungsberatungen. Die Personalmanager stehen daher unter Zeitdruck, Qualifikationsverbesserungen durchzusetzen, um am kundenorientierten erweiterten EG-Markt standhalten zu können. EG-weite Geschäfte verlangen in noch stärkerem Maße Flexibilität, allgemeines betriebswirtschaftliches Wissen und Anpassungsfähigkeit der Mitarbeiter. Eine gute Vorbereitung darauf wäre die Mitarbeiterqualifikation im Ausland.

3. Folgen veränderter Qualifikationsprofile

(exemplarisch für den Bankenbereich)
Nach Baethge/Overbeck läßt sich das Tätigkeitsfeld in Banken in drei Bereiche einteilen.
– Kundenberatung
– Kreditsachbearbeitung
– Beratungs- und Servicebereich
Im organisatorisch-technischen Bereich sind folgende Tendenzen zu beobachten:
– Abspaltung bzw. Zentralisation der Fach- und Kundeninformation
– Segmentierung nach Kundengruppen

– Konzentration der Anforderungen im kognitiv-intellektuellen Bereich
EDV-Kenntnisse als Zusatzkenntnisse wurden erforderlich.

Es kommt im Banksektor zu einer gewissen Polarisierungswirkung bei den Qualifikationsanforderungen. Der Horizont des Kreditsachbearbeiters vergrößert sich durch die veränderte Marktsituation (Kundenorientierung). Auch die Anforderungen an den Kundenberater sind gestiegen. Er muß über Wissen verfügen, das über den Bankensektor hinausgeht, die Kenntnis der gesamten Angebotspalette wird vorausgesetzt. Die Beratung erfolgt meistens nur computerunterstützt, um dem Mitarbeiter schneller greifbare Informationen im individuellen Gespräch bereitzustellen.

Die rein computergesteuerte Kundenberatung wird nur im reinen Massenkundengeschäft genutzt, das nicht in den Arbeitsbereich des »Kundenberaters der Zukunft« fällt. Ein geringerer Kundenkontakt geht mit einer Dequalifikation der Arbeit einher (im Service- und Betriebsbereich).

Die Außensteuerung durch Computer und die damit verbundene ständige Kontrolle nehmen zu. Die Möglichkeiten des Erlernens von formalen und personalen Schlüsselqualifikationen wie kommunikative Fähigkeiten und Sozialverhalten können deshalb nicht in ausreichendem Maße am Arbeitsplatz selbst stattfinden. Sie müssen deshalb auf andere Formen der Bildungsarbeit verlagert werden.

III. Didaktische Folgerungen

1. Verhältnis der Lernorte Schule und Beruf

Die Berufsausbildung in der Bundesrepublik Deutschland basiert auf dem dualen System. Gerade im Banken- und Versicherungsbereich ist es fraglich, ob zwischen Schule und Betrieb eine vernünftige Arbeitsteilung besteht, denn die Ausbildungsabteilungen professionalisieren die innerbetriebliche Ausbildung. Seminare erfassen sowohl theoretische Kenntnisse als auch die Anwendung in der Praxis. Bei den Auszubildenden kommt es sogar zur Übersättigung an Fachwissen, weil Betrieb und Schule die gleichen Lerninhalte vermitteln. Diese Art der Konkurrenz der beiden Lernorte trägt nicht zur Umorientierung der Lernziele und veränderten Unterrichtsmethoden bei. Für eine sinnvolle Förderung von Schlüsselqualifikationen ist eine bessere Abstimmung zwischen Betrieb und Schule erforderlich, darüber hinaus bedürfen veränderte Zielsetzungen auch Änderungen der Ausbildungsordnungen.

2. Berücksichtigung von Schlüsselqualifikationen in der betrieblichen Ausbildung

Alle bisherigen Versuche der Realisation von Schlüsselqualifikationen führten zu Innovationen der betrieblichen Ausbildung in Richtung **Ausbilderprofessionalisierung, Pädagogisierung der Arbeitsplätze** und **Einsatz aktiver Lernmethoden** (Rollenspiele, Unternehmensplanspiele, Verkaufstraining). Da Unternehmen und Angestellte, ihrem Ziel entsprechend Schlüsselqualifikationen anders interpretieren, gibt es auch unterschiedliche Ansätze zur didaktischen Umsetzung im Betrieb: z.B. persönlichkeitsorientierte oder stärker instrumentalisierte Ansätze.

Um die fachübergreifenden Qualifikationen vermitteln zu können, muß die Arbeit am Ausbildungsplatz umgestaltet werden. Im Mittelpunkt sollte dabei das Lernen an realen Aufgabenstellungen stehen. Ein Modell wird bei der Hamburg-Mannheimer Versicherung praktiziert: Die innerbetriebliche Ausbildung erfolgt in sogenannten ZAG (Zentrale Ausbildungsgruppen), die es in jeder Abteilung gibt. Jede ZAG hat ihre eigenen Ausbilder, die aus der Praxis kommen und pädagogisch und fachlich geschult wurden. In jedem Ausbildungsabschnitt werden theoretische Grundlagen erarbeitet und an realen Fällen, die direkt aus der entsprechenden Abteilung kommen, angewandt. Arbeitsplätze sind als Lernplätze erschlossen. Die Gefahr der Verschulung betrieblicher Ausbildung mit Fachwissen am Arbeitsplatz muß aber immer beachtet werden. Vielfältige soziale Herausforderungen sind ebenso wichtig, denn sie fördern Erfahrungswissen, persönlichen Arbeitsstil und Lerntransfer. Sachkompetenz ist eine notwendige aber nicht mehr alleinige Voraussetzung besonders für den Führungserfolg. Sozialkompetenz wird für Vorgesetzte und Ausbilder immer wichtiger.

Kommunikations- und Kooperationsfähigkeit werden neben Zielstrebigkeit und Entscheidungsstärke von ihnen erwartet.

Nur ein verändertes Führungsverhalten kann die »innere Kündigung« von angehenden Bank- und Versicherungskaufleuten schon in der Ausbildung verhindern. Nur Mitarbeiter die sich mit dem Unternehmen engagieren und bei denen Schlüsselqualifikationen ausgebildet sind, können Verkaufserfolge erzielen. Deshalb spielt die neue Rolle des Vorgesetzten eine wichtige Rolle bei der Verwirklichung von Schlüsselqualifikationen.

3. Berücksichtigung von Schlüsselqualifikationen in der schulischen Ausbildung

In den beruflichen und kaufmännischen Schulen ist die Tendenz zu detailliertem Faktenwissen, das in rezeptiven Lernformen und Frontalunterricht erworben wird, vorherrschend. In den Lehrplänen gibt es widersprüchliche Strukturen. Der Widerspruch besteht zwischen den allgemein formulierten Erziehungszielen und den Feinlernzielen. Bei den allgemein formulierten Erziehungszielen werden zwar komplexe Qualifikationen des Handelns formuliert, die Kategorien eines solchen Handelns finden sich jedoch bei den Feinlernzielen nicht wieder.

Die Feinlernziele müssen Handlungsmöglichkeiten zu den allgemeinen Erziehungszielen bieten und mit ihnen in der Komplexität übereinstimmen. Nur so werden dem Lehrer konkrete Umsetzungsvorschläge zur Förderung von Schlüsselqualifikationen gegeben. Dabei muß berücksichtigt werden, daß die herkömmliche Aufteilung des Unterrichts nicht besonders geeignet ist, komplexe Qualifikationen zu vermitteln.

Die Integration von verschiedenen Fächern, um fallbezogen zu arbeiten, wäre eine Lösung. In der Hamburger Berufsschule für Bankkaufleute läuft ein Projekt, bei dem der EDV-Unterricht in den Bankbetriebslehre- und Rechnungswesenunterricht integriert wird.

Schlüsselqualifikationen können durchaus auch in den entsprechenden Lernformen des Unterrichts vermittelt werden. Problemlösungsorientiertes Lernen mittels Planspielen und Fallstudien fördert z.B. stärker komplexe fachübergreifende Qualifikationen.

Aus dieser Problematik heraus stellt sich die Frage, wird es eine Veränderung der Rolle der Berufsschulen geben und ist nicht zukünftig eine duale Ausbildungs-Partnerschaft unbedingt notwendig? Hieraus läßt sich dann wiederum die Frage ableiten: welche Schlüsselqualifikationen sollen an welchen Lernorten vermittelt werden? Sollte es sogar eine gegenseitige Hospitation von Lehrern und Ausbildern geben?

Hans Perczynski

Schlüsselqualifikationen – Ein Anlaß zur Umstrukturierung des Berufschulunterrichts?

1. Was sind Schlüsselqualifikationen?

Ich lege die Definition von Dieter Mertens, Schlüsselqualifikationen – Thesen zur Schulung für eine moderne Gesellschaft zugrunde (MittAB 1/1974, S. 36ff.), wobei ich den Zabeck'schen Kritikansatz teile (Jürgen Zabeck, »Schlüsselqualifikationen« – Zur Kritik einer didaktischen Zielformel (WuE 3/89, S. 77 ff.).

2. Wie ist das Verhältnis von Schlüsselqualifikationen zu fachspezifischen Qualifikationen?

– Sollte die Stoffülle reduziert werden?
Ja, was die Detailiertheit angeht. Nein, was strukturiertes Grundwissen und Grundverständnis betrifft.
– Sollten die Prüfungsanforderungen geändert werden im Hinblick auf SQ?
Solange in der Mehrzahl der Bundesländer programmiert geprüft wird, braucht man über Schlüsselqualifikationen überhaupt nicht nachzudenken. Sie können mit dieser Prüfungsform weder erfaßt noch angeregt werden. Solange die Berufsreife ausschließlich durch eine punktuelle Prüfung ohne Einbeziehung von Vorleistungen in Schule und Betrieb gemessen und festgestellt wird, wird der Auszubildende punktuell lernen und der Förderung und Vertiefung seiner Methodenkompetenz nur wenig Beachtung schenken.

3. Sind Schlüsselqualifikationen bereits in schulischen Lehrplänen und betrieblichen Ausbildungsplänen enthalten?

Ja. Sie sind grundlegende Bildungselemente bereits aus der Zeit, als der Begriff Schlüsselqualifikation noch nicht verwendet wurde.

4. Wie sollten Schlüsselqualifikationen an den Lernorten Betrieb und Schule vermittelt werden?

Siehe hierzu die Anlage. Das Papier ist das Ergebnis eines workshops der Vereinigung für Bankberufsbildung e.V. in Bochum, das von Andrea Wiegand, KKB, und Hans Perczynski, Handelsschule Weidenstieg, auf der Tagung der Leiter der Aus- und Fortbildungsabteilungen deutscher Kreditinstitute vorgetragen wurde. Entsprechendes wäre für den Bereich Berufsschule zu entwickeln. Dies gilt auch für die veränderte Rolle des Ausbilders. Auch der Lehrer muß stärker die Rolle des Moderators übernehmen und die Rolle des Kenntnisvermittlers ablegen.

5. Unter Schlüsselqualifikationen werden auch Qualifikationen subsummiert, die berufsübergreifend sind. Wäre unter dieser Prämisse nicht eine Neuordnung zum Finanzkaufmann erforderlich?

Schlüsselqualifikationen lassen sich nur in konkreten Erfahrungsräumen erwerben. Die Erfahrungsräume müssen abgegrenzt und überschaubar sein. Der Finanzkaufmann ist unüberschaubar und in der Wirklichkeit nicht vorhanden. Auszubildenden ist mit diesem Kunstgebilde nicht gedient. Die Wissenskrise würde sich vertiefen. Das geforderte Fachwissen würde sich potenzieren. Aus drei blühenden Ausbildungsberufen würde eine akademische Ruine.

Thesenpapier für die Arbeitsgruppe 3

These 1:

Schlüsselqualifikationen erschließen keine neue Bildungsdimension und keine neue Bildungskonzeption.

These 2:

In der Schule werden die heute als Schlüsselqualifikationen bezeichneten Bildungselemente seit jeher berücksichtigt und von Schülern erworben. Sie sind in den allgemeinen Lernzielen festgelegt.

These 3:

Gegenwärtig werden die allgemein anerkannten Bildungselemente umgewichtet. Tendenziell weniger gefordert sind z.B.
– breites, umfassendes, exaktes Wissen
– Sachorientierung
– Arbeitstugenden wie Sorgfalt, Ordnung, Gehorsam, Pflichterfüllung.
Tendenziell stärker gefordert sind z.B.
– analytisches Denken, problemlösendes Denken, Denken in Zusammenhängen
– Kreativität, Mut, eigener Standpunkt
– Entscheidungsfähigkeit und Verantwortungsbereitschaft
– Fähigkeit zu selbständigem Lernen

These 4:

Die Berufsschule muß die neueren Strömungen aufnehmen und umsetzen.
1. Sie muß sich von der Betonung des Detailwissens lösen und verstärkt den Erwerb eines strukturierten Grundwissens fördern, auf dem der junge Mensch bei Bedarf aufbauen kann.
2. Sie muß sich stärker von frontalen Unterrichtsmethoden lösen und verstärkt auf Fälle, Planspiele, Projektunterricht und andere Methoden setzen, die den Erwerb von Erfahrungen durch Anwendung von Strukturwissen und Methoden ermöglichen.
3. Sie muß den Schüler aus der passiven Lernrolle herausholen und aktives, selbstgesteuertes Lernen fördern. Sie muß die Selbständigkeit des Schülers stärker fördern. Sie muß Lern- und Arbeitstechniken verstärken.
4. Sie muß Schülern aktive Lernmethoden vermitteln. Sie muß zu entdeckendem Lernen ermutigen. Sie muß das Selbstbewußtsein fördern.
5. Sie muß komplexe, vernetzte Systeme durchschaubar machen.

These 5:

Betriebliche und schulische Ausbildung müssen stärker aufeinander abgestimmt werden. Auch die betriebliche Ausbildung muß die Selbständigkeit deutlicher fördern.

These 6:

Die Betonung von Bildungselementen, die heute als Schlüsselqualifikationen bezeichnet werden, darf nicht dazu führen, daß Wissensvermittlung und Wissenserwerb als Ziele der Schule aufgegeben werden. Methodenerwerb und Festigung zukunftsorientierter Verhaltensweisen setzen Grundwissen und Grundverständnis voraus.

Hintergrund	Beispiel	
1. Die neuen Ausbildungsordnungen für die industriellen Metall- und Elektroberufe überschreiben die in den Ausbildungsrahmenplänen aufgeführten Lernziele nicht mehr mit »zu vermittelnde Kenntnisse und Fertigkeiten«. Sie beschreiben stattdessen **»Kenntnisse und Fertigkeiten, die zu vermitteln sind unter Einbeziehung** **selbständigen Planens** **selbständigen Durchführens** **selbständigen Kontrollierens.«** Diese Klassifikation betrieblicher Ausbildungsziele eignet sich auch für kaufmännische Ausbildungsberufe.	**Lernziel:**	Kunden über Anlagemöglichkeiten auf Sparkonten und in anderen Sparformen des Ausbildungsbetriebs beraten und Geschäftsfälle bearbeiten
	Ort:	Sparschalter; Beratertisch in einer Zweigstelle
	Arbeitsauftrag:	Anfragende Kunden beraten und Kunden von sich aus auf Sparanlagen ansprechen
	SELBSTÄNDIG PLANEN	• erforderliche Information beschaffen/aktualisieren • Informationen verkaufs-/kundenorientiert aufbereiten • Informationsmaterial für Kunden bereitstellen • Checkliste für Kundengespräche anfertigen • Arbeitsablauf planen • **Rückkopplung zum Ausbilder, z.B. Checkliste besprechen, Vollständigkeit und Aktualität des Informationsmaterials**
2. Jugendliche stehen der alten »Beistellehre« zunehmend kritischer gegenüber. Sie fordern höhere Anteile an selbstgesteuerten Lernprozessen, mehr Selbständigkeit, eine Erhöhung der Eigenaktivität, Übertragung von Mitverantwortung, aktive Einschaltung in Organisation, Ablauf und Kontrolle des Betriebs- und Ausbildungsgeschehens.	SELBSTÄNDIG DURCHFÜHREN	• Arbeitsplatz einrichten • Kunden beraten, dabei auch Alternativen entwickeln • auf Kundenwünsche eingehen, Kundenwünsche umsetzen • Geschäft abschließen • Geldanlage abwickeln • **Rückkopplung zum Ausbilder bei Unklarheiten und Unsicherheiten**
3. Die Didaktik der Berufsausbildung steht in der Phase einer Neuorientierung. An die Stelle des Erwerbs eines umfassenden Faktenwissens und der Einübung eines umrissenen Kanons von Fertigkeiten tritt der Erwerb der beruflichen Handlungsfähigkeit und einer soliden Methodenkompetenz. Wesentliches Element der Neuorientierung ist die Selbständigkeit des Auszubildenden, die Selbststeuerung seines Lernens und die verantwortliche und verantwortungsbewußte Selbsttätigkeit. In der kaufmännischen Sachbearbeitung findet dies seine Entsprechung in aufgabenorientierten – selbständigen Informationsbeschaffung – selbständigen Informationsaufbereitung – selbständigen Informationsauswertung im Rahmen betrieblicher Entscheidungs- und Leistungsprozesse.	SELBSTÄNDIG KONTROLLIEREN	• Checkliste abhaken • Belege/EDV-Eingabe kontrollieren • Beratungsgespräche analysieren, Konsequenzen für das weitere Handeln ziehen • **Rückkopplung zum Ausbilder, z.B. Bericht geben, Probleme aus dem Beratungsgespräch diskutieren, Anregungen des Ausbilders aufnehmen**
	Zur Rolle des Ausbilders	
	traditionelle Rolle	**neue Rolle**
4. Das Rollenverständnis des Ausbilders ändert sich. Er ist weniger Unterweiser und Instrukteur sondern mehr Moderator und Förderer bei den Eigenaktivitäten des Auszubildenden sowie Berater bei auftretenden Schwierigkeiten.	Kenntnisse vortragen, Fertigkeiten vormachen	Kenntnisse und Fertigkeiten vom Auszubildenden selbständig erarbeiten lassen
	Arbeits- und Lernschritte vorgeben	Arbeits- und Lernschritte vom Auszubildenden planen lassen
	Lern- und Arbeitstempo bestimmen	Lern- und Arbeitstempo vom Auszubildenden regulieren lassen
	Inhalt und Umfang der fachlichen Unterweisungsgespräche festlegen	Fragen des Auszubildenden beantworten, auf Probleme des Auszubildenden eingehen, zu Fragen ermuntern
	Lösungen vorgeben und zeigen	Beraten und helfen, selbst Lösungen zu finden
	Eigene Kontakte zum Auszubildenden steuern	Steuerung der Kontaktaufnahme und der Kontaktgestaltung stärker dem Auszubildenden überlassen
	Arbeitsergebnis und Arbeitsverhalten kontrollieren	Selbstkontrolle ermöglichen, Gütemeßstäbe entwickeln, zur Selbstkontrolle anleiten, Verantwortung übertragen

Hans Perczynski, Handelsschule Weidenstieg, Andrea Wiegand, KKB-Bank
vbb-Tagung der Aus- und Fortbildungsleiter von Kreditinstituten in Freiburg (Mai 1989)

Fridjof Gutendorf

Anmerkungen zum Thema aus betrieblicher Sicht

Anmerkung 1

Für den schnellen Leser der zahlreichen Veröffentlichungen zeigt das Konzept der Schlüsselqualifikation auf den ersten Blick einen »bestechenden« Weg aus der Zielproblematik betrieblicher und schulischer Berufs- und Weiterbildungsarbeit.
Wie auf einen Schlag scheint der Knoten um Lernziele, Lernprozesse und Lerninhalt durchtrennt. Ein Bildungsmodell – für die kaufmännischen Berufe besonders geeignet – nimmt Gestalt an, mit dem Mobilität und Flexibilität für die Unwägbarkeiten eines ganzen Berufslebens vermittelt werden kann.
Die Tendenz der augenblicklichen Diskussion erinnert stark an die Euphorie zur Zeit des Aufkommens der Curriculumentwürfe und der neuen technischen Medien im Bildungsbereich.
Aber ein Beweis, daß die Konstruktion eines beruflichen Bildungsweges über Schlüsselqualifikationen den anderen Verfahren überlegen sein wird, ist noch nicht vorgelegt worden.

Anmerkung 2

Die Vorsilbe »Schlüssel« suggeriert beim Hörer ein Mittel zum Eröffnen von Zugängen zu bisher nicht erreichbaren Erlebnis- oder Verstehens-Bereichen, ein »Sesam-öffne-Dich« zu unbekannten beruflichen Bildungshorizonten.
Inzwischen hat aber eine Inflation dieser bildhaften Begriffskombinationen eingesetzt. Man spricht und liest von »Schlüsselstrategien«, »Schlüsseltheorien« und auch »Schlüsselfertigkeiten« usw.
Der Klarheit im Ausdruck ist diese Entwicklung nicht förderlich. Der Begriff könnte eines Tages zum Schlüsselkind der pädagogischen Diskussion werden.

Anmerkung 3

»Anforderungen an eine Führungskraft der Zukunft« war vor kurzem das Thema einer Arbeitsgruppe in unserem Hause. Auf einen Punkt einigten sich die Teilnehmer aus allen Hierarchiebenen am schnellsten:
Die zukünftigen Führungskräfte im mittleren Management müssen fachliche Qualifikationen in exzellenter Form mitbringen!
Fachwissen und fachliche Kompetenz sind unersetzliche Grundlage für jede spätere berufliche Weiterentwicklung. Somit stellt die fachliche Qualifikation das erste Gebiet auf dem Weg der beruflichen Befähigung dar und muß konstituierender Teil der Erstausbildung sein.
Das Konzept der Schlüsselqualifikation erfüllt diese Bedingung jedenfalls nicht vollständig.

Anmerkung 4

In der Arbeitsgruppe wurde ein weiterer Punkt sehr deutlich besprochen. Lerninhalte sollen nach bestimmten Phasen oder Abschnitten einer Lernkontrolle o.ä. unterworfen werden. Es wird als Aufwertung eines Bildungsweges angesehen, wenn er einer Überprüfung unterzogen werden kann.
Sicherlich ergibt sich hiermit erneut die bekannte Problematik um das Prüfungswesen. Dennoch, **die Forderung an das Konzept der Schlüsselqualifikationen nach Überprüfbarkeit steht im Raum.**

Anmerkung 5

Ein bekannter pädagogischer Grundsatz besagt: »Die Betroffenen da abholen, wo sie stehen.«
In der betrieblichen Praxis sind wir nicht glücklich, wo die Absolventen des heutigen allgemeinbildenden Schulsystems stehen und wo die Betriebe sie – bildlich gesprochen – in die Berufsausbildung abholen.
Weder die Elternhäuser noch die Schulen bemühen sich bis zum Tage des schulischen Abschlusses eine Reihe von Voraussetzungen so zu schaffen, daß der Praxis-Schock des Berufsausbildungsalltags für die Jugendlichen nicht gar zu groß ist (Die jungen Leute zeigen da sehr viel Flexibilität und Anpassungsbereitschaft).
Wenn es um den Aufbau neuer Konzepte geht, darf die inhaltliche Begründung nicht erst mit dem ersten Tag des Berufsausbildungsverhältnisses beginnen, sondern muß die Einstiegsvoraussetzungen ebenfalls reflektieren.

Anmerkung 6

Im Zuge des Heranrückens an ein Europa 1992 stellt sich die Frage nach der Länge der beruflichen Qualifizierungsphasen. Unser duales System hat qualitativ sicherlich den höchsten Standard, aber unsere Absolventen haben danach auch das höchste Lebensalter in Europa.
Das Konzept der Schlüsselqualifikation birgt die Gefahr, daß es länger als bisher dauern wird, bis ein junger Mensch in der Lage ist, einen qualifzierten Arbeitsplatz in der Praxis verantwortlich zu übernehmen.

Anmerkung 7

Die Unternehmen und Betriebe haben sich mit ihren Weiterbildungsformen allmählich auf die Herausforderungen der gesellschaftlichen, technischen und sozialen Wandlungsprozesse eingestellt. Sicherlich ist eine große Zahl noch weit davon entfernt, sich als lernende Systeme zu verstehen. Dennoch, auf Veränderungen in den Strukturen erfolgen Reaktionen; ob immer rechtzeitig und im ausreichenden Umfang ist sicherlich kritikwürdig.
Aber über den Bereich der Berufsausbildung können wir den Unternehmen keine neuen Strukturen eingeben. Ein Ausbilder muß selbst in seiner Abteilung Selbständigkeit, Teamarbeit und Offenheit erleben und praktizieren, um diese Elemente in die Ausbildungsaktivitäten einbringen zu können.
All diese Entwicklungen benötigen erheblich mehr Zeit und Bereitschaft der Betroffenen als es bei den letzten großen Veränderungen im Berufsbildungswesen erforderlich war. Die Einführung von Schlüsselqualifikationen bedarf eines langen, grundlegenden Vorlaufs.

Jürgen Barthel

Schlüsselqualifikationen und ihre Umsetzung in der Ausbildung zu Versicherungskaufleuten aus Sicht der Berufsschule

1. Vorbemerkung

»Schlüsselqualifikationen« heißt die neue Zauberformel der Berufspädagogik, und zauberhaft fürwahr ist ihre Wirkung. Schafft sie es doch anscheinend mühelos, die lange verlorengeglaubte Einheit aller Beteiligten und Interessenverbände im Ausbildungssektor wieder herzustellen, wie einige Beispiele – ohne Anspruch auf Vollständigkeit und Repräsentativität – belegen mögen. So erhoffen sich die **Arbeitgeber eine »intensivere und systematischere Förderung...der Ausbildung«** (Brenn, Volker, Die Förderung von Schlüsselqualifikationen in der Ausbildung, in: Versicherungswirtschaft 23/1988, S. 1557ff.). **Die Gewerkschaften intendieren,** durch die Vermittlung von Schlüsselqualifikationen wie »Problemlösungs- und Entscheidungskompetenz, Denken in wirtschaftlichen Zusammenhängen, Eigenaktivität und Selbstverantwortung, Flexibilität und Kreativität, Sozial- und Kommunikationskompetenz« (o. Verf., Vorstellungen der HBV zur Neuordnung des Berufsbildes Versicherungskauffrau/-mann, o.J.,o.S., 1989) **ein mehr an Handlungskompetenz zu erreichen.** Folgerichtig hat die Wissenschaft das neue Feld entdeckt (vgl. Reetz, Lothar, Zum Konzept der Schlüsselqualifikationen in der Berufsausbildung, unveröff. Manuskript vom 7.2.1989 und das dortige reichhaltige Literaturverzeichnis), und auch das BiBB ersetzt zwar den Terminus Schlüssel- durch Sockelqualifikationen, fordert aber inhaltlich identisch, im Bereich der gesamten kaufmännischen Ausbildung »im wesentlichen grundlegende Qualifikationen, wie sie im Zusammenhang mit der Neuordnung der Büroberufe als »Sockelqualifikation« bezeichnet werden, zu vermitteln« (Schmidt, Hermann, Generalsekretär des BiBB, Kaufmännische Ausbildung in den 90er Jahren, Vortrag auf dem 21. Berufsbildungstag des Arbeitgeberverbandes des privaten Bankgewerbes, unveröff. Manuskript vom 29.4.1988, S. 16 f.).

2. Schlüsselqualifikationen in der schulischen Ausbildung

Wenn der Diskussionsfluß so breit wie einträchtig inzwischen vorangetrieben ist, so nimmt es wunder, wie wenig Resonanz das Thema bisher in der Berufsschule als dem Partner im dualen System gefunden hat. Das ist jedoch mitnichten eine Frage von Desinteresse oder Ergebnis der vielfach beklagten »Vergreisung« der Kollegien, sondern es zeigt – so meine Hypothese – daß Schule sich noch nie anders verstanden hat und daß die in der Symposionseinladung betonten besonderen »Impulse von seiten der betrieblichen Aus- und Weiterbildung« lediglich einen Nachholbedarf des dualen Partners artikulieren, den es nach Kräften zu fördern gilt.

2.1 Arbeitskreis Schule – Wirtschaft in Hamburg

Daß dieses pädagogische Defizit in der Hamburger Versicherungswirtschaft weit weniger ausgeprägt ist als bundesweit vielleicht üblich, zeigt neben den vielen Kontakten und Gesprächen zwischen Schule und Ausbildern insbesondere ein gemeinsamer Gesprächskreis von Ausbildungsleitern und Lehrern der Berufsschule, der sich in vielen gemeinsamen Sitzungen mit der Frage beschäftigte, welche Kenntnisse und Fähigkeiten ein Versicherungskaufmann im Jahre 2000 benötigen wird. Dabei wurde – realpolitisch – vom bestehenden Berufsbild ausgegangen und dieses quasi in die Zukunft

extrapoliert. Ansatz der Diskussionsprozesse waren fundamentale Entwicklungen der Berufsrealität, insbesondere
- die technologische Entwicklung; **weg von der Taylorisierung der Arbeitsprozesse, hin zur spartenübergreifenden Sachbearbeitung und Reintegration bisher zersplitterter Arbeitsbereiche.** Dieses führt zu zusätzlichen Qualifizierungsnotwendigkeiten und verlangt allgemein eine Ausweitung und Vertiefung der Fachkenntnisse;
- **die zunehmende Kundenorientierung**, verbunden mit einem zunehmend kritischer werdenden Verbraucher. Das bedingt ein Mehr an sozialer und kommunikativer Kompetenz;
- der härter werdende, auch branchenübergreifende Wettbewerb zwischen Versicherern einerseits und Versicherung, Banken, Bausparkassen, Fonds und steuerberatenden Berufen andererseits, welcher zu Allfinanzüberlegungen führt;
- neue Unternehmenskonzeptionen, die zunehmend Verantwortung und Selbständigkeit »nach unten« delegieren. Beispielhaft genannt seien Profit Centers und Deckungsbeitragsrechnung, welche Managementfunktionen (Selbständigkeit, Initiative, wirtschaftliches Denken, Kreativität, Menschenführung...) auch vom qualifizierten Sachbearbeiter erwarten;
- letztlich der Gedanke des Umweltschutzes, der vom Neuprodukt (die Versicherungswirtschaft ist ja manches, aber schadenfroh ist sie nicht) bis zu Neuüberlegungen am Arbeitsplatz Mitdenken verlangt.

Ergebnisse der Überlegungen waren neben der Rückkehr zur Regelausbildungszeit, die in den 70er Jahren aus Gründen der Jugendarbeitslosigkeit zugunsten höherer »Umschlaggeschwindigkeiten« verlassen worden war, Inhalte und die dazugehörigen methodischen Überlegungen bis hin zum Projektgedanken. Einzelne Betriebe wie auch die Schule bemühen sich bereits.

2.2 Lernziele und Schlüsselqualifikationen

Spätestens Ende der 60er Jahre, als Robinsohn in seinem Werk »Bildungsreform als Revision des Curriculum« (Berlin und Neuwied 1967) die Grundlagen zu einer situationsorientierten Wirtschaftsdidaktik gelegt hatte, verfolgte Schule das Ziel, über die Lösung von Entscheidungssituationen Qualifikationen zu vermitteln, »die zur Bewältigung (von) aktuellen und künftigen Lebenssituationen erforderlich sind.« Diese didaktischen Überlegungen sind längst ergänzt worden durch affirmative Lernziele wie Leistungsbereitschaft, Kritikfähigkeit usw., dazu durch soziale und kommunikative Lernziele, wie sie über die Germanistik und die Kommunikationswissenschaft in die Pädagogik eingeflossen sind.

In Hamburg entstanden in der Folge, als Erstentwurf 1972, später, nach einer intensiven Diskussion endgültig 1976, die »Allgemeinen Lernziele«, welche bis heute für jeden Unterricht in jeder Schulart und jeder Altersstufe verbindlich sind (Hrsg. Amt für Schule, Allgemeine Lernziele vom 21.4.1976). Sie ergänzen die jeweiligen Fachlernziele und sollen - natürlich mit unterschiedlicher Gewichtung - in jeder Stunde zum Tragen kommen. Genannt seien nur die Überschriften aus dem Katalog; der Bezug zu den heute hier diskutierten Schlüsselqualifikationen ist evident:
- Bedürfnisse, Emotionalität, Grundeinstellungen
- Selbständigkeit
- Lern- und Leistungsmotivation
- Kreativität
- Motorik
- Kognitive Fähigkeiten
- Sprachkompetenz
- Kommunikationsfähigkeit
- Kooperationsfähigkeit
- Fähigkeit, sich an Normen zu orientieren
- Fähigkeit, Zusammenhänge zwischen Interessen und Normensetzung zu begreifen und daraus Folgerungen zu ziehen (ebd., S. 6ff.)

Diese Ziele, noch vielfach aufgefächert und ausdifferenziert, gelten für jeden Unterricht, folgerichtig auch für die Berufsschule. Sieht man dort einmal genauer in die Lehrpläne hinein, finden sich Schlüsselqualifikationen bzw. Ansätze hierzu mehr in den sog. Lehrgangslernzielen, i.d.R. meist mit

den hohen Taxonomiestufen 3 und 4 ausgestattet, wohingegen die speziellen Abschnittslernziele mehr die reine Kognition abbilden und sich oft auf die Taxonomiestufen 1 und 2 beschränken. Ein Beispiel aus der allgemeinen Versicherungslehre möge das verdeutlichen:
Lehrgangslernziel: Die Schüler sollen
– die Grundlagen des Versicherungswesen verstehen,
– die Bedeutung des Versicherungswesens erkennen usw.
Abschnittslernziel dazu: Die Schüler sollen
– die Gefahren nennen und die wirtschaftlichen Folgen von Schäden erkennen,
– die Entwicklung des Versicherungswesens schildern,
– die Versicherung und andere Vorsorgemöglichkeiten nennen usw.
Die Taxonomiestufe 1 im letzten Spiegelstrich macht natürlich nur Sinn im Zusammenhang mit den Lehrgangslernzielen und den allgemeinen Lernzielen, die sich von der Sache her und methodisch im Unterricht niederschlagen.
Deutlicher wird das ganze noch, wenn man sich den Aufbau des Lehrplanes ansieht. Nach der allgemeinen Versicherungslehre folgen die Sparten Sach-, Personen- und Vermögensversicherung, die aber nur exemplarisch vermittelt werden können. So wird die Sachversicherung am Beispiel der Feuerversicherung erläutert, und zwar so, daß die Schüler den Aufbau, die Grundsätze begreifen, so daß sie sich selbständig in verwandte Bereiche wie die Glas- oder die technischen Versicherungen einarbeiten können. Dabei werden natürlich die kognitiven Gehalte der Sachversicherung, das »Fachwissen«, gründlich kennengelernt, und ähnlich sieht es bei der Personen- und der Vermögensversicherung aus. Da sich die Inhalte all dieser Versicherungszweige permanent ändern – in den letzten Jahren wurden die AFB, VHB, AUB, ALB neu gefaßt, andere Sparten folgen – ist es evident, daß nicht die Inhalte als Selbstzweck vermittelt werden können, sondern daß **an den Bedingungen versicherungsmäßiges Denken und das selbständige Arbeiten an Bedingungswerken geübt wird**, selbstverständlich mit Blick auf den Kunden und aus dessen Interessenlage heraus.

2.3 Methodik und Schlüsselqualifikationen

Erzwingen schon das Prinzip des Exemplarischen und die permanente Veränderung der Inhalte, daß Schule und Unterricht nicht allein auf das reine Fachwissen setzen können, sondern vor allem übergreifende Qualifikationen vermitteln müssen, so findet dies seine Entsprechung in methodischen Ansätzen. Folgerichtig verlangt das Vorwort eines neuen Lehrplanentwurfes der Schule für das Fach Wirtschaftslehre, die Schule müsse die »Fähigkeit und Bereitschaft zu permanenter Fortbildung und wiederholtem Umlernen...entwickeln.« In seinen Rollen als Wirtschaftsbürger, als Arbeitnehmer und als Staatsbürger wird dann in den Fachlernzielen gefordert, die Schüler sollten erwerben die
– Fähigkeit zur Erfüllung beruflicher Leistungsansprüche,
– Kenntnisse und Bereitschaft zur Einarbeitung in wechselnde Spezialisierung, Einsicht in die Veränderbarkeit von Arbeitsplätzen und Fähigkeit, Veränderungen mitzugestalten,
– Offenheit und Toleranz ggnüber alternativen Positionen,
– Lernen, daß angesichts alternativer Verwendungsmöglichkeiten von Ressourcen Prioritäten gesetzt werden müssen, usw.
Erreicht werden kann all dieses nicht über das altbewährte Unterrichtsprinzip »Wenn alles schläft, und einer spricht, so nennt sich dieses Unterricht«, auch der klassische Frontalunterricht kann nicht allein dominieren, sondern solche Lernziele verlangen nach anderen Lernmethoden. Exemplarisch nur seien genannt Fallstudien, Plan- und Rollenspiele, mehr Realbegegnungen, Projekte oder zumindest Projektansätze, Lernbüros, die bisher im Zusammenhang mit dem Berufsschulunterricht gar nicht diskutiert werden, kurz: eine noch stärkere Praxisbeziehung.

3. Probleme und Konsequenzen

Warum sind Schule und Betriebe nicht schon weiter in solch unstreitigen und begrüßenswerten neuen Ansätzen. **Eines der Haupthemmnisse aus der Sicht der Schule ist die Aufsplitterung eines ganzheitlichen Ausbildungsansatzes in einzelne Fächer.** Leider hat kaum ein Lehrer die übergreifende Qualifikation für so unterschiedliche Fächer wie Versicherungslehre, Rechnungswesen, EDV und Deutsch, so daß er z.B. exemplarisch in einem Rollenspiel einem fingierten Ehepaar dessen Altersprobleme und Versorgungslücke berechnen kann. Das scheitert bereits an der universitären Ausbildung, deren Wissenschaftsanspruch – den ich gar nicht bestreiten will – sich im schulischen Fachlehrerprinzip niederschlägt.

Ein zweites Hemmnis hängt mit dem ersten zusammen. Selbst wenn die Schule als Blockunterricht organisiert ist – unabänderliche Voraussetzung für umfangreichere Lerneinheiten –, **so ist ihre Einteilung in 45- bzw. 90-Minuten-Takte nicht unbedingt förderlich für Planspiele, Realerfahrungen und projektorientierte Ansätze.** Darüber hinaus ist die rein kognitive Stoffülle trotz einer Entfrachtung der Lehrpläne und der Verlängerung der Ausbildungszeiten immer noch so groß, daß einfach viel Zeit für die Aufnahme reinen Fachwissens erforderlich ist. Zusatzhemmnis dabei ist der – bundesweit einheitliche – Charakter der Kaufmannsgehilfenprüfung: In 90 Minuten müssen 100 Punkte erworben werden, wobei gleichzeitig z.B. in der besonderen Versicherungslehre aus Gerechtigkeitsgründen alle Sparten abzufragen sind. Derlei Anforderungen führen zu einem »heimlichen Lehrplan«, der Katalog der möglichen Prüfungsaufgaben ersetzt, nein, ergänzt zumindest den ursprünglichen Lehrplan.

Ansätze zur Verbesserung der Situation sind vielfältig. Sie reichen von stärker situativ formulierten Aufgaben in der Prüfung über die Bildung von Stundenblöcken, die Ausweitung von Fächern wie z.B. Deutsch bis zu integrativ curricularen Ansätzen im Deutschen, der Versicherungslehre u.a.m. Letztendlich sei betont, daß ein derartig neu konzipierter Unterricht auch eine bessere Ausstattung der Schulen erfordert, und zwar sowohl mit Lehrerstunden (Kleinere Lerngruppen, Doppelbesetzung im EDV-Unterricht analog dem Werkstattunterricht im gewerblichen Bereich) wie auch mit Sachmitteln, vor allem mit Differenzierungsräumen, EDV-Geräten, Visualisierungstechniken (vom Videorecorder in der Klasse bis zu Metaplanausstattungen), praxisorientiertere Lernsoftware. Schließlich gehört dazu eine Fortbildung von Lehrkräften, die im Berufsschulbereich wegen des rasanten Wissensumschlages und der hohen Korrektur- und Prüfungsbelastungen ohnehin stärker gefordert sind als »normale« Lehrer.

Rolf Meier

Schlüsselqualifikationen – eine fachdidaktische Erweiterung? Sichtweisen aus der betrieblichen Ausbildung in der Hamburg-Mannheimer Versicherungsgruppe

1. Schlüsselqualifikationen im Licht unternehmenspolitischer Aussagen

Die definierten unternehmenspolitischen Aussagen umfassen
○ Grundsätze des unternehmerischen Selbstverständnisses und
○ Ziele der unternehmerischen Aktivitäten.

Um sowohl die Grundsätze als auch die Ziele zu erreichen, werden von allen Mitarbeitern im Unternehmen wesentliche Qualifikationen erwartet. Insbesondere wird Wert gelegt auf
– fundiertes Fachwissen
– Einsatzbereitschaft
– Leistungsbereitschaft und Leistungsinteresse
– kooperative Führung zwischen den Beteiligten.

Die so definierten Merkmale unternehmerischer Selbstdarstellung sind Bestandteile unserer Unternehmenskultur. Um diese Grundsätze und Ziele zu erreichen, müssen Personalentwicklungsinstrumente und systematisierte Qualifizierungsmaßnahmen im Unternehmen etabliert sein und Anwendung finden. Nachwachsende Mitarbeitergenerationen werden in der Regel durch eine berufliche Erstausbildung gewonnen.

2. Schlüsselqualifikationen als Bestandteil von Betriebsvereinbarungen über die Grundzüge der Berufsausbildung bei der Hamburg-Mannheimer Versicherungsgruppe

Insofern ist es auch nicht verwunderlich, daß bestehende Betriebsvereinbarungen über die Ausbildung von Auszubildenden die unternehmerischen Grundsätze und Ziele mit einbeziehen und in bezug auf eine qualifizierte Erstausbildung näher beschreiben. Betriebsvereinbarungen unternehmen den Versuch, Vorschriften oder allgemein verbindliche Gesetze auf konkrete betriebliche Realitäten umzusetzen. Dabei sind in Betriebsvereinbarungen eine Vielzahl von unterschiedlichen Merkmalen enthalten, die sowohl konkrete Lernzieldefinitionen als auch organisatorische Hinweise und Handlungsanweisungen für die betriebliche Ausbildungsdurchführung beschreiben. Darüber hinaus finden sich in Betriebsvereinbarungen oft auch Definitionen von Ermessensspielräumen im Rahmen der betrieblichen Ausbildung wieder.

3. Organisatorische Rahmenbedingungen als Voraussetzung zur Umsetzung didaktischer und methodischer Zielvorstellungen

Die Ausbildung der Auszubildenden der Hamburg-Mannheimer Versicherungsgruppe erfolgt im Innen- und im Außendienst der Unternehmung im Rahmen einer 2 1/2- oder 3jährigen Ausbildungszeit je nach schulischer Vorbildung. Um die jungen Leute an die fachliche Komplexität des Versicherungsgeschehens lernend heranzuführen, haben wir uns für die Bildung von Lerngruppen

entschlossen, die in den einzelnen Fachabteilungen in bestimmten Lernperioden ausgebildet werden.
Diese Lerngruppen wandern als Einheit von Fachabteilung zu Fachabteilung, um zunächst einmal die grundsätzlichen, fachlichen Strukturen zu erlernen und durch praktische Übungen am konkreten Fall für sich Einsichten zu sichern (Taxonomiestufen 1–3 nach KMK).
Nach 2/3 der Ausbildungszeit werden diese Lerngruppen aufgelöst, zugunsten einer Ausbildung am Arbeitsplatz, wie sie bisher üblicherweise in Ausbildungsbetrieben vollzogen wird. In dieser Phase der Ausbildung am Arbeitsplatz muß der Auzubildende nicht nur die fachlich einzelnen Inhalte auf praktische Arbeitsvorgänge umsetzen, sondern soll darüber hinaus noch die vielfältigsten personellen Beziehungen und Entscheidungsfelder mit berücksichtigen.
In dieser Ausbildungsphase lernt der Auszubildende sozusagen »vernetztes« Denken und Handeln.
Die Schlüsselqualifikationen, die wir in dieser Ausbildungsphase an junge Leute heranbringen wollen, sind
○ Kundenorientierung
○ Komplexe (fachliche) Fallbearbeitung
○ Arbeitsmethoden/Bearbeitungsweisen
Um dies erfüllen zu können, hat er in der Phase der Ausbildung in Lerngruppen gelernt, durch Rollenspiele, Fallbeispiele, Teilnahme an Unternehmenplanspiel sowie Kritik- und Fördergesprächen, in Kommunikationsübungen sich auf die unterschiedlichsten Anforderungen mental und übend einzustellen.

4. Beurteilung von Auszubildenden

Die Evaluation unserer Ausbildungsziele und -maßnahmen sowie Messung der konkreten Lernerfolge der Auszubildenden erfolgt in einem umfangreichen Beurteilungsverfahren. Die Beurteilungskriterien, denen sich jeder Auszubildende unterziehen muß, sind
– Einsatzbereitschaft
– Bearbeitungsweise/Arbeitsmethoden
– Arbeitsergebnis
– Fachwissen
– mündliche Ausdrucksweise
– schriftliche Ausdrucksweise
– Auftreten
– Zusammenarbeit

Eine systematische Ausbildungsstruktur ist nicht nur Abbild einer momentanen Realität, sondern ist auch der Versuch, zukunftsweisende und zukunftsorientierte Ausbildungsinhalte und Maßnahmen zu definieren, damit junge Menschen auf der Basis einer soliden Grundausbildung ein 30- bis 40jähriges Berufsleben mit Erfolg durchstehen können.
Dazu gehört auch, daß die sich wandelnden, fachlichen Inhalte, Nutzung von neuen Technologien, Arbeitsstrukturen und -bedingungen und die Kundenbeziehung als primäres Element in der Ausbildung den jungen Menschen deutlich werden und er sich mit seinem Leistungs- und Lernpotential in der Zukunft auf veränderte Arbeitsanforderungen einstellen kann.
Insofern betrachten wir Schlüsselqualifikationen im Bereich des Fachwissens als Schlüsselqualifikationen im engeren Sinne und die darauf aufbauenden persönlichkeitsorientierten und arbeitsmethodischen Fähigkeiten und Fertigkeiten als Schlüsselqualifikationen im weiteren Sinne.

5. Schlüsselqualifikationen und Auswahlverfahren für Auszubildende

Wenig Beachtung aus unserer Sicht findet in der allgemeinen Diskussion um Schlüsselqualifikationen das Thema Auswahlverfahren für Auszubildende für ein bestimmtes Berufsbild vor dem Hintergrund notwendig zu vermittelnder Schlüsselqualifikationen.

6. Reflexion eigenen Tuns

Wenn wir notwendiger Weise in der Zukunft verstärkt Schlüsselqualifikationen sowohl im engeren als auch im weiteren Sinne an die Auszubildenden vermitteln wollen, muß kritisch überlegt werden, ob die Fachdidaktik, Ausbildungsorganisation, Ausbildungsmethodik und die im Ausbildungssystem handelnden Ausbilder diesen Anforderungen gerecht werden. Eine Systematisierung der Ausbilderqualifikation und die damit verbundene Professionalisierung der Ausbilderfähigkeiten scheinen damit unumgänglich zu sein.

Arbeitsgruppe 4
»Handlungsorientierte Vermittlung von Fachwissen und Schlüsselqualifikationen in neugeordneten Berufen verschiedener gewerblich-technischer Fachrichtungen«

Einführung/Bericht:
Prof. Dr. Wolfgang Bürger,
Universität Hamburg

Referate:
Dr. Ute Laur-Ernst,
Bundesinstitut für Berufsbildung, Berlin
»Handeln als Lernprinzip«

Frank Stritzel,
Technologie-Zentrum Buxtehude
»Schlüsselqualifikationen und Verständnisprobleme in der CNC-Fortbildung lernungewohnter, arbeitsloser Facharbeiter«

Hanjo Schild,
Volkshochschule Rheingau-Taunus e.V.
»Modellversuch zur handlungsorientierten Vermittlung von Schlüsselqualifikationen in Verbindung mit Fachqualifikationen an sog. benachteiligte Jugendliche«

Wolfgang Bürger

Handlungsorientierte Vermittlung von Fachwissen und Schlüsselqualifikationen in neugeordneten Berufen verschiedener gewerblich-technischer Fachrichtungen

Inhalt
1. Problemaufriß
2. Leitfragen für die Gruppenarbeit
3. Ergebnisse der Gruppenarbeit

1. Problemaufriß

Handlungsorientiertes Lernen hat seit den Reformbestrebungen in den 70er Jahren im allgemeinbildenden Schulwesen (Mann 1977; Fauser u.a. 1983; Gudjons 1986), vor allem aber im beruflichen Bildungssektor einen spürbaren Aufschwung genommen. Richtungweisend waren im Bereich gewerblich-technischer Berufsbildung zwei Modellversuche, nämlich zum einen das Projekt »Berufsgrundbildung Metall im betrieblichen Ausbildungszentrum der Daimler Benz AG, Werk Gaggenau« (Ziebart/Müller 1975), zum anderen der Versuch »Projektorientiertes Handlungsmodell Metall der Projektgruppe Salzgitter« (Wiemann u.a. 1974). Seither findet das Handlungslernen in der gewerblich-technischen Berufsbildung zunehmende Verbreitung.

Eine nahezu parallele Entwicklung verzeichnet das Konzept der Schlüsselqualifikationen. Es entspringt in den 70er Jahren der arbeitsmarktorientierten Qualifikationsforschung (Mertens 1974) und wird in der Berufspädagogik nach anfänglich zurückhaltender Aufnahme in den 80er Jahren breit diskutiert und zunehmend erprobt. Leitende Zielvorstellung hinter den vielfach disparaten Teilkomponenten verschiedener Konzepte von Schlüsselqualifikationen ist eine erweiterte und damit flexible Handlungskompetenz der Berufstätigen angesichts grundlegender Veränderungen beruflicher Anforderungsprofile infolge des strukturellen Wandels des Beschäftigungssystems.

Das Handlungslernen erscheint nun als gerade rechtzeitig verfügbares, probates Realisierungsmittel zur Einlösung der Forderung nach erweiterter Handlungskompetenz im Sinne von Schlüsselqualifikationen. Es stellt sich freilich die Frage, wie berechtigt diese optimistische Einschätzung der Möglichkeiten des Handlungslernens tatsächlich ist. In der geplanten Gruppenarbeit wird nun versucht, dieses Problem zu erörtern. Vorbereitend mehrere problemdifferenzierende Fragestellungen zur Strukturierung der Gruppenarbeit entwickelt.

2. Leitfragen für die Gruppenarbeit

Angesichts der gegenwärtig in verschiedensten Zusammenhängen inflationär verwendeten Termini »Schlüsselqualifikationen« und »Handlungslernen« sowie ihrer keineswegs schon abgeschlossenen theoretischen Fundierung (Zabeck 1989, BWP 4 1989) ist eine abgeklärte Begriffsfestlegung nicht möglich. Gleichwohl lassen sich jeweils Strukturmerkmale bestimmen, die es erlauben, beide Konzepte vorläufig miteinander in Beziehung zu setzen.

So schlägt Laur-Ernst (1988, S. 16ff) folgende pragmatische Systematisierung von »berufsübergreifenden Qualifikationen« bzw. Schlüsselqualifikationen im Blick auf deren Realisierung in der beruflichen Bildung vor:

(1) technikbezogene, formal-methodische Qualifikationen (z.B. programmier-, schaltlogisches Denken, unanschaulich-symbolisches Denken, systemisches Denken),
(2) interdisziplinäre Kompetenz (z.B. Elektronik-Kenntnisse für den Metallfacharbeiter),

(3) technikunabhängige, personenbezogene Fähigkeiten (z.B. Kooperations-, Kommunikationsfähigkeit, Kreativität).

Laur-Ernst denkt hinsichtlich der Verwirklichung dieser berufsübergreifenden Qualifikationen in der Ausbildungspraxis beispielsweise an aktives Erfahrungslernen, entdeckendes Lernen, Projektmethode, selbstgesteuerte Ausbildungsformen und andere handlungsorientierte und kognitionspsychologische Modelle (a.a.O., S. 23); ergänzend ist noch auf einige weitere Verfahrensmöglichkeiten hinzuweisen, wie z.B. auf den Experimental-Unterricht (insbesondere in Form von Schülerexperimenten) sowie auf historisch-reformpädagogische Ansätze wie etwa die Arbeitsschule (Kerschensteiner, Blonskij), die Tatschule (Ferrière) oder die Freinet-Pädagogik. Diese keineswegs vollständige Aufzählung verdeutlich die Vielzahl handlungsorientierter Lernkonzepte, die in sehr unterschiedlichen theoretischen Bezugssystemen ihre Entsprechung finden (nämlich vom amerikanischen Pragmatismus über verschiedene kognitionspsychologische Ansätze bis hin zur materialistischen Tätigkeitspsychologie reichend). Trotz dieser Heterogenität weisen die verschiedenen Formen handlungsorientierten Lernens gleichwohl einige gemeinsame Merkmale auf:

Lernen als Handeln (Möglichkeit enger Theorie-Praxis-Verbindung); Beteiligung der ganzen Person mit Kopf, Herz und Hand; Erarbeitung von ganzheitlichen Handlungsergebnissen mit Gebrauchswert; Orientierung an Erfahrungen (Alltagsvorstellungen) und Interessen der Lernenden (Sicherung durch Mitbestimmung und Mitgestaltung); Überwindung der Fächertrennung (vgl. z.B. Söltenfuß 1983; Laur-Ernst 1984; Gerds/Rauner u.a. 1984; Kaiser 1987; Achtenhagen/John u.a. 1988; Schulz 1989).

Vor dem Hintergrund dieser Gemeinsamkeiten sind nun vorläufige Bezüge zwischen dem Handlungslernen und dem oben skizzierten System von Schlüsselqualifikationen herstellbar. Diese werden in drei noch auszuarbeitenden Fragestellungen mit dem Ziel der Strukturierung der Gruppenarbeit ausdifferenziert. Die allgemeinste dieser Leitfragen lautet:

Frage 1: Ermöglicht das Handlungslernen prinzipiell die integrative Vermittlung von Fachwissen und Schlüsselqualifikationen?

Das Handlungslernen hat sowohl den Aufbau von Fachwissen zum Ziel, als zugleich auch die Entwicklung von allgemeinen, berufsübergreifenden Fähigkeiten, die mit Schlüsselqualifikationen weite Überschneidungsbereiche aufweisen. Besonders nahe liegt die Annahme der Realisierung von »interdisziplinärer Kompetenz« im genannten Sinne, denn in diesem Feld erscheint die Vermittlung von Fachwissen und Schlüsselqualifikationen als nahezu identisch. Voraussetzung hierfür freilich ist die Auswahl ausreichend komplexer, ganzheitlicher, fächerübergreifender Handlungsprojekte. Erscheint also das Handlungslernen für die Anregung von interdisziplinärer Kompetenz hoch wahrscheinlich, so ist keineswegs sicher, daß dies für die erwähnten personenbezogenen und formal-methodischen Qualifikationen gleichermaßen gilt. Daher lautet eine weitere Leitfrage für die Gruppenarbeit:

Frage 2: Ist damit zu rechnen, daß sich personenbezogene Schlüsselqualifikationen in Situationen des Handlungslernens gleichsam zwangsläufig verwirklichen, oder ist eine zusätzliche gezielte Förderung notwendig?

Grundsätzlich liegt die Annahme nahe, daß auch personenbezogene Schlüsselqualifikationen durch Handlungslernen erreichbar sind. Hier scheint es aber maßgeblich auf die spezielle Ausprägungsform des Handlungslernens anzukommen.

So wird beispielsweise häufig angenommen, daß die Form des entdeckenden Lernens Problemlösungsfähigkeit und Kreativität fördere, oder daß selbstgesteuerte Ausbildungsformen die Entwicklung von Lernkompetenz anregen würden, oder daß Gruppenprojekte die Fähigkeit zu Kooperation und Kommunikation entwickeln könnten.

Fraglich allerdings ist, ob solche personenbezogenen Bildungswirkungen mit der bloßen Organisation geeigneter Formen des Handlungslernens notwendig verbunden sind. Angemessener erscheint die Annahme, daß dazu ein höherer pädagogischer Aufwand erforderlich ist (vgl. hierzu auch Arbeitsgruppe 2 sowie Bürger 1978). Die Gruppenarbeit soll zur weiteren Klärung dieses Problems beitragen. Die letzte Fragestellung zur Strukturierung der geplanten Gruppenarbeit bezieht sich auf den vermutlich besonders problematischen Zusammenhang zwischen dem Handlungslernen und Schlüsselqualifikationen formal-abstrakter Art:

Frage 3: Besteht die Notwendigkeit und vielleicht auch die Möglichkeit der Weiterentwicklung des Handlungslernens mit dem besonderen Ziel der Förderung von Schlüsselqualifikationen formalmethodischer Art bei **allen** Auszubildenden?

Worin liegt das besondere Problem hinsichtlich der Erreichbarkeit formal-methodischer Qualifikationen im handlungsorientierten Unterricht? Im Zuge der Neuordnung verschiedener Berufe in gewerblich-technischen Fachrichtungen ist es unvermeidlich geworden, in stärkerem Maße als zuvor technikbezogene mathematisch-logisch-formal-symbolische Denkfähigkeiten heranzubilden, z.B. im Zusammenhang mit steuerungs-, computer- oder systemtechnischen Ausbildungsinhalten. Solche anspruchsvollen beruflichen Bildungsziele treffen bei den Jugendlichen auf sehr unterschiedliche Lernvoraussetzungen. Die einen scheinen keine grundsätzlichen Schwierigkeiten zu haben, diese neuen Qualifikationen zu erwerben, die anderen scheitern daran ebenso grundsätzlich. Zwischen diesen beiden Gruppen von tendenziell erfolgreich und erfolglos Lernenden fehlt die sonst übliche Mitte derjenigen, die eine Sache nicht ganz so gut, aber auch nicht ganz unzulänglich beherrschen. Es scheint bei der Vermittlung von Qualifikationen formalmethodischer Art so etwas wie eine **Polarisierung des Lernerfolgs** zu geben. Auch das handlungsorientierte Lernen garantiert trotz der meist günstig wirkenden engen Verknüpfung von Theorie und Praxis nach bisher noch unsystematischen Beobachtungen an Hamburger Berufsschulen anscheinend keinen Lernerfolg. Diesen Beobachtungen zufolge scheint der Realschulabschluß die Gruppe der eher Erfolgreichen von derjenigen der tendenziell Erfolglosen zu trennen, d.h. Lernende mit oder gar ohne Hauptschulabschluß erscheinen gegenüber Schülern mit mittleren oder höherem Schulabschluß hinsichtlich des Erwerbs formal-methodischer Qualifikationen auch im handlungsorientierten Unterricht erheblich, möglicherweise prinzipiell benachteiligt. Von dieser Benachteiligung scheint teilweise die gleiche Gruppe von Heranwachsenden betroffen zu sein, die auch häufig Probleme bei technischen Berechnungen hat (Kaiser/Kell 1986, S. 39ff; Binstadt/Michelsen 1988, S. 697f), insbesondere vermutlich bei Bezugnahme auf die immer zwingender werdenden algebraischen Denkformen (Schilling 1984, S. 121; Sträßer 1986, S. 200ff). Zukünftig ist sogar mit einer Problemverschärfung zu rechnen, da mit der Neuordnung auch der Handwerksberufe sowie mit der Berufsreife der geburtenschwachen Jahrgänge die quantitative Dimension dieses Problems vermutlich noch erheblich zunehmen wird. Das Problem ist freilich nicht nur von berufspädagogischer Bedeutung, sondern hat möglicherweise auch einen schwerwiegenden arbeitsmarktpolitischen Aspekt:

— »Alle seriösen Schätzungen gehen davon aus, daß bereits 1990 mehr als zwei Drittel aller Arbeitnehmer bei der Einführung neuer Techniken direkt betroffen sein werden. Daher ist es unverzichtbar, daß neue Techniken Bestandteil jeder beruflichen Ausbildung sind« (Walter 1986, S. 59).

— Bereits jetzt wächst die Diskrepanz zwischen Qualifikationsnachfrage des Beschäftigungssystems einerseits und dem Qualifikationsstand der Arbeitssuchenden andererseits. Dringend gesucht werden zunehmend Fachkräfte, die mit neuen Technologien vertraut sind. Trotz hoher Arbeitslosigkeit bietet das verfügbare Arbeitskräftepotential diese Qualifikationen nicht an (Der Spiegel 1989, S. 42).

— Eine neue Untersuchung der Hans-Böckler-Stiftung sagt für das Jahr 2000 voraus, daß von den dann unter 40jährigen rund 2,5 Mio. über keine abgeschlossene Berufsausbildung verfügen werden (Heidemann 1989, S. 211).

— Dieser Prognose völlig entgegengesetzt verläuft nach Untersuchungen der Bundesanstalt für Arbeit die Entwicklung der Qualifikationserfordernisse bis zum Jahr 2000. Sie ist u.a. gekennzeichnet durch den raschen Abbau der Arbeitsplätze für Ungelernte sowie die damit verbundene Steigerung des Bedarfs an Absolventen mit abgeschlossener Lehre bzw. mit abgeschlossenem Studium (Stooß 1989, S. 224).

Erfolgreiche berufliche Bildungsarbeit unter Berücksichtigung dieser Entwicklungstrends hätte damit die außerordentlich schwer zu bewältigende, gleichwohl aus berufspädagogischen und arbeitsmarktpolitischen Gründen unverzichtbar erscheinende Aufgabe der Vermittlung von technikbezogen-mathematisch-logisch-formal-symbolischen Qualifikationen gerade auch an jene benachteiligten Jugendlichen, die in ihrer bisherigen Schullaufbahn eher zu den Mißerfolgsgeprägten gehören. M.a.W.: Das berufliche Bildungswesen, insbesondere wohl die Berufsschule, hätte eine kompensatorische Funktion zu erfüllen, nämlich die benannte Gruppe von Jugendlichen – im Ausbildungszusammenhang – wenigstens partiell an jenes Bildungsniveau heranzuführen, das

Jugendliche mit mittleren und gehobenen Bildungsabschlüssen bereits in die Ausbildung einbringen.
Reichen nun die vorfindlichen Konzepte des Handlungslernens hierfür schon aus? Sind sie gegebenenfalls entwicklungsfähig, oder müssen sie womöglich ganz überwunden werden? Auch auf diese Fragen soll die Gruppenarbeit vorsichtig-tastende Antwortversuche wagen.

3. Ergebnisse der Gruppenarbeit

Zu Frage 1: Die integrative Vermittlung von Fachwissen und Schlüsselqualifikationen wird in der Arbeitsgruppe nicht ausdrücklich thematisiert. Vielmehr gehen die Teilnehmer ganz selbstverständlich von der integrierenden Vermittlungsfunktion des Handlungslernens aus. Als Bedingung dieser Funktion wird freilich eine fachliche wie auch pädagogische Höherqualifikation von Ausbildern und Lehrern gefordert. Weitgehende Einigkeit besteht in der Annahme, daß Jugendliche und Erwachsene mit aktuellen Lernschwächen (Benachteiligte, Lernungewohnte) einen besonderen Nutzen aus dem Handlungslernen zögen, ja daß kaum eine sinnvolle didaktisch-methodische Alternative für die Berufsbildung dieser Gruppe von Lernenden vorstellbar sei. Als Schlüssel für den Erfolg des Handlungslernens wird die Bedeutung von Problemstellungen mit möglichst großer Nähe zu Ernstsituationen unter Verwendung originaler Bauteile, Geräte und Hilfsmittel angesehen. Ferner wird das Handlungslernen als Chance für Lehrende aufgefaßt, individuelle Lernprozesse der Jugendlichen wahrzunehmen, zu dulden und zu unterstützen.

Zu Frage 2: Über Erfahrungen bei der handlungsorientierten Vermittlung von personenbezogenen Schlüsselqualifikationen berichtet und diskutiert die Arbeitsgruppe ausführlich. Dabei wird festgestellt, daß die Erreichbarkeit von Qualifikationen dieser Art maßgeblich von der Anwendung zusätzlicher, gezielter Realisierungsbemühungen abhänge, daß also das Arrangement von Handlungslernsituationen allein nicht ausreiche. So wird etwa über positive Erfahrungen bei der Förderung von Kooperationsfähigkeit berichtet und diskutiert, wenn folgende Zusatzmaßnahmen ergriffen würden: Einrichtung wechselnder Gruppensituationen, Schaffung von kooperativen Ernstsituationen (z.B. in Form einer gemeinsamen Maschinenaufstellung, Aus- und Umbauarbeiten in Gruppensituation, Kooperation mit Betrieben außerhalb der Ausbildungsinstitution) und nicht zuletzt Eröffnung einer wöchentlich wiederkehrenden festen Gesprächsrunde unter der Voraussetzung eines sanktionsfreien Gesprächsklimas sowie mit dem Ziel der vorbehaltlosen Reflexion vergangener sozialer Prozesse. Es wird vermutet, daß die Einrichtung von Möglichkeiten einer sanktionsfreien Prozeßreflexion für die Erreichbarkeit personenbezogener Qualifikationen maßgeblich sei.

Zu Frage 3: Die Vermittelbarkeit von technikbezogenen Schlüsselqualifikationen formal-abstrakter Art wird in der Arbeitsgruppe im Blick auf benachteiligte Jugendliche oder Lernungewohnte als sehr schwierig eingeschätzt. Wiederholt und nachhaltig wird hervorgehoben, daß von Lehrenden der Schritt der Lernenden vom Handeln zur erkenntnisbildenden Abstraktion in der Regel viel zu ungeduldig erwartet werde. Handlungsorientierter Unterricht müsse den Lernenden daher auf der Grundlage breitestmöglicher Erfahrungen ausreichend sanktionsfreien Spielraum für eigenständige Reflexionsphasen einräumen. Die wirksame Gestaltung erkenntnisfördernder Handlungssituationen hänge sowohl vom Erfindungsreichtum beim Arrangement als auch von der Geduld beim Prozeß des Lehr-Lernvorgangs wesentlich ab.
Zusammenfassend ist feststellbar: Grundsätzlich scheint das Handlungslernen für die integrierte Vermittlung von Fachwissen und Schlüsselqualifikationen in neugeordneten Berufen verschiedener gewerblich-technischer Fachrichtungen geeignet zu sein.
Die Überlegungen zur Vorbereitung der Gruppenarbeit in Verbindung mit der Gruppendiskussion verweisen jedoch auf die Notwendigkeit einer differenzierenden Betrachtungsweise. Die Gruppierung von Schlüsselqualifikationen nach einem Vorschlag von Laur-Ernst ermöglicht die folgenden noch sehr vorläufigen differenzierenden Aussagen: Das Handlungslernen hat für die Förderung von »interdisziplinärer Kompetenz« anscheinend ein höheres Realisierungspotential als für die Entwicklung von »personenbezogenen Fähigkeiten« oder gar für die Verwirklichung »formal-methodischer Qualifikationen«. Während interdisziplinäre Kompetenz bereits im fächerübergreifend angelegten

handlungsorientierten Unterricht erreichbar erscheint, müssen für die Vermittlung personenbezogener Fähigkeiten über das technikbezogene Handlungslernen hinaus offenbar erhebliche zusätzliche Anstrengungen (methodischer und inhaltlicher Art) unternommen werden. Am schwierigsten erreichbar erscheinen formalmethodische Qualifikationen. Der gegenwärtige Entwicklungsstand des Handlungslernens scheint für deren Verwirklichung insbesondere bei der aus persönlichen und arbeitsmarktpolitisch notwendigen Aus- und Weiterbildung von Benachteiligten und Lernungewohnten noch nicht genügend fortgeschritten zu sein. Wegen der Dringlichkeit dieses Problems sollten hier Forschungs- und Entwicklungsarbeiten ansetzen.

Literatur

Achtenhagen, F./John, E.G./Lüdecke, S./Preiss, P./Seemann, H./Sembill, D./Tramm, T.: Lernen, Denken, Handeln in komplexen ökonomischen Situationen – unter Nutzung neuer Technologien in der kaufmännischen Berufsbildung. In: Zeitschr. für Berufs- und Wirtschaftspäd. 84, 1988, S. 3–17

Binstadt, P./Michelsen, U.A.: Rationale Aufgabenanalyse. Ein Beitrag zur Behebung der »Fachrechenmisere«. In: Zeitschr. für Berufs- und Wirtschaftspäd. 84, 1988, S. 696–714.

Bürger, W.: Teamfähigkeit im Gruppenunterricht. Weinheim und Basel: Beltz, 1978

BWP 4 (Beiträge zur Berufs- und Wirtschaftspädagogik 4): Zur Kritik handlungsorientierter Ansätze in der Didaktik der Wirtschaftslehre. Oldenburg: Biblioteks- und Informationssystem der Universität Oldenburg, 1989

Der Spiegel, Nr. 18, 1.5.1989, S. 42 »Es stimmt doch etwas nicht«

Fauser, P./Fintelmann, K.J./Flitner, A. (Hg.): Lernen mit Kopf und Hand. Berichte und Anstöße zum praktischen Lernen in der Schule. Weinheim und Basel: Beltz, 1983.

Gerds, P./Rauner, F./Weisenbach, K.: Lernen durch Handeln in der beruflichen Bildung. In: Projektgruppe Handlungslernen (Hg.): Handlungslernen in der beruflichen Bildung. Wetzlar: Werner-von-Siemens-Schule, 1984, S. 10–58.

Gudjons, H.: Handlungsorientiert Lehren und Lernen. Projektunterricht und Schüleraktivität. Bad Heilbrunn: Klinkhardt, 1986.

Heidemann, W.: Trendwende in der Qualifizierung? In: Gewerkschaftliche Bildungspolitik 1989, 7/8, S. 209–220.

Kaiser, F.-J. (Hg.): Handlungsorientiertes Lernen in kaufmännischen Berufsschulen. Bad Heilbrunn: Klinkhardt, 1987.

Kaiser, F.-J./Kell, A.: Abschlußbericht des Modellversuchs zur Verbindung des Berufsvorbereitungsjahres mit dem Berufsgrundschuljahr in beruflichen Schulen und Kollegschulen. Teil 1. Soest: Landesinstitut für Schule und Weiterbildung, 1986

Laur-Ernst, U.: Berufsübergreifende Qualifikationen und neue Technologien – ein Schritt zur Entspezialisierung der Berufsbildung? In: Koch, R. (Hg.): Technischer Wandel und Gestaltung der beruflichen Bildung. Forschungsergebnisse, Modellversuche, Perspektiven. Berlin und Bonn: Bundesinstitut für Berufsbildung, 1988, S. 13–25

Laur-Ernst, U.: Entwicklung beruflicher Handlungsfähigkeit. Frankfurt: Lang, 1984.

Mann, I.: Lernen durch Handeln. München-Wien-Baltimore, Urban u. Schwarzenberg: 1977

Mertens, D.: Schlüsselqualifikationen. Thesen zur Schulung für eine moderne Gesellschaft. In: Mitteilungen aus der Arbeitsmarkt- und Berufsforschung 7, 1974, H. 1, S. 36–43.

Schilling, E.-G.: Didaktischer Bezugsrahmen für die Beurteilung von Funktion und Rolle der Mathematik im Unterricht der Berufsschule (Berufsfeld Metalltechnik). In: Sträßer, R. (Hg.): Bausteine zu einer Didaktik der Mathematik für Berufsschulen. Materialien und Studien des IDM, Band 34. Bielefeld 1984, S. 97–128.

Schulz, H.-D.: Theoretischer Rahmen für ein Konzept »Handlungslernen«. In: Freie Hansestadt Bremen, Senator für Bildung, Wissenschaft und Kunst: Modellversuche an beruflichen Schulen – 3. Zwischenbericht zum Modellversuch »Experimental- und handlungsorientierte Lernformen im berufsbezogenen Unterricht versorgungstechn. Ausbildungsberufe«. Bremen 1989, S. 19–55

Söltenfuß, G.: Grundlagen handlungsorientierten Lernens. Bad Heilbrunn: Klinkhardt, 1983

Stooß, F.: Arbeitsmarkt 2000/2010. Veränderungen im Umfeld Beruf/Ausbildung. In: Gewerkschaftliche Bildungspolitik 1989, 7/8, S. 221–224.

Sträßer, R.: Mathematik in der technischen Darstellung. Neue Technologien und mathematischer Unterricht in der gewerblich-technischen Berufsschule. In: Lisop, I. (Hg.): Bildung und neue Technologien. Reihe Anstöße, Band 5. Frankfurt: Gesellschaft zur Förderung arbeitsorientierter Forschung und Bildung e.V., 1986, S. 197–214.

Walter, J.: Neue Technologien in der Berufsbildung. In: IG Chemie-Papier-Keramik (Hg.): Technik und Qualifikation. Materialien Nr. 1. Hannover o.J. (1986)

Wiemann, G. & Projektgruppe Salzgitter: Didaktische Vorstudie für ein projektorientiertes Handlungsmodell beruflicher Grundbildung (im Berufsfeld Metall). Hannover: Schroedel 1974

Zabeck, J.: »Schlüsselqualifikationen« – Zur Kritik einer didaktischen Zielformel. In: Wirtschaft und Erziehung 3, 1989, S. 77–86

Ziebart, S./Müller, A.: Berufsgrundbildung als Grundlage fachlicher und sozialer Qualifikationen am Beispiel des betrieblichen Ausbildungszentrums der Daimler-Benz AG in Gaggenau. Gaggenau 1975 (Manuskriptdruck)

Ute Laur-Ernst

Handeln als Lernprinzip [+)]

1. Nicht nur ein »Wortwechsel«

Dominierte unter dem Einfluß behavioristischer Denkweise lange Zeit der Begriff »Verhalten« in der Diskussion pädagogischer und lernpsychologischer Fragen, so ist seit mehreren Jahren eine Hinwendung auf den Begriff »Handeln« im Bereich der Arbeitswissenschaft und Berufsbildung zu beobachten[1] – einerseits als Ausdruck einer klaren Distanzierung von Behaviorismus und einer verstärkten Rezeption kognitions- sowie tätigkeitspsychologischer Theorien (PIAGET, KOHLBERG, LEONTJEW, TOMASZEWSKI, GALPERIN und HACKER speziell als Repräsentant der Handlungsregulationstheorie) sowie als Folge einer inhaltlichen Umorientierung. Daß es dabei keineswegs um einen bloßen »Wortwechsel« geht, hat u.a. noch einmal HOFF (1986) im Zusammenhang mit seinen Analysen zur Wechselbeziehung von Arbeit und Persönlichkeit deutlich gemacht und einen wesentlichen Unterschied zwischen den beiden Begriffen herausgestellt. So interpretiert er »Verhalten« als prinzipiell eher reaktiv: »Die Bestimmung der Person durch die Umwelt ist stärker als umgekehrt die Bestimmung der Umwelt durch die Person.« (HOFF 1986, S. 41). Das heißt nicht, wie er ausdrücklich und zurecht betont, daß Verhalten ausschließlich umwelt-determiniert sei, aber es bezeichnet den reagierenden Menschen, der die begegnende Realität nicht aktiv beeinflussen kann oder will. Diese Intention ist demgegenüber im Begriff »Handeln« aufgehoben: »Um reziproke Interaktion handelt es sich genau genommen in beiden Fällen. Aber nur im Handeln kann diese Interaktion als wechselseitig im Sinn einer stärker ausgewogenen Beziehung verstanden werden.« (1986, S. 42).
Diese vorsichtige Formulierung von HOFF verdeckt das auf Veränderung und Gestaltung verweisende Moment des Handelns jedoch nicht. Es spielt in meinen, im folgenden darzustellenden Überlegungen zum **Handeln als Lernprinzip** und zur **Handlungsfähigkeit** als übergeordnetes Ziel beruflicher Bildung eine entscheidende Rolle.

2. Berufliche Handlungsfähigkeit – ein dynamisches Ziel

Folgendes sei vorausgeschickt:
Handeln läßt sich grob in zwei Felder einteilen: das gegenständlich-materielle und das sozial-kommunikative Handeln (siehe Bild 1). Beide sind zwar analytisch zu trennen und unterliegen je charakteristischen Bedingungen (vgl. BRATER 1987), die beim Lernen zu berücksichtigen sind, aber sie greifen in der Realität vielfältig ineinander. So wäre es irreführend, wenn einseitige Zuordnungen von Handlungstypen zu bestimmten Berufsbereichen (z.B. gegenständliches Handeln allein zu den gewerblich-technischen Berufen, sozial-kommunikatives allein zu den Dienstleistungen) vorgenommen werden würden. Daß sich die Arbeitstätigkeiten einmal mehr in diesem, einmal mehr in jenem Handlungsfeld bewegen, ist sicher richtig; strenge Grenzziehungen jedoch sind problematisch. Dies würde auch im Widerspruch zur beruflichen Handlungsfähigkeit als einem komplexen, die Arbeit ganzheitlich betrachtenden Ziel stehen.
Handeln ist stets mit kognitiven sowie emotionalen Prozessen verknüpft, hat also immer eine »innerpsychische« und geistige Komponente. Empirisch begründeter Erkenntnisgewinn findet in beiden Handlungsfeldern statt. Die Abstraktion der im konkreten Handeln gewonnenen Erfah-

---

[+)] Ausschnitte dieses Beitrags dienten der Einführung in die Diskussion einer Arbeitsgruppe (W. BÜRGER) auf dem Weiterbildungssymposion Hamburg, Juni 1989.

[1] Der Handlungsbegriff wird jedoch sehr unterschiedlich definiert; dies ist zu beachten, weil daraus deutlich abweichende Lernkonzepte resultieren.

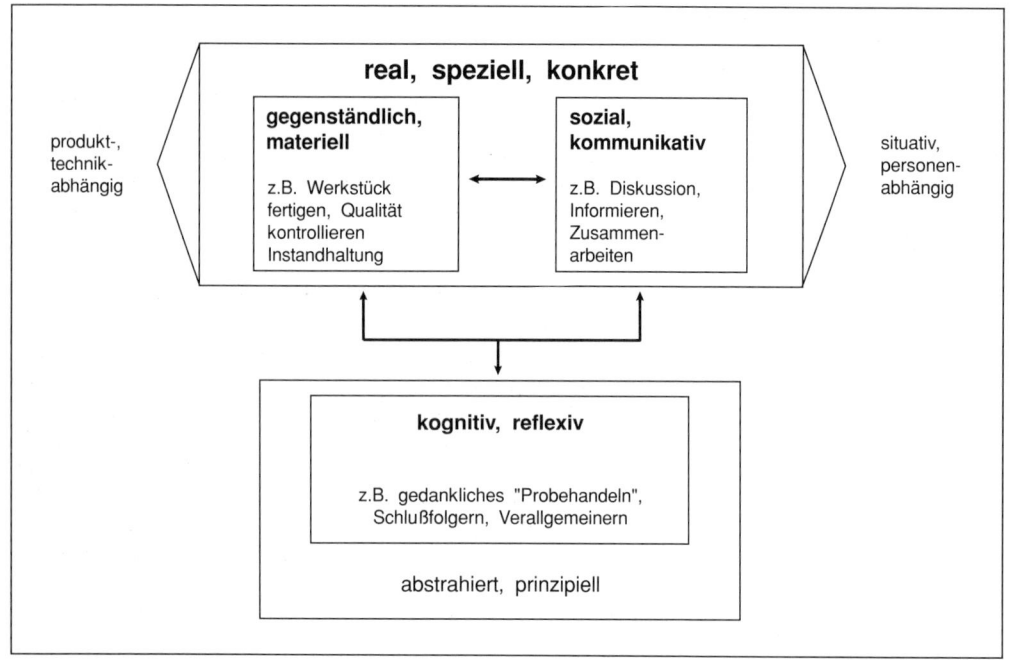

```
                    real, speziell, konkret
   ┌─────────────────────────────────┬──────────────────────┐
   │ gegenständlich,                 │ sozial,              │
   │ materiell                       │ kommunikativ         │
produkt-,                                                      situativ,
technik-    z.B. Werkstück              z.B. Diskussion,      personen-
abhängig    fertigen, Qualität          Informieren,          abhängig
            kontrollieren               Zusammen-
            Instandhaltung              arbeiten

                    kognitiv, reflexiv

                    z.B. gedankliches "Probehandeln",
                    Schlußfolgern, Verallgemeinern

                    abstrahiert, prinzipiell
```

Bild 1: Konkrete Handlungsfelder und kognitive Wechselbeziehung

rungen und Einsichten, ihre Reflexion, Differenzierung und Verallgemeinerung sind wesentliche Bestandteile der Auseinandersetzung mit der Realität und Voraussetzung einer sukzessiven Weiterentwicklung individueller Kompetenzen, sowohl auf dem berufsspezifischen Fachgebiet als auch in Hinblick auf übergreifende, personenbezogene Fähigkeiten und Bereitschaften. Vor diesem Hintergrund sind alle weiteren Überlegungen zu sehen.

Über die inhaltlichen Dimensionen beruflicher Handlungsfähigkeit ist bereits vieles gesagt worden[2], so daß ich an dieser Stelle nicht noch einmal darauf eingehe, sondern zwei Akzente setzen will, die leicht an den Rand der Diskussion gedrängt werden.

Erstens: Berufliche Handlungsfähigkeit beschreibt einen »fließenden«, sich »überholenden« **Qualifikationsstatus** und keinen dauerhaften Zustand. Man erwirbt sie nicht ein für alle mal, und man besitzt sie nicht ein für alle mal. Die bisher die Berufsbildung dominierende Vorstellung von einer (zumindest) auf der Ebene der Facharbeit/Sacharbeit scheinbar stabilen, sich kaum wandelnden Arbeitswelt, auf die man durch die Erstausbildung erfolgreich vorbereitet wird und die im weiteren nur punktuelle, kurzfristige qualifikatorische Anpassungsbewegungen erforderlich macht, muß endgültig aufgegeben werden und ist zwischenzeitlich, nicht zuletzt unter dem Eindruck der modernen Informations- und Kommunikationstechniken, überwiegend aufgegeben worden: Auch der Facharbeiter/Fachangestellte hat mit dem Abschluß der Berufsbildung **nicht »ausgelernt«**. Technisch-organisatorische Veränderungen, Produktinnovationen, andere soziale Strukturen und Beziehungen, neue Aufgabenstellungen usw. machen früher erworbene Spezialkompetenzen häufig obsolet oder nebensächlich. Neue Qualifikationen werden gefordert, die vorhandenen Fähigkeiten sind neu zu organisieren und weiterzuentwickeln.

Damit unterscheidet sich berufliche Handlungsfähigkeit nicht nur in ihrer Komplexität von den bisher üblichen Lernzielen der Berufsbildung, sondern ebenso in ihrer **nicht endgültigen Festlegbarkeit** und Erreichbarkeit. Sie ist ein dynamisches, variables Zielkonzept, das in gewissen Abständen neu definiert und wieder individuell erarbeitet werden muß. Letztlich problematisiert übrigens ein solches Zielkonzept gängige Betrachtungsweisen
● über Funktion und Stellenwert der Erstausbildung

---

[2] Siehe hierzu auch viele Beiträge in diesem Band.

- über ihr Verhältnis zur Weiterbildung und
- zum Verständnis von »Beruf« und beruflicher Arbeit.

Von diesen weiterreichenden Überlegungen einmal abgesehen, sind daraus gleichermaßen didaktisch-methodische Konsequenzen zu ziehen, die ebenso folgenden Aspekt einschließen sollten.

Zweitens: Handlungsfähigkeit unterliegt nicht nur der Veränderbarkeit, sie ist selbst **auf Veränderung gerichtet.** Wenn »Handeln« in der Mensch-Umwelt-Beziehung das aktiv-gestalterische Moment repräsentiert, dann ist im Ziel beruflicher Handlungsfähigkeit die Einflußnahme des Facharbeiters/Fachangestellten auf die ihn umgebende Arbeitswelt mitgedacht[3]. Demgemäß kann sich die Berufsbildung auch aus dieser Sicht nicht mehr allein oder vorrangig auf die Vermittlung von Wissen konzentrieren – sei dieses theoretisch oder praktisch, »deklarativ« (nicht direkt verhaltenssteuernd) oder »prozedural« (verhaltenssteuernd) (vgl. ANDERSON 1982), sondern muß auf konstruktives Handeln hinwirken. Damit werden gewissermaßen zwangsläufig Qualifikationen, wie Selbständigkeit, Initiative, Einfallsreichtum oder Entscheidungsfähigkeit zu wesentlichen Zieldimensionen. Vorgegebenes in präskribierter oder standardisierter Form zu erfüllen, zugewiesene Aufgaben nach Plan sach- und zeitgerecht zu erledigen – sich also in der Arbeitswelt (und häufig genauso in Unterricht und Ausbildung) vor allem re-aktiv zu verhalten, reicht in vielen Fällen nicht mehr zur Problembewältigung aus. »Produktives« Mitdenken und Handeln werden vermehrt vom Facharbeiter erwartet. Dies stellt sich nun aber keineswegs von selbst ein, auch wenn der einzelne über entsprechende Qualifikations**potentiale** verfügt. Entscheidend ist, daß er sie anwendet.

Zwei miteinander in Wechselbeziehung stehende Sachverhalte gewinnen hier besondere Bedeutung:
- die **objektiven,** zwar stets vorhandenen, jedoch in Qualität und Intensität unterschiedlichen **Restriktionen** in der Arbeitswelt und
- die **individuelle Bereitschaft,** aktiv-konstruktiv tätig zu werden, die mit der persönlichen Auffassung von der tatsächlichen Gestaltbarkeit des eigenen Arbeitsbereiches zusammenhängt, also mit dem »subjektiven Kontrollkonzept« (HOFF 1986, HOHNER 1987).

Aus der Berücksichtigung dieser beiden Dimensionen ergibt sich: Handlungsfähigkeit kann nur dort zur Geltung gelangen, wo überhaupt für den einzelnen relevante Freiheitsgrade, Spielräume, Entscheidungsmöglichkeiten in der Arbeit bestehen. Und: Handlungsfähigkeit wird nur dann manifestiert, wenn der Betreffende von der effektiven Beeinflußbarkeit seines Arbeitsbereiches (-platzes) vernünftigerweise ausgehen kann bzw. davon überzeugt ist. Hält er sie dagegen für aussichtslos oder nur mit beträchtlichen persönlichen Risiken (Sanktionen) verknüpft, wird er nicht aktivgestalterisch tätig werden.

Es ist also letztlich entscheidend, welche objektiven Bedingungen für Lernen und Arbeiten herrschen, wie diese subjektiv wahrgenommen und eingeschätzt werden, inwieweit der einzelne Handlungsspielräume erkennt und welche Bereitschaft er entwickelt hat, diese zu füllen. Davon hängt nicht nur ab, ob berufliche Handlungsfähigkeit überhaupt in vollem Umfang erworben werden kann, sondern ob sie ebenfalls praktisch angewendet wird, d.h., ob in der beruflichen Tätigkeit das gestalterische Moment des Handelns effektiv zum Tragen kommt.

Wenden wir uns nun dem zweiten Problemkreis: dem Lernenden im Handeln zu. Wo liegt hier – auf der »Mikroebene« – speziell das aktive Moment?

3. Lernen im Handeln

In Anlehnung primär an theoretische Aussagen von PIAGET sowie daneben von LEONTJEW (Tätigkeitspsychologie) verstehe ich Lernen als einen grundsätzlichen konstruktiven, individuell geformten und gesteuerten Prozeß, der sich in der Auseinandersetzung eines Menschen mit seiner Umwelt (konkret: mit bestimmten Gegenständen, Personen, Situationen oder Problemen) ereignet. Der Lernende nimmt in diesem Prozeß eine aktive Haltung ein – ganz im Gegensatz zu der häufig »erzwungenen« passiv-rezeptiven in Unterricht und Ausbildung.

---

[3] Wie diese sich konkret manifestiert, liegt u.a. im betrieblichen Entscheidungsrahmen.

Lernen in diesem Verständnis hat nichts mit der Übernahme (dem Auswendiglernen, Abspeichern) von vorgefertigtem Wissen und Können zu tun, es ist vielmehr stets an eine eigene (Erkenntnis-)Leistung gebunden. Gerade dieses Engagement, das wirkliche Involviertsein schafft die Voraussetzung für die Weiterentwicklung intellektueller, sozialer und emotionaler Fähigkeiten.
Lernen im Handeln vollzieht sich auf zwei miteinander verschränkten Ebenen (wie bereits anfangs kurz erwähnt):
- in Gestalt der konkreten, beobachtbaren, »äußeren« Handlung sowie
- als »innere«, kognitive (emotionale) Auseinandersetzung mit den durch das »äußere« Handeln ausgelösten Prozessen und Ereignissen sowie mit den zu ihnen bereits assoziierten Erfahrungen, Deutungs- und Erklärungsmustern, theoretischen Kenntnissen, Gefühlen oder Erwartungen.

Wesentlicher Ausgangspunkt für Lernen ist die **Erfahrung**, das Umgehen mit Gegenständen, das Diskutieren mit anderen, das gemeinsame Arbeiten, das Manipulieren von Instrumenten oder Maschinen. Sinnliche Wahrnehmung und eigenes Erleben setzen das Lernen gewissermaßen in Gang. Über den Mechanismus der »Assimilation« - um mit PIAGET zu sprechen - wird die aktuelle Situation (das beobachtete Phänomen) an den bisher entwickelten kognitiven Mustern gespiegelt und gewissermaßen auf Verträglichkeit mit ihnen überprüft. Fällt das subjektive Urteil positiv aus, wird die gerade gemachte Erfahrung entsprechend interpretiert und verarbeitet. Wird jedoch eine Diskrepanz, eine Unstimmigkeit (»Staunen«, Überraschung) zwischen den verfügbaren Deutungs- und Denkmustern und der neuen Erfahrung/Beobachtung erlebt, setzt ein anderer Mechanismus ein: die »Akkomodation«. Die sich als unzulänglich und dysfunktional herausstellenden kognitiven Muster werden problematisiert, sukzessiv umkonstruiert, erweitert oder gar substituiert. Dies geschieht durch wiederholte Konfrontation mit der Situation (dem Gegenstand) und ihrer (seiner) explorativen Manipulation durch den Lernenden.

MONTADA (1981, S. 5) hat diese Grundauffassung PIAGETs vom Menschen als aktives, erkennendes Subjekt folgendermaßen zusammengefaßt: »Die äußeren Ursachen werden nicht als solche wirksam, sie werden durch einen selegierenden, transformierenden und deutenden Geist als Informationen konstruiert, und nur so werden sie effektiv. Darüber hinaus reagiert der Mensch nicht nur auf die Ereignisse in seinem Innern oder seiner Umwelt; er sucht **aktiv handelnd und erkennend** die Auseinandersetzung. Er wird nicht als passives Objekt der Einflüsse von außen verstanden, sondern als aktives Subjekt.«

Ein solches Konzept steht im Einklang mit dem Ziel beruflicher Handlungsfähigkeit. Obwohl sich PIAGET auf die »spontane«, individuelle Denkentwicklung bezieht und nicht auf das in Schulen und Betrieben institutionalisierte Lernen unter Anleitung, läßt sich sein Erklärungsmodell didaktisch-methodisch wenden, wie bereits geschehen (vgl. z.B. grundsätzlich AEBLI 1987 oder BÜRGER 1984 speziell im Hinblick auf Objekterkenntnis im naturwissenschaftlich-technischen Unterricht). Bei der praktischen Umsetzung dieses Konzepts in Lehr-Lerngeschehen sind jedoch unbedingt einige Prinzipien zu beachten, von denen ich hier folgende hervorheben will[4]:

Die Lernsituationen (gestellten Aufgaben, thematisierten Probleme) sollten stets so gefaßt sein, daß für den Lernenden selbständig ausfüllbare Handlungs-, Denk- und Entscheidungsspielräume bestehen. Er sollte immer die Möglichkeit zum Experimentieren, Erproben, Gestalten erhalten und seine bisher erworbenen einschlägigen Wissensvorräte, Denkmuster, Vorgehensweisen, Erklärungsmodelle, Interessen usw. in die Auseinandersetzung mit dem Lerngegenstand (i.w.S.) einbringen können - mögen diese objektiv und aus der Sicht des Lehrenden richtig oder falsch, rational oder umständlich, üblich oder ungewöhnlich sein. Das aktive, individuelle Umgehen mit dem Lerngegenstand muß zugelassen, der einzelne sollte dazu ausdrücklich vom Ausbilder und Lehrer ermuntert werden, weil so am ehesten die Chance für einen zugleich subjektiv **und** objektiv relevanten Erkenntnis- und Erfahrungsgewinn besteht. Diese handelnde und erkennende Auseinandersetzung kann und sollte der Lehrende begleiten und an schwierigen Punkten unterstützen, indem er differenziert auf die Besonderheiten des Denkens und Handelns des einzelnen eingeht, ohne jedoch sogleich die Lösung

---

[4] Die didaktischen Leitlinien für handlungsorientiertes Lernen und Ausbilden sind ausführlich dargestellt in LAUR-ERNST 1984, 1988 sowie in meinem Beitrag: »Schlüsselqualifikationen – innovative« Ansätze in den neugeordneten Berufen und ihre Konsequanzen für Lernen« in diesem Band

zu nennen. Mit seinen »indirekten« Hilfen trägt er dazu bei, daß der Lernende aus dieser Auseinandersetzung einen positiven und zugleich motivierenden Nutzen zieht.
Der kritische Punkt gängiger Unterrichts- und Ausbildungsgestaltung, der diesem aktiven, erkenntnisfördernden Lernkonzept entgegensteht, liegt in dem zu raschen Bereithalten »fertiger Lösungen«. So wird der gesuchte theoretische Begriff, die praktische Regel oder ein technisch-organisatorischer Zusammenhang zu schnell genannt. Der Lernende wird also zu früh, d.h., ohne daß er selbst das Auseinanderklaffen seiner Vorstellungen/Erklärungsmuster und dem aktuell beobachteten Ereignis bewußt erlebt und ohne daß er den Versuch unternimmt (unternehmen kann), diese Diskrepanz aufzulösen – mit dem »Richtigen« seitens des Lehrenden konfrontiert. Das »Richtige« wird dann zwar durchaus übernommen und abgespeichert, aber bleibt im Grunde für viele unverstanden, bedeutungslos und neben dem »alten«, subjektiv belangvollen, aber an sich dysfunktionalen Denk- und Handlungsmuster unverbunden stehen (vgl. hierzu ADOLPH 1982). Folglich werden bei nächster Gelegenheit von diesen Auszubildenden wieder dieselben Fehler gemacht – obwohl doch schon alles (mehrfach) »gesagt« wurde!!![5]. Das eben reicht nicht aus.
Damit im engen Zusammenhang stehen Abstraktion, Generalisierung und kritische Reflexion von gewonnenen Erfahrungen und Einsichten. Handlungslernen ohne eine solche bewußte Aufarbeitung steht im Widerspruch zur Entwicklung breit verwertbarer, ausbaufähiger und adaptiver Qualifikationspotentiale. Solange das Wissen und Können des Auszubildenden (Beschäftigten) dem Konkreten verhaftet bleibt, gebunden an ganz bestimmte Konstellationen, kann er sich in wechselnden Arbeitszusammenhängen kaum problemgerecht verhalten. Die Identifizierung zentraler handlungsrelevanter Faktoren in vergleichbaren Situationen (Aufgaben), das Herausfiltern von typischen Strukturen, Abläufen und Zusammenhängen im eigenen beruflichen Arbeitsfeld sind ein wichtiger nächster Schritt. Die dabei geforderte Abstraktionsleistung sollte – genauso wie die Erkenntnis im Einzelfall – vom Lernenden möglichst selbst erbracht werden. Er muß lernen, Gemeinsames zu entdecken und Unterschiedliches zu erkennen, Wesentliches von Nebensächlichem zu unterscheiden, Übergreifendes/Allgemeines von Singulärem zu trennen. All dies setzt Erfahrung – eigene und fremde – voraus sowie das Abstrahieren von dem, was man selbst unmittelbar wahrnimmt, erlebt, tut, denkt und weiß. An dieser Stelle im Lernprozeß erhalten übrigens Sprache und Sprechen ihre hervorragende Bedeutung, denn nur in diesem Medium wird das Abstrahierte benennbar und diskutierbar. Handlungslernen ist also keinesfalls »sprachlos«.
Die Umsetzung eines solchen Lernkonzepts erfordert sicher eine gute, didaktisch möglichst einfallsreiche Vorbereitung. Sie erfordert ebenso mehr Zeit als die verbale oder anschaulich-praktische Darstellung des »zu vermittelnden« Sachverhalts durch den Lehrenden. Das ist unbestreitbar. Aber der auf diesem Wege erzielbare Lerngewinn ist sowohl umfassender, wirksamer als auch für den Auszubildenden belangvoller[6]. Dazu trägt bei, daß beim Handlungslernen in der Regel komplexere, ganzheitliche Lernsituationen geschaffen werden, so daß ein breiteres Spektrum an Qualifikationen »aufgerufen« und förderbar wird. Zudem wird hier der vielfach besonders schwierig zu vermittelnde und zu verstehende fachtheoretische Sachverhalt in einem berufswichtigen Kontext erarbeitet und damit für den Lernenden viel eher praxis- und handlungsrelevant; gerade in diesem Punkt treten ja häufig Schwierigkeiten (Motivationsmängel) auf.
Es stellt sich natürlich die Frage: Wie ist eine solche Ausbildung überhaupt zu realisieren? Die Antwort lautet: Nicht in jedem Fall wird man so vorgehen; nicht jeder Sachverhalt bedarf einer solchen erkenntnisfördernden Aufbereitung und Auseinandersetzung. Das Prinzip »exemplarisches Lernen« ließe sich anwenden. Aber in dieser Beziehung geraten Lehrer und Ausbilder angesichts vollgestopfter Lehr- und Ausbildungspläne oft in Konflikt. Möglicherweise setzt sich jedoch im Zuge der Neuorientierung beruflicher Bildung mit ihren erweiterten Qualifikationszielen die Strategie des exemplarischen Lernens durch, zumindest die klare Akzentsetzung auf besonders berufs-

---

[5] BÜRGER (1984, S. 116/121) verweist in Anlehnung an PIAGET ausdrücklich auf die Sprachfreiheit des Erkenntnisgewinns im Handeln, auf das sprachlose Zusammenspiel von Assimilation und Akkomodation.

[6] Beispiele für Handlungslernen wurden in der Arbeitsgruppe gegeben, hier ist auf den Beitrag von ACKERMANN und SCHILD hinzuweisen (Modellversuch der VHS Rheingau-Taunus e.V.: »Entwicklung und Erprobung von neuen Kooperationsformen zwischen Trägern des Benachteiligtenprogramms und Klein- und Mittelbetrieben im Metallbereich vor dem Hintergrund der Neuordnung der Metallberufe, 1987–1991).

wichtige und lernergiebige Situationen/Aufgabenstellungen, für die mehr Zeit und didaktische Vorbereitung aufgewendet werden.[7]

4. Lernwichtige Strukturmerkmale des Handelns

Abschließend möchte ich die für berufliches Lernen wesentlichen Komponenten des Handelns – in Abgrenzung zum bisher meist üblichen Kenntnis- und Fertigkeitserwerb – zusammengefaßt zur Diskussion stellen. Daß erfolgreiches Handeln nicht ohne Wissen auskommt, daß die praktische Aufgabenerledigung (insbesondere in handwerklichen und gewerblich-technischen Berufen) bestimmte Fertigkeiten verlangt, die auch geübt werden müssen – darüber braucht hier nicht gestritten zu werden. Handeln stellt jedoch gegenüber diesen beiden Qualifikationsbereichen und ihren typischen Vermittlungsformen die umfassendere Kategorie dar und schließt zugleich die aktive Auseinandersetzung des Menschen mit seiner Umwelt ein. Das war Ausgangspunkt der Überlegungen.

Bild 2 stellt die Merkmale des Handelns, die m.E. im Kontext beruflichen Lernens besonders wichtig sind, übersichtlich dar.

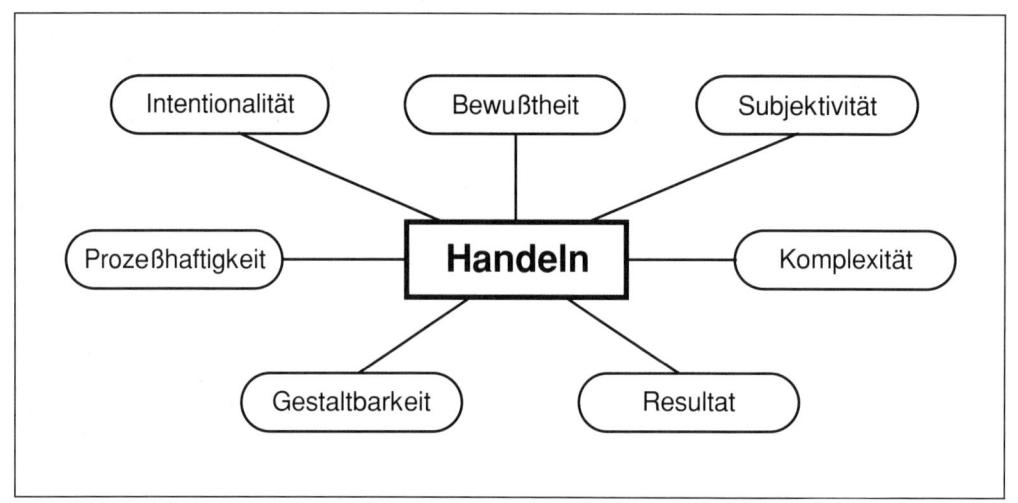

Bild 2: Lernwichtige Strukturmerkmale des Handelns

Im einzelnen lassen sie sich folgendermaßen beschreiben:

Intentionalität

Handeln erfolgt intentional, es ist »motiviert« und bezieht sich auf eine bestimmte Aufgabe/Situation. Handeln ist auf ein Ziel gerichtet, das sich jedoch im Handlungsprozeß ändern kann oder sogar gelegentlich ändern muß, weil die situativen Bedingungen eine solche Umorientierung notwendig machen. Das Handlungsziel kann mit dem Handlungsresultat identisch sein (z.B. Fertigung bestimmter Werkstücke, Abschließen eines Vertrages, Beseitigung eines Fehlers), muß es aber nicht (z.B. Beratungsgespräch, das mit einem überraschenden Ergebnis endet). Gerade in dieser Beziehung unterscheiden sich viele berufliche Tätigkeiten z.B. im kreativen und personenbezogenen Dienstleistungsbereich von jenen in der Produktion oder Verwaltung.

Bewußtheit

Handeln geschieht bewußt, ist diskutierbar und änderbar. Das schließt nicht aus, daß es automati-

---

[7] Dabei ist z.B. an das Prinzip der »Kernarbeitsplätze« als zentrale Lernstationen zu erinnern (vgl. BRATER & BÜCHELE 1989).

sierte, nicht mehr bewußte Elemente enthält (z.B. bestimmte Handgriffe oder Routinen). Die kritische Reflexion und Diskussion der im Handeln gemachten Erfahrungen und gewonnenen Einsichten fördert seine Weiterentwicklung: sie sind unverzichtbar.

Subjektivität

Handeln schließt prinzipiell individuelle Varianten und Alternativen ein. Die Persönlichkeit des einzelnen ist in den Handlungsprozeß stärker involviert als beispielsweise beim Nachmachen von Prozeduren oder der Übernahme vorgetragenen Wissens. Handlungen sind nicht standardisierbar; dies kann nur auf der Ebene der Operationen (als mögliche Bestandteile einer Handlung) geschehen. Dementsprechend hat Handlungslernen immer Freiheitsgrade und Gestaltungsräume (z.B. im Gegensatz zu einem reinen Fertigkeitstraining oder dem Lernen festgelegter Bedienabfolgen) und läßt individuelle Interpretationen ausdrücklich zu.

Prozeßhaftigkeit

Handeln ist ein dynamischer, sich zeitlich erstreckender Prozeß, der keineswegs in allen seinen Elementen und Schritten vorher festgelegt ist (oder sein muß). Er entwickelt sich in Abhängigkeit von den Gegebenheiten bzw. ihrer Veränderung. Im Zuge des Handlungsprozesses findet Lernen statt, denn hier geschieht die entscheidende Auseinandersetzung mit der jeweiligen Realität (dem Gegenstand, Problem, den anderen Personen). Innerhalb des Prozesses sind Widerstände zu überwinden, ist Unvorhergesehenes zu bewältigen, sind wechselnde Bedingungen zu berücksichtigen. Hier werden Flexibilität und situationsspezifisches Agieren erforderlich – im Gegensatz zum isolierten Kenntniserwerb gemäß Lehrervortrag oder mittels Lesen eines Buches. Letzteres erhält übrigens eine andere Funktion, wenn der Lernende während des Handlungsprozesses merkt, daß er unbedingt etwas nachlesen muß, um sein Ziel zu erreichen.

Komplexität

Handeln ist mehrdimensional, es bezieht unterschiedliche Komponenten ein; verschiedene Qualifikationen müssen angewendet werden (z.B. fachliche und soziale, planerische und kooperative, methodische und emotionale). Die Komplexität von Handlungen variiert beträchtlich, aber grundsätzlich sind immer mehrere Qualifikationsdimensionen zu verknüpfen; damit werden im Handeln breitere Lernchancen eröffnet.

Gestaltbarkeit

Handeln impliziert die Möglichkeit zu kreativ-konstruktiver Veränderung – anders als beispielsweise der Erwerb festgelegten theoretischen Wissens; über Handeln greift der Mensch in die Umwelt ein, modifiziert sie, »manipuliert« sie. Hier hat es übrigens seine besondere Nähe zum manuellen Tun, aber es weist deutlich darüber hinaus und schließt ebenso planerische, organisatorische, soziale und geistige Bereiche mit ein.

Resultat

Handeln mündet in ein Ergebnis, es hat Wirkungen und Konsequenzen, die bewertbar, kritisierbar und in ihrer Bedeutung für »andere« (i.w.S.) hin zu analysieren sind. Das Ergebnis einer Handlung kann positiv oder negativ, nützlich oder wenig brauchbar, zufriedenstellend oder ärgerlich sein; es kann sich mit dem Ziel decken oder aber von ihm abweichen. Das Ergebnis einer Handlung läßt sich an objektiven und an subjektiven Kriterien spiegeln (das gilt übrigens genauso für den gesamten Handlungsprozeß); so mag das Resultat vielleicht nicht allen objektiven Anforderungen genügen, aber subjektiv ein Erfolg sein. Gerade dieses »Folgen-Haben« von Handlungen ist für Lernen entscheidend wichtig; der Auszubildende erfährt so etwas über die Wirkungen eigener Handlungen (Verantwortlichkeit).

Diese Strukturmerkmale beziehen sich sowohl auf das gegenständlich-materielle als auch das sozialkommunikative Handeln. Gestaltbarkeit, Subjektivität, Zielverschiebung oder Flexibilität im Handlungsprozeß sind für gewerblich-technische Lernbereiche ebenfalls von Bedeutung und sollten dort bewußt einbezogen werden. Dies ist für so manchen vielleicht überraschend und unverständlich, weil bisher die auch von der Handlungsregulationstheorie[8] getragene Sichtweise dominierte, daß es hier in erster Linie oder gar ausschließlich um das Lernen festgelegter Operationen / Arbeitsabläufe geht, bei dem nicht nur das Ergebnis (das zu fertigende Werkstück), sondern ebenso der optimale Weg vorher festgelegt ist. Die Einengung beruflichen Lernens und Arbeitens auf solche Tätigkeiten kontrastiert jedoch mit dem Ziel beruflicher Handlungsfähigkeit und den Erfordernissen moderner Arbeitsorganisationsformen. Deshalb ist gerade in bezug auf die gewerblich-technischen Berufsfelder hier ein Umdenken notwenig.

---

[8] Hier ist z.B. HACKER zu zitieren, der als Handlungs-(Arbeits-)ziel stets das vorweggenommene, ideal bereits existierende Resultat (also ein bestimmtes Produkt) sieht und das möglichst optimale, rationale Erreichen dieses Ziels als wesentlichen Aspekt heraushebt (HACKER 1978, S. 54). So werden – folgt man seinen Überlegungen – Gestaltungs- und Lernmöglichkeiten von vornherein stark begrenzt, so daß m. E. die ebenfalls von ihm beonte Persönlichkeitsförderung kaum stattfinden kann.

Literatur

Adolph, Gottfried: Vermittelt die Fachtheorie überhaupt Theorie? Zur Frage der Denkerziehung in der beruflichen Bildung (verv. Manuskript) Hochschultage, Berufliche Bildung, Hannover 1982.

Aebli, Hans: Grundlagen des Lehrens. Eine Allgemeine Didaktik auf psychologischer Grundlage. Stuttgart 1987.

Anderson, J.R.: Acquisition of cognitive skill. In: Psychological Review 1982, 4, S. 369–406.

Brater, Michael: Dienstleistungsarbeit und berufliche Bildung. Thesen zur Problematik berufsförmig organisierter Dienstleistungsarbeit. In: B. Buck (Hrsg.), Berufsbildung im Dienstleistungsbereich. Tagungen und Expertengespräche zur beruflichen Bildung, Heft 5, BIBB, Berlin 1987, S. 9–20.

Brater, Michael & Büchele, Ute: Persönlichkeitsorientierte Ausbildung am Arbeitsplatz. Entdeckendes Lernen in der Ausbildung von Industriekaufleuten. Zwischenbericht aus dem Modellversuch der Wacker-Chemie, München 1989 (noch nicht veröffentlicht).

Bürger, Wolfgang: Thesen zu einem assimilationstheoretischen Konzept erkennenden Lernens – Konsequenzen für handlungsorientierte Bildungsprozesse. In: Projektgruppe Handlungslernen (Hrsg.), Handlungslernen. Reihe: Berufliche Bildung, Band 4, Wetzlar 1984, S. 112–130.

Hacker, Wilfried: Allgemeine Arbeits- und Ingenieurpsychologie. 2. überarb. Auflage, Bern u.a. 1978.

Hoff, Ernst-H.: Arbeit, Freizeit und Persönlichkeit. Wissenschaftliche und alltägliche Vorstellungsmuster. In: Schriften zur Arbeitspsychologie Nr. 42, Bern, Stuttgart, Toronto 1986.

Hohner, Hans-Uwe: Kontrollbewußtsein und berufliches Handeln. Motivationale und identitätsbezogene Funktionen subjektiver Kontrollkonzepte. In: Schriften zur Arbeitspsychologie, Nr. 43, Bern, Stuttgart, Toronto 1987.

Laur-Ernst, Ute: Zur Vermittlung berufsübergreifender Qualifikationen. Oder: Warum und wie lernt man abstraktes Denken? In: BWP, 1983, Heft 6, S. 187–190.

Laur-Ernst, Ute: Entwicklung beruflicher Handlungsfähigkeit. Theoretische Analyse und praktische Konsequenzen für die Berufsbildung. Europäische Hochschulschriften, Reihe XI, Bd. 207, Frankfurt/M., Bern, New York 1984.

Laur-Ernst, Ute: Mehr berufliche Handlungsfähigkeit entwickeln – Konzepte für eine umfassendere Ausbildung. In: Bundesinstitut für Berufsbildung (Hrsg.), Neue Berufe, neue Qualifikationen, Kongreßbericht, Band E, Neue Berufe in der Elektrotechnik, Nürnberg 1989, S. 93–101.

Leontjew, A.N.: Das Lernen als Problem der Psychologie. In: P.J. Galperin, A.N. Leontjew, Probleme der Lerntheorie. Berlin (Ost) 1972, S. 11–32.

Leontjew, A.N.: Tätigkeit, Bewußtsein, Persönlichkeit. Stuttgart 1977.

Montada, Leo: Jean Piaget 1896–1980. In: Unterrichtswissenschaft 1981, 1, S. 1–6

Neber, Heinz (Hrsg.): Angewandte Problemlösepsychologie. In: Arbeiten zur sozialwissenschaftlichen Psychologie, Bd. 18, Münster 1987.

Piaget, Jean: Sprache und intellektuelle Operationen. In: H.G. Furth (Hrsg.), Intelligenz und Erkennen. Die Grundlagen der genetischen Erkenntnistheorie Piagets. Frankfurt 1972, S. 176–190.

Piaget, Jean: Der Strukturalismus. Olten 1973.

Piaget, Jean: Theorien und Methoden der modernen Erziehung. Frankfurt/M. 1978.

Wertsch, James, V.: Vygotsky, and the social formation of mind. Cambridge, Mass. London, Engl. 1985.

Frank Stritzel

Schlüsselqualifikationen und Verständnisprobleme in der CNC-Fortbildung lernungewohnter arbeitsloser Facharbeiter

Das Technologische Ausbildungszentrum Buxtehude führt seit 1986 in enger Zusammenarbeit zwischen Technologie-Zentrum Buxtehude, Volkshochschule der Stadt, der Arbeitsverwaltung und der Industrie- und Handelskammer Stade Aus-, Fort- und Weiterbildungslehrgänge durch. Die Lehrgänge werden in Vollzeit- und Teilzeitform sowohl in Tages- als auch Abend- und Wochenendkursen angeboten. Die Teilnehmer sind Facharbeiter, Ausbilder, Auszubildende und andere Beschäftigte aus Betrieben. Ein Schwerpunkt des TAB ist die berufliche Fortbildung zum »Maschinensteuerungsfachmann«. In diesem 9-monatigen Vollzeitlehrgang werden arbeitslose Metallfacharbeiter in der CNC- und Steuerungstechnik ausgebildet. Im Lehrgangsteil CNC-Technik, der sich über ein halbes Jahr erstreckt, wird fachlich ein Werkstattprogrammiererniveau angestrebt.

Stundenübersicht Maschinensteuerungsfachmann

- CNC-Technik   900 Std.
  + Grundlagen der Programmierung und EDV
  + CNC-Drehen
  + CNC-Fräsen
  + Arbeitsvorbereitung und Arbeitsorganisation an CNC Maschinen
- Steuerungs- und Regelungstechnik   360 Std.
- Metalltechnik und Längenprüftechnik   140 Std.
- Mathematische Grundlagen und Fachrechnen   60 Std.
- Lesen und Verstehen Technischer Zeichnungen   30 Std.
- Elektrotechnik   30 Std.
- Prüfungsarbeiten   <u>40 Std.</u>
                                                                    1560 Std.

Der Lehrgang »Maschinensteuerungsfachmann« ist von den Lernvoraussetzungen der Teilnehmer her betrachtet sehr heterogen zusammengesetzt. So müssen viele lernungewohnte Kollegen mit einigen jungen Facharbeitern, die gerade forsch die Berufsschule verlassen haben, zusammenarbeiten. Unter den 20 Lehrgangsteilnehmern befinden sich ca. 8 20–30jährige, wovon 4 direkt nach der Berufsausbildung die Fortbildung Maschinensteuerungsfachmann beginnen. Weitere 8 Teilnehmer sind 30–40 Jahre alt und 4 Teilnehmer 40–50 Jahre alt. Unter den Letztgenannten finden sich ca. 4 mit ein- bis mehrjähriger Arbeitslosigkeit vor Lehrgangsbeginn.
Die CNC-Materie ist zwar für unsere Teilnehmer sehr komplex und kompliziert und auch völlig fremd und neu, aber wir haben die Erfahrung gemacht, daß sie vom 25jährigen Werkzeugmacher mit Fachhochschulreife bis zum 45jährigen arbeitslosen Kfz.-Mechaniker erlernbar ist.
Das Auffassungsvermögen und das Lerntempo der einzelnen Teilnehmer klafft hierbei natürlich sehr auseinander. Je mehr es uns gelingt abstraktere Inhalte des CNC-Stoffes zu vergegenständlichen, desto erfolgreicher können gerade die lernungewohnten Teilnehmer im Lernprozeß vorankommen. Unsere handlungsorientierte Vermittlung des CNC-Stoffes erfolgt zunächst auf einer rein materiellen-gegenständlichen Ebene. Didaktischer Schlüssel ist hierbei eine möglichst enge Verzahnung von theoretischer und praktischer Ausbildung. Theoretische Erläuterungen, Übungen mit der Simulationssoftware am PC und praktische Unterweisungen an den beiden CNC-Produktionsma-

schinen werden hierbei von ein und derselben Lehrkraft durchgeführt. Der permanente Einsatz der CNC-Dreh- und Fräsmaschinen, nicht nur zu Demonstrationszwecken, sondern gerade auch zum Sammeln der unerläßlichen eigenen Erfahrungen der Teilnehmer ist ein Schwerpunkt der Fortbildung. Aus diesem Grunde arbeiten die Teilnehmer schon sehr früh auch allein an der CNC-Maschine.

Verständnisprobleme

In allen Lehrgängen haben wir es immer wieder mit folgenden Verständnisproblemen und Fragestellungen zu tun:
Von der technischen Zeichnung bis zum fertigen CNC-Programm – Schwierigkeiten beim selbständigen Erarbeiten von Bearbeitungsabläufen. Wie kann das für die CNC-Technik erforderliche vorausschauende planende Denken geschult werden? Teilnehmerreaktionen auf Fehlermeldungen der CNC-Steuerung. Wie erreichen wir eine selbständige systematische Fehlersuche? Werkzeug- und Werkstückbewegungen im CNC-Bezugssystem. Verständnisprobleme bei der Absolut- und Inkrementalprogrammierung, der Fräserradiuskorrektur und Schneidenradiuskompensation, der Festlegung der Koordinatenvorzeichen. Als Beispiel soll hier auf CNC-Koordinatensysteme mit wechselnden Bezugspunkten eingegangen werden.
Die Programmierung bestimmter Werkstückkonturen erfordert vom CNC-Werkstattprogrammierer ein sicheres und flexibles Anwenden von Koordinatensystemen (Absolut-, Inkrementalprogrammierung, Kreisprogrammierung, Programmierung mit Polarkoordinaten, Nullpunktverschiebung etc.).

Kreisprogrammierung

Das Koordinatendenken, besonders wenn noch Vorzeichenwechsel hinzukommen, bereitet den lernungewohnten Teilnehmern größte Anfangsschwierigkeiten. Hier wirken sich etwaige Schuldefizite und zu viele Jahre zurückliegende Lernprozesse am krassesten aus. Geübte und vorgeschulte Teilnehmer begreifen diesen Komplex (Koordinatensysteme) relativ schnell, da sie das Koordinatendenken **formalisiert** übertragen können.
Wir vermitteln den Teilnehmern diesen Stoff über zahlreiche veranschaulichende Übungen: Maschinelles Zerspanen im Handbetrieb mit richtiger Achsen- und Vorzeichenwahl, spezielle Koordinatenübungen der CNC-Software am PC, Übungsaufgaben in der CNC-Technik und im Fachrechnen, Schulung des räumlichen Vorstellungsvermögens im technischen Zeichnen.
Das materiell- gegenständliche Handeln der Teilnehmer, auch bei Lösung ihrer Verständnisprobleme, bildet die Basis für ein späteres Abstrahieren. Dies wird besonders während der letzten 3 Lehrgangsmonate deutlich, wo die doch etwas abstrakteren Inhalte der Steuerungstechnik Unterrichtsgegenstand sind. So ist beispielsweise auch den lernungewohnten Teilnehmern der logische Aufbau von EDV und SPS-Programmen schneller klar.

Schlüsselqualifikationen Kooperationsfähigkeit, Fortbildungs- und Hilfsbereitschaft

Die **Kooperationsfähigkeit** ist nicht nur eine soziale Kompetenz sondern für den CNC-Werkstattprogrammierer im Betrieb auch fachlich unabdingbar. Durch Wechsel der Lernformen (Einzel-, Partner-, Gruppenarbeit, Mischung Lernungewohnter/Gewohnter an PC und Maschine) und Durchführung verschiedenster Projekte (Musterproduktionsteile für Betriebe der Region, Motor, Bohrständer, Türschild, Weinkelch und andere Gebrauchsgegenstände) versucht das TAB die Kooperationsfähigkeit der Teilnehmer zu fördern. In der Anfangsphase ist das Lerntempo zunächst einmal an den schwächeren Teilnehmern orientiert. Gerade ihnen sollen zunächst einmal die Versagensängste genommen werden. Ergänzend müssen die lernungewohnten Teilnehmer häufig im Einzelunterricht nach

12 Kreisprogrammierung

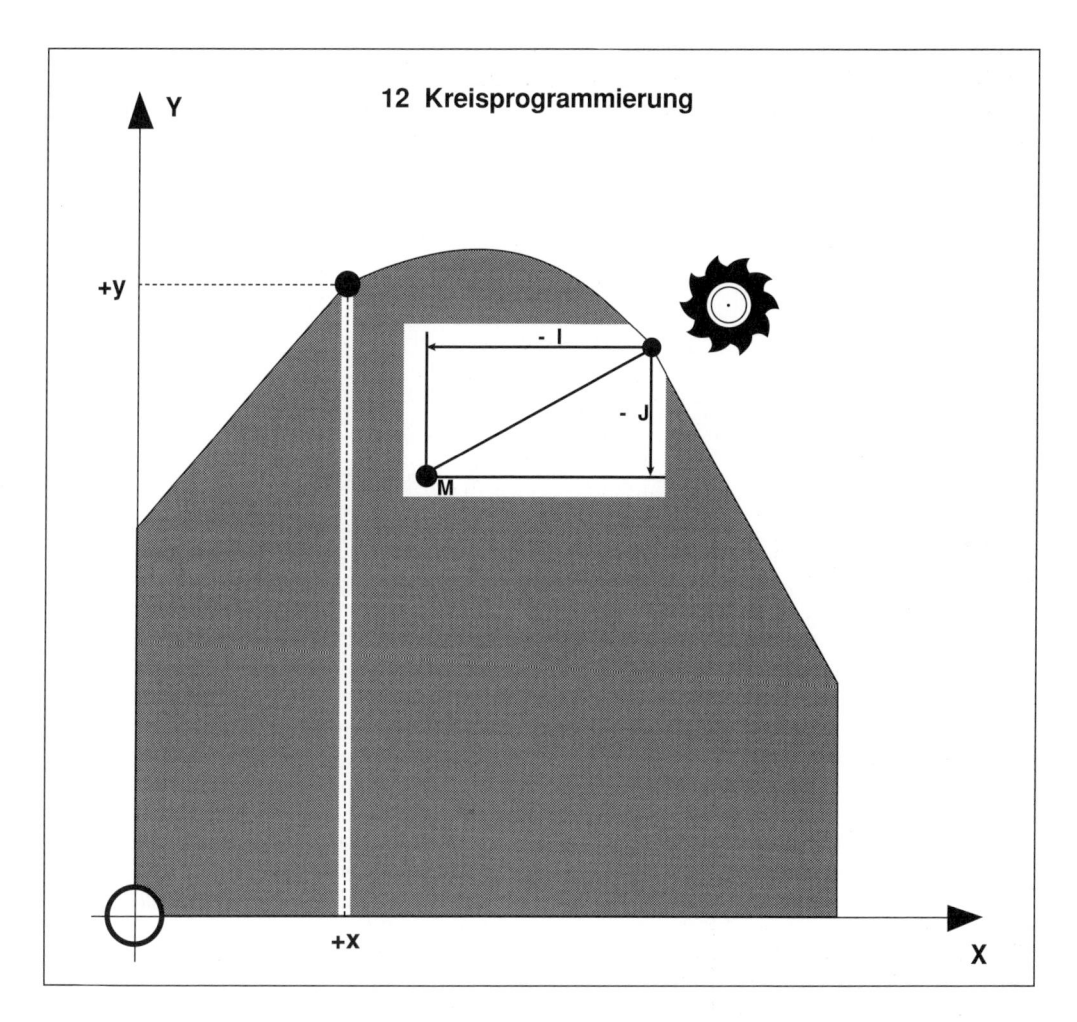

Unterrichtsschluß speziell gefördert werden. Eine wichtige Rolle spielt natürlich auch die erwachsenenpädagogisch gerechte Klimapflege, die mit zu einem freudigen und erfolgreichen Lehrgangsverlauf als Voraussetzung für zukünftige **Fortbildungsbereitschaft** der Teilnehmer führt.

Die individuelle Hilfe, Beratung und sozialpädagogische Betreuung der Lehrgangsteilnehmer wird von den Lehrkräften und nicht von extra eingestellten Sozialpädagogen durchgeführt. Dies ermöglicht eine ganzheitliche fachliche und persönliche Einzelbetreuung der Teilnehmer. Die Einbeziehung der Lebensumstände der Teilnehmer in die Lernorganisation und die Ablehnung der Beurteilung der Teilnehmer ausschließlich nach dem Leistungsprinzip fördert die **Hilfsbereitschaft** und das solidarische Verhalten.

Ein weiteres wesentliches Instrument zur Förderung dieser personenbezogenen Schlüsselqualifikationen ist die regelmäßige Durchführung einer »Lehrgangskritik-Stunde« mit allen Teilnehmern. Hier wird meist freitags eine kritische Reflexion der vergangenen Lehrgangswoche durchgeführt. Hierbei äußert jeder Teilnehmer nacheinander die positiven und negativen Dinge, die ihm in den letzten Tagen aufgefallen waren. Der Lehrer schreibt kommentarlos alle Punkte sichtbar auf den Overhead-Projektor auf. Sehr wichtig ist, daß während dieser Vortragsphase weder ein Teilnehmer noch der Lehrer irgendwelche Kommentare zu den Äußerungen abgeben. Nachdem alle Teilnehmer sich so frei äußern konnten, findet eine gemeinsame Besprechung der Kritiken statt. Meist endet die Sitzung dann direkt mit Anregungen und Beschlüssen zur Veränderung der Lernorganisation.

Nach unseren Erfahrungen in der Fortbildung arbeitsloser Erwachsener verwirklichen sich derartige personenbezogene Schlüsselqualifikationen nicht unbedingt zwangsläufig im Lernprozeß, sondern bedürfen zu ihrer Förderung weiterer Maßnahmen wie z.B. der genannten »Lehrgangskritik-Stunde«.

Hanjo Schild

»Handlungsorientierte Vermittlung von Fachwissen und Schlüsselqualifikationen in Verbindung mit Fachqualifikationen an sog. benachteiligte Jugendliche«

1. Institutioneller Rahmen:
   Träger/Ausbildung im Benachteiligtenprogramm/Zielgruppe
2. Der Modellversuch der Volkshochschule Rheingau-Taunus e.V.:
   – Der Gefahr einer Polarisierung auf dem Ausbildungsstellen- und Arbeitsmarkt durch die erhöhten Anforderungen der neugeordneten Berufsbilder ist durch geeignete Ausbildungskonzepte und -formen zu begegnen.
3. Ein sowohl der Zielgruppe als auch der Neuordnung gerecht werdendes Ausbildungskonzept bezieht sich auf zwei Qualifikationsebenen:
   – funktionale Qualifikationen (Fach-, Methoden-, »Selbst«kompetenzen)
   – extrafunktionale (Schlüssel-)Qualifikationen (Sozial-, Handlungs- Kommunikationskompetenz)
   Zwischen den sogenannten Schlüsselqualifikationen und den extrafunktionalen Qualifikationen ist zu differenzieren.
4. Ausgangspunkt einer Konzeptionsentwicklung für die Zielgruppe muß die Frage sein: »Welche (funktionalen) Schlüsselqualifikationen für benachteiligte Jugendliche sind speziell bezogen auf den Umgang mit Neuen Technologien zu vermitteln?«
   (Informationstechnische Grundbildung; CNC-Technik; Steuerungstechnik).
5. Der Erwerb von Handlungskompetenz (Planen, Durchführen, Kontrollieren – als **eine** Schlüsselqualifikation) wie auch der Erwerb z.B. steuerungstechnischer Kompetenzen (als **eine** Fachkompetenz) sind als eine Einheit zu sehen. Bei der Vermittlung dieser Kompetenzen sind besondere angemessene Formen und Methoden (z.B. Handlungsorientierung) zu berücksichtigen.
6. Am Beispiel einer Lerneinheit aus dem »Grundkurs Pneumatische Steuerung« werden Probleme aufgezeigt, die beim handlungsorientierten Vermitteln von Fachwissen **und** Schlüsselqualifikationen auftauchen (können). Lösungsversuche werden geschildert. Dies geschieht nicht auf der rein theoretischen Ebene, vielmehr werden die Arbeitsgruppenteilnehmer durch die Lerneinheit geführt. An jeweiligen relevanten Stellen werden aufgetretene Schwierigkeiten, die Auszubildende hatten (und haben), erläutert und Problemlösungsversuche dargestellt.
7. Im Sinne eines (Zwischen-) Fazits sollen besondere zentrale Erfahrungen in Bezug auf die Methoden, die Rolle der Ausbilder wie auf vorhandenes Arbeitsmaterial zusammengefaßt werden.

Ausgangslage und Lernvoraussetzungen von Jugendlichen des Grundkurses »Pneumatische Steuerungen«

— Ein »Projekt« bzw. »Handlungsorientierung« führt nicht zwangsläufig von sich aus zur Motivationssteigerung. Nur von vornherein hochmotivierte Jugendliche erleben es als Entfesselung von Ausbildungszwängen und als Entfaltungsmöglichkeiten für sich.
— Obwohl zur Bewältigung eines praktischen Problems in der Regel theoretische Kenntnisse erforderlich sind, würden die meisten Jugendlichen – vor die freie Wahl gestellt – die Theorie nicht beachten und direkt mit dem Handeln anfangen.
— Außer bei hochmotivierten Auszubildenden ist die Verknüpfung von Hand- und Kopfarbeit nur mit Zwang und mit Anreizen möglich.
— Schlüsselqualifikationen und Fachwissen bedingen sich gegenseitig.
— Nur selbständiges, neugieriges, kreatives, angstfreies Herangehen an Probleme – im Selbstbewußtsein der eigenen Schwächen und Stärken – ermöglicht die Aneignung von umfangreichem Fachwissen.

- Angst und Resignation behindern das unbefangene Herangehen.
- Hauptaufgabe des Ausbilders ist es, herauszufinden, an welcher Stelle des Lernprozesses der Jugendliche scheitert, die Gründe zu suchen und gemeinsam mit ihm einen Weg zu beschreiben, auf dem er sich die Kenntnisse und Fähigkeiten aneignen kann, um das Hindernis zu überschreiten oder zu umgehen.
- Die Gründe des Scheiterns liegen häufig in fehlenden Kenntnissen, die ganz am Anfang seiner Lernkarriere versäumt oder nicht verstanden wurden.
- Es gilt gemeinsam mit dem Jugendlichen herauszufinden, an welcher Stelle seiner Lernkarriere Wissenslücken bestehen, aufzuzeigen, daß diese Lücken das Lösen der derzeitigen Probleme unmöglich machen oder verhindern und – wenn er das wirklich will – einen Plan aufzustellen, um diese Löcher zu schließen.
- Lernschwache Jugendliche haben zu einem sehr frühen Zeitpunkt ihres Lebens schon resigniert ohne jemals erfahren zu haben, warum sie irgendetwas nicht verstehen.
- Es gilt diesen Auszubildenden »Erfolgserlebnisse« in der Kopfarbeit zu verschaffen.
- Es gilt über die Schaffung eines angst- und sanktionsarmen Lernklimas die jahrelangen, frustrierenden Lernerfahrungen der Einzelnen zu neutralisieren und einen Erkenntnisprozeß in Gang zu setzen, an dessen Ende ein Bewußtsein der eigenen Schwächen und Stärken steht. Ein Selbstbewußtsein, das dem Auszubildenden ermöglicht offenzulegen: »Hierin bin ich gut und darin bin ich schlecht; das kann ich und das muß ich halt mühsam lernen.«

Arbeitsgruppe 5
»Handlungsorientierte Vermittlung von Fachwissen und Schlüsselqualifikationen in der Ausbildung zu Kaufleuten im Einzelhandel«

Einführung/Bericht:

Klaus Wicher, Dozent,
Berufsförderungswerk Hamburg

Corinna König,

Dagmar Hüsing,

Gabriele Kahl,
Studentinnen, Universität Hamburg

Referat:

Hartmut Schulze

»Unternehmensprojekte – handlungsorientierte Vermittlung von Fachwissen und Schlüsselqualifikationen im Ausbildungsberuf Kaufmann/Kauffrau im Einzelhandel.«

Klaus Wicher

Bericht der AG 5: Handlungsorientierte Vermittlung von Fachwissen und Schlüsselqualifikationen in der Ausbildung zu Kaufleuten im Einzelhandel

In den einführenden Vorträgen von Hans-Georg Meyer und Wolfgang Schulze wurden Erfahrungen berichtet, die sich auf die betriebliche, überbetriebliche und schulische Ausbildung von Einzelhändlern bezogen. Herr Dr. Prahl formulierte Standpunkte aus der Sicht des Arbeitgeberverbandes und bezog zu Einzelaspekten in der Diskussion Stellung.
Die Arbeitsgruppe hat versucht, einen Überblick zu gewinnen über Konzepte in Schule und Betrieb, die sich aufgrund der veränderten Ausbildungsordnung für die Betriebe und eines neuen Rahmenlehrplanes für die Berufsschulen gewandelt haben. Dabei wurde die phasenweise Aufhebung der Trennung von Theorie und Praxis – im Sinne einer handlungsorientierten Sequenzierung – angesprochen.
Bei der Diskussion der Einzelbeiträge wie auch bei den abschließenden Statements wurden folgende Aspekte diskutiert:
— Die Auszubildenden verfügen über unterschiedliche Startvoraussetzungen. Wie kann die sich weiter öffnende Schere zwischen »schwachen« und »starken« Auszubildenden verringert werden? Insbesondere wurde dabei auf die Gefahr einer Elitebildung für wenige durch die immer noch mögliche Verkäuferausbildung in nur zwei Jahren hingewiesen.
— Die Auszubildenden sollen zur Mitgestaltung und Mitwirkung befähigt werden. Es wurde für die betriebliche Ausbildung bezweifelt, daß dies möglich ist, weil die betriebliche Realität dies wegen ihrer hierarchischen Struktur nicht zulassen würde.
— Kontrovers wurde über den fachlichen Schwerpunkt debattiert: Soll die Beherrschung eines EDV-gestützten Warenwirtschaftssystems Vorrang vor verkaufsorientierten Tätigkeiten erhalten? Eine Sowohl-als-auch-Position wurde angesprochen, ohne die Zeitanteile für den jeweiligen Fachinhalt zu quantifizieren.
— Der Datenverarbeitung soll insgesamt ein höherer Stellenwert zukommen, insbesondere in der integrierten Anwendung mit Fachkenntnissen.
Natürlich standen im Mittelpunkt der Diskussion die Fragen nach den methodisch-didaktischen Erfordernissen, die durch die Neuordnung und Betonung der Schlüsselqualifikationen evident sind.
— Die Diskussion darüber welche Schlüsselqualifikationen bedeutsam sind, zeigte auf, daß ein wesentlicher Unterschied zwischen betrieblicher- und schulischer Herangehensweise in den Zielen zu finden ist. Hauptziel betrieblicher Ausbildung ist die Qualifizierung im Hinblick auf die unmittelbare Bewältigung der Markterfordernisse, während der schulische Ansatz darüberhinaus übergeordnete Ziele wie etwa Mündigkeit und Kritikfähigkeit stärker in den Blick nimmt.
— Ausbilder und Lehrer waren sich einig, daß neue Methoden angewendet werden müssen. Rollenspiele und Projektmethode wurden u.a. genannt.
— Herr Schulze berichtete im Zusammenhang mit einem erfolgreich verlaufenen Ausbildungsprojekt mit lernbehinderten Jugendlichen, daß der Erfolg mitentscheidend davon abhing, daß die didaktische Sequenzierung von der fachlogischen Strukturierung zugunsten einer problemorientierten Vorgehensweise gewandelt wurde. Handeln wurde dabei zum Lernprinzip erhoben. In der Diskussion um diesen Ansatz gingen die Meinungen auseinander. Der Spannungsbogen reichte von »Schlüsselqualifikationen entwickeln sich erst im Prozeß des Lernens« bis zu dem statischen Argument »Schlüsselqualifikationen bringen die Auszubildenden entweder mit oder nicht«.
— An der als modern empfundenen Konzeption der Firma Görtz entwickelte sich die Grundfrage, ob für die Auszubildenden die betrieblichen Zusammenhänge erfahrbar werden, sofern quasi Abteilung für Abteilung durchlaufen wird. Hier wurde entgegengehalten, daß sich ein schlüssiges

Gesamtbild des Unternehmensablaufes erst ergeben kann, wenn alle wesentlichen Betriebsfunktionen in einer möglichst mehrdimensionalen Problemstellung bearbeitet werden können. Zudem können erst auf dieser Grundlage von den Auszubildenden später gelernte Einzelaspekte dem Gesamtzusammenhang zugeordnet und somit auch verstanden werden.
– Insbesondere von schulischer Seite wurde eine stärkere Kooperation zwischen Betrieben und Berufsschulen gefordert, um beispielsweise schulische Projekte auch vor Ort im Betrieb durchführen zu können.

Als Resumee kann festgehalten werden:
– Die Herausbildung von Schlüsselqualifikationen erfordert eine tendenzielle Abkehr von den traditionellen betrieblichen und schulischen Ausbildungsmustern. Gefordert werden ganzheitliche Projekte, dabei sind zeitliche Aspekte, sachliche Ausstattung, Qualifikation der Ausbilder/Lehrer, Eingangsvoraussetzungen der Auszubildenden u.a. Erfordernisse zu berücksichtigen.
– Über Kooperationen zwischen Betrieben und Schulen sollte weiter nachgedacht und zumindest modellhafte Umsetzungen sollten angestrebt werden.
– Insgesamt scheint es einen noch großen Diskussions- und Informationsbedarf zu geben. Fragen der Prüfungsgestaltung, sachliche und organisatorische Gestaltung und vieles mehr konnten nicht angesprochen werden. Die angeschnittenen Themen gilt es weiter zu entwickeln.

Corinna König
Dagmar Hüsing
Gabriele Kahl

Tätigkeitsfelder im Einzelhandel und Schlüsselqualifikationen

Die Ausbildung zu Kaufleuten im Einzelhandel umfaßt im wesentlichen folgende Punkte: Kenntnisse über den Ausbildungsbetrieb, die Beschaffung, die Lagerhaltung, das Personalwesen, das Rechnungswesen, der Absatz mit Warenkunde, Beratung und Verkauf, die Warenwirtschaftssysteme.
Dem Auszubildenden sollten während seiner Berufsausbildung Kenntnisse und Fähigkeiten vermittelt werden, die es ihm erlauben, nicht nur den Prüfungsanforderungen (siehe Verordnung über die Berufsausbildung zum Kaufmann / Kauffrau im Einzelhandel) sondern auch dem beruflichen Anforderungspotential gerecht zu werden. Der Schwerpunkt der Ausbildung liegt hierbei bei der Verkaufshandlung (Verkaufs- und Beratungsgespräch, Warenvorlage, Wortschatz- und Sprechfertigkeit, Verkaufspsychologie).
Dabei stehen die sozialen Fähigkeiten mit den waren- und betriebsbezogenen Kenntnissen und Fertigkeiten in einem instrumentellen Zusammenhang. Die damit verbundenen Aufgaben werden gekennzeichnet durch: Warenbezogene, soziale und betriebsbezogene, fachkundliche Qualifikationen.
»Bei der Gestaltung der Ausbildungsordnung wird die Kategorie »Qualifikation« begrifflich unter dem Gesichtspunkt der Anforderungen gefaßt und beschrieben, und zwar der Anforderungen, die vom Arbeitsprozeß her an das Individuum gestellt werden.« (D. Lennartz, Abschlußprüfungen..., 1984) So sollte während der Ausbildung darauf geachtet werden, daß der Auszubildende z.B. weiß:
»...wie wesentlich für einen Kaufmann die mündliche und schriftliche Beherrschung der Sprache und das Denken in Zahlen ist« und »...wie entscheidend die Qualität seiner Ausbildung und sein Wille zur Weiterbildung seinen beruflichen Werdegang als Arbeitnehmer oder als selbständiger Kaufmann beeinflussen werden.« (aus: Verordnung über die Berufsausbildung...)
Diese nicht berufsspezifischen allgemeinen Qualifikationen / **Schlüseslqualifikationen (SQ)** (situationsgerechte Interpretation, Kommunikationsfähigkeit, Flexibilität, etc.) befähigen den Auszubildenden zur Erlernung bzw. Ausübung seines Berufes. »...Mit der Ausbildung sollen beim Auszubildenden Wissens- und Könnensstrukturen entwickelt werden, die ihn zu kompetentem beruflichen Handeln befähigen« (D. Lennartz, s.o.) Die Berücksichtigung der Zusatzqualifikationen / SQ sollte sowohl in der Berufsschule als auch im Ausbildungsbetrieb bei der Vermittlung von Fachwissen erfolgen. Sie begünstigen die Eingliederung und das Fortkommen des Auszubildenden im Berufsleben.
Werden die Zusatzqualifikationen / SQ erfolgreich vermittelt, ist der Auszubildende hinreichend befähigt, den Forderungen der Schlüsselqualifikationstheorie nach dem sogenannten »**life-long-learning**« zu entsprechen. Damit wird ebenfalls den Forderungen der Betriebe nach Flexibilität an ein ständig wachsendes und wechselndes Anforderungspotential Rechnung getragen.

Ausbildungsordnung und darin aufgeführte Schlüsselqualifikationen

Die Verordnung über die Berufsausbildung zu Kaufleuten im Einzelhandel vom 14.1.1987 nimmt diese Forderungen gezielt auf. Beispielhaft seien hier einige Punkte herausgegriffen.
Der Auszubildenden soll:
»...Einflüsse von technischen Neuerungen, gesellschaftlichen Entwicklungen, Werbung und Medien auf das Verhalten der Verbraucher, das Warenangebot und die Marktentwicklung beschreiben.«

»...Ziele und Aufgaben der Warenwirtschaft des Ausbildungsbetriebes beschreiben und die Möglichkeiten der Unterstützung durch Informationstechnologien nennen.«

»...Vorstellungen der Kunden von der Ware mit den Eigenschaften und Verwendungsmöglichkeiten der Ware vergleichen und daraus Verkaufsargumente ableiten.«

»...Verkaufsgespräche kundenbezogen und situationsgerecht unter Berücksichtigung angemessener sprachlicher und nichtsprachlicher Ausdrucksmöglichkeiten selbständig führen.«

Die Konkretisierung der Lernziele, bei denen SQ im Vordergrund stehen, auf Lerninhalte erweist sich in der Praxis oft als problematisch.

Problematik der Vermittlung von Schlüsselqualifikationen

Als potentielle Ursachen für die Probleme bei der Umsetzung der Lernziele in Lerninhalte und Lernprozesse können folgende Gründe angesehen werden:
Formulierungsschwierigkeiten (SQ lassen sich nur schwer auf Lerninhalte abbilden. Berücksichtigt wird nur die unterste Taxonomiestufe.)
Prüfungsrelevanz (SQ lassen sich in Prüfungssituationen nur ungenau wiedergeben und sind nicht über ein standardisiertes Notensystem zu erfassen.)
Obwohl SQ in der Theorie und in der Praxis als wichtig erkannt wurden, stößt ihre Vermittlung auf Hindernisse (z.B. 45-min. Unterricht, wöchentlicher Unterricht, fehlende Unterrichtskonzepte, »altmodische« Betriebsstrukturen). Ein Großteil der Lerninhalte bezieht sich deshalb lediglich auf reproduktive Fähigkeiten, die unter einer klaren Zielvorgabe erzielt werden sollen. »...unbekannt bleibt die Funktion, die diese Kenntnisse und Fertigkeiten in bezug auf die Gesamtqualifikation haben.« (D. Lennartz, s.o.) Hier aber ist der Widerspruch zum handlungsorientierten Lernen verankert, es sollte nicht allein das zielorientierte Lernen, z.B. einen Tatbestand erkennen und erklären können, sondern das handlungsorientierte Lernen, Zusammenhänge als solche zu begreifen, im Vordergrund der Ausbildung stehen. »Wie bei der Zwischenprüfung dominieren auch bei den Prüfungsaufgaben, die innerhalb der vorgegebenen Prüfungsfächer zu bearbeiten sind, die Einzelkenntnisse. In den eklektizistisch zusammengestellten Fragen wird weder das Spezifische kaufmännischen Handelns noch das Tätigkeitsfeld Einzelhandel adäquat erfaßt. Erfragt und überprüft werden eine Vielzahl von Fragmenten kaufmännischen Wissens, deren wechselseitigen Bezug der Prüfling jedoch für sich nicht geklärt haben muß, um die Prüfungsfragen beantworten zu können.« (D. Lennartz, s.o.) Als Ansatz für die handlungsorientierte Vermittlung von Schlüsselqualifikationen kann die Neuordnung des mündlichen Prüfungsfaches als »Praktische Übung« angesehen werden. In einem 30min Prüfungsgespräch muß der Auszubildende seine Lösung zu einer Aufgabe oder einem Fall darlegen, und zur Vorbereitung muß ihm eine angemessene Zeit eingeräumt werden. Dadurch könnte sich eine Chance bieten, praktische Kenntnisse einzubeziehen, die Prüfung handlungsbezogen zu gestalten und dabei auch den Prüfungsstreß abzubauen.
Dies zeigt, daß eine angemessene Qualifikation des Auszubildenden nur bei der Vermittlung von SQ in Verbindung mit Fachwissen gegeben ist.

Hartmut Schulze

Unternehmensprojekte – handlungsorientierte Vermittlung von Fachwissen und Schlüsselqualifikationen im Ausbildungsberuf »Kaufmann/Kauffrau im Einzelhandel«

1. Schlüsselqualifikationen im Einzelhandel

Die Neuordnung der Ausbildung im Einzelhandel hat zur Entstehung des dreijährigen Berufes »Kaufmann/Kauffrau im Einzelhandel« geführt und damit verbunden zu einem veränderten Qualifikationsprofil, das sich insbesondere an folgenden Elementen der Ausbildung verdeutlichen läßt:
— Im Bereich der Warenverkaufskunde weg von dem technologischen Fachwissen – hin zu Schlüsselqualifikationen wie Selbstkompetenz, soziale Kompetenz und sprachliche Kompetenz.
— Im Bereich der betriebswirtschaftlichen Inhalte hin zur Integration von Datenverarbeitung und über die Fachkompetenz hinaus hin zu anwendungsbezogenen, handlungsorientierten Formen des Berufsschulunterrichts, durch die Kooperationsfähigkeit und Problemlösungskompetenz erworben werden.
— Im Bereich der mündlichen Abschlußprüfung weg vom Abprüfen theoretischen Fachwissens in reiner Gesprächsform – hin zu »Praktischen Übungen«, d.h. zur Bearbeitung »betriebspraktischer Vorgänge und Problemstellungen« in den verschiedenen Tätigkeitsbereichen eines Einzelhandelsunternehmens, u.a. auch im Bereich der Warenwirtschaft.

Dieses Qualifikationsprofil erfordert die Überwindung der bislang geltenden strikten Trennung von Theorie und Praxis in der kaufmännischen Ausbildung. Bei der methodisch-didaktischen Umsetzung der Neuordnung konzentrieren sich demnach die konzeptionellen Überlegungen der Berufsschule auf zwei Fragen:
1. Welche Schlüsselqualifikationen müssen zum Erwerb beruflicher Handlungsfähigkeit in dem Beruf **Kaufmann/Kauffrau im Einzelhandel** entwickelt werden?
2. Welche handlungsorientierten Lernformen eignen sich zur Entwicklung der im Beruf **Kaufmann/Kauffrau im Einzelhandel** benötigten Schlüsselqualifikationen?

Zur Beantwortung der ersten Frage gibt es lediglich von betrieblicher Seite verschiedene Schlüsselqualifikations-Kataloge (z.B. Abb.1), die im wesentlichen folgende Kompetenzen fordern:
— Fachkompetenz
— Soziale Kompetenzen
— Selbstkompetenz
— Kommunikations- und Kooperationsfähigkeit
— Problemlösungskompetenz

Der umfassende Bildungsauftrag der Berufsschule erfordert über diese Kompetenzen hinaus die Entwicklung der
— Kritikfähigkeit
— Demokratiekompetenz
— Umweltkompetenz

Die damit formulierten neuen Inhalt des Berufes Kaufmann/Kauffrau im Einzelhandel entstanden aus den gewachsenen Anforderungen der Arbeits- und Umwelt sowie den sich verändernden Anforderungen an den beratenden Einzelhandel durch den »neuen« Kunden und ansteigende Konkurrenz durch Unternehmen mit Selbstbedienung.

Mit der Neuordnung des Berufes und der damit verbundenen Verlagerung des Ausbildungsschwerpunktes auf den Bereich Warenverkaufskunde, mit Orientierung auf die Schlüsselqualifikationen Kommunikation / Problemlösungskompetenz (vgl. Prüfungsordnung), werden Betriebe und Berufsschulen als Träger der Ausbildung jetzt gezielt aufgefordert, über die Vermittlung von Fachwissen hinaus sich mit der Entwicklung von Schlüsselqualifikationen zu befassen.

In der Diskussion um das WIE haben sich einige elementare Thesen herausgebildet (vgl. Ute Laur-Ernst, Vortrag »Handlungsorientiertes Lernen in Schule und Betrieb« in GEW / IGM Dokumentation, »Neuordnung Metall- und Elektroberufe«, Hamburg 1989):

— Schlüsselqualifikationen schließen die Entwicklung der Persönlichkeit des Lernenden ein, sie erfassen nicht nur den kognitiven Bereich des Menschen sondern sie beziehen psycho-soziale Persönlichkeitsanteile mit ein.
— Schlüsselqualifikationen entwickeln sich im **Prozeß** des Lernens, sie sind nicht erlernbar wie Fachwissen.
— Schlüsselqualifikationen werden verstärkt in Lernprozessen entwickelt, die das **Handeln als Lernprinzip** beinhalten.

Das im folgenden dargelegte Konzept von Unternehmensprojekten als Kernstück handlungsorientierter Entwicklung von Schlüsselqualifikationen in der Berufsschule ist ein Versuch, das von Ute Laur-Ernst dargelegte didaktische Konzept für den kaufmännischen Bereich umzusetzen. Aus

---

Allgemeine Anforderungen an Kenntnisse und Fertigkeiten von Verkaufsmitarbeitern im Beratenden Einzelhandel (Textil):

1. **Fachkompetenz**
Kenntnisse und Fertigkeiten, die eine fachgerechte Beratung überhaupt ermöglichen:
— allgemeine Warenkenntnisse
— Kenntnisse und Fertigkeiten für die Beratung
In Fragen der...
— Behandlung und Pflege
— Qualität der Ware
— (modischen) Aktualität
— Kombinations- bzw. Verwendungsmöglichkeiten
— («Typgerechten« Bekleidung und Paßform)
etc.

2. **Allgemeine soziale Kompetenz**
Kenntnisse und soziale Fertigkeiten, die eine menschlich positive Beziehung zum Kunden fordern:
— Einfühlungsvermögen
— Kontaktfreudigkeit
— Flexible »Anpassungsfähigkeit«
— Beobachtungs- bzw. Wahrnehmungsvermögen
— Engagement und Überzeugungskraft
etc.

3. **Selbstkompetenz**
Fertigkeiten zur Bewältigung »Kritischer« Situationen im Umgang mit anderen Menschen:
— Selbstsicherheit und postives Selbstbewußtsein
— Selbstkontrolle
— Streßresistenz

4. **Sprachliche Kompetenz**
Rhetorische Fertigkeiten im Sinne von »Redegewandtheit«:
— Wortwahl
— Aussprache
— Flüssigkeit
— Tempo
etc.

5. **Beratungs- und Verkaufskompetenz**
Kenntnisse und Fertigkeiten zur gezielten Gesprächsführung im Verkauf, Beherrschung von »Gesprächstechniken« zur / zum...
— Gesprächseröffnung
— Bedarfsermittlung
— Warenvorlage
— Information und Argumentation
— Einwand- und Preisbehandlung
— Gesprächsabschluß

6. **Generelles Interesse am Verkauf und am Umgang mit Kunden**
Verkaufsrelevante und Leistungsbezogene Einstellungen sowie »Motive«:
— Generelle Leistungsmotivation (»Optimismus« im Hinblick auf den Verkaufserfolg / Keine Angst vor Mißerfolg)
— »Motivation« überhaupt zu verkaufen
— Interesse am Kunden und seinen Erwartungen

Quelle: Vortragsmanuskript, Textilfachschule Nagold

Abb. 1: Schlüsselqualifikationen

---

diesem Grund befaßt sich der vierte Abschnitt »Dimensionen eines handlungsorientierten Unternehmensprojektes« mit der Darstellung ihres Konzeptes, um die entscheidenden Merkmale »handlungsorientierter Berufsausbildung« darzustellen. Der Abschnitt soll auch deutlich machen, worin die entscheidenden Unterschiede zum herkömmlichen Berufsschulunterricht liegen und welche Möglichkeiten und Herausforderungen dieser Ansatz für die Berufsschule beinhaltet.

Grundlage des Konzeptes der **Unternehmensprojekte** waren Erfahrungen, die seit 1985 an der Gewerbeschule 12 in Zusammenarbeit mit dem Berufsbildungswerk Hamburg gemacht wurden.
Es ging in diesen Projekten darum, lernbehinderte Jugendliche in dem Ausbildungsberuf **Einzelhandelskaufmann/Einzelhandelskauffrau** auszubilden, wobei sich das »Handeln als Lernprinzip« als die einzig erfolgreiche methodisch-didaktische Konzeption der Vermittlung von Fachwissen erwies. Zusätzlich konnten erstaunliche Ergebnisse bei der Persönlichkeitsentwicklung festgestellt werden. Auch für den Ausbildungsberuf **Kaufmann/Kauffrau im Einzelhandel** wurden verschiedene Projekte durchgeführt, das umfangreichste über einen Zeitraum von acht Monaten. Auch Projekte von geringerem Umfang verliefen zufriedenstellend. Ein wesentlicher Aspekt der Projektarbeit war der »Ernstcharakter«, die »Realitätsnähe«. So wurde im Laufe der Zeit der Unternehmensstandort/Lernort vom Schulgelände in ein Einkaufszentrum verlagert. Als zentraler Aspekt bei der Bewältigung der mit der Lernortverlagerung verbundenen organisatorischen und ordnungspolitischen Probleme erwies sich das Gewinnen von Kooperationspartnern, die bereit waren, Hilfestellung beim Aufbau von Läden oder Verkaufsständen zu leisten.
Aus diesen Erfahrungen entstand in der Auseinandersetzung mit den theoretischen Positionen von Lothar Reetz, Ute Laur-Ernst u.a. das Konzept der **Unternehmenprojekte**.
Hilfreich waren außerdem vielfältige Diskussionen auf DGB-, GEW- und HDV-Veranstaltungen, Hochschultagen und einem BIBB-Kongreß. In einer Fortbildungsveranstaltung des Instituts für Lehrerfortbildung, Hamburg entstand dann die Weiterentwicklung des Konzeptes für die Rahmenbedingungen der Fachberufsschulen.
Im Schuljahr 1989/90 ist die Durchführung von zwei Unternehmensprojekten an den Handelsschulen Anckelmannstraße (H1) und Holzdamm (H11) geplant. In diesen Projekten soll erprobt werden, in welchem Umfang das »Handeln als Lernprinzip« auch an den großen Fachberufsschulen des Einzelhandels verwirklicht werden kann.

2. Die Unternehmensprojekte

Die **Unternehmensprojekte** sind grundsätzlich als reale Unternehmen konzipiert, d. h. das Ziel ist für einen bestimmten Zeitraum, für die **Verkaufsphase**, ein reales Einzelhandelsunternehmen zu betreiben. Dies kann in Form eines Verkaufsstandes z.B. in der Halle eines Einkaufszentrums realisiert werden, als Aktionsstand in Kooperation mit einem Einzelhändler, als »Abteilung« innerhalb eines größeren Einzelhandelsunternehmens oder als eigenständiger Laden. All diese Formen konnten bisher erprobt werden.
Die **Verkaufsphase** der **Unternehmensprojekte** ist je nach Rahmenbedingungen unterschiedlich gestaltbar. Als entscheidende Faktoren für ihre Realisierung haben sich herausgestellt:
— Die Kooperation mit den Ausbildungsbetrieben der Berufsschulklasse, die das Unternehmensprojekt durchführen. In welchem Umfang sind die Betriebe bereit, sich am Projekt zu beteiligen, Verkaufsmöglichkeiten und Ausbildungszeit zur Verfügung zu stellen?
— In welchem Umfang ist die Schulbehörde und die Schulleitung der betroffenen Schule bereit, Abweichungen vom »normalen« Unterrichtsablauf zu genehmigen und die erforderlichen Arbeitsbedingungen für die Lehrer und Berufsschüler zu ermöglichen?
Die Dauer der **Verkaufsphase** ist von den oben genannten Faktoren abhängig, sie sollte jedoch zwei Wochen nicht unterschreiten, damit der Aufwand der Unternehmensgründung in einem sinnvollen Verhältnis zur Anwendung steht. Unabhängig von der Länge der **Verkaufsphase** sind die **Unternehmensprojekte** nach folgender Grundstruktur konzipiert.
Mit dem **Unternehmensprojekt** wird für einen begrenzten Zeitraum die komplexe Struktur eines Einzelhandelsunternehmens aufgebaut (Vgl. Abb. 2) Damit wird die Möglichkeit eröffnet, den Gesamtzusammenhang und das Zusammenwirken der verschiedenen Abteilungen eines Unternehmens im pädagogischen Prozeß erfahrbar zu machen. Dabei werden folgende Ebenen eröffnet, die über den Fachunterricht hinausgehen und neben dem Erwerb von Fachkompetenz den Erwerb von Schlüsselqualifikationen ermöglichen:

Phase	1	2	3
Bezeichnung	Gründungsphase	Verkaufsphase	Auswertungsphase
Schlüsselqualifikationen	Selbstkompetenz Problemlösungskompetenz Kritikfähigkeit	Fachkompetenz — Kommunikations- und Kooperationsfähigkeit Umweltkompetenz	Sozialkompetenz Demokratiekompetenz
Fachwissen	— Unternehmensgründung — Sortimentsplanung — Einkauf — Warenannahme	— Werbung — Verkauf — Kasse — Rechnungsbearbeitung	— Liquidation — betriebswirtschaftliche Auswertung — Buchhaltung
EDV	Textverarbeitung	Warenwirtschaft Textverarbeitung	Buchhaltung

Schaubild: Grundstruktur der Unternehmensprojekte

— Wesentliche mit der Organisation und Leitung eines kleinen Unternehmens zusammenhängende betriebswirtschaftliche Tätigkeiten und Probleme können kennengelernt werden. Dazu gehören die Gründung des Unternehmens, insbesondere der Standortsuche, die Abwicklung des Einkaufs, einschließlich der Bezugsquellenermittlung, die selbständige Durchführung der Warenannahme, der Finisharbeiten, der Lagerhaltung und Verkaufsförderung. Dazu kommt der Verkauf und damit verbunden die Überprüfung der eigenen Einkaufsentscheidungen.
— Mit dem Aufbau des Unternehmens ist der Aufbau einer EDV gestützten Warenwirtschaft verbunden, welche sämtliche Unternehmensbereiche erfaßt und über die Projektdauer gehandhabt, gepflegt und ausgewertet wird. Dazu wird eine EDV-gestützte Finanzbuchhaltung eingesetzt.
— Die **Verkaufsphase** bietet die Möglichkeit gemeinsam unter »realen« Bedingungen Erfahrungen für die Warenverkaufskunde zu machen und Ausgangs- und Schwerpunkte für die Ausbildung im Bereich der Selbstkompetenz, Kommunikation und sprachlichen Kompetenz zu erkennen.
— Die Organisation und Durchführung eines realen Geschäftsbetriebs stellt hohe Anforderungen an die Kooperations- und soziale Problemlösungsfähigkeit der Lerngruppe. Übernahme von Verantwortung, Konfliktregulierung und »erfolgreiche« Kommunikation werden Gegenstand und Inhalt der Ausbildung. Auseinandersetzungen mit den verschiedenen Rollen im Unternehmen, die Fragen der Mitbestimmung, die Berücksichtigung von Minderheitsinteressen, fördern die Demokratiekompetenz, der kritische Umgang mit Sortimentsentscheidungen die Umweltkompetenz.

In den **Unternehmensprojekten** wird das Fachwissen problemorientiert und nicht fachsystematisch vermittelt und die Einbeziehung sozialer Prozesse in die Ausbildung wird möglich. Offen ist nach wie vor die Frage, wie Schlüsselqualifikationen entstehen und systematisch entwickelt werden können.

3. Dimensionen handlungsorientierter Unternehmensprojekte

Handlungsorientiertes Lernen in Unternehmensprojekten ermöglicht den Auszubildenden, über den Erwerb von Fachwissen auf der Ebene des **Denkens** hinaus, den Zugang zu komplexen Fähigkeiten vermittelt durch das **Handeln**. Das Projekt hebt für einen bestimmten Abschnitt der Ausbildung die Trennung von **Theorie** und **Praxis** auf und schafft den Rahmen, in komplexen, mehrdimensionalen Problemstellungen soziale, persönliche und berufliche Qualifikationen zu erwerben. Das Denken und das Handeln wird im Projekt miteinander verbunden, so daß Fachwissen aus dem praktischen Umgang mit beruflichen Problemstellungen abgeleitet werden kann. Um diese Prozesse einzuleiten, ist es erforderlich, daß der Komplexheitsgrad des Projekts genügend groß ist, daß die gemeinsam zu bearbeitende Aufgabenstellung mehrdimensionale Anforderungen an den einzelnen Auszubildenden stellen und ihm so die Möglichkeit gibt, sich in seiner ganzen Person einzubringen und zu erleben (vgl. Abb. 3).

Die Arbeit in Unternehmensprojekten ist durch eine vorher von der gesamten Gruppe festgelegte **Zielorientierung** bestimmt, jeder Auszubildende bezieht sich in seinen Tätigkeiten und Entscidun-

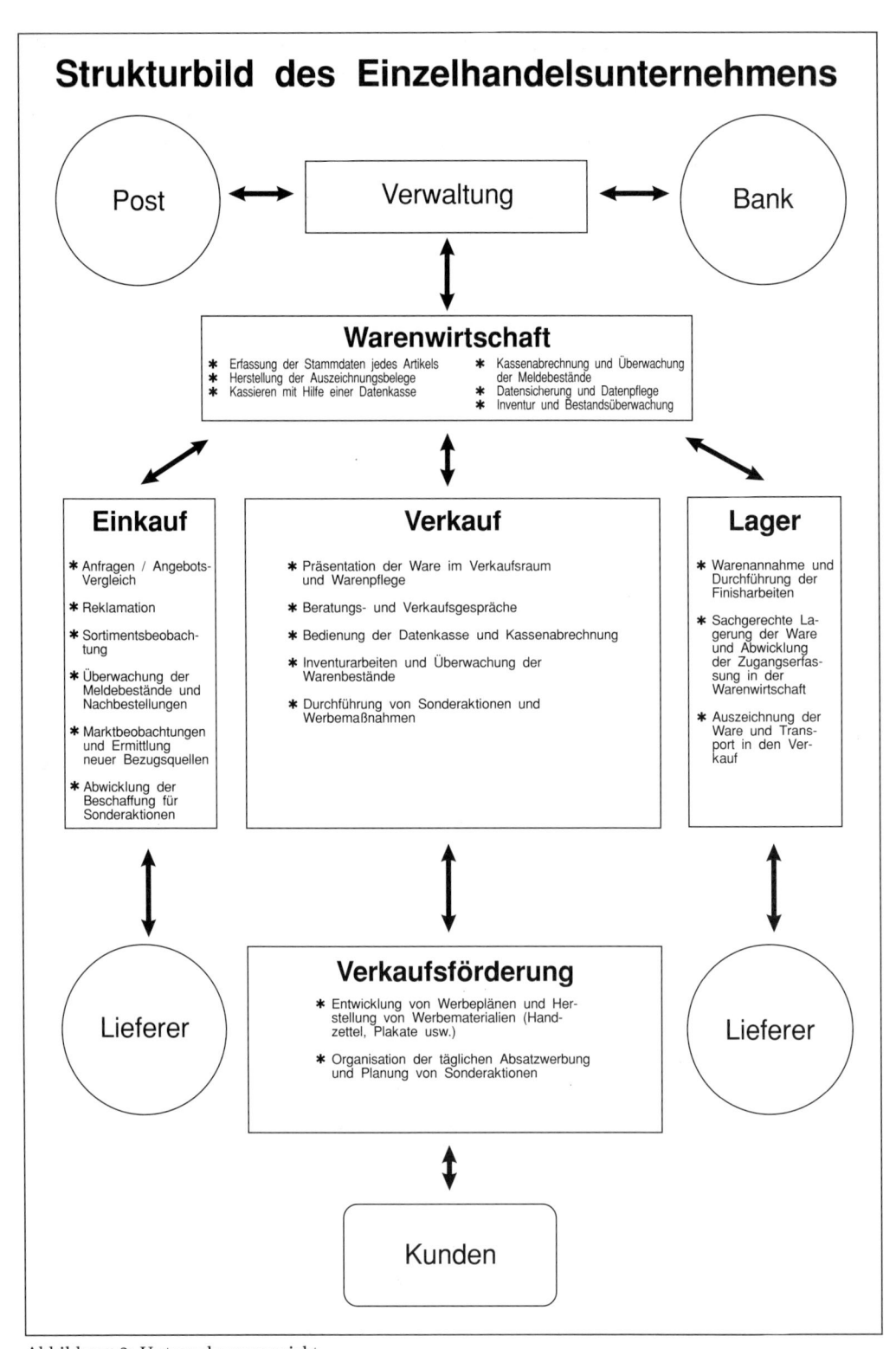

Strukturbild des Einzelhandelsunternehmens

Post ↔ **Verwaltung** ↔ **Bank**

Warenwirtschaft
* Erfassung der Stammdaten jedes Artikels
* Herstellung der Auszeichnungsbelege
* Kassieren mit Hilfe einer Datenkasse
* Kassenabrechnung und Überwachung der Meldebestände
* Datensicherung und Datenpflege
* Inventur und Bestandsüberwachung

Einkauf
* Anfragen / Angebots-Vergleich
* Reklamation
* Sortimentsbeobachtung
* Überwachung der Meldebestände und Nachbestellungen
* Marktbeobachtungen und Ermittlung neuer Bezugsquellen
* Abwicklung der Beschaffung für Sonderaktionen

Verkauf
* Präsentation der Ware im Verkaufsraum und Warenpflege
* Beratungs- und Verkaufsgespräche
* Bedienung der Datenkasse und Kassenabrechnung
* Inventurarbeiten und Überwachung der Warenbestände
* Durchführung von Sonderaktionen und Werbemaßnahmen

Lager
* Warenannahme und Durchführung der Finisharbeiten
* Sachgerechte Lagerung der Ware und Abwicklung der Zugangserfassung in der Warenwirtschaft
* Auszeichnung der Ware und Transport in den Verkauf

Lieferer

Verkaufsförderung
* Entwicklung von Werbeplänen und Herstellung von Werbematerialien (Handzettel, Plakate usw.)
* Organisation der täglichen Absatzwerbung und Planung von Sonderaktionen

Lieferer

Kunden

Abbildung 2: Unternehmensprojekt

gen auf das gemeinsame Ziel und kann somit zu jedem Zeitpunkt erkennen, warum die jeweiligen fachlichen Inhalte erlernt werden müssen und inwieweit sie einer Überprüfung durch die Praxis standhalten.

Die zeitliche Dimension der Unternehmensprojekte bewirkt, daß die **Prozeßhaftigkeit** des Lernens deutlich wird. Die Auszubildenden erleben, daß das Lernen von bestimmten Inhalten die Bewältigung anderer Aufgaben und Problemstellungen voraussetzt, daß im Lernprozeß verschiedene Fähigkeiten zusammenwirken müssen, um ein Ergebnis zu erzielen, daß die persönliche, die soziale und die fachliche Ebene stets gemeinsam gefordert ist.

In diesem Lernprozeß wird es möglich, daß die Auszubildenden ihre **Subjektivität** in sehr viel größerem Maße als im herkömmlichen Fachunterricht einbringen können. Individuelle Stärken können sich durch die Komplexheit der Aufgabenstellung und die Einbeziehung der verschiedenen Ebenen der Persönlichkeit entfalten, die Eindimensionalität, daß lediglich Denkleistungen honoriert werden,

Dimensionen
eines handlungsorientierten Unternehmensprojekts

Handeln

Zielorientierung
zielgerichtetes, bewußtes
Entscheiden / Tun

Prozeßhaftigkeit
dynamisches Geschehen;
situationsabhängiges, flexibles
Verhalten

Theorie

Komplexität
mehrdimensionale
Anforderungen,
Verknüpfung
von Fähigkeiten

Praxis

Subjektivität
Einbringen der Persönlichkeit
individuelles Handeln,
Erfahren, Erleben

Gestaltbarkeit
Einflußnahme auf den Ablauf der Übung,
Möglichkeit kreativ-produktiver
Veränderung

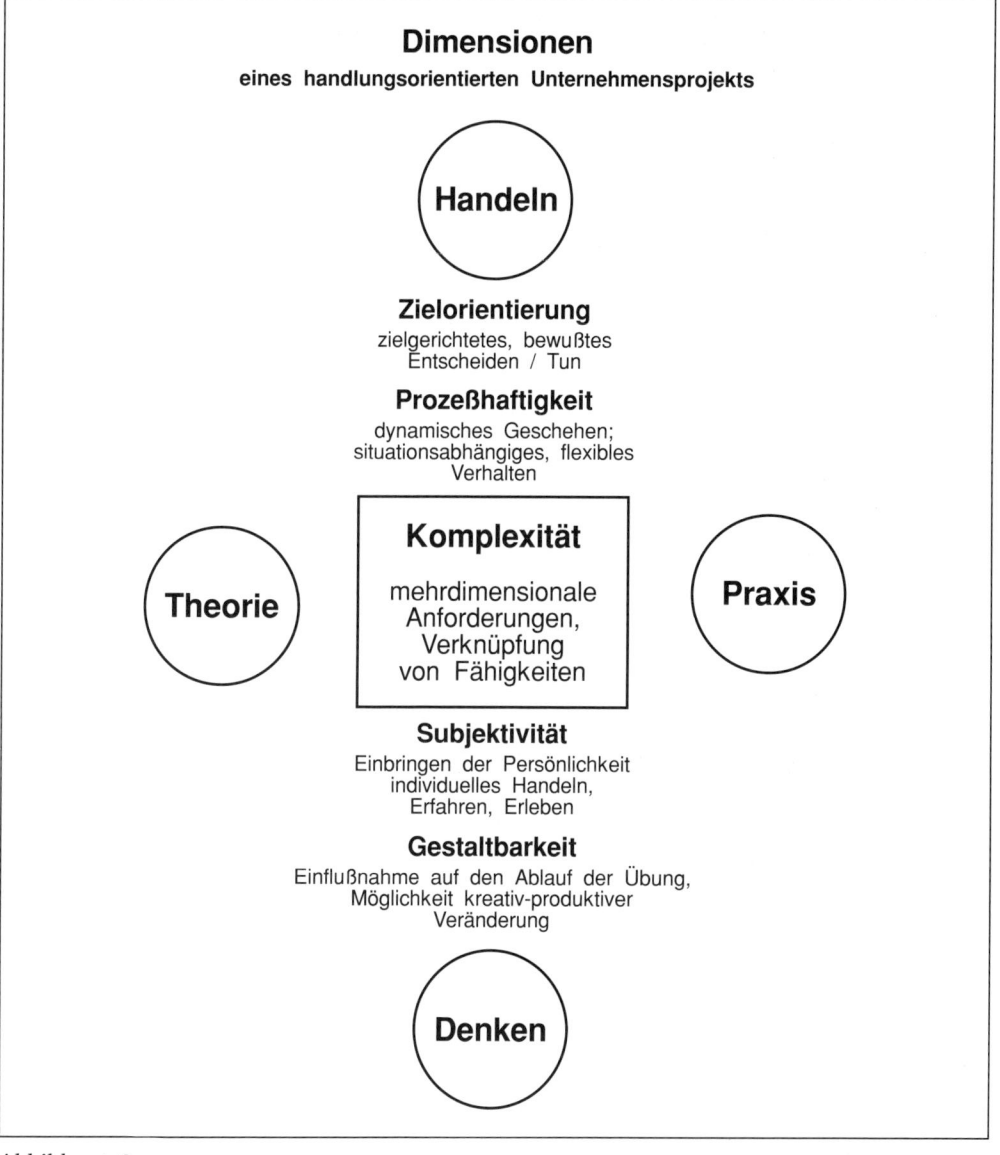

Denken

Abbildung: 3

wird überwunden und die Möglichkeit, Fähigkeiten im Bereich des Sozialverhaltens zu entfalten, wird gegeben.

Die Unternehmensprojekte eröffnen den Auszubildenden die Möglichkeit, in stärkerem Maße als gewohnt, Einfluß auf den Ablauf des Lernprozesses zu nehmen. Dadurch, daß es stets mehrere Wege gibt, anstehende Probleme zu lösen, dadurch, daß die **Gestaltbarkeit** des Lernprozesses größer ist als im Fachunterricht, können sich kreativ produktive Fähigkeiten bei den Auszubildenden entwickeln, das Verantwortungsbewußtsein und die Identifikation mit den Inhalten der Ausbildung werden gesteigert.

Im Konzept der **Unternehmensprojekte** verändert sich auch die Rolle der Lehrerinnen. Sie werden von Unterrichtenden und Unterweisenden zu Beraterinnen und Organisatorinnen, die den Auszubildenden zur Verfügung stehen, wenn sie nach ihnen verlangen, die die Rahmenbedingungen für den Lernprozeß organisieren, die nicht in erster Linie versuchen zu steuern, sondern die sich bemühen zuzulassen, daß jeder Auszubildende seinen Weg ausprobiert, seine Fehler machen kann. Ein solcher Lernprozeß setzt eine offene und gestaltbare Lernumwelt voraus, die von möglichst wenigen organisatorischen und hierarchischen Restriktionen eingeengt wird. Für die Durchführung des Unternehmensprojektes an staatlichen Berufsschulen bedeutet dies, daß ein Reflexionsprozeß über vorhandene Spielräume einsetzen muß.

Eine mögliche und für das Unternehmensprojekt notwendige Erweiterung dieser Spielräume ist z.B. die Aufhebung des durch die Fächer, den Lehrerwechsel und das Klingelzeichen gegliederter Tagesablaufs. Dann entsteht Raum für Spontanität und Improvisation innerhalb der Projektgruppe. Das Konzept der Unternehmensprojekte bewirkt eine Öffnung der Schulen, so daß Lernprozesse an anderen Orten und in Kooperation mit den Ausbildungsbetrieben stattfinden können.

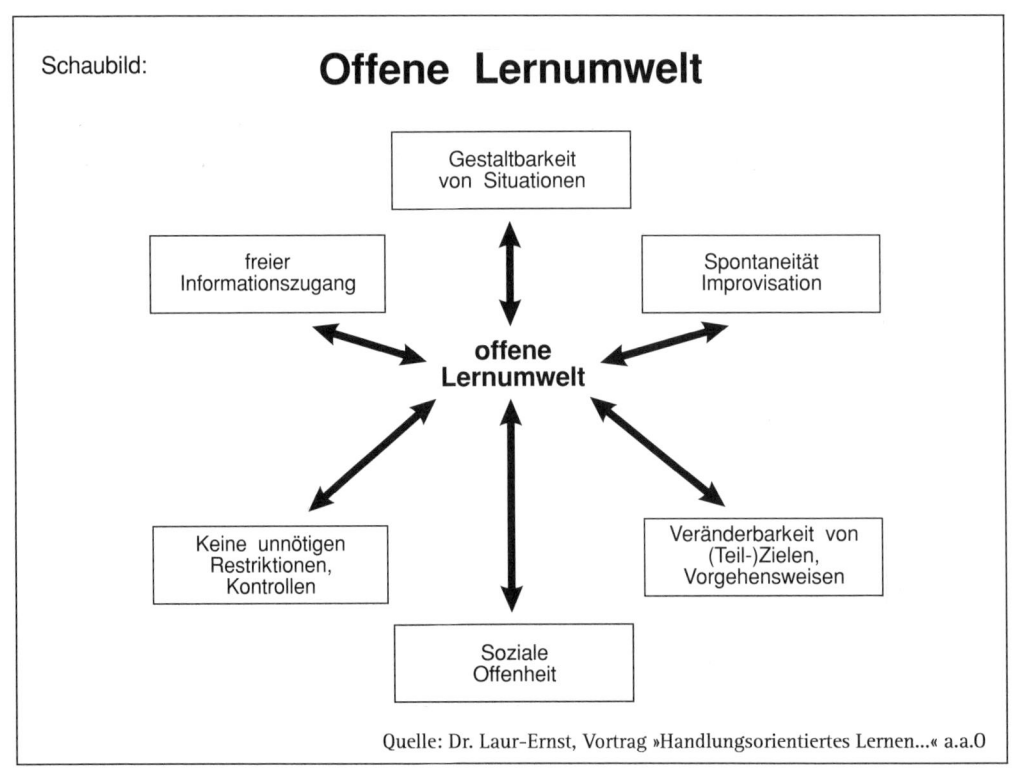

Schaubild: **Offene Lernumwelt**

- Gestaltbarkeit von Situationen
- freier Informationszugang
- Spontaneität Improvisation
- **offene Lernumwelt**
- Keine unnötigen Restriktionen, Kontrollen
- Veränderbarkeit von (Teil-)Zielen, Vorgehensweisen
- Soziale Offenheit

Quelle: Dr. Laur-Ernst, Vortrag »Handlungsorientiertes Lernen...« a.a.O

Schaubild:

Arbeitsgruppe 6
»Die Vermittlung von Schlüsselqualifikationen in der Ausbildung zu gewerblich-technischen Berufen insbesondere der Elektroindustrie«

Einführung/Bericht:

Dr. Rainer Brechmacher,
Universität Hamburg

Referat:

Helmut Cornell,
Dozent, Berufsförderungswerk Hamburg

»Zur Berücksichtigung von Schlüsselqualifikationen in Umschulung und beruflicher Rehabilitation am Beispiel der industriellen Elektroberufe«

Rainer Brechmacher

Die Vermittlung von Schlüsselqualifikationen in gewerblich-technischen Berufen unter besonderer Berücksichtigung der Ausbildung in Betrieben der Elektroindustrie

Im Vordergrund der in der Arbeitsgruppe behandelten Schwerpunkte standen hier nicht die Elektroberufe im engeren Sinne, sondern Ausbildungskonzeptionen in Betrieben der Elektroindustrie, die die gewerblich-technischen Berufe insgesamt in ihrer ganzen Bandbreite betreffen und insbesondere durch die Neuordnung der Metall- und Elektroberufe initiiert worden sind (I), sowie die Wirkweisen und Formen von Schlüsselqualifikationen auf die biographische Orientierung von Rehabilitanden in der Ausbildung für Elektroberufe (II).
Diese sich durch die Referatsthemen ergebenden Schwerpunkte wurden im Laufe der Diskussion ergänzt durch einen dritten Schwerpunkt, der sich aus der Gegenüberstellung von sogenannten objektiven Bedingungen der Technikentwicklung, die durch Betriebsstruktur und Arbeitsorganisation vermittelt werden und den subjektiven Bedingungen, die sich aus dem Grad der Akzeptanz solcher Technikbestände bei dem einzelnen Individuum ergeben (III), entwickelte.
Bezieht man sich auf häufig genannte, an modernen Arbeitsplätzen benötigte Schlüsselqualifikationen wie Zuverlässigkeit, Selbständigkeit, Wachheit, Analytisches Denken, Transferfähigkeit, Informationsbereitschaft, Kreativität, Verantwortungsfähigkeit etc., so werden damit umfassende an die Persönlichkeit geknüpfte Verhaltensmuster gekennzeichnet.
Geht es um die zu bearbeitenden Gegenstände aus den gewerblich-technischen Berufen, so wird dort ein Können verlangt, das sich auf den Umgang mit dem Stand der Technologie bezieht und als Summe von Kenntnissen und Erfahrungen im Hinblick auf die gewerbliche Seite der Arbeit bezeichnet werden kann.
Aus dieser Gegenüberstellung von Persönlichkeitsentwicklung einerseits und Stand der Technologie andererseits ergibt sich ein Spannungsverhältnis und der Wirkungsbereich der Schlüsselqualifikationen, der sich, wie es ein Teilnehmer formulierte, als Schlüsselerlebnis in der Berufsbiographie manifestieren kann.
Die projekt- und transferorientierte Ausbildung bei der Firma Siemens ist in diesem Felde angesiedelt. Das vom Bundesministerium für Bildung und Wissenschaft geförderte Modellvorhaben bezieht sich auf die »Weiterbildung von Ausbildern in der flexiblen Anwendung von Methoden zur Förderung berufsübergreifender Fähigkeiten«, die in den 60 gewerblich-technischen Ausbildungsstätten des Unternehmens tätig sind. Der Weg zum Ausbildungsziel soll wie folgt beschritten werden: »In der ersten Stufe des Modells werden Ausbilder und Führungskräfte einschließlich Ausbildungsleiter im Seminar »Planungsmethoden zur Förderung berufsübergreifender Fähigkeiten für Ausbilder« geschult. In der zweiten Stufe wenden die Ausbilder das Modell in ihrem Standort in der Ausbildungspraxis an. Dabei beginnen die Ausbilder in der ersten Ausbildungsphase mit dem Einsatz von Teilelementen der Organisationsformen und Methoden zur Förderung von Schlüsselqualifikationen. Mit fortschreitendem Ausbildungsstand werden die Anforderungen an die Lernenden durch Hinzunahme weiterer Teilelemente stetig erhöht. Am Ende steht die situationsangemessene, flexible Anwendung kompletter Organisationsformen und Lehr-/Lernmethoden durch den Ausbilder.
Die angestrebten Ziele sollen spätestens zum Ende der Ausbildung erreicht werden. In der letzten Phase soll die Ausbildung soweit wie möglich ein Abbild der beruflichen Realität sein. Damit ist eine wichtige Voraussetzung geschaffen, daß sich die Ausgebildeten ohne wesentliche Schwierigkeiten in die Arbeitswelt integrieren und keinen »Bruch« zu ihrer Ausbildungszeit empfinden« (PETRA, Projekt- und transferorientierte Ausbildung, Berlin/München (Siemens AG), S. 14f).
An der vorstehenden zentralen Aussage der Ausbilderkonzeption entzündete sich eine kritische Auseinandersetzung in der Weise, daß Probleme gesehen wurden, ein wirksames Verhältnis von Schulung und Schlüsselerlebnis zu schaffen, das persönlichkeitsrelevant auf die Biographie des

Ausbilders Einfluß nimmt. Die Vertreter der gewerblichen Ausbildung brachten nun ihr Verständnis von Schlüsselqualifikationen ein, die als »wesentliche Merkmale der Einzelpersönlichkeit und Regulatoren für das menschliche Zusammenleben« beschrieben werden (s. auch PETRA, a.a.O, S. 17) und heben als Dimensionen von Schlüsselqualifikationen für die berufliche Bildung bei Siemens die folgenden hervor: (1) Organisation und Ausführung der Übungsaufgabe, (2) Kommunikation und Kooperation, (3) Anwenden von Lerntechniken und geistigen Arbeitstechniken, (4) Selbständigkeit und Verantwortung, (5) Belastbarkeit.

Diese Dimensionen wurden zunächst eher unter dem produktionsorientierten Betriebszweck diskutiert, während der zweite Beitrag von der subjektorientierten persönlichkeitsbezogenen Entwicklung von Rehabilitanden aus der Sicht des Berufsförderungswerkes in Hamburg ausging. Für Rehabilitanden steht die Krise, die durch den Bruch in der Berufsbiographie hervorgerufen wurde, im Vordergrund. Förderungsmaßnahmen die sich auf die Überwindung dieser kritischen Phase in der subjektiven Entwicklung durch Umschulung in Elektroberufe stützen, haben zunächst die Stabilisierung der Ich-Identität der Einzelpersönlichkeit im Auge zu behalten.

Im Verlauf der Diskussion verschoben sich die inhaltlichen Prioritäten bei den Referenten und den Teilnehmern in der Arbeitsgruppe etwa in der Weise, daß die Betriebsorientierung für die Rehabilitanden und die Persönlichkeitsorientierung im Ausbildungskonzept der gewerblichen Seite verstärkt in den Blick kamen und bei der Auswahl konkreter, beide Positionen beinhaltender Projekte zusammentrafen. Schematisch läßt sich dieser Zusammenhang wie folgt darstellen:

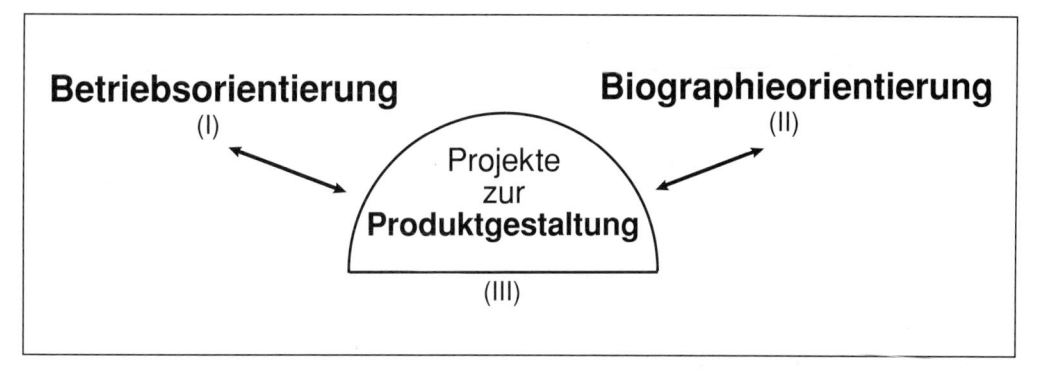

Betriebsorientierung (I) ↔ **Projekte zur Produktgestaltung** (III) ↔ **Biographieorientierung** (II)

Defizite ergaben sich bei der Diskussion der Organisationsformen (Selbstgesteuerte Einzelarbeit, Gruppengeplante Einzelarbeit und Gruppenarbeit), der Methoden (Leittexte, Leitfragen und Leithinweise, Selbständige Arbeitsplanung, Selbständige Arbeitsverteilung und Selbstbewertung der Übungsaufgaben) und der praktischen Schritte innerhalb der Ausbildungspraxis (Informieren, Planen, Entscheiden, Ausführen, Bewerten), wenn man sie unter dem Gesichtspunkt von Ganzheitlichkeit und Spezialität gegenüberstellte.

Hier waren sich die Vertreter der schulischen und der betrieblichen Seite nicht ganz einig, wie die Balance bei der Entfaltung der vollendeten Persönlichkeit oder des spezialisierten Fachmannes gewahrt werden sollte und wie weit solche relativ technisch angelegten Arbeitsschritte das Konzept der Schlüsselqualifikationen praktisch werden lassen kann. Deren Ziel ist ja immerhin, so wurde allgemein festgehalten, der überall einsetzbare, beruflich und menschlich Handelnde, der als verantwortungsbewußter Berufsmensch die Gestaltung der Lebenswelt durch seine Produkte im Auge behält. Gleichzeitig sollte er in der Lage sein, die sich durch den unterschiedlichen Stand der technologischen Enwicklung ergebenden Berufsweltdifferenzen zu überbrücken.

Am Ende kam so noch einmal die Ausbilder-Persönlichkeit in den Blickpunkt, die in der Lage ist, solche in der Konzeption genannten Aufgaben angemessen zu gestalten und nicht überfordert zu werden. Die Frage von Professionalisierung und Betriebsrekrutierung der Ausbilder wurde nicht weiter verfolgt und blieb in diesem Zusammenhang offen. Ebenso das Problem der Fächerstruktur in der schulischen Ausbildung, die als hinderlich für die Entwicklung ganzheitlichen Denkens von der Lehrerseite angesprochen wurde.

Zusammenfassend kann gesagt werden, daß gegenwärtig die Diskussion um die angemessene Ausbildung verstärkt von der betrieblichen Seite als Teil der Unternehmenskultur ausgeht. Diese nimmt

Elemente auf, die von der Bildungskommission des Deutschen Bildungsrates 1970 als schulischer Anspruch formuliert wurden und nunmehr als Lernstufen in der praktischen Ausbildungssituation des Betriebs Eingang gefunden haben in dem Gesamtkonzept der Schlüsselqualifikationen.

Die Tendenz aller an der Diskussion beteiligten Gewerbelehrer, Betriebsausbilder, Fachdozenten und Studenten ging dahin, für diese Aufgabe eine ausdifferenzierte Ausbilder-Persönlichkeit zu fordern und zu fördern, die den gestellten Ausbildungskonzeptionen gerecht wird und methodisch auf eine Produktgestaltung Einfluß nehmen kann, die Betriebszweck und technologischen Entwicklungsstand in kritischer Weise unterstützend verbindet.

Diese Anforderungen dann so in der Ausbildung einzusetzen, daß sie die Persönlichkeit des Auszubildenden identitätsstiftend fördern, dazu die vorhandenen Freiräume nutzen und einem angemessenen Produktionszweck dienen, dessen gesellschaftliche Relevanz auch fachübergreifend einsichtig ist – auch wenn konkrete Prüfungsergebnisse erzielt werden müssen – wurde als allgemeines Verhaltensziel bei der Entwicklung und Vermittlung von Schlüsselqualifikationen im Bereich der beruflichen Aus-, Fort- und Weiterbildung in gewerblich-technischen Betrieben erkannt und als Leitlinie für kommende Diskussionen herausgestellt.

Helmut Cornell

Zur Berücksichtigung von Schlüsselqualifikationen in Umschulung und beruflicher Rehabilitation am Beispiel der industriellen Elektroberufe

1. Die Aktualität des Betriffs »Schlüsselqualifikation«
1.1 Gründe für das Aufkommen des Themas »Schlüsselqualifikation«
1.2 Zu den Begriffen »Qualifikation« und »Schlüsselqualifikation«
2. Technischer Wandel und Anforderungsstrukturen im Berufsfeld Elektrotechnik
2.1 Die Qualifikationserwartungen der Wirtschaft
2.2 Die Facharbeitergruppe der »Systemanwender«
2.3 Die Facharbeitergruppe der »Systemspezialisten«
2.4 Neue Ansätze der Betriebsorganisation und die Bedeutung der Qualifikationen der Beschäftigten
3. Folgerungen für Umschulungs- und berufliche Rehabilitationsmaßnahmen
3.1 Zur gegenwärtigen Praxis in Umschulungs- und Rehabilitationseinrichtungen
3.2 Überlegungen zu Neuorientierungen in Umschulungs- und Rehabilitationsmaßnahmen
4. Zusammenfassung
(Überarbeitete Fassung des Referates, das anläßlich des Symposiums »Schlüsselqualifikationen - Fachwissen in der Krise?« am 23. Juni 1989 in Hamburg gehalten wurde)

1. Die Aktualität des Begriffs »Schlüsselqualifikation«

1.1 Gründe für das Aufkommen des Themas »Schlüsselqualifikation«

Der wesentlichste Grund für die gegenwärtige Diskussion um Schlüsselqualifikationen dürfte in der in Gang gekommenen Umsetzung der Neuordnung der Metall- und Elektroberufe in Schul- und Ausbildungspraxis liegen. Die generellen Ziele der Neuordnung sind im Verordnungstext formuliert. Danach ist Ziel der Berufsausbildung, Fertigkeiten und Kenntnisse so zu vermitteln,
»daß der Auszubildende im Sinne des § 1 Abs. 2 des Gesetzes zur Ausübung einer qualifizierten beruflichen Tätigkeit befähigt wird, die insbesondere selbständiges Planen, Durchführen und Kontrollieren einschließt«. (Bundesgesetzblatt Nr. 5, 1987, S. 199).
Das Wort »einschließt« in der Zielformulierung steht für »integriert« ausbilden. Dieses Ziel ist im Zusammenhang mit der Ausbildung anderer Inhalte prinzipiell mitzuerreichen (Becker, 1988). Es stellt das eigentliche innovatorische Element dar.
Die Neuordnungstexte enthalten keine methodischen Hinweise, so daß nur zu erklärlich ist, daß allenthalben Ausbildungspraktiker die Frage nach dem »Wie« stellen und Umsetzungs- und Interpretationshilfen suchen.
Die Diskussion um »Schlüsselqualifikationen« kann auch als eine weitere Variante in der Auseinandersetzung um Allgemein- und Berufsbildung gesehen werden, wie sie schon seit Jahrzehnten geführt wird. Diese Diskussion, die bisher ja eher im Bereich der Bildungspolitik und in den Erziehungswissenschaften geführt wurde, wird nun durch innovatorische Impulse aus dem Ausbildungswesen der Betriebe bereichert und neu angestoßen. Schon in der zweiten Hälfte der 70er Jahre begannen unter Mitwirkung des Bundesinstitutes für Berufsbildung in Berlin Modellversuche beruflicher Bildung in Großbetrieben. Es war die Zeit,
»als dank ausgefeilter Methoden der programmierten Unterweisung, perfekt durchdachter Lehrgangspakete und vielfältig verfügbarer Ausbildungsmedien die Technik der fachlichen Unterweisung zweifellos einen Höhepunkt ihrer Entwicklung erreichte. Das Ergebnis waren nämlich kei-

neswegs noch bessere Fachleute oder noch effizientere Lernprozesse- sondern die überall verbreitete Klage über die »Motivationsprobleme« der »Null-Bock«-Generation. (Brater, 1987)«

Auch wenn die Motivationskrisen der Auszubildenden nicht alleine den Anlaß zur Durchführung der Modellversuche lieferten, so dürfen sie doch mit einer der Hauptgründe gewesen sein. Die Persönlichkeit der Betroffenen war in den Blick geraten, nicht nur in der Berufsausbildung sondern auch bei neuen Ansätzen der Arbeits- und Betriebsorganisation, wie neuere industriesoziologische Untersuchungen zeigen (Kern, Schumann 1984). Das Institut für Arbeitsmarkt- und Berufsforschung der Bundesanstalt für Arbeit hat 1986 Forschungsergebnisse vorgelegt, die die Relevanz sozialer Kompetenzen für den beruflichen Erfolg nachweisen (Blaschke, 1986), eine Untersuchung, der ein individuumbezogener Forschungsansatz zu Grunde lag.

1.2 Zu den Begriffen »Qualifikation« und »Schlüsselqualifikation«

Der Qualifikationsbegriff erscheint in zwei Dimensionen. Zum einen stellt Qualifikation ein »Anforderungsprofil« dar, das aus arbeitsplatzbezogenen Tätigkeiten abgeleitet wurde. Zum anderen bezeichnet Qualifikation ein Eignungsprofil, die individuellen Handlungsmöglichkeiten einer Person. Es kann also eine »objektive« von einer »subjektiven« Dimension unterschieden werden. Bei der Neuordnung der Elektro- und Metallberufe wurde der Stand der Technik (im Jahre 1984) auf Grundlage der von den Tarifparteien formulierten Eckdaten genau ermittelt. In den Ausbildungsrahmenplänen konnten die Arbeitsinhalte aber nur bis zu einem gewissen Grad konkretisiert werden, da Berufsordnungsmittel auch offen für fortlaufende Veränderungen sein müssen. Insoweit ist die »objektive Dimension« des Qualifikationsbegriffs in der Neuordnung berücksichtigt. Ansonsten steht aber die »subjektive Dimension« von Qualifikation als die eigentlich neue Sichtweise in der Berufsausbildung und in der Neuordnung im Vordergrund.

»Die Qualifikation« ist mehr als eine Addition von Fertigkeiten und Kenntnissen. Sie enthält als Ausbildungsziel auch personale Fähigkeiten und Kompetenzen wie selbständiges Handeln. Verantwortungsbereitschaft, Kooperationsfähigkeit. Nur ein beruflich ganzheitlich gebildeter Mitarbeiter wird in Zukunft den Anforderungen der Unternehmen gerecht werden. Fundierte Fertigkeiten und gründliche Kenntnisse reichen allein in einer zunehmend komplexer gestalteten Arbeitssituation nicht mehr aus.

Die »Qualifikation« beschreibt die Ausbildungsinhalte »handlungsorientiert«. Der Auszubildende muß seinen Beruf »können« nicht aber nur »kennen«. (Institut der deutschen Wirtschaft, 1986). Qualifikation in diesem Sinn beinhaltet auch das, was an anderer Stelle, z.B. in Veröffentlichungen der betrieblichen Aus- und Weiterbildungsbereiche großer Unternehmen oder vom Urheber des Begriffs, D. Mertens, als »Schlüsselqualifikation« bezeichnet wird. (z.B. Borretty u.A. 1988, Mertens, 1974). Betrachtet man nun die verschiedenen Bemühungen der Betriebe »Schlüsselqualifikationen« zu strukturieren und zu katalogisieren, so findet man noch keine übereinstimmende Systematik. Am ehesten ist noch eine Unterscheidung erkennbar in

– Fachkompetenz
– Sozialkompetenz
– Personale Kompetenz,

deren gemeinsame Schnittmenge als individuelle berufliche Handlungskompetenz bezeichnet werden kann. (z.B. Brauchle, Müller, Schaarschuch, 1987).

In der betrieblichen Berufsausbildung wurden soziale und personelle Kompetenzen schon immer neben den fachlichen Kompetenzen vermittelt, dies erfolgte in der Vergangenheit aber eher beiläufig und zufällig und nicht im Sinne eines ausdrücklich formulierten Ausbildungszieles.

2. Technischer Wandel und Anforderungsstrukturen im Berufsfeld Elektrotechnik

2.1 Die Qualifikationserwartungen der Wirtschaft

Die Unternehmen der Metall- und Elektroindustrie sehen sich gezwungen, mit kostensparenden, modernen, flexiblen Produktions- und Bürotechniken die Produktivität zu erhöhen, Erzeugnisse hoher Qualität herzustellen und schnell auf Marktentwicklungen zu reagieren. Es geht darum, mit der internationalen Konkurrenz um Kostenvorteile, Qualitäts- und Zeitvorsprünge zu ringen. Als technischen Lösungsweg sehen die Unternehmen den Einsatz neuer Technologien und neuer Techniken an. (Schlitzberger, 1988). Von den Belegschaften erwarten sie hohes Fachkönnen, gepaart mit der Fähigkeit und Bereitschaft zur Flexibilität und umfassende soziale Kompetenzen, wie z.B. Verantwortungs- und Qualitätsbewußtsein und Selbständigkeit.

»Neue Techniken« steht meist als Sammelbegriff für die auf der Basis der Mikroelektronik entwickelten Maschinen, Geräte und Verfahren, die z.B. als flexibles Fertigungssystem, CNC-Werkzeugmaschine und als Industrieroboter in den Fertigungsbereichen stehen oder als Kommunikationssystem, Textautomat, CAD-System und Expertensystem in Büros Eingang finden. CIM-Konzepte vernetzen einzelne Abschnitte der Arbeitsprozesse miteinander.

Ein Facharbeiter, eine Facharbeiterin im Elektrobereich ist in mehrfacher Hinsicht von den Entwicklungen betroffen. Er, sie kann zu denjenigen gehören, die überwiegend die modernen Maschinen, Geräte oder Verfahren anwendet **/Systemanwender)** oder sie überwiegend herstellt, prüft, einstellt, abgleicht und repariert **(Systemspezialist)** (Begriffe in Anlehnung an Arzberger, 1988). Beide Facharbeitergruppen sehen sich darüber hinaus mit neuen **Arbeitsstrukturen und neuen Ansätzen der Betriebsorganisation** konfrontiert. Neue Formen betrieblicher Weiterbildung sollen Mitarbeiter befähigen und motivieren, Innovationen zu tragen und umzusetzen.

2.2 Die Facharbeitergruppe der »Systemanwender«

Die Facharbeitergruppe der »Systemanwender«, die Geräte qualifiziert anwendet aber in der Regel keine Veränderungen in Geräten vornimmt, wird verstärkt mit rechnergestützten Produktionssystemen konfrontiert. Die Überwachung und Kontrolle dieser Systeme bringt es z.B. mit sich, Parameter für den Prozeßablauf über spezielle Bediengeräte oder Mikro- und Personalcomputer einzugeben oder aufzurufen. Der Mensch-Maschinen-Dialog wickelt sich dabei über eine anwendungsbezogene Programmiersprache ab, (z.B. bei Speicherprogrammierbaren Steuerungen, SPS). Treten Störungen auf, muß ein Facharbeiter unter Umständen schnell entscheiden, ob er selbst in der Lage ist, den Fehler zu suchen und abzustellen oder ob er Spezialisten anfordern muß. Eine schnelle Fehlerdiagnose und sofortige Behebung des Fehlers ist bei den kapitalintensiven Produktionsanlagen begreiflicherweise von großem Interesse.

Die komplexe Technik bei automatisierten Anlagen und Systemen, in denen z.B. elektrische, pneumatische und hydraulische Komponenten ineinandergreifen, macht es erforderlich, daß entweder Facharbeiter unterschiedlicher Ausbildung zusammenarbeiten, z.B. »Elektriker« und »Schlosser« oder daß entsprechend ausgebildete Facharbeiter zur Verfügung stehen, die komplexen Funktionszusammenhänge kennen.

In vielen Betrieben ist die Tendenz zu erkennen, arbeitsteilige Strukturen abzubauen und Arbeitsfunktionen zu integrieren (Kern, Schumann, a.a.O.). Damit entsteht für die Betriebe die Notwendigkeit, vorhandenes Personal weiterzubilden oder nach einem neuen Berufsbild Nachwuchs auszubilden. Als typisches Beispiel für ein entsprechendes, neues Berufsbild kann der/die Industrieelektroniker/in Fachrichtung Produktionstechnik gelten.

2.3 Die Facharbeitergruppe der »Systemspezialisten«

Die »Systemspezialisten« arbeiten z.B. »im« Computer oder »in« anderen elektronischen Geräten. So kommen sie z.B. in den Prüffeldern von Betrieben zum Einsatz, die Geräte oder Systeme herstellen. Dabei geht es um das Prüfen, Einstellen, Abgleichen oder Beseitigen von Fertigungsfehlern in Baugruppen, Geräten und Systemkomponenten. Weitere bedeutende Einsatzbereiche stellen Service und Kundendienst dar. Geräte und Anlagen sind beim Kunden aufzustellen, inbetriebzunehmen und zu übergeben. Störungen im Verlauf des Betriebs müssen behoben, Defekte repariert werden.

Die Veränderungen, die ein »Systemspezialist« zu bewältigen hat, ergeben sich vor allem aus den internen Baugruppen- und Gerätestrukturen. Die »analogelektronische« Schaltungstechnik wird schon seit geraumer Zeit immer mehr durch die »digitalelektronische« Schaltungstechnik abgelöst. (Neben den Computern, dürfte der CD-Player das bekannteste Beispiel für eine gerätemäßige Realisierung dieser Entwicklung sein). Hardwarelösungen werden zunehmend ersetzt durch solche, die programmierbar sind. Damit einhergeht die Verlagerung von elektronischen Funktionen in hochkompakte, miniaturisierte Schaltkreise, die es nicht mehr zulassen, so wie früher einzelne Stromlaufpfade bei der Fehlersuche zu untersuchen und zu verfolgen. Fehlersuchstrategien sind heute gekennzeichnet durch systematisch, analytische Vorgehensweisen. Dabei ist vermehrt ein Denken in Funktionsblöcken erforderlich. Häufig wird der »Reparateur« durch eingebaute, geräteinterne Selbsttest- und Diagnoseeinrichtungen unterstützt.

Da die Geräteeigenschaften zunehmend durch Softwarestrukturen bestimmt werden und z.B. ein eingetretener Störungszustand auch softwareabhängig sein kann, muß ein Systemspezialist über Hard- und Softwarekenntnisse verfügen.

2.4 Neue Ansätze der Betriebsorganisation und die Bedeutung der Qualifikationen der Beschäftigten

Viele Unternehmen entwickeln ein neues Organisationsverständnis, um sich besser rasch und flexibel auf die verschiedensten Veränderungen ihrer »Umwelt« einstellen und anpassen zu können. Dabei ist »Umwelt« in einem umfassenden Sinn zu verstehen, der technische, wirtschaftliche, soziale und politische Aspekte gleichermaßen berücksichtigt.

Man kann diesen Wandel von einer eher bürokratisch-formalen Organisation zu einer mehr auf die Eigenaktivität und Mitverantwortung setzende Form hin als Weg zu einem »partizipativen Management« bezeichnen. (Brater, a.a.o. S. 129). Hierarchie wird abgebaut, Kompetenz dorthin verlagert, wo sie auf Grund der unmittelbaren Arbeitserfahrung benötigt wird. Die Mitarbeiter sollen aus der Situation heraus, selbst den richtigen Weg finden. Selbstkontrolle und gemeinsame Beratung sollen an die Stelle von Fremdkontrolle und Weisung durch Vorgesetzte treten.

Sollen diese Ansätze zu demokratischeren Betriebsorganisationen und zu ganzheitlicheren Arbeitsstrukturen verwirklicht werden können, bedarf es entsprechender, besonders sozialer Fähigkeiten der Mitarbeiter.

»Es genügt hier grundsätzlich nicht mehr, daß sie Vorgegebenes nach den Regeln ihrer Profession treu und zuverlässig ausführen. Jeder ist vielmehr aufgerufen, die jeweiligen Aufgaben und Probleme, an deren Lösungen gearbeitet wird, zu verstehen, zu formulieren und mit zu bedenken«. (Brater, a.a.o. S. 130)

Verschiedene Unternehmen haben in den letzten Jahren ihre Konzepte für die innerbetriebliche Weiterbildungsarbeit erheblich verändert, um ihre Mitarbeiter entsprechend zu motivieren und zu qualifizieren. Diese Entwicklungen sollen hier nur durch die Stichworte »Personal- und Organisationsentwicklung«, »Qualitätszirkel«, und »Lernstatt« angedeutet werden (siehe z.b. Kälin/Müri, 1988 oder Dunkel, 1988, Markert, 1985). Die neuen Ansätze zur Betriebsorganisation, Arbeitsgestaltung betrieblicher Ausbildung und Weiterbildung werden sich nicht ausbreiten, ohne Widerstände überwinden zu müssen. Es wird weiterhin in Unternehmen Personen mit Interessen an Kontrolle und Machtausübung geben. Die Chancen der Tarifpartner, sich über eine humane und einer dringlich notwendig werdenden, umweltschonenden Gestaltung von Arbeit und Technik zu verständigen, dürften mit der Verwirklichung einer umfassenden, persönlichkeitsfördernden Berufsbildung steigen.

3. Folgerungen für Umschulungs- und berufliche Rehabilitationsmaßnahmen

3.1 Zur gegenwärtigen Praxis in Umschulungs- und Rehabilitationseinrichtungen

Obwohl die Landschaft der Umschulungs- und Rehabilitationseinrichtungen vielgestaltig ist, lassen sich gemeinsame Merkmale der Durchführung beruflicher Bildungsmaßnahmen benennen, da sie

in der Regel auf der gesetzlichen Grundlage des Arbeitsförderungsgesetzes (AFG) und des Berufsbildungsgesetzes (BBIG) beruhen. Die folgenden Ausführungen beziehen sich besonders auf die Berufsförderungwerke, Einrichtungen die die Aufgabe haben, Erwachsene umzuschulen, die auf Grund von Krankheits- oder Unfallfolgen ihre frühere berufliche Tätigkeit nicht mehr ausüben können. Die meisten Berufsbildungsmaßnahmen im elektrotechnischen Bereich dort, bereiten auf die gleichen Facharbeiter- oder Gesellenprüfungen vor den Kammern vor, wie sie auch für die berufliche Erstausbildung gelten. Die Ausbildungszeiten sind allerdings kürzer, statt 3,5 Jahre stehen in der Regel nur zwei Jahre zur Verfügung.
Die Ausbildung wird nach festen Lehr- und Stundenplänen durchgeführt, wobei sowohl der Theorie- als auch der Praxisteil enthalten ist. Entsprechend der Aufgabenteilung zwischen Schule und Betrieb, wie sie in der beruflichen Erstausbildung vorherrschend ist, wird in den Lehrgängen häufig auch explizit zwischen Theorie- und Praxisteil unterschieden. Der Theorieteil wird in Unterrichtsräumen und Laboren, der Praxisteil in Übungswerkstätten durchgeführt. In manchen Einrichtungen existiert dementsprechend ein getrennter Lehrkörper, Lehrer oder Dozenten (Ingenieure) für den Theorie-, Ausbilder (Meister, Techniker) für den Praxisbereich. Teilnehmern der Lehrgänge in Berufsförderungswerken stehen daneben noch je ein begleitender medizinischer, psychologischer und sozialer Dienst zur Verfügung. Der kostenintensive, aber unverzichtbar hohe, personelle Aufwand und die kurzen zur Verfügung stehenden Zeiten erzwingen, alles in der Ausbildung auf Effektivität und Planmäßigkeit hin anzulegen.
Es herrschen lernzielorientierte, zweckrationale Unterrichtskonzepte vor. Den zeitlich-sachlichen Gliederungen der Lehrgänge liegt überwiegend allein ein fachsystematischer Ansatz zu Grunde. Auch wenn es vereinzelt Ausnahmen gibt, (siehe z.B. Fischer, Harke, 1987) so kann doch festgestellt werden, daß der »Fachausbildungsanteil« beruflicher Rehabilitationsmaßnahmen sich hinsichtlich der Ausbildungsziele, der Inhalte und der Methoden an der beruflichen Erstausbildung Jugendlicher orientiert. Auf einen besonderen didaktischen »erwachsenenbildnerischen« Ansatz wird verzichtet. Dementsprechend ähnelt die Problematik, einer »Schlüsselqualifikationsvermittlung« oder einer stärker persönlichkeitsfördernden Vorgehensweise mehr Bedeutung in den berufsbildenden Lehrgängen einzuräumen, der in der beruflichen Erstausbildung. Erschwerend kommt hinzu, daß in den Einrichtungen »Praxis« zumeist nur »simuliert« werden kann. Genügend Ernstcharakter, Lebens- und Arbeitsbezüge herzustellen, was gerade für den erwachsenen Lerner bedeutsam sein dürfte, bleibt eine ständige Herausforderung. Auch kurzzeitige Industriepraktika dürfen das Problem nicht vollständig lösen, ein Problem, dem das mancher Betriebe entsprechen dürfte, genügend Arbeitsplätze und Situationen mit »Lerncharakter« für Ausbildung zur Verfügung zu stellen.

3.2 Überlegungen zu Neuorientierungen in Umschulungs- und Rehabilitationsmaßnahmen

Verantwortliche und Auszubildende in den Einrichtungen haben erkannt, daß neue Konzepte und Lernwege in den berufsbildenden Maßnahmen erforderlich werden. Neben dem Zwang auf die Neuordnung der Elektro- und Metallberufe zu reagieren, hat Beachtung gefunden, daß gerade die Betriebe, die Gewerkschaften und die Arbeitsverwaltung auf Weiterentwicklung der Ausbildungskonzeptionen drängen, Institutionen, die aus der Sicht vieler Ausbildungspraktiker eher unverdächtig erscheinen, »abgehobene und ohne für die alltägliche Praxis nützliche Ergebnisse lieferndeTheoriediskussionen« zu führen. Vielen ist aufgefallen, daß die innovativen Impulse nicht aus »ihren« Einrichtungen gekommen sind, obwohl sie sich doch sonst gerade als Fürsprecher ihres Klientels verstehen. Die meisten Umschulungs- und Rehabilitationseinrichtungen haben rasch auf die Neuordnung der Elektro- und Metallberufe reagiert und Lehrgänge nach den neuen Berufsbildern angeboten. Einige Überlegungen, die bei Konzepterstellung und Umsetzungsversuchen in den Berufsförderungswerken eine Rolle gespielt haben, seien hier beispielhaft erwähnt:
— Ausbilder, Dozenten und Leiter müssen sich darauf verständigen, die Lehrgänge erwachsenegemäßer zu gestalten. Die »Eigenwilligkeit« und »Widerspenstigkeit« mancher Erwachsener ist nicht nur als Störfaktor im Lehr-Lern-Prozeß zu sehen, sondern als Chance für selbständiges Lernen und Denken. (Siebert, 1985)
— Grundlegend für einen erwachsenengemäßeren Ansatz sollte sein, dem Teilnehmer bei der Reali-

sierung eigener Lebensperspektiven zu helfen und zu akzeptieren, daß diese auch anders aussehen können, als man es als Ausbilder, Dozent oder Leiter für sich selbst gelten lassen würde.
— Erwachsenengemäßer auszubilden und zugleich umfassende berufliche Handlungsfähigkeit zu fördern, heißt auch, komplexere Aufgabenstellungen, die an lebens- und arbeitsweltlichen Realitäten orientiert sind, frühzeitig in den Lehrgängen zu berücksichtigen. Teilnehmer, die zu Hause schon Steckdosen verlegt und angeschlossen haben oder erste Programmiererfolge auf ihrem Personalcomputer »gefeiert« haben, tun sich begreiflicherweise schwer, wenn sie zunächst einmal nur »Formelumstellungen« »Ohm'sches Gesetz«, »Feilen« und »Blechbiegen« trainieren sollen. Man kann die Fachausbildung auch mit Projektarbeit beginnen. Jedem Ausbildungspraktiker fallen dazu genügend Beispiele ein, etwa »Erarbeitung eines Informationsblattes zur sachgemäßen Verwendung, meßtechnischen Überprüfung und Entsorgung von Batterien«. In dieser komplexen Aufgabenstellung sind Themen und Probleme enthalten, die sonst Gegenstand getrennter Fächer wären, wie Deutsch, Technologie, Schaltungskunde, Meßlabor und Umweltschutz.
— Lehrvorträge sind auf ein Minimum zu beschränken. Von den Teilnehmern muß aktives Tun gefordert werden. Viele haben gerade hier erhebliche Erfahrungsdefizite und verhalten sich abwehrend. Der »Versuchung« dann einen »freundlich, zugewandten, dennoch lehrerdominanten, autoritativen Unterrichtsstil zu pflegen (Fischer, Harke, a.a.O., S. 24), muß widerstanden werden. Auch wenn man als Lehrer und Ausbilder diesen Stil« als entlastend empfinden mag, weiß man doch, daß selbstverantwortetes Lernen so nicht stattfindet.
— Die Teilnehmer sind an der Lernplanung zu beteiligen, d.h. Teilnehmer können sich in den dafür vorgesehenen Veranstaltungen über ihre Lernergebnisse oder -probleme äußern. Diese werden im Verlauf der weiteren Ausbildung möglichst berücksichtigt.
— Schlüsselqualifikationen werden im wesentlichen über Erfahrungen vermittelt und weniger über wissensmäßige Aneignung. Teamfähigkeit kann z.B. nur in einem Team erfahren und gelernt werden.
— Ausbilder und Teilnehmer brauchen Freiräume, ihre Ausbildungs- und Lernumwelt mitgestalten und mitentscheiden zu können. Das gilt für Material-, Geräte- und Raumausstattungen genauso wie für begründete Abweichungen von Stunden- und Ausbildungsplänen.
— Es besteht begründete Hoffnung, in einer weiterentwickelten, veränderten Ausbildung die Personen besser fördern zu können, die in früheren Formen der Ausbildung sich als lernschwächer und mißerfolgsbedrohter darstellen.

Die Umschulungs- und Rehabilitationseinrichtungen werden dies alles nur umsetzen und erreichen können, wenn sie sich selbst den Anforderungen stellen, auf die sie die Absolventen ihrer Lehrgänge vorbereiten wollen. Dies gilt insbesondere für das in Abschnitt 2.4 Ausgeführte zu neuen Ansätzen in der Betriebs- und Arbeitsorganisation.

»So ist Weiterbildung und Organisationsentwicklung dazu aufgerufen, Aufbau und Ablauforganisationen in der Privatwirtschaft und im öffentlichen Dienst, menschliche Verhaltensweisen und ihre Ursachen (insbesondere Widerstände bei Umstellungsprozessen), Lücken im Kommunikationssystem und im Informationsfluß in angemessener Form zum Gegenstand zu machen. Dies ist aber nur möglich, wenn die betroffenen Arbeitnehmer einbezogen werden...« (Hohmann, Weyrich, 1984)

4. Zusammenfassung

Die Umschulungs- und beruflichen Rehabilitationseinrichtungen können sich weder ausschließlich an den Erfordernissen des Beschäftigungssystems orientieren, noch alleine an den persönlichen Wünschen und Bedürfnissen der Teilnehmer ihrer Maßnahmen. Sie haben im Rahmen ihres Auftrages beiden Aspekten Rechnung zu tragen. Wie eingangs schon dargestellt wurde, trägt der Qualifikationsbegriff in sich schon die Spannung zwischen Tätigkeitsanforderungen und subjektiven Handlungsvermögen. Er bietet sich deshalb auch als Zielbegriff für die berufliche Aus- und Weiterbildung an. Vor der Erkenntnis, daß »Qualifkation« Arbeit und Technik bestimmt, anderseits aber auch Arbeit und Technik Qualifikation prägen, erhält die Diskussion um »Schlüsselqualifikation« und neue Wege in der Berufsbildung weitreichende Bedeutung.

»Diese neuen Wege zu finden, drängt insofern, als das Beschäftigungssystem offenbar dann, wenn es die benötigten neuen Fähigkeiten nicht im erforderlichen Maße findet, Alternativen beschreiten kann: Die Computer sind selbstverständlich auch so einzusetzen, daß die fälligen Entscheidungen bei ganz wenigen Beschäftigten konzentriert werden und die Masse sich auf die subjektiv undurchsichtige Dateneingabe beschränkt, und es wäre wohl das Ende der neuen Ansätze der Organisationsentwicklung, wenn sich die allgemeine Meinung ausbreiten würde, daß »der Mensch« eben grundsätzlich überfordert ist durch die hier entstehenden Zumutungen an Selbständigkeit und Verantwortung. (Brater, a.a.O., S. 134).«

Literatur:

Arzberger, H.: Einsatz »Neuer Techniken« bei den industriellen Elektroberufen am Beispiel der Informations- und Datenverarbeitung In: TBB 1988, H.1, S. 47

Becker, M.: Zur Umsetzung der neuen Elektro- und Metallberufe in die betriebliche Ausbildungspraxis. In: BWP 1988, H.5

Blaschke, D.: Soziale Qualifikation im Erwerbsleben, Beitrag zur Arbeitsmarkt- u. Berufsforschung 116, Nürnberg 1987

Borretty, R./Fink, R./Holzapfel, H./Klein, U.: PETRA, Projekt- und transferorientierte Ausbildung München, 1988

Brater, M.: Allgemeinbildung und berufliche Qualifikation In: Müller-Rolli, S. (Hrsg.), Das Bildungswesen der Zukunft, 1987, Stuttgart

Brauchle, H./Müller, K.H./Schaarschuch, A.: Neue industrielle Metall- und Elektroberufe – »Die integrative Ausbildungskonzeption, (IAK) der AEG. In: BWP 1987, H-3/4

Dunkel, D.: Lernstatt – Instrument der Personal- und Organisationsentwicklung. In: Lernfeld Betrieb 1988, H.10, S.20

Fischer, T. und Harke, D.: Didaktische Konzepte der Lernförderung bei Lernproblemen in der Berufsbildung Erwachsener, Sonderveröffentlichung des BIBB, 1987

Harke, D.: Lernschwierigkeiten in der Beruflichen Weiterbildung, Fernuniversität Hagen, 1983, KE 4067

Hohmann, R./Weyrich, K.-D.: Neue Technologien – Anforderungen an eine zukunftsorientierte betriebliche Weiterbildung, In: BWP 1984, H.5

Institut der deutschen Wirtschaft, Die neuen Metall- und Elektroberufe. Beiträge zur Gesellschafts- und Bildungspolitik 121, Köln 1986.

Kälin, K./Müri, P. (Hrsg.) Führen mit Kopf und Herz, Thun, 1988

Markert, W.: Die Lernstatt, Ein Modell zur beruflichen Qualifizierung von Ausländern am Beispiel der BMW AG. Berichte zur beruflichen Bildung, Heft 79, Berlin 1985.

Mertens, D.: Schlüsselqualifikationen. In: Mitteilungen d. Arbeitsmarkt- und Berufsforschung 7, Nürnberg 1974

Schlitzberger, H.H.: Führen in einem veränderten Umfeld, In: Siemens Zeitschrift, 1988, H.1

Siebert, H.: Allgemeinbildung zwischen Identität und Beruf. In: Schlutz, E., Krise der Arbeitsgesellschaft – Zukunft der Weiterbildung, Frankfurt/M. 1985

Arbeitsgruppe 7
»Probleme der Vermittlung von Schlüsselqualifikationen in der schulischen hauswirtschaftlichen Berufsausbildung«

Einführung / Bericht:

Prof. Dr. Heinrich Meyer,
Universität Hamburg

Elisabeth Balke,
Studentin, Universität Hamburg

Referate:

Barbara Bartsch / Maria Mielke,
Staatl. Gewerbe- und Hauswirtschaftsschule Uferstraße, Hamburg

»Probleme der Vermittlung von Schlüsselqualifikationen in der schulischen hauswirtschaftlichen Berufsbildung«

Dorothea Balzer,
Berufsbildende Schulen Buxtehude

»Vorbereitung von Schlüsselqualifikationen durch berufsbezogene Bildungsgänge? Beispiel Fachgymnasium Ernährung und Hauswirtschaft in Niedersachsen«

Gabriele Hackbarth,
Berufsbildende Schulen Hannover

»Die Ausbildung zum / zur Hauswirtschaftlichen Betriebsleiter(in) (Hauswirtschafterin) an der Hedwig-Heyl-Schule Hannover

Heinrich Meyer

Probleme der Vermittlung von Schlüsselqualifikationen in der schulischen hauswirtschaftlichen Berufsbildung – Einführungsreferat

Problemstellung

Hauswirtschaftliche Berufsbildung findet vorwiegend schulisch statt. Dabei geht es insbesondere um
- beruflich vollqualifizierende Bildungsgänge (z.B. Hauswirtschafterin, Hauswirtschaftliche(r) Betriebsleiter(in) und
- beruflich teilqualifizierende Bildungsgänge (z.B. Berufsfachschulformen mit Vermittlung allgemeinbildender Abschlüsse, Fachgymnasium Ernährung und Hauswirtschaft.

Schülerinnen der letztgenannten Bildungsgänge ergreifen nur zum kleinen Teil hauswirtschaftliche Berufe. Sie nutzen ihre Teilqualifikation bestenfalls als Vorbereitung auf soziale und pflegerische Berufe bzw. wählen Studienfächer, die mit den Fächerschwerpunkten der erworbenen Hochschulreife in Beziehung stehen. Im Mittelpunkt steht der allgemeinbildende Abschluß.
Auch heute ist noch die Entstehung dieser schulischen Bildungsgänge aus der traditionellen Mädchenbildung in der Struktur erkennbar. Eine ausführlichere Erörterung der Strukturprobleme hauswirtschaftlicher Berufsbildung enthält Meyer, 1989a, S. 279–323; 1989b).
Ziel der Erörterung in der Arbeitsgruppe ist zu prüfen, welche Möglichkeiten die ausgewählten schulischen hauswirtschaftlichen beruflichen Bildungsgänge besitzen, auf ihren Niveaus einen anforderungsgerechten Abschluß anzubieten, der auch Schlüsselqualifikationen vorbereitet bzw. erreicht, sich also neben fachlichen auch sozialen und humanen Kompetenzen verpflichtet weiß (vgl. dazu die grundsätzlichen Beiträge in diesem Band).
Für die vollqualifizierenden Berufsbildungsgänge wurden dafür ausgewählt:
- Hauswirtschaftliche(r) Betriebsleiter(in)
- Hauswirtschafterin (schulische Ausbildung).

Dabei ist zu berücksichtigen, daß hauswirtschaftliche Berufsbildung sich am Arbeitsmarkt und an den betrieblichen Anforderungen vielfältiger hauswirtschaftlicher Betriebe orientieren muß. Aspekthaft sei auf wichtige Merkmale und Veränderungen kurz hingewiesen (vgl. z.B. Bauer-Söllner/Pfau, 1987; Bober, 1986, 1987; Bottler, 1984; Sobotka, 1986).
Arbeitsplätze in Großhaushalten sind besonders geprägt durch
- zunehmende Technisierung
- arbeitsteilige Produktion
- betriebswirtschaftliche Organisation der Arbeitsabläufe
- zunehmed nutzerorientierte Dienstleistungsangebote
- soziale Orientierungen.

Arbeitsplätze in Privathaushalten für hauswirtschaftliche Fachkräfte stehen derzeit nur in geringem Maße zur Verfügung, könnten aber vermehrt angeboten werden weil tiefgreifende demografische Veränderungen mit zunehmendem Bedarf bei der Versorgung alter Menschen hervorrufen und durch die steuerpolitische Förderung von Haushaltshilfen in Familien mit jüngeren Kindern auch hier zusätzliche Arbeitsmarktchancen entstehen könnten.
Privathaushalte stellen an Fachkräfte steigende Anforderungen besonders wegen
- höherer Ansprüche an Dienstleistungen
- zunehmender Komplexität der Aufgaben
- Verknüpfung hauswirtschaftlicher mit erzieherischen, betreuenden und pflegerischen Aufgaben.

Auszubildende müssen auf verschiedenen Niveaus für komplexe hauswirtschaftliche Facharbeit

vorbereitet werden. Weil es sich i.d.R. um Frauenarbeitsplätze handelt, ist es besonders wichtig, daß Auszubildende fähig und bereit werden, auch ihre Arbeitnehmerrechte wahrzunehmen.
Berufsfachliche Kenntnisse und Fertigkeiten allein reichen derzeit oft nicht aus, den Ansprüchen komplexer hauswirtschaftlicher Facharbeit zu genügen.
Für die Hauswirtschaftliche Betriebleiterin erfolgt bundesweit gerade eine Neuordnung der Curricula (KMK, 1988, S. 109–111). Sie bietet Möglichkeiten, neuere Erkenntnisse zu berücksichtigen. Der Beruf Hauswirtschafterin wurde 1979 geordnet (KMK, 1982). In seiner Ausrichtung auf den Familienhaushalt entspricht er keineswegs den Erfordernissen des Arbeitsmarktes. Hier ist eine Neuordnung überfällig (Meyer, 1989a, bes. S. 310 ff.), wie sie ansatzweise bereits in Hamburg bezogen auf Großhaushalte praktiziert wird (vgl. den Beitrag Bartsch/Mielke in diesem Band).
Die Ausbildung muß insbesondere auch extrafunktionale Qualifikationen fördern.
Dabei geht es in Verbindung mit dem funktionalen Bereich beruflicher Bildung um Schlüsselqualifikationen, wie die Förderung
– der Denkfähigkeit (Kreativität) und Abstraktionsfähigkeit
– von Planungs- und Problemlösungsfähigkeit
– der Urteils- und Handlungsfähigkeit
– der Interaktionsfähigkeit (Kommunikationsfähigkeit)
– des Erwerbs von Lern- und Arbeitstechniken,
– von gruppenbezogenem Sozialverhalten und Arbeitshaltungen
– der anwendungsbezogenen Vermittlung von Informationen und
– von Einblicken in Verknüpfungen der unterrichtlichen Fragestellungen.
Das Fachgymnasium Ernährung und Hauswirtschaft muß hinsichtlich seiner Beruflichkeit und dem realisierten Verständnis von Berufsarbeit bei dem schmalen dahinterstehenden Berufsspektrum und dem geringen Praxisbezug grundsätzlich hinterfragt werden.
Es ist deshalb zu prüfen, ob die im folgenden skizzierten Leitziele des Fachgymnasiums im Kursunterricht den berufsbezogenen Fächer gefördert werden können. Dabei ist zu fragen, unter welchen Voraussetzungen der Unterricht dazu beitragen kann, Schlüsselqualifikationen im Bereich der oben beschriebenen Teilqualifzierung, wie weiter oben kurz verdeutlicht, vorzubereiten (vgl. auch Schmit, 1984; Weber, 1987):
Wissenschaftspropädeutisches Lernen mit Einführung in einen Beruf durch berufsbezogene Schwerpunktbildung oder Ausbildung in einem Beruf zur Vorbereitung auf
– ein Studium (Studienwahlvorbereitung)
– eine Tätigkeit in wissenschaftsbestimmten Berufen, die mit der beruflichen Fachrichtung verwandt sind.
Die Schülerinnen sollen dabei wissenschaftliche Methoden kennen- und anwendenlernen, über Methoden nachdenken und zwischen Methoden vergleichen lernen. Es soll also eine Einführung in wissenschaftliches Forschen, Fragen und Denken stattfinden.

Anregungen für Diskussionsfragestellungen

Im weiteren versuche ich, mit Hilfe der kurzen einführenden Bemerkungen Fragestellungen für die Diskussion der folgenden Kurzreferate zu gewinnen:
– Sind Schlüsselqualifikationen für alle hauswirtschaftlichen Bildungsgänge wichtig? Erscheinen sie nur für Berufe mit Leitungsaufgaben von Bedeutung und erreichbar oder sollten sie auch für vorwiegend ausführende Berufe angestrebt werden?
– Berücksichtigen die obersten Lernziele des jeweiligen Bildungsganges und die Leitziele der einzelnen Fächer Schlüsselqualifikationen? Wird dabei ein Zusammenhang zwischen fachlichen, sozialen und humanen Kompetenzen deutlich?
– Verdeutlichen die Lehrpläne, wie funktionale Qualifikationen (fachliche Lernziele) und extrafunktionale (übergreifende) Lernziele im Zusammenhang vermittelt werden können? Welche didaktisch-methodischen Hilfen werden dazu gegeben? Wird dabei deutlich, in welchem Sinne die anzubahnenden Qualifikationen Schlüsselqualifikationen sein können?

- Ermöglichen Fächerstruktur, schul- und unterrichtsorganisatorische Voraussetzungen problem- und handlungsorientiertes Lernen? Welche Bedeutung haben dabei Formen des Experimentalunterrichts und des (fächerübergreifenden) projekt (orientierten) Unterrichts?
  Welche Bedeutung haben berufliche Realerfahrungen?
  Welche Probleme begrenzen die Vermittlung von Schlüsselqualifikationen? Wie lassen sich diese lösen?

Aspekte:
- Stundentafel, Fächerstruktur
- Inhalts-/Stofforientierung und Stoffumfang der Lehrpläne
- Schwierigkeit, fachliche Grundstrukturen im Zusammenhang mit extrafunktionalen Qualifikationen zu bestimmen
- Ausstattung mit Werkstätten, Labors, Medien
- fachwissenschaftliche bzw. didaktisch-methodische Qualifikation der Lehrkräfte
- Aufgabenteilung (Praktikums-) Betriebe - Berufsschule
- Lernvoraussetzungen der Schülerinnen im Bereich Lerntechniken / Methoden
- erreichbares Qualifikationsniveau der Schülerinnen.

Literaturverzeichnis

Bauer-Söllner, Brigitte & Pfau, Cornelie (1987). Bedeutung der Großhaushalte in der Gesellschaft und für den einzelnen. Hauswirtschaft und Wissenschaft, Heft 1, S. 611.

Bober, Siegfried (1986). Marketing – Praxis in der Gemeinschaftsverpflegung. Frankfurt. Deutscher Fachverlag.

Bober, Siegfried (1987). Leistungserstellung in Großhaushalten – orientiert am Bedarf. Hauswirtschaft und Wissenschaft, Heft 1, S. 28–34.

Bottler, Jörg (1982). Wirtschaftslehre des Großhaushalts. Band 1: Großhaushaltsführung. Stuttgart; Berlin; Köln; Mainz: Kohlhammer.

Bottler, Jörg (1984). Der Betrieb Großhaushalt und seine Leistungen. In Fingerle u.a. (1984).

Fingerle, Karlheinz; Lipsmeier, Antonius & Schanz, Heinrich (Hrsg.) (1984). Beiträge zur Didaktik der Hauswirtschaft. Stuttgart: Holland & Josenshans.

KMK Sekretariat der ständigen Konferenz der Kultusminister der Länder in der Bundesrepublik Deutschland (1982). Rahmenlehrplan für den Ausbildungsberuf Hauswirtschafter / Hauswirtschafterin. Neuwied: Luchterhand.

KMK Rahmenvereinbarung über Fachschulen mit zweijähriger Ausbildungsdauer der Fachrichtung Hauswirtschaft. Beschluß der Kultusministerkonferenz vom 27. Mai 1988. Berufliche Bildung 26, Okt. 1988, S. 109–111.

Meyer, Heinrich (1989b). Situation und Perspektiven ausgewählter vollzeitschulischer hauswirtschaftlicher beruflicher Bildungsgänge. In: Staatliche Schule Ernährung und Hauswirtschaft (Hrsg.). Allgemeine Gewerbeschule für das weibliche Geschlecht 1929–1989 Berufsfachschule für Ernährung und Hauswirtschaft. Hamburg: Staatliche Schule für Ernährung und Hauswirtschaft, Uferstr.

Meyer, Heinrich (1989a). Hauswirtschaftliche Berufsbildung – Sackgasse für Frauenerwerbsarbeit –. In: Meyer-Harter, Renate (Hrsg.). Hausarbeit und Bildung. Frankfurt; New York: Campus, S. 279–323.

Schmidt, Marianne (1984). Wissenschaftspropädeutisches Arbeiten im Fach Ernährungs- und Haushaltswissenschaften in der Gymnasialen Oberstufe. In: Fingerle u.a., 1984, S. 161–168.

Sobotka, Margarete (1986). Leistungen des Großhaushalts im Spannungsfeld der Interessenlagen. Die berufsbildende Schule, Heft 7/8, S. 436–454.

Weber, Günter (1987). Das Berufliche Gymnasium in Baden-Württemberg. Die Berufsbildende Schule, Heft 6, S. 355–371.

Elisabeth Balke

Ergebnisprotokoll der AG 7 vom 21./22.6.1989

Schlüsselqualifikationen, im Sinne »übergreifender Qualifikationen« (z.B. Kommunikationsfähigkeit) haben in der hauswirtschaftlichen Bildung und Ausbildung aufgrund des ganzheitlichen Charakters dieses Arbeitsbereiches eine lange Tradition. Da die Hauswirtschaft i.d.R. Dienstleistungscharakter besitzt, wurden und werden soziale und humane Kompetenzen schon immer vermittelt. Vielfach sind Schlüsselqualifikationen im Berufsbild enthalten und haben daher Eingang in die Rahmenlehrpläne und Richtlinien gefunden, so sind sie beispielsweise im Fachgymnasium Hauswirtschaft auf der obersten Lernzielebene formuliert.
Unter anderen werden folgende Qualifikationen für die Hauswirtschaft als wichtig erachtet:
– Verantwortungsbewußtsein
– Entscheidungsfähigkeit
– Flexibilität
– Selbständigkeit

Da die hauswirtschaftliche Bildung und Ausbildung sich sehr differenziert darstellt (von der Erstausbildung zur Hauswirtschafterin über die Ausbildung zur hauswirtschaftlichen Betriebsleiterin (Managementebene) bis zum Fachgymnasium (Studierfähigkeit) erhob sich die Frage, ob auf den unterschiedlichen Hierarchieebenen die gleichen Schlüsselqualifikationen gefördert werden müßten oder ob eine Differenzierung erfolgen müsse. Gleichzeitig wurde die Frage diskutiert, ob im Privathaushalt, wo die Aufgabe darin besteht, den Haushalt eigenständig in allen Funktionen zu führen, die gleichen Anforderungen gestellt werden müssen, wie in einem Großhaushalt, wo eine stärkere Spezialisierung in Teilbereichen stattfindet. Diese Fragen konnten nicht abschließend geklärt werden.

Das hauswirtschaftliche Fachwissen wird von den Teilnehmerinnen als notwendig erachtet, da es eine Vehikelfunktion beim Erwerb von Schlüsselqualifikationen besitzt. Kontrovers wurde hier jedoch diskutiert, ob das Fachwissen, das z.Zt. vermittelt wird, ausreichend ist, um im Verdrängungswettbewerb mit den gastronomischen Berufen am Arbeitsmarkt konkurrieren zu können. Die Diskussion konzentrierte sich auf zwei Punkte:
1. Erweiterung der fachlichen Inhalte durch eine stärkere Orientierung an den Nutzerinteressen:
   – Verstärkte Berücksichtigung betriebswirtschaftlicher Elemente, da hauswirtschaftliche Fach- und Führungskräfte häufig Organisations- und Personalführungsaufgaben übernehmen.
   – Vermittlung von Beratungsfähigkeiten in bezug auf die Bereiche Umwelt und Ernährung, da hier z.Zt. eine Nachfrage vorhanden ist.
2. Die fachlichen Inhalte, die vermittelt werden, sind ausreichend, haben auf dem Arbeitsmarkt jedoch noch nicht die nötige Akzeptanz gefunden.

Die Handlungsorientierung des Unterrichtes in den überwiegend schulischen hauswirtschaftlichen Bildungsgängen wird als absolutes »Muß« bei dem Erwerb von Schlüsselqualifikationen angesehen. Bei dem Versuch der Förderung dieser Qualifikationen stoßen die Lehrkräfte jedoch häufig auf schulorganisatorische Bedingungen, z.B. Stoffülle, Fächerkanon, die eine Handlungsorientierung des Unterrichtes entweder behindern oder unmöglich machen.
Ausgeglichen wird dieses häufig durch das Angebot von Aktions- oder Projektwochen, die aber nach Meinung der Teilnehmerinnen nicht ausreichend sind, um eine optimale Lernsituation zu schaffen.
Außerdem sollten auch andere Methoden und Lernorganisationsstrukturen, wie z.B. Praktika, Fallstudien, Betriebstage verstärkt zum Einsatz kommen.
Die Teilnehmerinnen messen dem Lernort Schule eine Bedeutung bei dem Erwerb von Schlüsselqualifikationen dann zu, wenn Praktika durchgeführt werden, da so eine engere Verzahnung zwischen Theorie und Praxis entstehen kann. Als problematisch wurde aber angesehen, daß der Ernstcharakter der Praktika oft nicht von den Schülerinnen erkannt wird. Der Professionalisierungsgedanke hat nur einen sehr geringen Stellenwert, da die hauswirtschaftliche Ausbildung von den Schülerinnen häu-

fig nicht als berufliche Tätigkeit angesehen wird. Diese Tatsache ist zum Teil auf die allgemein geringe gesellschaftliche Anerkennung der Hauswirtschaft zurückzuführen.

Um hier eine Verbesserung erreichen zu können, soll einerseits das Rollenverständnis der Mädchen aufgearbeitet werden, sowie andererseits versucht werden, die Lerninhalte in Form von ganzheitlichem Denken und Tun zu vermitteln, um dadurch die gesellschaftliche Notwendigkeit der hauswirtschaftlichen Tätigkeiten aufzuzeigen und so eine bessere Akzeptanz zu schaffen. Die Diskussion um die gesellschaftliche Anerkennung der Hauswirtschaft muß jedoch klar von der Diskussion um den Erwerb von Schlüsselqualifikationen getrennt werden, es sich hier um verschiedene Dinge handelt. Schlüsselqualifikationen, z.B. Flexibilität, die durch eine geeignete Methodenwahl vom Schüler erworben werden, ermöglichen langfristig eine Reduzierung der Fachvermittlung, da neue Bereiche dann vom Schüler eigenständig erschlossen werden können. Da überwiegend relativ schwache Schülerinnen und Schüler in die hauswirtschaftliche Ausbildung einmünden, aber aufgrund der Anforderungen am Arbeitsmarkt Professionalisierung und Kompetenz angestrebt werden, muß der hauswirtschaftliche Unterricht in Zukunft mehr dem Prinzip des Forderns, als dem des Förderns nachgehen.

Auf der Grundlage der Diskussion in der Arbeitsgruppe lassen sich folgende Thesen formulieren:

1. Schlüsselqualifikationen sind in der Hauswirtschaft seit jeher thematisiert worden, da der ganzheitliche Ansatz der hauswirtschaftlichen Ausbildung die Förderung von Schlüsselqualifikationen bedingt.
2. Um eine optimale Entwicklung von Schlüsselqualifikationen zu gewährleisten, muß aktiv gegen die schulorganisatorischen und bildungspolitischen Grenzen vorgegangen werden.
3. Freiheitsräume müssen erweitert werden, daß sich eine Projekt- oder Schülerorientierung entwickeln kann.
4. Methoden, die eine Förderung von Schlüsselqualifikationen begünstigen, sollen den Vorrang erhalten.
5. Der hauswirtschaftliche Unterricht muß in Zukunft aufgrund der Erfordernisse am Arbeitsmarkt mehr fordern, als fördern.

Barbara Bartsch
Maria Mielke

Probleme der Vermittlung von Schlüsselqualifikationen in der schulischen hauswirtschaftlichen Berufsbildung

Gliederung

1. Vorbemerkungen
2. Darstellung der Ausbildungsgänge zum Beruf der Hauswirtschafterin/Hauswirtschafter
3. Darstellung des Spektrums hauswirtschaftlicher Tätigkeitsfelder, für die im Rahmen der Ausbildung zur Hauswirtschafterin/zum Hauswirtschafter qualifiziert wird
3.1. Ausbildungsschwerpunkte – bezogen auf den Privathaushalt
3.2. Ausbildungsschwerpunkte – bezogen auf den Großhaushalt
4. Versuch einer Formulierung von Schlüsselqualifikationen für das vielschichtige Berufsfeld (in Anlehnung an die von Dauenhauer u.a. vorgeschlagene Unterscheidung)
4.1. Materiale Kenntnisse und Fertigkeiten
4.2. Formale Fähigkeiten
4.3. Personale/soziale Fähigkeiten
4.4. Konkretisierung anhand vorhandener Lehrpläne und deren Umsetzung im Rahmen des Fachunterrichts an der W2
4.5. Probleme der Vermittlung von Schlüsselqualifikationen aufgrund von Sozialisation und Rollenverständnis der Schülerinnen und Schüler
5. Auswertung – Ausblick

1. Vorbemerkungen

In der schulischen hauswirtschaftlichen Berufsbildung wirft die Vermittlung von Schlüsselqualifikationen dann Probleme auf, wenn bei der methodisch-didaktischen Umsetzung handlungsorientiertes Lernen keine Anwendung findet. Eine in schulischer Form durchgeführte Berufsausbildung setzt daher voraus, daß ein der betrieblichen Praxis entsprechendes Lernarrangement getroffen wird. Eine Berufsfachschule mit dem Ausbildungsziel Hauswirtschafter/Hauswirtschafterin ist daher gezwungen, Einrichtungen zu schaffen, die handlungsorientiertes Lernen ermöglichen.
Der besondere Stellenwert des Lernorts »schulischer Betrieb« zeichnet sich gegenüber gewinnorientiert arbeitenden Betrieben dadurch aus, daß sich Lernprozesse in enger Verknüpfung mit praktischem Handeln und theoretischem Wissen entwickeln. Die persönliche und berufliche Qualifikation zur Hauswirtschafterin/zum Hauswirtschafter setzt voraus, wichtige Schlüsselqualifikationen, wie konzeptionelles Denken, analytisches Vorgehen, Problemlösungsfähigkeit, Entscheidungsfähigkeit oder auch die Bereitschaft zur Zusammenarbeit, zu erlangen, um in einem weit gefächerten Berufsfeld den Anforderungen standzuhalten. Im folgenden wird in einem kurzen Überblick die Ausbildung zur Hauswirtschafterin/zum Hauswirtschafter dargestellt sowie eine kurze Beschreibung der inhaltlichen Vorbereitung auf die einzelnen Tätigkeitsfelder an Beispielen vorgenommen. Im Anschluß erfolgt der Versuch, anhand von Zielorientierungen Schlüsselqualifikationen für das Berufsfeld zu formulieren.

2. Darstellung der Ausbildungsgänge

Die Ausbildung zur Hauswirtschafterin/Hauswirtschafter erfolgt in Hamburg in **dualer** Form:

1. Jahr — BGJ mit Schwerpunkt Gastgewerbe und Hauswirtschaft
2. und 3. Jahr — Betrieb und Schule (12 Stunden Berufsschulunterricht/Wo)
und in **vollzeitschulischer** Form in der dreijährigen Berufsfachschule für Hauswirtschaft:
1. Jahr — BGJ mit Schwerpunkt Gastgewerbe und Hauswirtschaft
2. Jahr — Praktikum im Großhaushalt und Familienhaushalt und Schule (6 Std. Unterricht/Wo.)
3. Jahr — Unterricht in der Schule.
Beide Ausbildungsgänge sind in der Staatlichen Schule Ernährung und Hauswirtschaft Uferstraße, Uferstraße 9/10, 2000 Hamburg 76, angesiedelt (siehe Grafik im Anhang).

3. Darstellung des Spektrums hauswirtschaftlicher Tätigkeitsfelder für die im Rahmen der Ausbildung zur Hauswirtschafterin/zum Hauswirtschafter qualifiziert wird.

Das Tätigkeitsfeld, auf das Hauswirtschafterinnen während der Ausbildung vorbereitet werden müssen, ist breit gefächert. Es reicht vom Privathaushalt (z.B. mit vier Personen) bis zum Großhaushalt (z.B. Kindertagesstätten). Die Schule steht folglich vor der Aufgabe, innerhalb der Ausbildung Grundqualifikationen zu vermitteln, die es den Hauswirtschafterinnen/Hauswirtschaftern später ermöglicht, sich auf die unterschiedlichen Berufsanforderungen einstellen zu können. Hier stehen auch wir im Konflikt mit dem Rahmenlehrplan und dem Ausbildungsrahmenlehrplan, die vorrangig den Privathaushalt als späteres Betätigungsfeld ansehen.

3.1 Ausbildungsschwerpunkte — bezogen auf den Privathaushalt

Die Ausbildungsschwerpunkte im Privathaushalt (nehmen wir einen Geschäftshaushalt mit vier Personen an) umfassen alle Bereiche hauswirtschaftlicher Tätigkeit: Planen, Einkaufen, Abrechnung, Nahrungszubereitung, Vorratshaltung, Textilpflege und textile Verarbeitung (im Rahmen von Reparaturen), Hauspflege, Blumen- und Gartenpflege, gestalterische Arbeiten. Übernimmt eine Hauswirtschafterin/ein Hauswirtschafter dieses Arbeitsfeld, muß sie/er selbständig und alleinverantwortlich handeln.

3.2 Ausbildungsschwerpunkte — bezogen auf den Großhaushalt

Für den hauswirtschaftlichen Großhaushalt, muß eine Spezialisierung erfolgen. Diese kann im Bereich der Nahrungszubereitung liegen, aber auch in der Haus- bzw. Wäschepflege. Im Unterschied zum Privathaushalt sind hier leistungsstärkere Maschinen und andere Arbeitsabläufe erforderlich. Fehlplanungen haben kostenmäßig größere Konsequenzen, Arbeitsschwerpunkte, wie Einkauf oder Reparatur von Wäsche entfallen möglicherweise, Mitarbeiterinnen tragen die Verantwortung mit.

4. Versuch einer Formulierung von Schlüsselqualifikationen für das vielschichtige Berufsfeld (in Anlehnung an die von Dauenhauer, Mertens u.a. vorgeschlagene Unterscheidung)

Die Darstellung zu Punkt 3. hat bereits darauf hinweisen sollen, wie notwendig es von jeher war, Schlüsselqualifikationen zu vermitteln. In Anlehnung an Dauenhauer u.a. erfolgt der Versuch, diese beispielhaft an dem Lehrgang Gemeinschaftsverpflegung zu formulieren.

4.1 Materiale Kenntnisse und Fertigkeiten

— Die Schülerinnen sollen befähigt werden, Unfälle zu verhüten. Die gründliche Einführung aller

elektrischer Geräte für den Privathaushalt im ersten Ausbildungsjahr wird im dritten Ausbildungsjahr vertieft durch die Einführung von Großgeräten: von der Universalküchenmaschine z.B. zur SOLIA.
- Die Schülerinnen sollen Arbeits- und Zeitpläne erstellen und umsetzen können.
Im ersten Ausbildungsjahr werden Arbeitsabläufe zergliedert und Zeitvorgaben für bestimmte Vorgänge ermittelt. Im dritten Ausbildungsjahr werden aufgrund dieser Kenntnisse z.B. Tagesarbeitspläne erstellt, die als Planungsvorgabe dienen.
- Die Schülerinnen sollen Störungen in Arbeitsabläufen erkennen und beseitigen.
Durch nichterfolgte Lieferungen von Nahrungsmitteln, durch gravierende Veränderungen des Wetters, durch Nichterscheinen von Mitschülerinnen / Mitschülern müssen Speisepläne kurzfristig umgestellt werden.
- Die Schülerinnen sollen mit den eigenen Kräften, mit den Kräften anderer, mit natürlichen Ressourcen (Energie, Material usw.) haushalten.
Entsprechend sind die Arbeitsplätze zu gestalten, entsprechende Geräte wie Ausgabewagen sind einzusetzen, Bandarbeit beim Portionieren ist durchzuführen, das Tablettsystem ist umzusetzen, genaue Mengen sind zu planen.
- Die Schülerinnen sollen die allgemeinen Kulturtechniken und das politische und soziale Wissen vertiefen.
Dies geschieht in allen Lernprozessen.

4.2 Formale Fähigkeiten

kognitiver Bereich

- Die Schülerinnen müssen die Interessen des zu betreuenden Personenkreises erkennen und diese im Rahmen der vorgegebenen Bedingungen umsetzen.
Unterschiedliche Kostformen (z.B.: für Diabetiker, Vegetarier) müssen bekannt sein und angeboten werden.
- Die Schülerinnen müssen Mitarbeiterinnen, Maschinen, Materialien und Arbeitsverfahren beurteilen.
Leistungskontrollen werden in Zusammenarbeit mit Schülerinnen / Schülern durchgeführt, wobei die genannten Punkte im Kriterienkatalog aufgeführt sind.
- Die Schülerinnen sollen Kreativität in Hinblick auf das Gestalten von Festen, Dekorieren von Räumen, Anrichten von Speisen entwickeln.
Die Schülerinnen erhalten sogenannte Fremdaufträge für schulinterne Feiern wie Pensionierungen, Schulfeste u.ä.

psychomotorischer Bereich

- Die Schülerinnen müssen eine manuelle Geschicklichkeit für alle hauswirtschaftlichen Tätigkeiten entwickeln.
Das geschieht durch Einüben von Schneidetechniken, das Anrichten von Speisen, das Formen von Gebäck, das Putzen von Gemüse (auch unter zeitlichem Aspekt).
- Die Schülerinnen müssen ihre Reaktionsfähigkeit entwickeln.
Das geschieht bei jeder Arbeit mit Geräten, um Unfälle zu verhüten.
- Die Schülerinnen müssen ihre Konditionsfähigkeit weiter ausbilden.
Das erfolgt durch systematisches Erweitern von Arbeitsaufträgen, z.B. werden zunächst nur Teilgerichte erstellt, danach schrittweise ein ganzes Menü oder ein Teilbereich des Menüs in großen Mengen.
- Die Schülerinnen sollen ein Gefühl für materialspezifische Be- und Verarbeitungsmethoden entwickeln.
Das geschieht beim Einsatz richtiger Zerkleinerungstechniken, beim Einsatz verschiedener Gartentechniken sowie beim Einsatz schonender Reinigungsmaterialien.

— Die Schülerinnen sollen ihre Konzentrationsfähigkeit erhöhen.
  Das geschieht im Umgang mit Maschinen und Schneidwerkzeugen jeglicher Art.

4.3 Personale/soziale Fähigkeiten

— Die Schülerinnen sollen Selbständigkeit entwickeln.
  Die Menüplanung erfordert die entsprechende Rezeptauswahl und die entsprechende Gestaltung des Arbeitsablaufes.
— Die Schülerinnen sollen verantwortungsbewußt handeln. Zum Beispiel durch Einhalten von Hygienevorschriften wird dies eingeübt.
— Die Schülerinnen sollen gewissenhaft arbeiten.
  Dazu gehört pünktliches Erscheinen am Arbeitsplatz, das Erledigen von Vor- und Nacharbeiten, das rechtzeitige Abgeben von Bestellungen.
— Die Schülerinnen sollen Kooperations- und Kontaktfähigkeit entwickeln.
  Durch die in der Großküche notwendige Teamarbeit werden diese Fähigkeiten entwickelt und vertieft.

4.4 Probleme der Vermittlung von Schlüsselqualifikationen aufgrund von Sozialisation und Rollenverständnis der Schülerinnen und Schüler

— Den Schülerinnen/Schülern fällt es schwer zu begreifen, daß hauswirtschaftliches Handeln eine Dienstleistung im Rahmen eines sozialen Berufs ist.
— Den Schülerinnen/Schülern fällt es schwer zu akzeptieren, daß hauswirtschaftliche Berufstätigkeit Professionalität voraussetzt.
— Den Schülerinnen/Schülern fällt die Identifikation mit dem Beruf schwer, weil sie die gesellschaftliche Relevanz ihrer Berufstätigkeit nicht erkennen.
— Die gesellschaftliche Bestätigung ist gering (Einkommen, Aufstiegschancen).
— Das Berufsbild, bezogen auf Großhaushalte ist noch zu wenig bekannt.
— Der Zusammenhang von Gesundheit und Ernährung ist in der Gesellschaft und bei ihnen selbst noch nicht ausreichend akzeptiert.
— Verantwortungsbewußtes Umgehen mit Ressourcen steht im Widerspruch zur Wohlstandsgesellschaft (Wegwerf, Konsum, Werbung).
— Die Hemmschwelle beim Benutzen größerer oder komplizierter Maschinen läßt sich nur langsam abbauen.
— Die Bereitschaft, sich als Auszubildende/Auszubildender zu verstehen und damit auch Arbeitnehmerrechte wahrzunehmen, ist gering.

5. Auswertung und Ausblick

— Das Rollenverständnis bei Mädchen – hauswirtschaftliche Tätigkeiten als Helferfunktion zu werten – muß aufgebrochen werden.
— Wenn sich durchsetzt, daß Hauswirtschafter/Hauswirtschafterinnen (im Rahmen der Familienpflege) in Sozialstationen Planstellen finden, im Stationsbetrieb der Krankenhäuser selbständig Verantwortung für hauswirtschaftliche Tätigkeiten übernehmen, wird dies Auswirkungen haben auf
  das Rollenverständnis,
  das Qualifikationsniveau,
  die Tariffähigkeit,
  die gesellschaftliche Anerkennung.

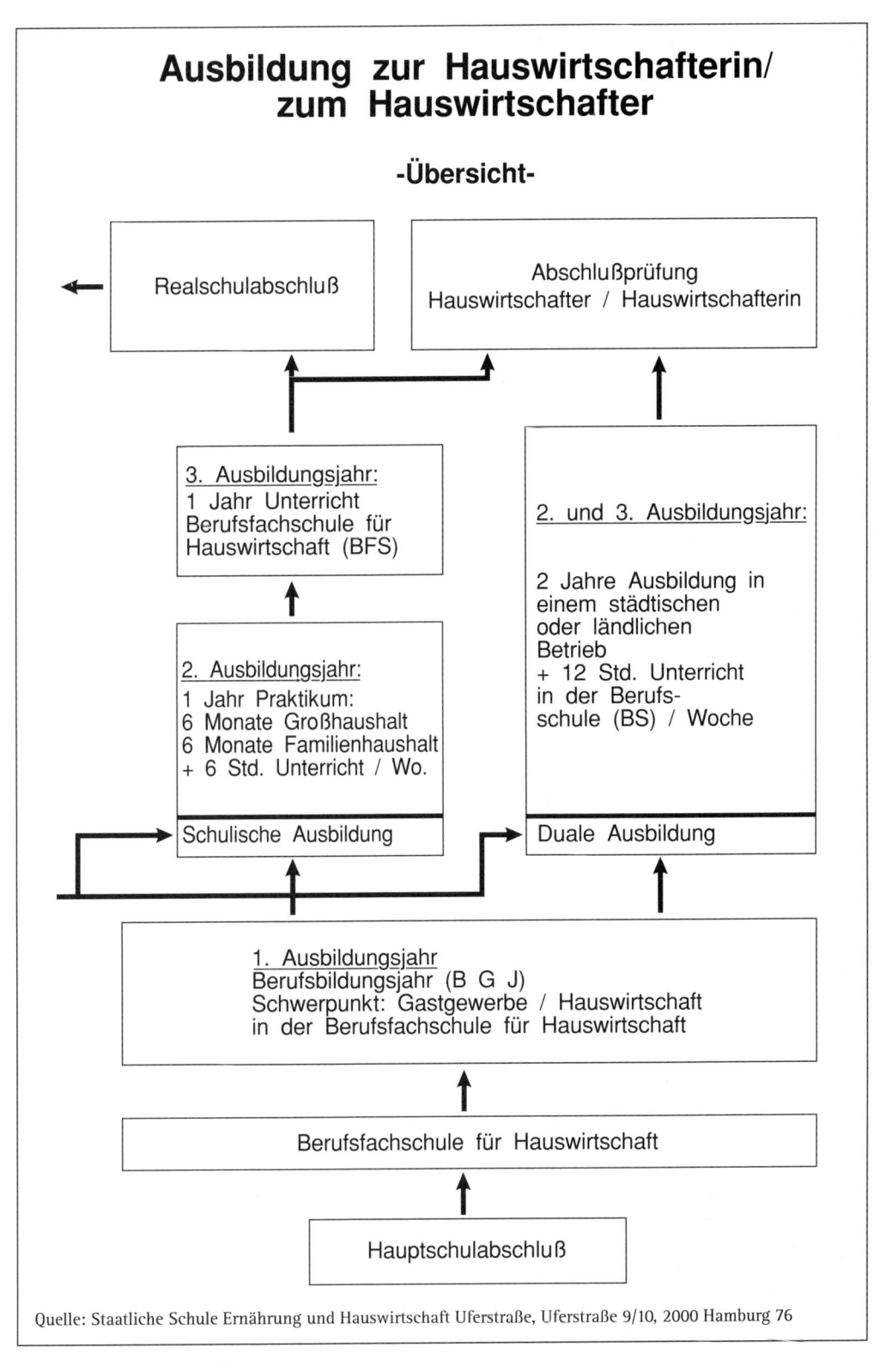

Ausbildung zur Hauswirtschafterin/ zum Hauswirtschafter

-Übersicht-

Realschulabschluß	Abschlußprüfung Hauswirtschafter / Hauswirtschafterin

3. Ausbildungsjahr:
1 Jahr Unterricht Berufsfachschule für Hauswirtschaft (BFS)

2. und 3. Ausbildungsjahr:

2 Jahre Ausbildung in einem städtischen oder ländlichen Betrieb
+ 12 Std. Unterricht in der Berufsschule (BS) / Woche

2. Ausbildungsjahr:
1 Jahr Praktikum:
6 Monate Großhaushalt
6 Monate Familienhaushalt
+ 6 Std. Unterricht / Wo.

Schulische Ausbildung	Duale Ausbildung

1. Ausbildungsjahr
Berufsbildungsjahr (B G J)
Schwerpunkt: Gastgewerbe / Hauswirtschaft
in der Berufsfachschule für Hauswirtschaft

Berufsfachschule für Hauswirtschaft

Hauptschulabschluß

Quelle: Staatliche Schule Ernährung und Hauswirtschaft Uferstraße, Uferstraße 9/10, 2000 Hamburg 76

Dorothea Balzer

Vorbereitung von Schlüsselqualifikationen durch berufsbezogene Bildungsgänge? Beispiel Fachgymnasium Ernährung und Hauswirtschaft in Niedersachsen

1. Einleitung
2. Konzeption des Fachgymnasiums Ernährung und Hauswirtschaft
3. Curriculare, schul- und unterrichtsorganisatorische Problemstellungen für die Vorbereitung des Erwerbs von Schlüsselqualifikationen am Beispiel des Leistungskursfaches Ernährungslehre
4. Perspektiven zur Realisierung der Vermittlung von funktionalen und extrafunktionalen Qualifikationen

1. Einleitung

Dieser Beitrag soll Möglichkeiten und Grenzen der Vorbereitung von Schlüsselqualifikationen im Fachgymnasium Ernährung und Hauswirtschaft aufzeigen.
Anhand der kurzen Darstellung der Konzeption des Fachgymnasiums wird neben der Zugangsberechtigung und Dauer der Bildungsauftrag verdeutlicht, der sich unmißverständlich auf das wissenschaftspropädeutische Lernen mit Einführung in einen Beruf durch berufsbezogene Schwerpunktbildung bezieht.
Doch entspricht der Bildungsauftrag der Bildungswirklichkeit? Können der gymnasiale Bildungsanspruch und die Anforderungen der Berufsausbildung in doppeltqualifizierenden Bildungsgängen effizient miteinander verbunden werden und berücksichtigen die Lehrpläne neben funktionalen auch extrafunktionale Qualifikationen? D.h., sind die obersten Lernziele auch in den Leitzielen und Einzelzielen der einzelnen Fächer wiederzufinden? Wird in diesen Zusammenhängen handlungs- und problemorientierter Unterricht angeregt? Nach der Auseinandersetzung mit diesem Fragenkomplex und der Aufzeichnung bestehender Probleme werden Anregungen zur Realisierung der Vorbereitung von Schlüsselqualifikationen gegeben.

2. Konzeption des Fachgymnasiums Ernährung und Hauswirtschaft

Zugangsberechtigung

Zum Besuch des Fachgymnasiums sind berechtigt:
– Schüler, die den Erweiterten Sekundarabschluß I z.B. an einer Realschule, zweijährigen Berufsfachschule, Berufsaufbauschule, Gesamtschule, ggf. auch an einer Hauptschule erworben haben;
– Schüler, die in einem Gymnasium in die gymnasiale Oberstufe versetzt worden sind.

Dauer des Bildungsgangs

Der Besuch des Fachgymnasiums dauert in der Regel drei Jahre (11. - 13. Klasse):
Die **Vorstufe** (11. Schuljahrgang) bereitet auf den Unterricht in der Kursstufe (12. und 13. Schuljahrgang) vor und vermittelt ein Grundwissen in allen Fächern. In der **Kursstufe** tritt an die Stelle des Klassenverbandes ein System von Kursen. Versetzungen finden in der Kursstufe nicht statt.

Bildungsauftrag

Ziel des Unterrichts im Fachgymnasium Ernährung und Hauswirtschaft ist die Allgemeine Hochschulreife.
Zu vermitteln sind Kenntnisse und Fähigkeiten, die zur Studierfähigkeit führen und durch berufsbezogene Schwerpunktbildung in einen Beruf einführen oder für einen Beruf ausbilden (vgl. Verordnung über die gymnasiale Oberstufe und das Fachgymnasium vom März 1981, zuletzt geändert am 28. April 1988).
Die Richtung des Fachgymnasiums Ernährung und Hauswirtschaft ist durch ein festgelegtes Profil vorgeschriebener Leistungs- und Grundkurse bestimmt, so daß für die Schülerinnen der größte Teil der in der neugestalteten gymnasialen Oberstufe zulässigen Wahlentscheidungen bereits mit der Entscheidung für die Fachrichtung festgelegt ist. Da die Wahl des ersten Abiturfaches durch die KMK-Vereinbarung eingeschränkt ist, bleibt zur weiteren wissenschaftspropädeutischen und beruflich/fachlichen Schwerpunktsetzung nur das zweite Abiturfach (zweites Leistungsfach). Daneben müssen zahlreiche Pflichtbindungen im Bereich der Grundkurse wahrgenommen werden.
Den berufsbezogenen Schwerpunkt des Fachgymnasiums Ernährung und Hauswirtschaft bildet das Leistungskursfach Ernährungslehre, ein Fach des mathematisch-naturwissenschaftlich-technischen Aufgabenfeldes, zusammen mit dem Fach Wirtschaftslehre (Ernährung und Hauswirtschaft), ein Fach des gesellschaftswissenschaftlichen Aufgabenfeldes (3. bzw. 4. Prüfungsfach) und dem Angebot an Fachpraxiskursen (Nahrungszubereitung). (vgl. Lenzen, 1983; Nds. Kultusminister, 1988)

3. Curriculare, schul- und unterrichtsorganisatorische Problemstellungen für die Vorbereitung des Erwerbs von Schlüsselqualifikationen am Beispiel des Leistungskursfaches Ernährungslehre

Das Fach Ernährungslehre umfaßt neben der eigentlichen Ernährungslehre die Lebensmittellehre und technologische Verfahren der Verarbeitung von Lebensmitteln, einschließlich küchentechnischer und lebensmittelchemischer Experimente.
Durchgehendes Unterrichtsprinzip ist eine Erziehung zu einem bewußten Ernährungsverhalten. Dabei sollen vor allem für ernährungsbezogene Sachverhalte und Situationen Entscheidungshilfen geboten und Verhaltensweisen erlernt und geübt werden (Nds. Kultusminister, 1982, S.5).
Auf dieser oberen Lernzielebene sind komplexe Qualifikationen des fachlich-beruflichen, sozialen und persönlichkeitsbezogenen Handelns formuliert. Sind diese Qualifikationen im Lehrplan der Fächer auf der unteren Ebene der Lernzielformulierung konkretisiert?
Die derzeitige schulische Lernsituation im Fachgymnasium bereitet in der Regel nicht den Erwerb von Qualifikationen vor, die eine auf Schlüsselqualifikationen zielende Berufsbildung erfordert. Aufgrund der umfänglichen fachlichen Lernzielvorgaben muß detailliertes Faktenwissen erworben werden. Das erfolgt in der Unterrichtspraxis weitgehend in rezeptiven Lernformen. Didaktisch leitende Kriterien des Arbeits- und Handlungsbezugs sowie ganzheitliches Lernen haben nur geringe Chancen.
Die beispielhafte Auflistung einiger fachspezifischer oberster Lernziele zeigt, daß auf dieser Ebene Voraussetzungen für situationsbezogenes, handlungs- und persönlichkeitsorientiertes Lernen durch curriculare Verschränkung berufsbezogener Theorie und Praxis in Ansätzen gegeben wären und auf Schlüsselqualifikationen vorbereitet werden könnte:
Die Schülerinnen sollen...
— Kenntnisse über Nährstoffe, Lebensmittel, Verarbeitung von Lebensmitteln und Ernährungsrichtlinien bei der Planung und Zubereitung bedarfsadäquater Kost verknüpfen.
— ernährungswissenschaftlich-technologische Aussagen beurteilen und diskutieren.
— hauswirtschaftstechnologische Einzelversuche und Versuchsreihen selbständig planen, durchführen, beobachten, protokollieren und auswerten.
— bereit sein, Sachverhalte, Beurteilungsmöglichkeiten, Forderungen und Forschungsergebnisse

im Bereich der Hauswirtschaft in eigene Überlegungen einzubeziehen und Beurteilungsmaßstäbe zu entwerfen.
- Daten und Informationen aus der Fachliteratur und anderen Veröffentlichungen entnehmen und auswerten.
- fachspezifisches Wissen für den persönlichen und gesellschaftlichen Bereich verantwortungsbewußt einsetzen.

Nach Mertens (vgl. Mertens, 1974, S.41) könnten die Schülerinnen mit den ersten vier Lernzielen besonders Basisqualifikationen erwerben, d.h. das Allgemeinere wird über das Speziellere gestellt. Die Schülerinnen lernen dann das kontextuelle Denken, das Verstehen von Zusammenhängen und Interdependenzen, die Argumentations- und Diskussionsfähigkeit, die Planungsbereitschaft und -fähigkeit sowie das logische Denken, Schließen und Folgern.

Die beiden zuletzt genannten Lernziele sprechen besonders die horizonterweiternden Qualifikationen an: Informationen gewinnen, verstehen und verarbeiten. »...(Rascher) Zugriff zu abrufbarem, andernorts gespeichertem Wissen bei einer ad hoc auftretenden Problemstellung« (Mertens, 1974, S. 41).

Das letzte Lernziel kann außerdem auf Verhaltensqualifikationen im zwischenmenschlichen Bereich vorbereiten.

Der didaktische Ansatz des Lehrplans sieht jedoch nicht vor, daß die obersten Lernziele problem- und handlungsbezogen auf der unteren Ebene der Einzelziele konkretisiert werden. Diese fehlende Ganzheitlichkeit kann dazu führen, daß auf der untersten Lernzielebene die Faktenorientierung im Mittelpunkt steht.

Dort werden fast nur noch reproduktive Verhaltensweisen beschrieben (kennen, erkennen, aufzeigen, erläutern, beschreiben).

Aufgrund der extrem fachwissenschaftlichen Orientierung und des Stoffumfangs der Lehrpläne für das Fach Ernährungslehre sind deutliche Grenzen für die Schaffung von Voraussetzungen für ganzheitlicheres Unterrichten durch Verschränkung berufsbezogener Theorie und Praxis und Ermöglichung schülerbezogener Unterrichtsmethoden gesetzt.

Die selbständige, handlungsorientierte Anwendung des Erlernten bei wissenschaftlichen Problemstellungen und in berufsbezogenen Situationen kann nicht ausreichend durchgeführt werden, da eine Projektorientierung oder Experimente, Exkursionen, Gruppenarbeiten etc. nicht vorgesehen sind.

Extrafunktionale Qualifikationen wie gruppenbezogenes Sozialverhalten, Planungs-, Problemlösungs-, Urteils-, Kommunikations- und Handlungsfähigkeit sowie der Erwerb von Lern- und Arbeitstechniken etc. können somit nicht zufriedenstellend gefördert werden.

Auch das starre Fächerprinzip und das Prüfungssystem stehen der Vorbereitung von Schlüsselqualifikationen entgegen.

4. Perspektiven zur Realisierung der Vermittlung von funktionalen und extrafunktionalen Qualifikationen

Um dem Anspruch einer handlungs- und persönlichkeitsorientierten, auf Schlüsselqualifikationen zielenden Ausbildung im Fachgymnasium Ernährung und Hauswirtschaft gerecht zu werden, bedarf es grundlegender Reformen:
- Die Stofforientierung der Lehrpläne sollte einer Problemorientierung weichen. Die ganzheitliche Arbeit an exemplarischen Beispielen kann bessere Ergebnisse ermöglichen als das fachsystematische Vorgehen.
- Durch die curriculare Verschränkung berufsbezogener Theorie und Praxis kann der Bildungsauftrag des Fachgymnasiums realisiert werden, der die Vermittlung von Kenntnissen und Fähigkeiten, die zur Studierfähigkeit führen und auf eine anspruchsvolle berufliche Laufbahn vorbereiten sollen, zum Ziel hat.
- Weiterhin sind didaktisch-methodische Konzeptionen zu schaffen, die Schüleraktivitäten erfordern und die durch Selbsterfahrung das eigene Lernen unterstützen, sowie vielfältige Gelegen-

heiten zur Erprobung der allgemeinen Fähigkeiten schaffen. D.h. Minimierung der lehrerzentrierten Wissensvermittlung zugunsten eines schülerzentrierten Unterrichts, z.B. durch Projekte, Projektorientierung, Experimente, Erkundungen, Befragungen, Analysen.
- Unverzichtbar ist auch eine bessere Ausstattung mit Fachräumen (Küchen, Werkstätten, Labors) und Medien zur Förderung schülerbezogener Unterrichtsmethoden.
- Nicht zuletzt bedarf es einer Verbesserung der Fachqualifikation resp. der didaktisch-methodischen Qualifikationen der Lehrkräfte durch entsprechende Lehrerausbildung und regelmäßige Fortbildung.

Die (berufs)übergreifenden Fähigkeiten müssen - will man sie ernsthaft fördern - letztlich im Unterricht denselben Stellenwert erhalten, wie die bisherigen fachspezifischen Lernziele auf der unteren Ebene.

Literaturangaben

Lenzen, D. (Hrsg.): Enzyklopädie Erziehungswissenschaft, Bd. 9, Teil 2 Klett-Cotta Verlag. Stuttgart 1983, S. 290.

Mertens, D.: Schlüsselqualifikationen. In: Mitteilung zur Arbeitsmarkt- und Berufsforschung. Heft 7, 1974, S. 36-43.

Niedersächsischer Kultusminister (Hrsg.): Die gymnasiale Oberstufe und das Fachgymnasium. Druckhaus Gebr. Gerstenberg. Hannover 1988.

Niedersächsischer Kultusminister (Hrsg.): Rahmenrichtlinien für das Fachgymnasium. Technologie der Hauswirtschaft. Berenberg'sche Druckerei GmbH und Verlag. Hannover 1982, S. 5.

Verordnung über die gymnasiale Oberstufe und das Fachgymnasium (VO-GOF) vom März 1981, zuletzt geändert am 28. April 1988. In: Berufsbildende Schulen. Rechts- und Verwaltungsvorschriften. Verlag für Wirtschaft und Verwaltung. Essen.

Gabriele Hackbarth

Die Ausbildung zum/zur Hauswirtschaftlichen Betriebsleiter(in) (Hauswirtschaftsleiterin) an der Hedwig-Heyl-Schule Hannover

1. Einführung

Hauswirtschaftsleiterinnen, zukünftig Hauswirtschaftliche Betriebsleiterinnen, (nach dem RS-Abschluß 5 Jahre Ausbildung) werden ausgebildet, um Planungs-, Organisations- und Koordinierungsaufgaben in Verbandshaushalten zu übernehmen, wobei der zu versorgende Mensch im Mittelpunkt ihres Handelns steht.

In Einrichtungen der Altenhilfe, Kantinen oder Mensen sind HBL als Führungskräfte im mittleren Management eingesetzt und – je nach Betriebsgröße – für die Bereiche Verpflegung, Reinigung und Wäsche insgesamt oder für eine der genannten Abteilungen zuständig.

Der Arbeit der HBL wird in den Betrieben große Bedeutung zugemessen, da sie einen wesentlichen Beitrag zur Sicherung der Lebensqualität der Klientel leistet – vorausgesetzt, sie wird ihrer Ausbildung entsprechend eingesetzt.

Ziel der Arbeit der HBL ist u.a. die
- Förderung der Lebenszufriedenheit der Klientel
- Schaffung einer Atmosphäre, die an häuslichen Bedingungen orientiert ist (sowohl in Heimen als auch in Kantinen)
- Sicherung der Arbeitszufriedenheit der Mitarbeiter
- ökonomische Betriebsführung unter Berücksichtigung ökologischer Aspekte
- Kooperation mit Betriebsleitung und anderen Abteilungen

Daraus leiten sich folgende Aufgaben ab:
a) **Zielgruppenbezogene Aufgaben** z.B. Kontakt zur Klientel und Beratung der zu versorgenden Personen. (Gegebenenfalls muß eine HBL nach Wegen suchen, z.B. die alten Menschen in ihre Aufgabenbereiche einzubeziehen um deren Selbsthilfefähigkeit zu erhalten bzw. zu fördern).
b) **Personalbezogene Aufgaben** wie z.B. Personaleinsatz, Personalbetreuung, Personalführung, Personalschulung und das Ausbilden von Hauswirtschaftern/innen.
c) **Betriebsbezogene Aufgaben** z.B. Arbeitsanalysen, Planung, Koordination und Kontrolle der Arbeit, Beschaffung von Gütern, Entsorgung, Investition- und Bauplanung, Buchführung usw.

Die unter Punkt c) aufgeführten Aufgaben machen den größten Teil der Arbeit der HBL aus, werden jedoch nur im Zusammenhang mit den unter a) und b) genannten Aufgaben zur »typisch hauswirtschaftlichen« Leistung.

Um den o.g. Aufgaben gerecht zu werden, bedarf es einer fundierten Ausbildung im wirtschaftswissenschaftlichen, naturwissenschaftlichen und sozialen Bereich. Darüber hinaus muß eine HBL eine Persönlichkeit ausgebildet haben, die geprägt ist von Verantwortungsbewußtsein, Kritikfähigkeit, Kooperationsfähigkeit, Kommunikationsfähigkeit und Führungsbereitschaft, persönlichem Engagement für Menschen und Umwelt usw.

2. Schule als Betrieb

Die Ausbildung zur HBL ist verschult. Die zweijährige Fachschule Hauswirtschaft (Eingangsvoraussetzung RS-Abschluß und abgeschlossene Ausbildung zur Hauswirtschafterin) qualifiziert zur HBL auf der Grundlage der Rahmenrichtlinien des Nieders. Kultusministeriums. Durch die hier aufgeführten Fächer und Stundenvorgaben, sind Inhalte und weitgehend auch die Organisation des Unterrichts festgelegt.

Der Auftrag des Nieders. Kultusministers, in einer Kommission neue Rahmenrichtlinien für die zweij. Fachschule Hauswirtschaft zu erarbeiten, bot die Chance einen Rahmen abzustecken, der es ermöglicht, zukunftsorientiert und betriebsnah auszubilden.
In den neuen Rahmenrichtlinien werden drei Betriebsbereiche (Verpflegung, Hausreinigung und Textilreinigung) als Zentren der Ausbildung ausgewiesen. Dies hat zur Folge, daß das Splitten der Unterrichtsinhalte in viele zweistündige Fächer entfällt und somit die Möglichkeit gegeben ist, Betriebsführungsaufgaben bzw. Betriebspraxisaufgaben in einem 9-Stunden-Block von den Schülerinnen ausführen zu lassen.
Der zeitliche Rahmen für einen betriebsnahen Arbeitstag in der Schule ist also durch die Rahmenrichtlinien gegeben.

2.1 Rahmenbedingungen

Weitere Voraussetzungen sind Räume mit entsprechender technischer Ausstattung, der Einsatz von Mitarbeitern und eine Abnehmergruppe.
An der Hedwig-Heyl-Schule stehen eine moderne Großküche, ein Speisesaal und ein Lebensmittellager zur Verfügung, so daß für den Verpflegungsbereich die Arbeitsbedingungen gut sind. Zukunftsweisend ist der Einsatz der DV für Lagerhaltung, Nährwertberechnung und Speisenplanung in diesem Bereich.
Der Bereich Textilreinigung ist modernisierungsbedürftig und wird im kommenden Schuljahr saniert.
Die größten Probleme wirft der Bereich Hausreinigung auf, da hausintern wenig Möglichkeiten gegeben sind, die Betriebsführungsaufgaben umzusetzen. Die Beschaffung der Ge- und Verbrauchsgüter und die Buchführung erfolgt durch Angestellte der Stadt Hannover. Hier sind die Schüler/innen nur indirekt verantwortlich.
Damit HBL Personalführung üben können, sind Mitarbeiter erforderlich. An der Hedwig-Heyl-Schule werden diese Mitarbeiter aus den Klassen der einjährigen Berufsfachschule Hauswirtschaft »rekrutiert«, so daß durchschnittlich von jeder Fachschülerin am Betriebspraxistag 2 Mitarbeiter anzuleiten bzw. Azubi zu unterweisen sind.
Die für die Speisenproduktion erforderlichen Abnehmer sind Lehrer und Schüler der HHS und neuerdings auch eine der Schule angeschlossene Kindertagesstätte.

2.2 Unterrichtsorganisation

Der Unterricht ist so organisiert, daß jede Schülerin einmal pro Woche für einen Betriebstag die Arbeit zu planen und zu organisieren hat und an diesem Tag in der Rolle der HBL für Arbeitsdurchführung und Arbeitsergebnis verantwortlich ist. Der Fachschulklasse sind an diesem Tag stundenplanmäßig zwei Lehrer für Fachpraxis zugeordnet. Der Berufsfachschulklasse, die die Rolle der Mitarbeiter übernimmt, sind ebenfalls zwei Fachpraxis-Lehrer zugeordnet, so daß die Arbeit der Fachschülerin am Betriebstag von vier Lehrkräften beobachtet werden kann.
Es bedarf der guten Zusammenarbeit der Lehrer untereinander und eines kollegialen Arbeitens mit den Schülerinnen.
Hier ist auch Gefahr von Dissonanzen gegeben: Fachliche und zwischenmenschliche Probleme werden offenkundig und führen zur Belastung des Arbeitsklimas. Aber auch bei der Aufgabenstellung für den Betriebspraxistag erweist sich häufig die Zusammenarbeit von Fachpraxis- und Theoriekollegen als neuralgischer Punkt. Hier müßte eine ständige Absprache erfolgen, die zeitaufwendig ist und in den Rahmenrichtlinien nicht ausgewiesen ist.
Für den Einsatz der BF-Klassen als Mitarbeiter ist es erforderlich, daß der Unterricht in Fachpraxis Nahrungszubereitung parallel zum Betriebspraxistag in der FSH liegt. Dies ist bei einem 36-Std.-Plan für die Berufsfachschulklassen nicht unproblematisch. Nicht hundertprozentig sichergestellt ist auch, ob die Berufsfachschüler die in den Rahmenrichtlinien gesteckten Ziele durch die Ausbildung durch Fachschülerinnen erreichen.

2.3 Unterrichtsdurchführung am Beispiel

Mit der Aufgabenstellung für den Betriebstag übernehmen die Fachschülerinnen die Rolle der HBL, die in **einem** Betriebsbereich eine dreigeteilte Aufgabe oder in den drei Betriebsbereichen je eine Aufgabe durchzuführen haben.

In einer Ausarbeitung fixieren die Schüler ihre Zeit- und Arbeitsplanung, berechnen Nährwert, Menge und Preis für z.B. ein Menü per EDV, begründen die Auswahl der Nahrungsmittel, Geräte, Arbeitsverfahren usw. hinsichtlich der Bedarfsgruppe, des Preises, der Zeit unter ökologischen und ästhetischen Aspekten.

Die Planung und Durchführung der gestellten Aufgabe fordert von den Schülern/innen
- Selbständigkeit bei der Informationsbeschaffung (Rezepte, Preise, Vorrat usw.)
- Entscheidungsfähigkeit bei der Auswahl z.B. der Nahrungsmittel (Fachkenntnisse!)
- Umgang mit den neuen Technologien (Nährwertberechnung per EDV)
- Eigeninitiative (Zugehen auf Lehrer u. Mitarbeiter)
- Kreativität orientiert an der Bedarfsgruppe
- Selbstbewußtsein bei der Begründung von Entscheidungen
- Flexibilität z.B. bei Fehllieferungen von Nahrungsmitteln
- Durchsetzungsvermögen den Mitarbeitern oder Lieferanten gegenüber
- angemessenes Umgehen mit Kritik
- Verantwortungsbewußtsein gegenüber Menschen, Umwelt, Geräten u. Maschinen usw.

Die Fachschülerinnen üben an jedem Betriebstag, was man heute wohl »Schlüsselqualifikationen« nennt.

Die Lehrer verstehen sich bei der Ausgabe der Aufgaben, bei der Kontrolle der Ausarbeitung und bei der Nachbesprechung des Betriebstages als Lern-Berater, die auf die individuellen Probleme jedes einzelnen Schülers eingehen und Hilfestellungen für die Bewältigung der gestellten Aufgaben geben. Während des Praxistages sind die Lehrer eher in der Rolle des Beobachters und bei der Nachbesprechung des Betriebstages als Supervisor zu sehen, der darauf einwirkt, daß den Schülern eigenes Verhalten z.B. beim Umgang mit Verantwortung bewußt wird und somit auf die Persönlichkeitsbildung Einfluß nimmt.

3. Perspektiven

Um dem Ziel, betriebsnah auszubilden, möglichst zu entsprechen, sehen die neuen Rahmenrichtlinien ein dreiwöchiges Praktikum im 1. Halbjahr des zweiten Ausbildungsjahres vor.
Wünschenswert wäre es, wenn eine Betriebswoche in der Schule durchgeführt werden könnte, was sicherlich einen »Motivationsschub« für die Schüler bedeuten würde.
Ausbaufähig erscheint die Zusammenarbeit mit außerschulischen Institutionen, wodurch die Möglichkeit eröffnet wurde, z.B. Aufgaben der Reinigungsorganisation auch umzusetzen.
Für HBL ist die Funktion nach einer Zusatzqualifikation als Beraterin für Schuldner, Umweltfragen oder für die Leitung von Heimen sicherlich eine interessante Perspektive.

Zusammenfassung

Um Schlüsselqualifikationen in der Ausbildung zur HBL zu entwickeln, müssen/muß
a) die Stundentafeln einen 8-Std.-Arbeitstag in der Schule ermöglichen
b) weitgehend selbständiges Arbeiten der Schülerin gewährleistet sein
c) die Aufgabenstellung betriebsnah und zukunftsorientiert sein,
d) für entsprechende Räume und technische Ausstattung gesorgt sein,
e) eine Klientel für alle drei Betriebsbereiche vorhanden sein,
f) die Zusammenarbeit der Lehrer und die partnerschaftliche Zusammenarbeit von Lehrern und Schülern gegeben sein.

Schlüsselqualifikationen werden von Hauswirtschaftlichen Betriebsleiterinnen für ihre Aufgabe als Führungskraft im mittleren Management benötigt. Diese Qualifikationen werden während der Ausbildung gezielt entwickelt bzw. geübt.

Fachwissen ist durch Schlüsselqualifikation nicht austauschbar, vielmehr stellt es m.E. eine Schlüsselqualifikation für den Beruf dar.

Hauswirtschaftliche Ausbildung hat schon immer Schlüsselqualifikationen vermittelt, weil sie zur Bewältigung der komplexen hauswirtschaftlichen Aufgaben schon immer erforderlich waren.

Arbeitsgruppe 8
»Probleme der Vermittlung von Schlüsselqualifikationen in der Ausbildung zu kaufmännischen Berufen in Industrie und Handel«

Einführung/Bericht:

Prof. Dr. Walter Tenfelde,
Universität Hamburg

Bettina Brandt,

Heike Riemann,
Studentinnen, Universität Hamburg

Referate:

Dagmar Lennartz,
Bundesinstitut für Berufsbildung, Berlin

»Schlüsselqualifikationen und berufliche Bildung. 10 Thesen zur Reichweite der neuen betrieblichen Ausbildungskonzepte.«

Ina Bogalski,
Friedrich-List-Schule, Lübeck

Klaus-Michael Baldin,
Leiter Aus- und Weiterbildung, Draegerwerke, Lübeck

»Die Vermittlung von Schlüsselqualifikationen in der Kooperation von Betrieb und Schule«

Bettina Brandt u. Heike Riemann unter Mitarbeit von Prof. Dr. Walter Tenfelde

Berichterstattung

Eine Diskussion über Probleme der Vermittlung von Schlüsselqualifikationen (SQ) müßte eigentlich auf einem Konsens über die Bedeutung des Begriffs »SQ« aufsetzen. Das kann jedoch beim gegenwärtigen Stand der Auseinandersetzung über Konzept und Programmatik der SQ nicht vorausgesetzt werden: Je konkreter (operationaler) der Begriff gefaßt wird, umso schwieriger wird die Verständigung über das Gemeinte, umso kontroverser werden Möglichkeiten und Hindernisse einer Vermittlung in Schule und Betrieb diskutiert.

Aus diesem Grund sollte in der Arbeitsgruppe 8 versucht werden,
(1) eine Bestandsaufnahme bestehender Konzepte von SQ zu leisten, (2) Realisationsansätze beispielhaft aufzuzeigen und insbesonders die dabei erfahrenen Hemmnisse zu beschreiben und (3) die unterschiedlichen Aufgaben und Beiträge von Schule und Betrieb im Gesamtkonzept zu diskutieren. Diesen Intentionen entsprechend wurden die Referate akzentuiert: Frau LENNARTZ referierte über die Reichweite der neuen **betrieblichen** Ausbildungskonzepte und über Hemmnisse in der betrieblichen Umsetzung und Vermittlung, Frau BOGALSKI und Herr BALDIN stellten Probleme der Vermittlung von SQ in **Schule und Betrieb** in den Mittelpunkt ihres Referates.

In der Diskussion über das Referat von Frau LENNARTZ wurde wiederholt erörtert, wie vermeintliche ökonomische Sachzwänge und Rahmenbedingungen die Umsetzung der Programmatik in betriebliche Ausbildung hemmen. Beispielhaft wurden u.a. erörtert das beobachtete Festhalten an tayloristischen Prinzipien der Arbeitsstrukturierung in den Betrieben, das Auseinanderfallen betriebsorganisatorischer Maßnahmen der Arbeitsgestaltung einerseits und der Gestaltung von Lernarrangements im Betrieb andererseits sowie die relative Machtlosigkeit von Bildungsabteilungen im betrieblichen Kompetenzgefüge. Vor dem Hintergrund der aufgezeigten Hemmnisse im Betrieb wurde dann auch gefragt, ob denn die Bedingungen für eine Umsetzung der Programmatik der SQ in der Schule als wesentlich günstiger einzuschätzen wären.

In der Diskussion über diese Frage zeichnete sich jedoch bald ein Konsens darüber ab, daß die betriebliche und schulische Ausbildung im Rahmen des dualen Systems und insbesondere im Aspekt der Vermittlung von SQ gesamtheitlich betrachtet werden müssen. Probleme der Realisation der Programmatik der SQ, vor allem die wiederholt aufgeworfene Frage nach bestehenden Modellen bzw. »Patentrezepten«, können deshalb auch sinnvollerweise nur in einem Gesamtkonzept erörtert werden.

Je pragmatischer über die Vermittlung von SQ diskutiert wurde, desto deutlicher wurden auch die unterschiedlichen Akzentuierungen von sog. Theoretikern und Praktikern: Von Lehrern und Ausbildern wurde auf die Problematik der Prüfung von SQ verwiesen. Da erhebliche Zweifel darüber bestehen, ob SQ durch »abfragbare« Lerninhalte repräsentiert werden können, muß auch angezweifelt werden, daß die Programmatik der SQ der Prüfungssituation entspricht und den Lernenden sowohl SQ als auch Lernstoff vermittelt werden können. In der Zuständigkeit für die Prüfungsaufgaben (Schule oder Handelskammer?) wurde ein weiteres Hindernis für die Umsetzung eines schlüssigen Konzeptes von SQ in die Berufsausbildung gesehen. Desweiteren wurde auf die noch unzureichende Ausbildung von Lehrern und betrieblichen Ausbildern verwiesen, dringend die Möglichkeit der eigenen Weiterbildung gefordert und Praktika beider Seiten in dem jeweiligen anderen Zweig des dualen Systems angeregt. In diesem Kontext von pragmatisch ansetzenden Fragen an das Konzept der SQ wurde auch diskutiert, inwieweit auf kooperativem Wege zwischen Schule und Betrieb, zwischen Wissenschaft (Hochschule) und Ausbildungspraxis ein analytisches Werkzeug erarbeitet und den Lehrern und Ausbildern an die Hand gegeben werden kann, welches sie befähigt, Analysen von fehlenden SQ beim einzelnen Lernenden selbst vorzunehmen.

Das pragmatische Interesse von Ausbildern und Lehrern wurde aber auch zum Anlaß genommen, die wissenschaftlichen Defizite und Ungereimtheiten in der Diskussion über die Programmatik der SQ zu benennen: Leerformelhafte Zielbeschreibungen, willkürliche oder von persönlichen und institutionellen Interessen geleitete Festlegungen des Begriffes »SQ«, ideologisch gefärbte und traditionelle Arbeitstugenden betonende Akzentuierungen in der Programmatik u.a. wurden kritisiert. Die Kritik mündete in der Forderung nach einer systematischen Erforschung von SQ-Konzepten und einer verstärkten wissenschaftsorientierten Entwicklung praktischer Realisationsvorschläge in der Kooperation von Theorie und Praxis. Es wurde aber auch bezweifelt, ob die Wissenschaft zum gegenwärtigen Zeitpunkt einer an pragmatischen Lösungen interessierten Praxis geeignete Hilfen anbieten kann.

Das Ausbildungskonzept der Drägerwerke konnte sodann von Frau BOGALSKI und Herrn BALDIN als ein gelungenes Beispiel für eine enge Zusammenarbeit von Schule und Betrieb vorgestellt werden: Auf einem gemeinsam erarbeiteten Zielkatalog von SQ aufbauend, konnte ein Gesamtkonzept für die Vermittlung von SQ in der betrieblichen Ausbildung erarbeitet und in die Praxis umgesetzt werden. In dem Kooperationsprojekt werden besonders eine inhaltliche Abstimmung und ein enger Kontakt zwischen Ausbildern und Lehrern im Interesse einer optimalen Betreuung der Auszubildenden angestrebt. Skeptische Einwände anderer Teilnehmer in der Arbeitsgruppe zeigten aber auf, daß ein Informationsaustausch wohl eher einseitig vom Betrieb zur Schule als umgekehrt erfolgt.

Die anschließende Diskussion über die Präsentation von Frau BOGALSKI und Herrn BALDIN knüpfte an einzelnen Punkten des Ausbildungskonzeptes mit konkreten Fragen an die Referierenden an. Dabei wurden wiederum die schon tags zuvor erörterten Bruchstellen in der Programmatik der Vermittlung von SQ sichtbar: Die Frage nach einer, der Vermittlung von SQ in der Ausbildung angemessenen Prüfung mußte mit dem Hinweis auf eine übliche Verfahrensweise beantwortet werden. Zweifel wurden geäußert hinsichtlich der Übertragbarkeit des Konzeptes auf kleinere Betriebe, da hier die Auszubildenden stärker in den Prozeß der Leistungserstellung integriert werden müssen als es offensichtlich bei den Drägerwerken der Fall ist. Diese kleineren Betriebe haben kaum die Möglichkeit, Auszubildende selbständig an einem Projekt arbeiten zu lassen.

Insgesamt betrachtet zeigte die Auseinandersetzung mit dem vorgelegten curricularen Konzept der Drägerwerke und der Friedrich-List-Schule in Lübeck, daß die Programmatik und der Realisationsansatz zur Vermittlung von SQ in der beruflichen Erstausbildung keine Kopiervorlage für andere Vorhaben sein kann, für andere Kooperationsprojekte zwischen Schule und Betrieb jedoch von beachtlichem heuristischen Wert sein kann.

Dagmar Lennartz

Schlüsselqualifikationen und berufliche Bildung. 10 Thesen zur Reichweite der neuen betrieblichen Ausbildungskonzepte

1. Die zunehmend auftretenden Schwierigkeiten im Umgang mit komplexen Anlagen in der Produktion, bei der Einführung von Informations- und Kommunikationstechnologien im kaufmännisch-verwaltenden Bereich zeigen, daß die technischen Funktionsanalysen der Ingenieurwissenschaften, die Analysen von Qualifikationsanforderungen der Arbeitswissenschaft und Industriesoziologie sowie die Systemanalysen der Informatikwissenschaft wesentliche Elemente des Arbeitsprozesses ausblenden. Es wird immer deutlicher, daß die Arbeitstätigkeit nicht nur aus dem besteht, was als »Funktionselemente der Arbeitsausführung« bzw. als »Qualifikationselemente für die Ausführung einer Tätigkeit« erfaßt – und beispielsweise als »Qualifikation« in Ausbildunsplänen und Prüfungsanforderungen festgelegt wird.
Vielmehr erwirbt und nutzt der Mensch in der Ausbildung, insbesondere in der Arbeit Fähigkeiten, die nicht analysierbar, bis ins Letzte zu beschreiben sind. Angesprochen ist der Bereich des »impliziten«, nicht verbalisierbaren und nicht fixierbaren Wissens: die Intuition, das Materialgefühl, das kaufmännische Gespür. Kurzum, ein individuelles und durch Erfahrung erworbenes Wissen, das im angelsächsischen Raum auch als »tacit knowledge« bezeichnet wird. Diese Fähigkeiten werden angesichts der zunehmenden Automatisierung einfacher, algorithmierbarer Abläufe immer wichtiger, ihre Bedeutung für die Organisation der beruflichen Bildung wie für die betrieblichen Arbeitsstrukturen ist noch kaum reflektiert.
Die Diskussion über Schlüsselqualifikationen kann hierfür einen Zugang eröffnen. Sie kann überdies zu einem veränderten Verständnis beruflicher Bildung führen, das sich nicht mehr an der Leitfrage orientiert, wie man möglichst effizient ein vorgegebenes fachliches Wissen und Können vermittelt. Sie kann möglicherweise einen Perspektiv-Wechsel in der Bestimmung der gesellschaftlichen Funktion beruflicher Bildung bewirken, die in einem Bildungsbegriff mündet, der eine organische Verbindung zwischen beruflicher und allgemeiner Bildung herstellt. Dies allerdings setzt u.a. voraus, daß die neuen betrieblichen Ausbildungskonzepte, mit denen eine Revision des bisherigen Ausbildungsverständnisses eingeleitet worden ist, nicht schon als adäquate Lösung zur Bewältigung der Probleme angesehen werden, auf die berufliche Bildung in der gegenwärtigen Umbruchsituation unserer Lebens- und Arbeitsformen eine Antwort geben soll.
2. Schlüsselqualifikationen, soweit sie gegenwärtig als Richtziele aufgeführt werden, erscheinen als allgemeine Bildungsziele in der Präambel (von Ausbildungsordnungen, Rahmenlehrplänen, Rahmen- und Ausbildungsplänen), spiegeln sich jedoch nicht in den Lernzielen wider. Dies hat Auswirkungen auf den methodisch-didaktischen Umgang mit Schlüsselqualifikationen in der Ausbildungspraxis. Das Leitziel »selbständiges Planen, Durchführen und Kontrollieren« beispielsweise ist, als Generalklausel allen anderen Ausbildungszielen vorangestellt, vielfältig deutbar. Man kann es als Leerformel handhaben, man kann Einzelbausteine in eine ansonsten unveränderte Ausbildung einfügen, in der Hoffnung, damit etwas zur Förderung von Schlüsselqualifikationen getan zu haben. Es kann aber auch in ein betriebliches Bildungskonzept übersetzt werden, das eigenständiges Lernen und Arbeiten der Auszubildenden real unterstüzt. Bestrebungen, in der Ausbildung systematisch den Erwerb von Schlüsselqualifikationen zu fördern, müssen deshalb an der Auswahl und Verknüpfung von Ausbildungsinhalten, der Gestaltung der Ausbildungs-Arbeitsplätze sowie der Einführung aktiver Lernformen ansetzen.
3. Der Ruf und die Suche nach »Vermittlungskonzepten für Schlüsselqualifikationen« spiegeln und fördern die Vorstellung, Schlüsselqualifikationen seien »Qualifikationen an sich«, ließen sich situationsunabhängig, fachbeliebig und ergänzend zur Fachausbildung in Trainingskursen und Schulungsmaßnahmen »vermitteln«. Weder Fachwissen noch Schlüsselqualifikationen sind eigenständige Größen beruflicher Handlungskompetenz, sondern bedingen einander, Fachwissen wird in der beruflichen Praxis erst über Schlüsselqualifikationen handlungswirksam.

Die Fähigkeit zur Zusammenarbeit zum Beispiel ist keine stabile, umweltunabhängige, zeitüberdauernde Eigenschaft, sondern wird jeweils durch die konkreten Bedingungen der Kooperation geformt: den Gegenstand und die Zwecksetzung der Kooperation sowie den Handlungsrahmen der miteinander Kooperierenden. Die Fähigkeit des Menschen, kooperieren zu können, ergibt sich nicht aus einer siutationsunabhängigen, gleichbleibenden »Disposition zur Kooperation«, sondern aus der Wahrnehmung der spezifischen situativen Bedingungen in den jeweiligen Arbeitsbeziehungen und aus dem Vermögen, auf diese Bedingungen mit differenzierten Verhaltensformen zu reagieren, d.h. »Fach-, Sozial- und personale Kompetenz« situativ im Handeln zu integrieren.

Schlüsselqualifikationen können daher auch nicht wie Fachinhalte bzw. Unterrichtsstoff beschrieben und »vermittelt« werden. Sie sind das Resultat eines höchst individuellen Lern- und Erfahrungsprozesses. Für die Ausformung von Schlüsselqualifikationen kommt aus diesen Gründen den sozialstrukturellen Bedingungen der Aneignung und Verwendung von Fachwissen, der sozialen Struktur von Kommunikationsbeziehungen im Lern- und Arbeitsprozeß, eine zentrale Bedeutung zu. Betriebliche Ausbildungskonzepte, die dies nicht berücksichtigen, greifen daher unter dem Gesichtspunkt innovativer Bildungsstrategien zu kurz.

4. In den neuen betrieblichen Ausbildungskonzepten wird für die »Vermittlung von Schlüsselqualifikationen« dem methodischen Vorgehen vorrangig Bedeutung zugewiesen. Die Konzentration auf die Methodenfrage birgt jedoch die Gefahr in sich, daß in der Ausbildungsgestaltung, im konkreten Ausbildungsprozeß, der Zusammenhang zwischen Schlüsselqualifikationen und berufsfachlichem Arbeitshandeln, vernachlässigt wird.

Die neuen Ausbildungskonzepte beschränken sich weitgehend auf die Organisation der Ausbildung außerhalb der Betriebsabteilungen, auf den Kompetenzbereich der Bildungsabteilungen: die Lehrwerkstatt, das Schulungszentrum, die Übungsfirma. Dabei sind zwei Varianten aktuell erkennbar:

a) Die zu vermittelnden Fachinhalte bleiben im Prinzip unverändert, verändert werden die Ausbildungsmethoden; an die Stelle der klassischen Unterweisung tritt das Projektlernen, das entdeckende, das selbstgesteuerte Lernen.

b) Die Einführung aktiver Lernformen wird mit zusätzlichen, die fachinhaltliche Ausbildung ergänzenden, Ausbildungsinhalten verknüpft (sozialpädagogische Wochen, künstlerische Übungen).

Die mit den neuen Konzepten verfolgte Ausbildungsstrategie verstärkt nicht nur die Tendenz, in der (groß-) betrieblichen Ausbildung die Dimension **realer** Problemlösungen und Entscheidungsfindungen zunehmend auszublenden, die Auseinandersetzung mit Lernherausforderungen des Arbeitsplatzes, das Lernen im Kontext realer Problemlösungen, immer weiter in den Hintergrund zu drängen. Sie birgt, propagiert als »Vermittlungskonzept« für Schlüsselqualifikationen, darüberhinaus die Gefahr, auch außerhalb großbetrieblicher Ausbildung Arbeit und Ausbildung mehr noch als bisher zu trennen, das organisierte Lernen in künstlich geschaffene Sondersituationen zu verlagern und den Verlust an realen Erfahrungsmöglichkeiten durch den Erfahrungsersatz, das an Vorstellungen, Modelle und Theorien gebundene Handeln, zu kompensieren.

5. Mit den neuen betrieblichen Ausbildungskonzepten sind wichtige Ansätze zu einer Neuorientierung beruflicher Bildung entwickelt worden, die gegenüber der traditionellen Ausbildung ein erhebliche Erweiterung des Fähigkeitsspektrums der Auszubildenden ermöglichen. Doch in den innovatorischen Möglichkeiten, die in diesen Konzepten angelegt sind, liegen zugleich auch ihre Grenzen. Verändert werden die Methoden der Fachausbildung, prinzipiell unverändert bleibt die innere Struktur der Fachinhalte. Gesamttätigkeiten werden in Einzelverrichtungen aufgespalten, deren Summe über einen Katalog von Einzelqualifikationen auf die zu vermittelnden Inhalte weist. Die systematische Förderung von Schlüsselqualifikationen müßte jedoch in der kaufmännischen Berufsausbildung zum Beispiel an kaufmännischen Problem- und Aufgabenstrukturen ansetzen und erfordert eine an ihnen orientierte Beschreibung von Ausbildungsinhalten. Die Entwicklung solcher Gestaltungsinstrumente wiederum setzt eine Klärung über den Zusammenhang von arbeitssituativen Fachinhalten und Schlüsselqualifikationen voraus. Schlüsselqualifikationen sind daher nicht nur eine Herausforderung für die methodische, sondern auch für die inhaltliche Gestaltung der Ausbildung.

6. In der betrieblichen Arbeitsorganisation sind gegenwärtig vielfach Hemmnisse für die Durchsetzung innovativer betrieblicher Bildungsstrategien angelegt. Zur Förderung kaufmännischer Handlungskompetenz müssen gezielt Ausbildungs-Arbeitsplätze ausgewählt werden, nicht reine Routi-

netätigkeiten, sondern komplexere Aufgabengestaltungen, Entscheidungsmöglichkeiten sowie soziale Handlungsräume enthalten.

Die innerbetriebliche Arbeitsteilung, der Zuschnitt eines nicht geringen Teils der Arbeitsaufgaben von Sachbearbeitern und Sachbearbeiterinnen beispielsweise in der Industrieverwaltung läßt das selbständige Planen und Durchführen anspruchsvollerer Arbeitsaufgaben, unkonventionelle Vorgehensweisen, flexibles Reagieren auf wechselnde, unvorhergesehene Situationen nur in sehr beschränktem Maße zu. Spezialisierung und Hierarchisierung stehen kooperativen Arbeitsformen und komplexerer Aufgabenbearbeitung vielfach entgegen; vor allem aber dem umfassenden Einsatz (der umfassenden Nutzung) der individuellen Kompetenz, die die Fachkräfte erworben haben. Damit kommt es zu dem Paradoxon, daß das Ziel, den Erwerb von Schlüsselqualifikationen zu fördern, in der bislang noch relativ »unverschulten« kaufmännischen Ausbildung die in den neuen Ausbildungskonzepten angelegte Tendenz zusätzlich bestärkt, die Ausbildung räumlich, sachlich und inhaltlich von den betrieblichen Abläufen zu trennen, Fachwissen in Lehrgängen und Kursen außerhalb der Arbeit, im Rahmen von Planspielen und theoretischem Zusatzunterricht zu vermitteln. Hier wiederum entfallen Anforderungen an das Improvisationsvermögen, an das Bewältigen unvorhergesehener Ereignisse – die Auszubildenden lernen nicht realitäts-, sondern theoriegemäß zu handeln. Mit der Fähigkeit des Verhandelns und Beratens zum Beispiel sind Anforderungen an ein Handeln verknüpft, daß sich in schulischen Situationen kaum praktisch lernen, bestenfalls gedanklich systematisieren läßt. Vor allem aber entfällt der Aufbau von Erfahrung, die bei der Anwendung theoretischen Wissens in realen Arbeitssituationen erworben wird.

Zwischen den **Ausbildungseffekten** des Arbeitsplatzes und Qualifizierungszielen, die mit den neuen betrieblichen Ausbildungskonzepten angestrebt werden, bestehen nicht selten Widersprüche, die sich kontraproduktiv auf die Ausbildung auswirken können. Der Zielperspektive, in Alternativen denken und handeln, Initiative zu ergreifen und improvisieren zu können, nach neuen Wegen zu suchen, zu kreativen Lösungen zu kommen, steht allzu oft die reale Anforderung gegenüber, nach detaillierten Anweisungen und Vorgaben zu arbeiten, sich in Routinen einzuüben, nicht vom Regelfall abzuweichen, sich eingeschliffene Arbeits- und Vorgehensweisen zu eigen zu machen. Dies zu verhindern sprengt zumeist jedoch den Kompetenzrahmen der Bildungsabteilungen, der durch die Belange der Betriebsabteilungen eingeschränkt ist. Die Realisierung innovativer betrieblicher Bildungsstrategien kann nur dann gelingen, wenn bei ihrer Konzipierung und Einführung zwischen Qualifizierung, Gestaltung des Technikeinsatzes und Arbeitsorganisation ein Zusammenhang hergestellt wird.

7. Die Dominanz der Kerntätigkeit kaufmännischer Sachbearbeitung bedingt ein strukturelles Defizit in der Ausbildungstätigkeit. »Ausbilden« ist nicht Teil der Funktionsbeschreibung. Dies führt bei den ausbildenden Sachbearbeiterinnen und Sachbearbeitern zu Doppelbelastung und Zeitdruck, verhindert besondere Honorierung der Ausbildungsarbeit wie gezielte Qualifizierung für die Ausbildungsarbeit.

Nebenamtlichen Ausbilderinnen und Ausbildern in den Betriebsabteilungen fehlt es oftmals an der Zeit und an der pädagogischen Qualifikation, die Lernchancen am eigenen Arbeitsplatz zu erkennen, ihren Arbeitsplatz systematisch unter Lerngesichtspunkten zu untersuchen, reale Arbeitssituationen als Lernsituationen aufzuschlüsseln und aufzubereiten sowie ihre Ausbilder-Rolle vor allem als das Begleiten eines Lernprozesses und nicht nur als das Anleiten eines Bearbeitungsprozesses zu sehen.

Das spezifische Anforderungsprofil, das Ausbilderinnen und Ausbilder bei der Einführung neuer betrieblicher Ausbildungskonzepte erfüllen müssen, wird überdies konterkariert durch die Anforderungen der Ausbildereignungsprüfung und die Qualifizierungsangebote in den auf sie vorbereitenden Lehrgängen. Gegenwärtig werden die neuen methodischen Ansätze noch nicht berücksichtigt, wird nach wie vor die Vierstufenmethode, das traditionelle Bildungsmittel betrieblicher Ausbildung, eingeübt und in der Prüfung abverlangt. In der Vorbereitung auf die Prüfung und durch die Prüfung erfahren Ausbilderinnen und Ausbilder, daß Lernen vor allem darin besteht, »Vorgegebenes anzuwenden«. Dies schließt ein Ausbildungs-Verständnis weitgehend aus, das Lernen auch mit Problemlösen, Eigeninitiative, der Fähigkeit und Notwendigkeit zur Improvisation verbindet und Beurteilen mit der Originalität im Lösungsweg.

8. Konterkarierende Effekte für das Realisieren innovativer Bildungsstrategien gehen auch vom

gegenwärtigen Prüfungswesen aus. Die in den kaufmännischen Zwischen- und Abschlußprüfungen beispielsweise eingesetzten Prüfungsaufgaben zeichnen sich weitgehend durch praxisferne Aufgabenstellungen, eine geringe Komplexität der Aufgabenstruktur sowie einen zu geringen Problemgehalt der Aufgabeninhalte aus. Dies mindert nicht nur die Aussagefähigkeit der Prüfungsleistungen, sondern wirkt auch auf die Lerninhalte, auf das Lehr- und Lernverhalten in der Ausbildung zurück. Prüfungen bestimmen Qualifikationsinhalte, wenn diese den Erfordernissen eines quantifizierbaren Leistungsnachweises entsprechen und deshalb auch als isolierte Wissenselemente vermittelt und gelernt werden müssen. Aus der Prüfungs-Perspektive bedeutet Lernen in der Berufsausbildung gegenwärtig: Möglichst viel Fakten und Regelwissen (Wissen über den Regelfall) zu speichern, »fertige Lösungen« beispielhaft einzuüben, vor allem aber die Fähigkeit zu erwerben, den »Schatz des Wissens« in der Prüfung parat, ihn ohne jeden Handlungsbezug und losgelöst von den erworbenen Erfahrungen auf einen Schlag abrufbar zu haben. Aus der Perspektive beruflicher Handlungskompetenz kommt es jedoch darauf an, sich vom Regelwissen, vom Lehrbuch-Beispiel lösen zu können, sich nicht blindlings von »fertigen Lösungen« leiten zu lassen, auf Unvorhergesehenes, nicht Planbares kompetent zu reagieren.

9. Die in den rechtlichen Rahmenbedingungen des Prüfungswesens begründete Trennung kaufmännischer Abschlußprüfungen in eine Schriftliche Prüfung und Praktische Übungen verhindert die Erstellung von Zusammenhangsaufgaben, bei denen die Auszubildenden betriebliche Probleme identifizieren und Lösungsstrategien entwickeln müssen, die nicht nur auf einzelne betriebliche Funktionsbereiche beschränkt sind. Verstärkt wird dies durch das der Prüfungs-Gestaltung zugrundeliegende Fächerprinzip. Die Problemstellung beispielsweise »Einführung eines neuen Produkts« wirft Fragestellungen aus dem Bereich des Marketing, der Materialwirtschaft, der Kostenrechnung und der Produktionsgestaltung auf. Als konkreter Fall präzisiert ermöglichte die Aufgabenbearbeitung, festzustellen, inwieweit die oder der Auszubildende in Zusammenhängen denkend theoretisches Wissen handlungsbezogen anwenden kann. Die Struktur der gegebenen Prüfungsfächer schließt jedoch solch eine Aufgabe aus.

Darüberhinaus schränken »Prüfungsökonomische Erwägungen« die Gestaltungsmöglichkeiten der Zwischen- und Abschlußprüfungen ein. Die zeitlichen, finanziellen und personellen Ressourcen, die gegenwärtig für die Erstellung der Prüfungsaufgaben, die Erfassung der Prüfungsleistungen sowie deren Bewertung eingesetzt werden, lassen eine komplexere, berufliche Handlungskompetenz erfassende, Prüfungsgestaltung schwerlich zu.

10. Schlüsselqualifikationen dürfen nicht als Bildungsziel angesehen werden, das zusätzlich in die Ausbildung aufgenommen, in eine Lernzieltaxonomie gebracht, in Einzelqualifikationen zerlegt und dergestalt vermittelt und geprüft werden. Ein solches Verständnis läuft auf eine technokratisch verkürzte Modernisierung von Arbeitstugenden und Verhaltensbereitschaften hinaus und geht an dem innovatorischen Moment in der Diskussion über Schlüsselqualifikationen im Wirkungszusammenhang von Bildung, Arbeit und Technik vorbei. Schlüsselqualifikationen sollten vielmehr als **organisierendes Prinzip** für Lernen, Ausbilden und Prüfen verstanden werden. Dies wiederum bedeutet, daß die Organisation der Ausbildung unter mehreren Perspektiven angegangen werden muß:

a) Die Innovationen in der Berufsausbildung dürfen sich nicht auf die Einführung aktiver Lernformen beschränken, sondern müssen sich auch in der inhaltlichen Struktur der Ausbildung niederschlagen, beispielsweise berufliche Aufgaben- und Problemstrukturen anstelle der Systematik der Fachwissenschaften als Basis für die Auswahl und Verknüpfung von Ausbildungsinhalten haben.

b) Innovative betriebliche Ausbildungsstrategien dürfen sich nicht auf Neuerungen im Prozeß des Lehrens und Lernens in den Ausbildungsstätten beschränken, sondern erfordern auch Konsequenzen in der betrieblichen Arbeitsorganisation.

c) Die Modernisierung der beruflichen Bildung bedarf einer Neubestimmung des Verhältnisses von Betrieb und Schule und analog zur partiell bereits eingeleiteten Reorganisation der betrieblichen Ausbildung eine Reorganisation der Berufsschule.

d) Innovative berufliche Bildungskonzepte bedürfen entsprechender Prüfungssysteme und damit einer Reorganisation des Prüfungswesens. Wenn Schlüsselqualifikationen als organisierendes Prinzip bei der Gestaltung von Lehr- und Lernprozessen zugrundegelegt werden, so muß sich dies auch in den Lernerfolgskontrollen und Prüfungen niederschlagen: In den Prüfungszielen, den Prüfungsinhalten, den Prüfungsverfahren.

Literatur zu neuen betrieblichen Ausbildungskonzepten:

BMW AG: BMW-Lernstatt, Informationsbroschüre der BMW AG, München 1987

Kutt, K./Selka, R. (Hrsg.): Simulation und Realität in der kaufmännischen Berufsbildung. Berlin: 1986

Borretty, R. et al: Petra-Projekt- und transferorientierte Ausbildung. Berlin / München: Siemens 1988

Brater, M. et al: Berufsbildung und Persönlichkeitsentwicklung. Stuttgart: 1988

Bunk, G.P./Zedler, R.: Neue Methoden und Konzepte beruflicher Bildung. Köln 1986

Friede, Ch. (Hg): Neue Wege der betrieblichen Ausbildung. Heidelberg: 1988

Koch, R. (Hrsg.): Technischer Wandel und Gestaltung der beruflichen Bildung. Forschungsergebnisse, Modellversuche, Perspektiven. Berlin: BIBB 1988. Darin:

Benteler, P./Fricke, E.: Neuere Entwicklungen in der kaufmännischen Berufsausbildung. S. 65–78.

Brater, M./Büchele, U.: Neue Technologien und arbeitsplatzbezogene Ausbildung – Erfahrungen aus dem Modellversuche der Wacker-Chemie GmbH – In: 1988, S. 79–89.

Koch, J./Schneider, P.-J.: Leittexte und Lernstudio in der kaufmännischen Berufsausbildung. S. 91–97

Kröll, W. et al: Mehr Selbständigkeit und Teamarbeit in der Berufsbildung. Modellversuche zur Beruflichen Bildung, H.18. Berlin: BIBB 1984.

Passe-Tietjen, H./Stiehl, H.: Betriebliches Handlungslernen und die Rolle des Ausbilders. Wetzlar: 1985

Angaben zur Autorin:

Dagmar Lennartz (1943), seit 1971 wissenschaftliche Mitarbeiterin im Bundesinstitut für Berufsbildung, Berlin. Arbeitsgebiete: Betriebliche Berufsbildung, Berufsbildungspolitik, Berufliches Prüfungswesen.
Gegenwärtiger Arbeitsschwerpunkt: Schlüsselqualifikationen.

Ina Bogalski, Klaus-M. Baldin

Die Vermittlung von Schlüsselqualifikationen in der Kooperation von Betrieb und Schule

1 **Ausgangslage**
1.1 Vorstellung des Unternehmens Dräger
1.2 Kaufmännische Berufsausbildung im Wandel
1.3 Unternehmensgrundsätze / Schlüsselqualifikationen
2 **Umsetzung in die Praxis**
2.1 Lübecker Modell / Kooperation Betrieb / Schule
2.2 Handlungsorientierung in der Schule
2.3 Handlungsorientierung im Betrieb
2.4 Berufsübergreifende Maßnahmen
2.5 Selbstverwaltung
3 **Probleme der Förderung von Schlüsselqualifikationen**
3.1 Implementierung der Kooperation
3.2 Effizienz der Gremien
3.3 Curriculum
3.4 IHK-Prüfungen
3.5 Rolle und Qualifizierung der Lehrer / Ausbilder
3.6 Lernumwelt
3.7 Ganzheitliche berufswichtige Aufgaben
4 **Ausblick**

1. Ausgangslage

1.1 Vorstellung des Unternehmens Dräger

Das Stammwerk befindet sich in der Hansestadt Lübeck. Hier arbeiten rund 5000 Mitarbeiter, weltweit sind es etwa 7000.
Zahlreiche Niederlassungen im Inland sowie Tochter- und Beteiligungsgesellschaften in wichtigen Schlüsselmärkten in Europa und Übersee und Vertretungen in über 100 Ländern dieser Erde sorgen für Vertrieb, Service und Wissenstransfer. Produktionsstätten in 6 weiteren Ländern und Kontinenten bringen Dräger näher an die Märkte.
Der Konzernumsatz beträgt mehr als 900 Millionen DM, wobei der Anteil des Auslandsumsatzes der Drägergruppe bei über 50% liegt.
Die vier Produktsparten Medizintechnik, Sicherheitstechnik, Gasmeßtechnik und Druckkammertechnik ermöglichen, unterstützen und schützen das Atmen.
Die Hauptabsatzmärkte sind die BRD, Westeuropa und Nordamerika.

1.2 Kaufmännische Berufsausbildung im Wandel

Gerade die Erstausbildung steht heute stark im Spannungsfeld des »Magischen Dreiecks« zwischen der demographischen Zukunft, dem Wertewandel unserer Gesellschaft und den wirtschaftlich-technischen und vor allem organisatorischen Entwicklungen (vergl. Abb.)
Der Handlungsbedarf für die Modernisierung der Berufsausbildung wird allein durch die Betrachtung der zweijährigen Halbwertzeit des DV-Wissens bewußt.

In dieser Situation muß die kaufmännische Berufsausbildung jungen Menschen die dauerhafte Grundlage für die optimale Nutzung der beruflichen Arbeitsmarkt- und Lebenschancen liefern. Sicher hilft die Organisation dabei. Für die über 100 kaufmännischen Ausbildenden stehen 60 Ausbildungsbeauftragte bereit. Sie sind verantwortlich für die planvolle und praxisorientierte Vermittlung und Förderung der für den gewählten Beruf entscheidenden Kompetenzen. Für die Jugendlichen bedeutet es »Lernen am Arbeitsplatz« von Anfang an. Sie durchlaufen die Ausbildungsstationen im 3–6 monatigen Wechsel.

Eine spezielle Steuergruppe fördert die sechs kaufmännischen Berufsbilder funktionsnah.

Magisches Dreieck

- Vision gläserne Fabrik bzw. papierloses Büro
- Internationalisierung / Globalisierung der Märkte
- Halbwertzeit des Wissens sinkt
- Arbeitszeit wird kürzer

- Demographische Zukunft
- Wirtschaftliche, technische, organisatorische Entwicklung
- Wertewandel

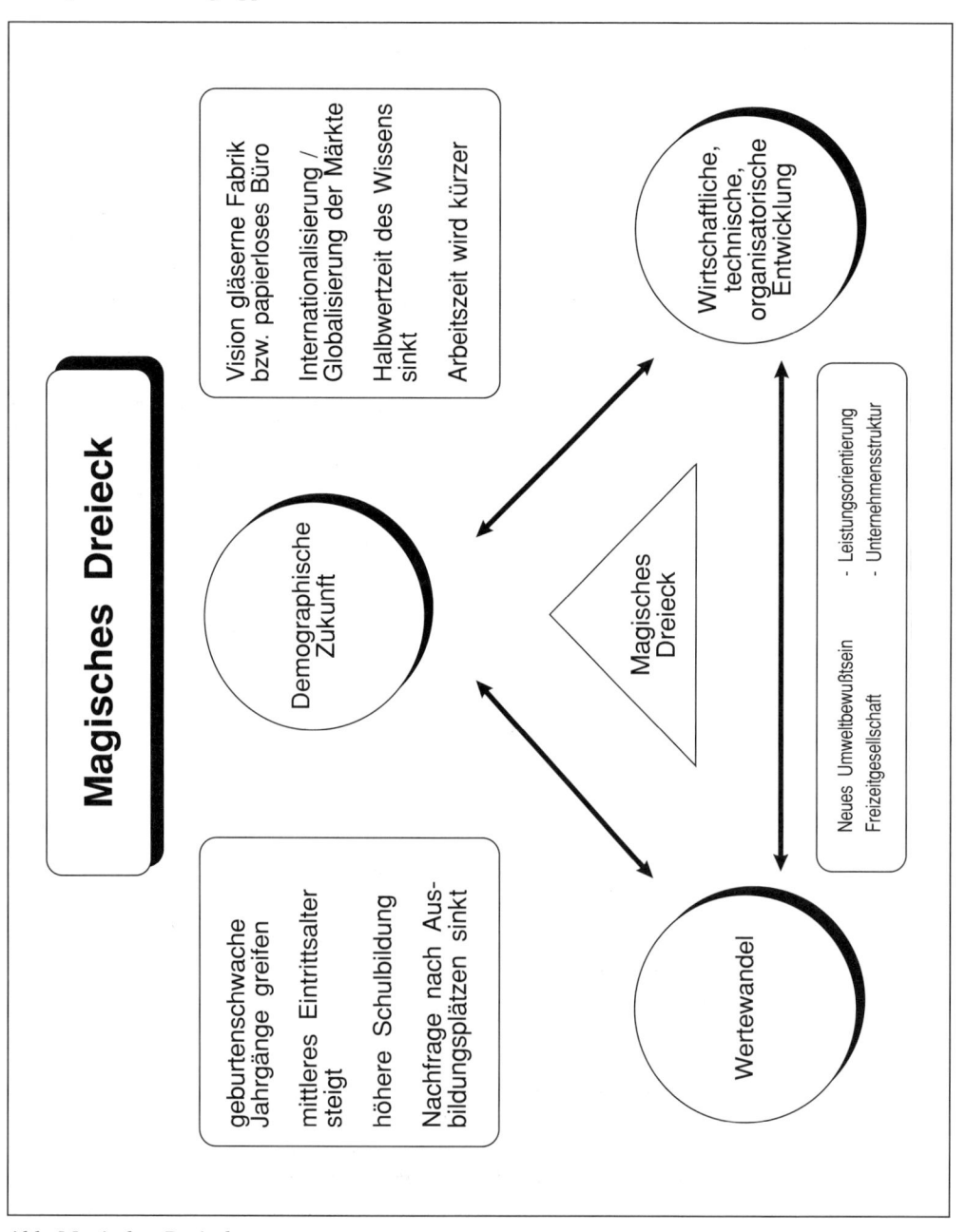

- geburtenschwache Jahrgänge greifen
- mittleres Eintrittsalter steigt
- höhere Schulbildung
- Nachfrage nach Ausbildungsplätzen sinkt

- Neues Umweltbewußtsein
- Freizeitgesellschaft
- Leistungsorientierung
- Unternehmensstruktur

Abb. Magisches Dreieck

1.3 Unternehmensgrundsätze / Schlüsselqualifikationen

Unsere Unternehmensgrundsätze sind Ausdruck eines Selbstverständnisses, das auf eine möglichst internationale Marktführerschaft basiert. Zu den Voraussetzungen für eine breite Akzeptanz beim Kunden, bei den Aktionären und Medien und ebenso bei den eigenen Mitarbeitern gehört ein adäquates Erscheinungsbild (Corporate Identity). Ziel ist ein Image, das mit der Dräger Unternehmenspersönlichkeit weitgehend deckungsgleich ist.

Der Slogan »Dräger-Technik für das Leben« charakterisiert Dräger in kürzester Form als ein in gleicher Weise technik- wie humanorientiertes Unternehmen.

Um unsere Ziele in der Berufsausbildung zu erreichen und Grundsätze einzuhalten, richten wir alle Aktivitäten auf die vier besonderen Stärken unseres Unternehmens
   Mitarbeiter
   Qualität
   Kundennähe
   Innovation
aus, die wir gleichrangig ausbauen.

Der Auszubildende ist ganzheitlich in seinem Wissen, Wollen und Können zur strategischen Stärke »Mitarbeiter« zu fördern.

Nicht allein das Beherrschen der Arbeits- und Geschäftstechniken, sondern auch die innere Bereitschaft und Fähigkeit, diese situationsgerecht auszuwählen und anzuwenden, machen das Wesen des Kaufmanns aus (ganzheitlich orientiertes Qualifikationskonzept).

Das berufsrelevante Fachwissen bildet jedoch auch künftig den Sockel der kaufmännischen Kompetenz.

Nicht zufällig wurde deshalb gerade in unserer Zeit als Ausbildungsziel einer zukunftsorientierten Ausbildung die Befähigung des Auszubildenden zur beruflichen Handlungskompetenz im Sinne selbständigen Planens, Durchführens und Kontrollierens neu formuliert (vgl. Abb.).

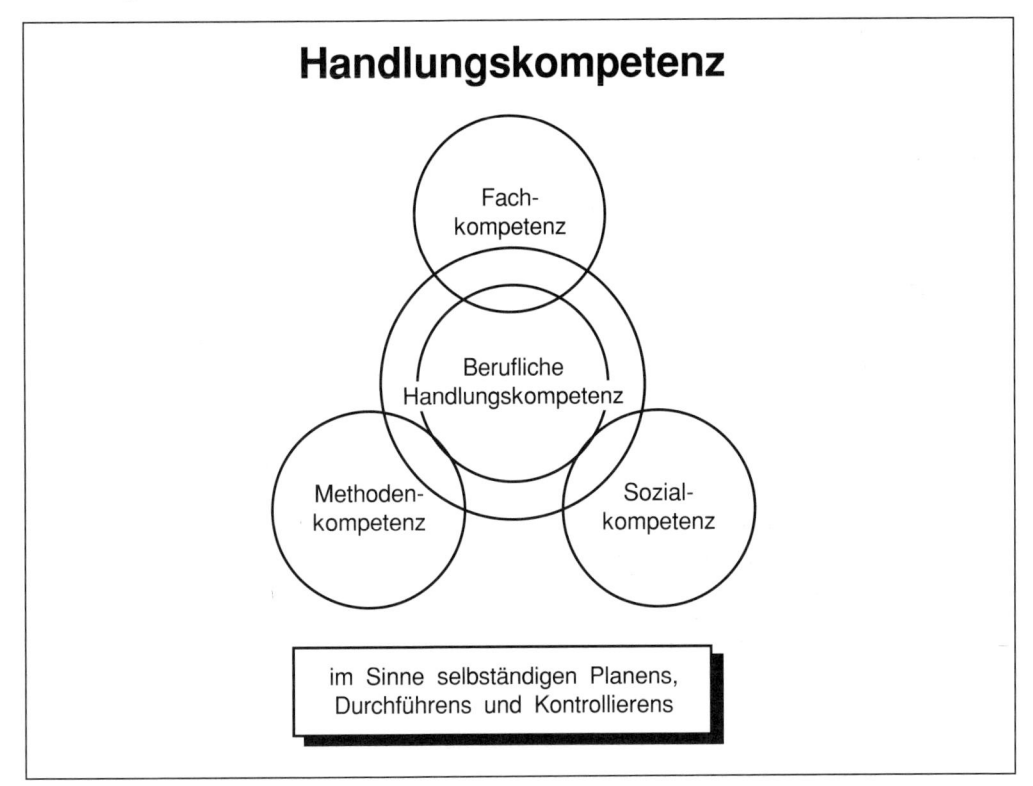

Abb. Handlungskompetenz

Berufliche Handlungskompetenz besteht deshalb aus den gleichberechtigten Einheiten (vgl. Abb.)
– Fachkompetenz
– Methodenkompetenz
– Sozialkompetenz.

Die tendenziell sichtbare Abwendung von tayloristischen Arbeitszergliederungen zur fallorientierten Arbeitsverrichtung verlangt wichtige, funktionsunabhängige übergreifende Qualifikationen. Deshalb müssen auch fachübergreifende Fähigkeiten, Verhaltensweisen und Einstellungen verstärkt entwickelt werden, um den Erfolg des Unternehmens langfristig zu sichern.

Angeregt von dem von Dieter Mertens* geprägten Begriff der Schlüsselqualifikationen haben wir wesentliche Kerntugenden unserer Unternehmensphilosophie definiert und verbindlich in die Berufsausbildung integriert.

Schlüsselqualifikationen sind nicht isoliert, z.B. in Form eines Intensivkurses, vermittelbar, sondern nur in realen Lernsituationen bewußt und begreifbar zu machen.

Sie durchdringen als zeit- und funktionsunabhängige Elemente die kaufmännischen Tätigkeiten und das kaufmännische Verhalten.

Damit beziehen sie sich nicht auf die inhaltlichen Bereiche der kaufmännischen Tätigkeit, sondern auf die Form sowie Art und Weise, in der beruflich gehandelt wird.

Ihre bewußte Förderung erleichtert das flexible und mobile Agieren in unserer dynamischen Arbeitswelt und führt bei den im Lernprozeß stehenden Auszubildenden zu einer neuen ganzheitlichen Dimension im Selbstverständnis des Kaufmanns.

Deshalb gilt es, Schlüsselqualifikationen als integrierten Teil des gesamten Ausbildungskonzeptes permanent zu fördern und positiv zu verstärken, um sie zum festen, verinnerlichten Bestandteil der beruflichen Handlungsweisen der Nachwuchskräfte werden zu lassen.
(Vgl. Abb. Förderung von Schlüsselqualifikationen über Grundlagen)

Schlüsselqualifikationen

*
Qualitätsbewußtes Verhalten
*
Innovationsbereitschaft
*
Lernbereitschaft
*
Wirtschaftliches Handeln
*
Organisationsfähigkeit
*
Kommunikationsfähigkeit
*
Kundenorientierung
*
Positives Denken
*
Verantwortungsbewußtes Handeln
*
Umweltbewußtes Verhalten
*
Problemlösungsfähigkeit
*
Kooperationsfähigkeit

* Dieter Mertens, Leiter des Institutes für Arbeitsmarkt- und Berufsforschung (IAB), 1971

Förderung von Schlüsselqualifikationen über Gundlagen

- * Qualitätsbewußtes Verhalten
- * Innovationsbereitschaft
- * Lernbereitschaft
- * Wirtschaftliches Handeln
- * Organisationsfähigkeit
- * Kommunikationsfähigkeit
- * Kundenorientierung
- * Positives Denken
- * Verantwortungsbewußtes Handeln
- * Umweltbewußtes Verhalten
- * Problemlösungsfähigkeit
- * Kooperationsfähigkeit

Schlüsselqualifikationen
↑

Anwendung und Kombination dieser Grundlagen fördert

- * Kosten verrechnen
- * Buchen
- * EDV-Grundlagen
- * Fräsen
- * Schweißen
- * Bohren

↑
zum Beispiel

Fachliche Grundlagen

- * Planen
- * Koordinieren
- * Analysieren
- * Strukturieren
- * Auswerten
- * Kontrollieren
- * Visualisieren
- * Präsentieren

↑
zum Beispiel

Methodische Grundlagen

- * Offenheit
- * Ehrlichkeit
- * Zuverlässigkeit
- * Eigeninitiative
- * Selbständigkeit

↑
zum Beispiel

Persönliche Grundlagen

↑

Fachkompetenz   **Methodenkompetenz**   **Sozialkompetenz**

**Handlungsfähigkeit
Handlungskompetenz**

Schlüsselqualifikationen © FELDHAUS VERLAG, Hamburg

2. Umsetzung in die Praxis

2.1 Lübecker Modell / Kooperation Betrieb und Schule
Darstellung des Konzepts

Im Juni 1984 wurde ein Kooperationsvertrag über die kaufmännische Berufsausbildung von Industrie-, Groß- und Außenhandels- und Bürokaufleuten unter besonderer Berücksichtigung kaufmännischer Grundbildung zwischen der Drägerwerk AG und der Friedrich-List-Schule in Lübeck abgeschlossen. Die Possehl-Gruppe beteiligte sich ohne vertragliche Bindung an diesem Schulversuch. Seit dem Schuljahr 87/88 ist das Pilotprojekt aus der Versuchphase herausgetreten und bekannt unter dem Namen »Lübecker Modell« (Vgl. Abb.)

Quelle: Kooperationsvertrag

2.1.1 Zielsetzungen

Pädagogische Zielsetzungen
Das Lübecker Modell orientiert sich an der Leitidee, daß fachliche Zielsetzungen (Beherrschung von Geschäfts- und Arbeitstechniken) durch menschliche Qualifikationen ergänzt werden müssen. Grundlegende Faktoren der **Persönlichkeitsentwicklung** sind Vertrauen, Zuverlässigkeit, Verantwortungsbereitschaft, Kritikfähigkeit, der Wille zur Ordnung und Genauigkeit sowie Kooperationsbereitschaft.
Damit entfernt man sich von dem alten Leitbild des Kaufmanns, der bisher nur seinen Betrieb rational verwalten konnte und nicht fähig war, die soziale Kompetenz und Handlungsfähigkeit in seiner Berufsausübung zu berücksichtigen.
Da die Inhalte der Arbeitsplätze aufgrund der technisch ökonomischen Entwicklung einer ständigen Veränderung unterworfen sind, muß der Auszubildende seine Bereitschaft zum ständigen Lernprozeß zeigen. **Berufliche Mobilität und Flexibilität** sind daher untrennbar mit der heutigen Berufsauffassung verbunden.

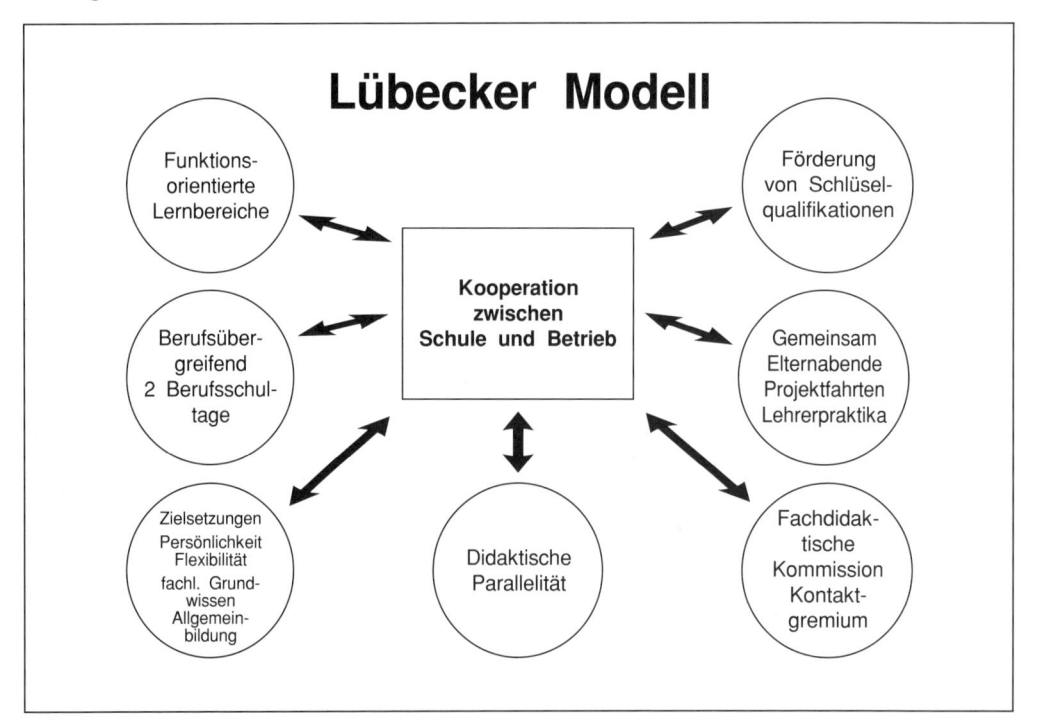

Lübecker Modell

- Funktionsorientierte Lernbereiche
- Förderung von Schlüsselqualifikationen
- Berufsübergreifend 2 Berufsschultage
- Gemeinsam Elternabende Projektfahrten Lehrerpraktika
- Zielsetzungen Persönlichkeit Flexibilität fachl. Grundwissen Allgemeinbildung
- Didaktische Parallelität
- Fachdidaktische Kommission Kontaktgremium

→ Kooperation zwischen Schule und Betrieb

Fachliche Zielsetzungen

Hierbei handelt es sich um die Erweiterung der Allgemeinbildung unter dem ganzheitlichen Aspekt und um grundlegende fachliche Kenntnisse, Fähigkeiten und Fertigkeiten, die in den Wirtschaftszweigen und betrieblichen Funktionsbereichen erforderlich sind:

- arbeitstechnische Tüchtigkeit
- Kooperationsbereitschaft
- Berücksichtigung der gesellschaftlichen Rahmenbedingungen
- Informationsbeschaffung und -verarbeitung
- elementare Grundlagen in den Fächern Deutsch und Mathematik
- Entscheidungsfähigkeit aufgrund wirtschaftlicher Gesetzmäßigkeiten
- ein Grundverständnis für Betriebswirtschaft, Volkswirtschaft und Wirtschaftsrecht

Die Verwirklichung dieser Zielsetzungen setzt voraus, daß Betrieb und Schule gleichwertige Partner im dualen System sind, d.h. Kooperation und laufende Abstimmung sind zwingend für die Umsetzung des Konzeptes.

Kooperation zwischen Schule und Betrieb

Die gemeinsame Aufgabe von Betrieb und Berufsschule ist das Erreichen fachlicher, sozialer und allgemeinbildender Ausbildungsziele. Kooperation beider Lernorte bedeutet, daß man sich zwar arbeitsteilig, doch zusammenwirkend um die Darstellung ein und derselben Kerninhalte bemüht. Beide Lernorte müssen sich daher bei der Vermittlung ihrer Bildungsinhalte so aufeinander abstimmen, daß für den Auszubildenden der Zusammenhang des Lernprozesses gewahrt bleibt.

Engeres Zusammenarbeiten bedeutet ebenfalls eine Abstimmung der Lehr- und Lernmittel, Methoden und Medien, Lerninhalte und -ziele und Erfolgskontrollen.

Eine Verstärkung der Kooperation soll durch gemeinsame Konferenzen (Informationsaustausch), Freizeitarrangements (Besuch der Dräger-Hauptversammlung) und gemeinsame Elternabende im 1. Ausbildungsjahr erreicht werden.

Die veränderten Anforderungen an die Qualifikationen des Kaufmanns bedingen eine Orientierung des fachtheoretischen Bereichs an die aktuellen beruflichen Anforderungen. Dieses erfordert von den Lehrern ein hohes Maß an berufsspezifischer Fachkompetenz, die durch Betriebspraktika gefördert werden soll.

Insgesamt wird eine möglichst große Parallelität zwischen Fachpraxis und Fachtheorie angestrebt, um ein besseres Zusammenwirken der Lerninhalte zu erreichen.

2.1.2 Grundsätze für die didaktisch-methodische Gestaltung der kaufm. Berufsausbildung

Inhalte und Ausbildung

Die kaufmännische Berufsausbildung ist aufgegliedert in eine breit angelegte Grundausbildung im dualen System und eine darauf aufbauende Fachausbildung. Bei der Festlegung der Inhalte ist man grundsätzlich von den Inhalten ausgegangen, die branchenübergreifend und praxisbezogen für alle drei Berufe zutreffen.

Daraus resultieren folgende Grundfunktionen, die in allen Betrieben nachweisbar sind: Beschaffung, Lagerung, Produktion, Absatz, Transport/Versand, Finanzierung, Allgemeiner Bereich. Ergänzend lassen sich folgende Aufgaben- und Organisationsbereiche festlegen: Organisation, Personalwesen, Rechnungswesen, Poststelle und Registratur.

Diese Funktionen und Bereiche werden dann nach dem **Grundsatz der elementaren Belegflüsse** geordnet, so daß eine inhaltliche Anordnung praxisrelevanter kaufmännischer Tätigkeitsfelder entsteht, die ihre Entsprechung in sogannten **funktionsorientierten Lernbereichen** finden: Betriebsaufbau, Einkauf, Lager, Werbung, Verkauf, Versand, Finanzierung, Personalwesen, Rechnungswesen, Poststelle und Registratur.

Fachdidaktische und -methodische Konsequenzen

Dem Jugendlichen sollen die grundlegenden Strukturen, die wirtschaftliches Handeln bestimmen, verdeutlicht werden. Dies bedeutet eine Abkehr von der an den einzelnen Disziplinen der Wirtschaftswissenschaften orientierten Didaktik hin zu einer **didaktischen Reduktion** grundlegender ökonomischer Zusammenhänge, Fähigkeiten, Fertigkeiten und Kenntnisse im Bereich der Grundfunktionen und der Aufgaben- bzw. Organisationsbereiche. Mit Hilfe der didaktischen Reduktion gelangt man zu exemplarischen Stoff- bzw. Tätigkeitsgebieten, die **wesentliche Querschnittselemente wirtschaftlichen Handelns** enthalten. Didaktische Elemente wie Knappheit, Ziele, Unsicherheit, Information, Entscheidung, Rationalität haben Gültigkeit für alle kaufmännischen Berufe. Für jedes Querschnittselement werden Lerninhalte bestimmt und Lernziele definiert. (vgl. Abb.)

In der Grundstufe werden die Grundlagen für alle kaufmännischen Tätigkeitsfelder geschaffen und im Sinne eines Spiralcurriculums auf einem höheren Spiralniveau ausbildungsberufsspezifisch erweitert und vertieft.

Verdeutlichung der Grundbildungsinhalte
Fachziel: Wirtschaft als Entscheidungsbereich

Lernbereich:	Beschaffung/Personalbeschaffung
1. Knappheit:	Personalbedarfsermittlung (Personalplanung)
2. Ziele:	Personalbeschaffungsziele, z.B. Aufgabenerfüllung, Personalkostensenkung, Sozialstandard Sicherung einer Stammbelegschaft
3. Alternativen:	Personalauswahl, Personaleinsatz
4. Rationalität:	Ökonomisches Prinzip bei der Personalbeschaffung
5. Unsicherheit:	Risiken bei der rationalen Personalauswahl und dem rationalen Personaleinsatz
6. Information:	Informationszweck, -arten, -quellen und -verarbeitung
7. Entscheidung:	Personalbeurteilung

Die methodische Umsetzung wird näher unter dem Punkt 2.2 erläutert.
Die obigen Ausführungen bedingen folgende Definition der »Kaufmännischen Grundbildung«: Theoretische Durchdringung der zu bewältigenden Inhalte und unmittelbares Erleben und die Gelegenheit zum selbständigen Einüben kaufmännischer Tätigkeiten und kaufmännischen Verhaltens.

Grundsatz der didaktischen Parallelität
Didaktisch sind die zu vermittelnden Inhalte und kaufmännischen Tätigkeiten nach dem Prinzip von Lernbereichen geordnet.
Funktionsorientierter Lernbereich: Absatz
Betriebswirtschaftslehre: Absatz
Rechnungswesen: Verkaufskonto, Bonus, Rabatt, Transportkosten, Umsatzsteuer, Kalkulation
Voraussetzung ist allerdings, daß die jeweils erforderlichen Grundlagen zu Beginn der Ausbildung vermittelt werden, um so den sachlogischen Zusammenhang des einzelnen Faches zu bewahren.

2.1.3 Organisatorischer Aufbau und Ablauf des Lübecker Modells
Die Erhöhung des Berufsschulunterrichts um einen Tag verdoppelt in den meisten Fällen den Anteil der Fachtheorie und der Allgemeinbildung im 1. Ausbildungsjahr. Dies steht im Einklang mit der Zielsetzung des Lübecker Modells, wirtschaftliche und sozialökonomische Zusammenhänge einsichtig zu machen und parallel die Allgemeinbildung des Jugendlichen zu intensivieren.
Im 2. und 3. Ausbildungsjahr besteht für die Auszubildenden die Möglichkeit, die in der Grundstufe erworbenen Kenntnisse in Englisch, Deutsch und Datenverarbeitung durch Teilnahme an Zusatzkursen zu erweitern bzw. zu intensivieren. Der Zusatzunterricht (2 Wochenstunden/Fach) erfolgt

außerhalb der Arbeitszeit bei freiwilliger Teilnahme. Im Anschluß kann der Auszubildende an einer schriftlichen Abschlußprüfung der IHK teilnehmen, so daß die zusätzlich erworbenen Qualifikationen in einem Zertifikat dokumentiert werden. (Vgl. Abb.)

Stundentafel

Fach	1. AJ	2. AJ	3. AJ
Allgemeine Wirtschaftslehre	3	2	1
Rechnungswesen	4	2*	3*
Spezielle Wirtschaftslehre	–	3*	3*
Gemeinschaftskunde	1	1	1
Sport	1	–	–
Wirtschaftsenglisch	2	+	+
Deutsch mit Schriftverkehr	2	+	+
Datenverarbeitung	2	+	+
Textverarbeitung	1	–	–
Gesamtstunden	16	8+	8+
Schultage	2	1	1

*Berufsbezogen/ + Zusatzunterricht

2.2 Handlungsorientierung in der Schule

Ziel des Unterrichtes ist es, Kompetenzen zu eigenständigem und verantwortlichem Handeln zu fördern. Dabei bezieht sich der Begriff der Handlungsfähigkeit auf den Menschen in seiner persönlichen, beruflichen und sozialen Umwelt.
Selbsttätigkeit setzt voraus, daß diese Handlungsfähigkeit auch in Lernprozessen geübt wird. Dies wiederum bedeutet eine Wandlung in der methodischen Vorgehensweise bei der Lehrstoffvermittlung.
Der Einsatz von Fallstudien ist ein geeignetes Instrument, vom lehrerzentrierten zum schüleraktiven Unterricht zu gelangen. Nicht die Vermittlung von Faktenwissen steht im Vordergrund, sondern der Erwerb bzw. die Förderung von Schlüsselqualifikationen. Partner- und Gruppenarbeit fördern neben wirtschaftlichem Handeln Kooperations-, Kommunikations- und Problemlösungsfähigkeit. Der Lehrer ist Organisator bzw. Koordinator des Lernporzesses (vgl. Abbildungen).
Das zentrale Fach im Lübecker Modell ist aufgrund der Verlagerung von Lehrplaninhalten die **spezielle Wirtschaftslehre** (berufsbezogen), die anderen Fächer dienen sozusagen als »Zuträger«. Es ist eine permanente Abstimmung der beteiligten Lehrkräfte notwendig, um das Prinzip der didaktischen Parallelität aufrechtzuerhalten. Doch gerade dies birgt Schwierigkeiten in sich, da in der täglichen Unterrichtspraxis trotz vorheriger Abstimmung Differenzen durch Stundenverschiebung/-ausfall auftreten.
Zur Wahrung der Kontinuität und Implementierung des Modells unterrichtet ein bestimmtes Potential an Lehrkräften in diesen Klassen. Soweit es stundenplantechnisch möglich ist, wird ein und dieselbe Lehrkraft zur Verringerung der Abstimmproblematik parallel in den Fächern AWL/SWL oder AWL/Rechnungswesen eingesetzt.

2.3 Handlungsorientierung im Betrieb

Ausbildungsrahmenpläne, Szenarien und Visionen zu Europa und zum Jahr 2000 geben globale Antizipationen zur beruflichen Qualifizierung.
Konkretes Wissen über die Anforderungen, die an Mitarbeiter auf bestimmten Arbeitsplätzen der Zukunft gestellt werden, fehlt.

Erlangung von Handlungskompetenz im Lernbereich Absatz

Fachkompetenz	Methodenkompetenz	Sozialkompetenz
z.B. Absatzmarketing Absatzforschung Marktforschung Absatzpolitische Instrumente Auftragsbearbeitung Vertragsverletzung Schutz vor Forderungsausfällen	z.B. Strukturierung Analyse der Bereiche des Absatzmarktes Auswertung und Problematisierung der Möglichkeiten der Marktforschung Koordination und Kontrolle der Auftragsbearbeitung	z.B. Teamfähigkeit Kooperationsfähigkeit Kommunikationsfähigkeit Selbständigkeit Zuverlässigkeit Umweltbewußtes Handeln

Projekt: Ausführung eines Kundenauftrages im Lernbereich Absatz (Fachverzahnung)

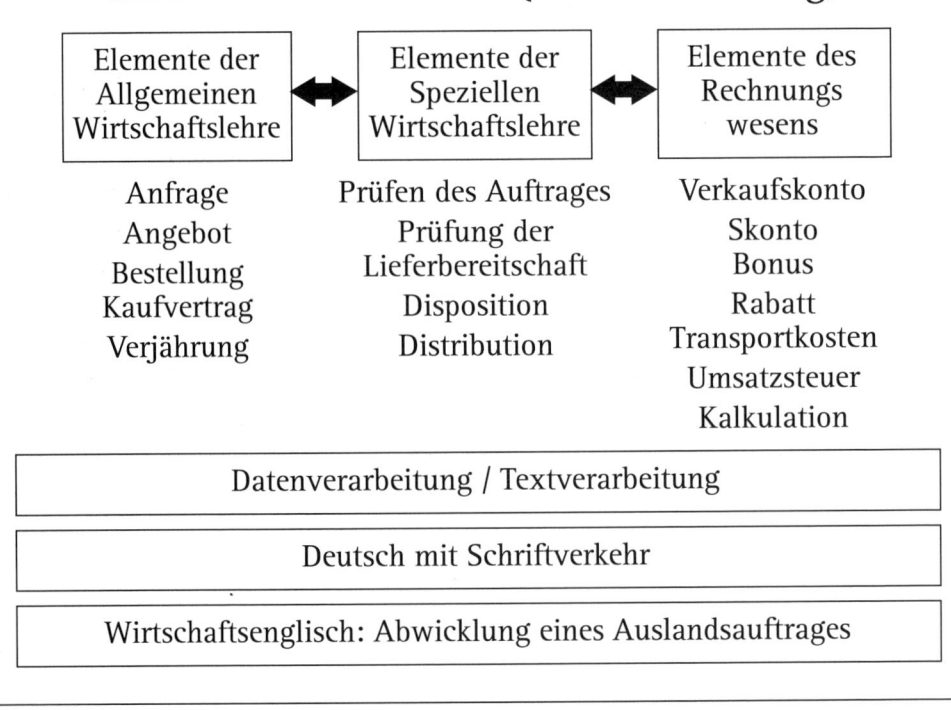

Elemente der Allgemeinen Wirtschaftslehre	⬌	Elemente der Speziellen Wirtschaftslehre	⬌	Elemente des Rechnungswesens
Anfrage Angebot Bestellung Kaufvertrag Verjährung		Prüfen des Auftrages Prüfung der Lieferbereitschaft Disposition Distribution		Verkaufskonto Skonto Bonus Rabatt Transportkosten Umsatzsteuer Kalkulation

Datenverarbeitung / Textverarbeitung

Deutsch mit Schriftverkehr

Wirtschaftsenglisch: Abwicklung eines Auslandsauftrages

Häufige Strategie ist deshalb das Füllen des »Nürnberger Trichters« mit Fakten / Fakten / Fakten. Der menschliche Grund: hier liegt die höchste Kompetenz der Ausbilder vor Ort. (Kenntnisse über Zerfallzeiten des beruflichen Wissens werden wohlweislich verdrängt).

Aufgrund der historischen Entwicklung liegt im konkreten Blickpunkt die Vermittlung von Fertigkeiten und Kenntnissen. Damit wird jedoch nur der sichtbare Teil des »Eisberges« entwickelt; die Bereiche unterhalb der Wasseroberfläche (Methoden- und Sozialkompetenz) werden sträflich vernachlässigt.

Folgerichtig müssen Auswirkungen auf die Ausbildungsinhalte, auf die Ausbildungsorganisation und vor allem auf das methodische Vorgehen in das Denken und Handeln der Ausbilder vor Ort einfließen.

Die folgende Checkliste zeigt (nicht vollständige) Konsequenzen:
Checkliste wesentlicher Konsequenzen (vgl. Abb.)

* **Ausbildungsinhalte**
- Konzentration auf wesentliche und typische Bildungsinhalte
- Überprüfung auf inhaltliche Überfrachtung
- Heraustrennen nebensächlicher Inhalte
- Anstreben verständnisorientierter Lernziele
- Festlegung des wiederzugebenden Kernwissens
- Systematisierung der betrieblichen Praxis
- Darstellung betrieblicher Zusammenhänge
- Orientierung an fallorientiertem Arbeitsprozeßwissen (Prinzip der Kette)
- Durchdringung der Arbeitsaufgaben mit moderner Technologie
- personenbezogene pädagogische Aufbereitung

Handlungsorientierung im Betrieb
Checkliste wesentlicher Konsequenzen

Ausbildungsinhalte	Ausbildungsorganisation	Methodik
Überprüfung auf inhaltliche Überfrachtung Kernwissen Systematisierung Prinzip der Kette Technische Durchdringung Personenbezogen	Neuordnung des innerbetrieblichen Unterrichtes Qualitätserhöhung der Unterweisungen Flexible Versetzungsplanung	Nicht einarbeiten Ausbilden Abkehr von der 4-Stufen-Methode Einsatz Fragetechniken Lernen durch Tun Enge Beziehung zu Schlüsselqualifikationen

* **Ausbildungsorganisation**
- Neuordnung des innerbetrieblichen Unterrichts
- Qualitätserhöhung der Unterweisungen durch mehr
  – Planmäßigkeit
  – Checklisten
  – Ablaufplänen
  – pädagogisch aufbereitete Arbeitsmittel

- Reduzierung der Lernorte auf berufsrelevante Bereiche
- Flexible Versetzungsplanung

✱ Methodik
- ○ »Nicht einarbeiten«: AUSBILDEN
- ○ Beachten der engen Beziehung zwischen dem methodischen Vorgehen und dem Erwerb von Schlüsselqualifikation
- ○ Abkehr von der 4-Stufen-Methode
- ○ Regeln der Lernbiologie beachten
- ○ Das logisch entdeckende und systematische Verfahren einsetzen
- ○ Denkrichtungen festlegen durch Einsatz der Frage- und Impulstechnik
- ○ Bewußte Steuerungen des Lernprozesses unter Berücksichtigung wesentlicher Schlüsselqualifikationen
- ○ Lernen durch Tun
  - Übertragen von typischen Aufgaben, die weitgehend selbständig und eigenverantwortlich zu lösen sind
  - Projektorientierte Ausbildung verstärken
  - realistische Ziele setzen

Die strategische Umsetzung in die Praxis erfolgt bei

den berufsübergreifenden Maßnahmen	– Einführungsprogramm
	– Integrationskurs
	– Outward Bound
	– Betriebswirtschaftliches Planspiel
	– Ausbildungsfahrt
der Fachausbildung	– in den kaufm. Funktionen vor Ort
in der Berufsschule	
der Informationssteuerung	– Selbstverwaltung Auszubildender (Info-Treff)
den Ausbildungsbeauftragten	– Schulung

Beispiel Lernsituation vor Ort
Förderung der Schlüsselqualifikationen Kundenbezogenes und Verantwortungsbewußtes Denken und Handeln, Problemlösungs- und Entscheidungsfähigkeit

Lernsituation – Bearbeiten einer Kundenanfrage
- ✱ Arbeitsschritte zur Bearbeitung einer Anfrage festlegen und ihre Reihenfolge definieren.
- ✱ Arbeitsmittel für diese Anfrage auswählen
- ✱ Über Produktwahl entscheiden

Methodik – Das logisch entdeckende Verfahren
Den Lernenden zum **aktiven** Mitarbeiter, zum **aktiven** Denken anregen

Erkenntnisschritte:
- Das Problem analysieren
- Das Ziel oder den Zweck formulieren
- Die notwendigen Funktionen zur Erreichung des Zieles erkennen lassen
- Die notwendigen Bedingungen, die zur Erreichung des Zieles bedeutsam sind,
- Welche Mittel sind notwendig für Ziele und Funktionen
- Welche menschlichen Handlungen sind nötig, damit die Mittel in ihrer Funktion wirksam werden können
- Erkennen der Wirkungszusammenhänge

Grundlagen für diese Lernsituation
- ✱ Computer / Formulare / Produktkenntnisse / Wirtschaftsrecht
- ✱ Analysieren / Kontrollieren
- ✱ Eigeninitiative / Zuverlässigkeit

Der Ausbilder steht als Berater und Beobachter zur Verfügung. Er regt mit Hilfe der Fragetechnik zu logischen Schlüssen an und gibt gezielte Denkanstöße, die beim Auszubildenden das zur Lösung nötige Denkfeld schaffen

2.4 Berufsübergreifende Maßnahmen

Die ganzheitlich orientierte betriebliche Ausbildung verlangt zentrale Unterstützung bei der Persönlichkeitsentwicklung der Auszubildenden zur strategischen Stärke Mitarbeiter.
Deshalb haben wir 5 berufsübergreifende Maßnahmen mit persönlichkeitsbildenden Inhalten in unsere Ausbildungskonzeption integriert (vgl. Abb. Berufsübergreifende Maßnahmen)
Die Maßnahmen sind hinsichtlich der Ziele, Inhalte und Methoden aufeinander abgestimmt und mit den Unternehmensgrundsätzen vernetzt.
Sie haben einen prozeßorientierten Charakter mit aktiven Vor- und Nachbereitungen, da punktuelle Aktivitäten für die Gestaltung der gewünschten Lernprozesse nicht ausreichen.
Wesentlich ist auch, daß die Ausbilder als Pädagogen oder Tutoren an der Durchführung beteiligt sind, um den Bezug zwischen Unternehmenskultur, den Maßnahmen und der Ausbildung vor Ort im Sinne der betrieblichen Handlungskompetenz zu evaluieren.

Berufsübergreifende Maßnahmen

Maßnahme	Dauer	Zeitpunkt
Einführungsprogramm	1 Woche	Beginn 1.AJ
Integrationskurs	1 Woche	1. AJ
Outward Bound/Erlebnispädagogik	2 Wochen	2. AJ
Unternehmensplanspiel	1 Woche	3. AJ
Projektfahrt	1 Woche	3. AJ

Beispielhaft zeigt die Vorbereitungsphase des Outward Bound-Erlebnispädagogik-Seminares die Auszubildenden als aktive Gestalter und nicht als Konsumenten eines Bildungswarenkorbes.
Kurs-Vorbereitung für unseren Outward-Bound-Erlebnispädagogik-Kurs
Vorbereitung der Outward-Bound Kurse durch die Teilnehmer
Durchführung:
Dräger Auszubildende im 2. Ausbildungsjahr aus 5 Gruppen, jeweils 1 Sprecher 3 Auszubildende 3. Ausbildungsjahr
Ansprechpartner:
Ausbildungsleiter, Ausbilder und Auszubildende des 3. Ausbildungsjahres
Informationsquellen:
Film, Outward-Bound-Programm in Baad/Kleinwalsertal Outward-Bound-Broschüre, Dräger-Broschüren
Methoden/Medien:
Plenumsarbeit, Vortrag, Metaplantechnik, Flipchart, Film
Programmablauf
– Zusammenhang zwischen den 4 Stärken des Unternehmens Dräger und den Zielen der Berufsausbildung erläutern
– Rückblick auf die im 1. Ausbildungsjahr stattgefundenen Maßnahmen zur Persönlichkeitsbildung
– Ziele der Outward-Bound-Kurse in Verbindung zu den Maßnahmen des 1. Ausbildungsjahres herstellen. Darstellung von wesentlichen Programminhalten der Kurse
– Film der Outward-Bound-Schule/Baad zeigen
– 3 Auszubildende des 3. Ausbildungsjahres berichten über ihre persönlichen Erfahrungen (Teilnehmer stellen Fragen)

- Auskunft über die Organisation und Durchführung der Reise
- Zusammenfassung der nach Baad mitzubringenden persönlichen Dinge

Leitfragen zum Einholen von Informationen für die Vorbereitung der Outward Bound Kurse
- Welches sind die Stärken unseres Unternehmens?
- Wie befähigen wir bei Dräger die Auszubildenden, diese Stärken zu bewahren und zukunftssicher auszubauen?
- Welche Ziele verfolgen wir bei Dräger mit unserer Berufsausbildung?
- Mit welchen Maßnahmen erreichen wir bei Dräger die Ziele unserer Berufsausbildung?
- Welche Maßnahmen gehören zu unserem pädagogischen Konzept der Persönlichkeitsbildung?
- Welche wesentlichen Inhalte haben wir im Integrationskurs kennengelernt?
- Welche Erfahrungen aus dem Integrationskurs helfen uns im privaten und beruflichen Alltag?
- Welche Programm-Inhalte Einzelerlebnisse lernen wir in Outward-Bound-Kursen kennen?
- Wie können wir diese Erfahrungen für uns später nutzen?
- Welche Dinge brauchen wir für den Kurs in Baad?
- Wie organisieren wir die Fahrt nach Baad?
- Was müssen wir für unseren Aufenthalt in Baad noch beachten?

2.5 Selbstverwaltung

Wenn wir über die Förderung von Schlüsselqualifikationen nicht nur reden wollen, müssen wir auch die Bereitschaft haben, verkrustete Machtstrukturen – vor allem bei Informationsflüssen – zu beseitigen.

Hier gilt es, auch als Ausbildungsleiter im Sinne der Vorbildfunktion Beiträge zu leisten. Konsequenterweise haben wir deshalb die Verwaltung wiederkehrender Informationen in die Hände der Auszubildenden übergeben.

Beispiel
Förderung der Schlüsselqualifikation Selbstorganisations- und Koordinationsfähigkeit, Informationsfähigkeit, Kommunikations- und Kooperationsbereitschaft, Verantwortungsbewußtes Denken und Handeln

Lernsituation
Eigene Verteilung wiederkehrender Informationen durch Auszubildende
* Verbesserung der Kommunikation zwischen Ausbildungsleitung und den Auszubildenden
* Entlastung des offiziellen Postweges durch eigene Verteilung der wiederkehrenden Information
* Eigenverantwortliche Planung und Organisation von Ausbildungsveranstaltungen durch Auszubildende
* Suchung der bestmöglichen Verteilwege in Eigenverantwortung der Gruppe
* Sicherstellung durch die Auszubildenden, daß alle rechtzeitig informiert sind.

Folgeprobleme
Blockunterricht für einige Berufe erschwert die Kommunikation
Informationsfluß muß auch bei Krankheits- und Urlaubstagen gewährleistet sein

Grundlagen für diese Lernsituation
* Namenslisten nach Ausbildungsjahren und Berufen
* Steuerungsplan für die Informationsverteilung
* Planen
* Koordinieren
* Zuverlässigkeit
* Selbständigkeit
* Eigeninitiative

Beispiel: Die Schulentschuldigungen im Krankheitsfall werden nicht mehr zentral, sondern durch die Auszubildenden (auch von denen unter 18 Jahre) selbst vorgenommen.
Aufgrund der partnerschaftlichen Zusammenarbeit mit der Berufsschule war diese konkrete kleine Maßnahme zur Förderung der Eigenständigkeit und Selbstverantwortung der Auszubildenden schnell vereinbart.

3. Probleme der Förderung von Schlüsselqualifikationen (vgl. Abb.)

3.1 Implementierung der Kooperation zwischen Schule und Betrieb

Rückschauend betrachtet war der Abschluß des Kooperationsvertrages ein wichtiger Beitrag zur »Kaufmännischen Berufsausbildung im Wandel.« Mehrere Ausbildungsjahrgänge durchliefen bereits das Lübecker Modell, wobei das Bestreben stets einer Verbesserung bzw. Weiterentwicklung der Konzeption galt. Um Schlüsselqualifikationen bei den Auszubildenden fördern zu können, mußten die Partner in der Praxis prüfen, inwieweit sie selbst einen konstruktiven Beitrag leisten. Die Konzeption hatte Rahmenbedingungen für eine Neuorientierung geschaffen, die Ausgestaltung und Optimierung von Lernprozessen an beiden Lernorten ist ein kontinuierlicher Prozeß, der stets einer Weiterentwicklung bedarf.

Ein Modellversuch, der auf die kaufmännische Berufsausbildung sehr großer Unternehmen ausgerichtet ist, kann nicht als repräsentativ gelten. Positiv ist daher hervorzuheben, daß inzwischen auch Klein- und Mittelbetriebe implementiert werden konnten. Dies ist eine entscheidende Fortentwicklung in der Akzeptanz des Modells, denn gerade kleinere Unternehmen sind auf die Auszubildenden als Arbeitskraft angewiesen und durch einen zweiten Berufsschultag in ihrer Leistungsfähigkeit eingeschränkt. Im Gespräch mit Ausbildern wurde deutlich, daß die breit gefächerte Stundentafel im 1. Ausbildungsjahr und das Angebot der Zusatzkurse entscheidende Faktoren für die Teilnahme sind. Es bleibt zu klären, ob neben der Notwendigkeit der Erlangung von Fachkompetenz auch die Erlangung von Methoden- und Sozialkompetenz als gleichwertig angesehen wird und Lernsituationen in diesem Sinne geschaffen werden.

Bei der Einbindung weiterer Betriebe ist die Friedrich-List-Schule branchenspezifisch an Groß- und Außenhandel gebunden, da aufgrund der Strukturierung der Berufsbildenden Schulen in Lübeck Industrie- und Bürokaufleute an der anderen Berufsschule unterrichtet werden.

Dort werden zwar auch Industriekaufleute nach der Stundentafel des Lübecker Modells beschult, aber die Zielsetzung branchenübergreifender Vermittlung kaufmännischer Grundbildung kann nicht erfüllt werden.

Probleme der Förderung von Schlüsselqualifikationen

Implementierung der Kooperation zwischen Schule und Betrieb

Effizienz der Gremien

Curriculum

IHK-Prüfungen

Rolle und Qualifizierung der Lehrer/Ausbilder

Lernumwelt

Ganzheitliche, berufswichtige Aufgaben

3.2 Effizienz der Gremien

Die ursprüngliche Zielsetzung der fachdidaktischen Kommission und des Kontaktgremiums (bestehend aus Vertretern der beteiligten Lehrer und Ausbilder), nämlich Informations- und Erfahrungsaustausch, ist erfüllt. Offen bleibt, ob eine Weiterentwicklung der Funktionen im Sinne von gemeinsamen Arbeitsgemeinschaften zu realisieren ist. Planung gemeinsamer Projekttage wäre ein Beispiel sinnvoller Kompetenzerweiterung dieser Gremien.

3.3 Curriculum

Für das Pilotprojekt wurde ein Lehrplanentwurf erstellt, der zum einen die zusätzlich eingeführten Unterrichtsfächer berücksichtigt, zum anderen eine Umstrukturierung der Lerninhalte in den Wirtschaftsfächern zum Ziel hat. Thematisch besteht keine Differenz zwischen den neu gegliederten funktionsorientierten Lernbereichen und denen des Lehrplans der berufsbildenden Schulen Schleswig-Holsteins.

Berufsausbildung im Wandel muß allerdings auch einen Wandel der Rahmenlehrpläne zur Folge haben. Es bedarf einer Neuordnung der Rahmenlehrpläne, um die neue didaktische Konzeption zielkongruent zu unterrichten. Die Förderung von Schlüsselqualifikationen wie Kooperationsfähigkeit, Kommunikationsfähigkeit, Problemlösungsfähigkeit muß sich auch in den Lernzielen widerspiegeln.

Fachkompetenz ist ein wichtiges Element kaufmännischer Berufsausbildung, sie darf jedoch nicht das Erlangen einer Methoden- und Sozialkompetenz blockieren.

3.4 IHK-Prüfungen

Ein auf dieses Modell aufbauender Unterricht bedingt eine sachgerechte Leistungskontrolle. Die jetzige Form der IHK-Prüfungen steht dazu im krassen Widerspruch.

Programmierte Aufgaben sind lediglich geeignet, Faktenwissen abzufragen, während Denken in Zusammenhängen, Ermitteln und Analyse von Sachverhalten, Beurteilen von Entscheidungen, Begründen von Maßnahmen bei der schriftlichen Prüfung keine Rolle spielen. Zusätzlich würden handlungsorientierte Aufgaben sprachliche Fähigkeiten vom Auszubildenden fordern, über die ein Jungkaufmann in einem Mindestmaß als sprachliche Ausdrucks- und Rechtschreibfähigkeit verfügen muß.

Außerdem stößt die Verdeutlichung der Sinnhaftigkeit dieser neuen Konzeption bei den Schülern auf Schwierigkeiten, wenn letztendlich ein guter Abschluß der Berufsausbildung angestrebt wird und dieser am Faktenwissen gemessen wird. Der Lehrer ist bemüht um konkrete Hilfestellung für das Erreichen dieses Zieles, da er sich seiner pädagogischen Verantwortung dem Schüler gegenüber bewußt ist. Im letzten halben Jahr der Ausbildung werden deshalb verstärkt programmierte Aufgaben zur Wiederholung und Vorbereitung auf die Abschlußprüfung behandelt.

Die bereits durchgeführten Zusatzprüfungen in den Fächern Wirtschaftsenglisch, Datenverarbeitung und Deutsch mit Schriftverkehr sind ein positiver Beitrag zur Erhöhung des Stellenwertes einer qualifizierten Berufsausbildung.

3.5 Rolle und Qualifizierung der Lehrer/Ausbilder

Ein Unterricht, der darauf abzielt, Schlüsselqualifikationen zu fördern, verlangt ebenfalls eine veränderte Rolle des Lehrers und eine zusätzliche Qualifizierung. Der Lehrer ist nicht mehr der »Faktenvermittler« im Frontalunterricht, sondern methodische Umsetzung mittels Fallstudien, Rollen- und Planspiele verlangen von ihm die Rolle eines Moderators. Seine Hauptaufgabe besteht in einer dem Konzept entsprechenden, gezielten Unterrichtsplanung, die ihn im Optimalfall als Unterrichtsbegleiter agieren läßt. Kreativität, Improvisiation, Teamfähigkeit, um nur einige Beispiele zu nennen, können im lehrerzentrierten Unterricht nicht gefördert werden – der Auszubildende muß solche Fähigkeiten in realen Situationen erleben und mit ihnen umzugehen lernen.

Die Weiterbildung für Lehrer und Ausbilder ist ein wichtiges Instrument zur Vermeidung größerer Diskrepanzen zwischen Fachtheorie und Fachpraxis. Daher werden im Rahmen des Lübecker Modells Lehrerpraktika angeboten. Ein breiteres Angebot auf Landesebene wäre begrüßenswert.

3.6 Lernumwelt

Die Schaffung realer Lernsituationen ist sicherlich im Betrieb leichter als in der Schule. Im Betrieb hat der Auszubildende vielfältige Möglichkeiten zur Bewältigung einer problemorientierten Aufgabe, da zahlreiche Informationsquellen und Kontakte zur »Außenwelt« zur Verfügung stehen. Der Lernort Schule mit seinen organisatorischen Restriktionen hat es da beträchtlich schwerer. Fächerkanon, Klassenzimmer, 90 Minuten - Rhythmus behindern eine Verwirklichung des Handlungslernens. Der Lehrer wird oft herausgefordert, stark lenkend in den Lernprozeß einzugreifen, um ein gesetztes Unterrichtsziel auch innerhalb der 90 Minuten zu erreichen. Kreative Phasen der Schüler müssen unterbrochen und auf die Folgewoche »verschoben« werden.

Ein geeignetes Mittel zur Überwindung der genannten Hemmnisse sind Projektwochen, die gemeinsam von Lehrern und Ausbildern durchgeführt werden. Die Partner des Lübecker Modells sollten im Rahmen der Vermittlung von Schlüsselqualifikationen der Realisierung solcher Projekte positiv gegenüberstehen. Dabei sind nicht nur organisatorische Schwierigkeiten zu überwinden, das »Abziehen« von Auszubildenden aus Klein- und Mittelbetrieben wirft vielmehr aus Gründen eines dann geringeren Arbeitskräftepotentials ebenfalls Probleme auf.

3.7 Ganzheitliche, berufswichtige Aufgaben (vgl. Abb.)

Die Merkmale ganzheitlicher, berufswichtiger Aufgaben sind in den vorhandenen Schulbüchern kaum oder in sehr eingeschränktem Maße zu finden. Es existieren zwar Fallstudien zu spezifischen Bereichen, die jedoch für die spezielle Lerngruppe wiederum aufbereitet werden müssen. Für den Lehrenden ist es ein mühsamer Weg, diesen eklatanten Materialmangel zu beseitigen, und eine immer wiederkehrende Herausforderung, den bequemeren Weg der herkömmlichen Wissensvermittlung zu gehen.

Inzwischen ist aufgrund der schlechten Materiallage eine Arbeitsgruppe »Fachpraktische Übungen« vom Landesinstitut Schleswig-Holstein für Praxis und Theorie der Schule (IPTS) eingerichtet worden, in der interessierte Lehrer momentan authentische Fallstudien zum Bereich Personalwirtschaft erstellen. Dies ist ein bescheidener Anfang zur Verbesserung der Situation mit Hoffnung auf Signalwirkung.

Auch in diesem Bereich sind Lehrer und Ausbilder zur Kooperation aufgefordert: praxisorientierte Aufgaben können nur mit Hilfe von Praktikern erstellt werden.

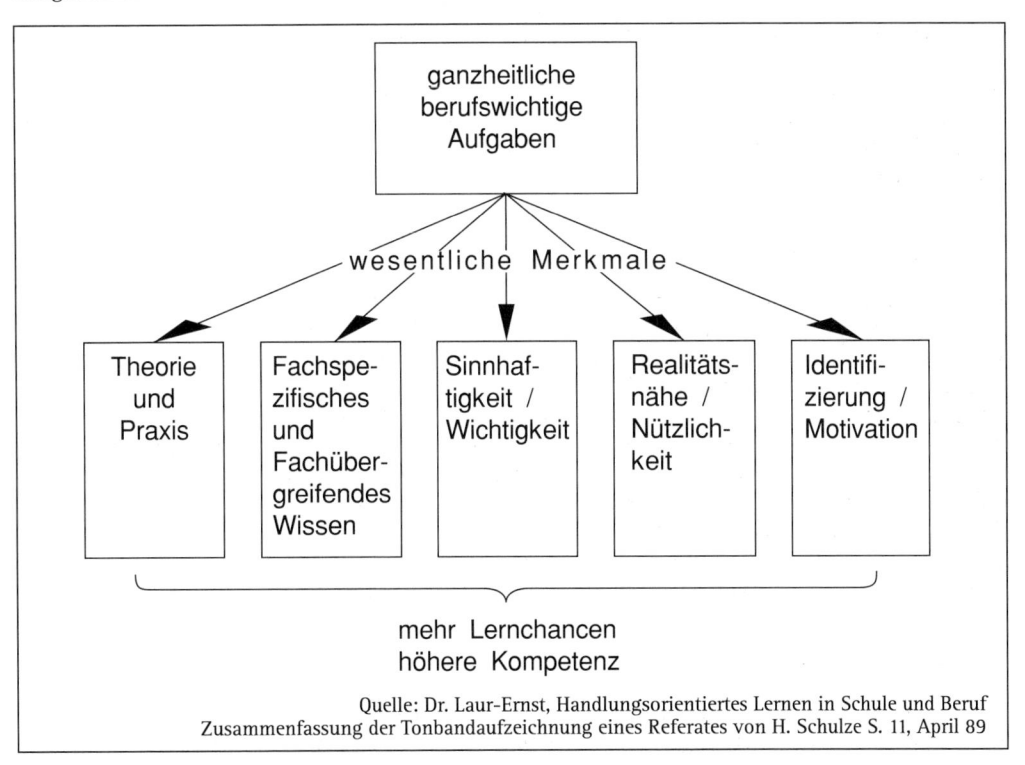

ganzheitliche berufswichtige Aufgaben

wesentliche Merkmale

- Theorie und Praxis
- Fachspezifisches und Fachübergreifendes Wissen
- Sinnhaftigkeit / Wichtigkeit
- Realitätsnähe / Nützlichkeit
- Identifizierung / Motivation

mehr Lernchancen
höhere Kompetenz

Quelle: Dr. Laur-Ernst, Handlungsorientiertes Lernen in Schule und Beruf
Zusammenfassung der Tonbandaufzeichnung eines Referates von H. Schulze S. 11, April 89

4. Ausblick

Es ist nicht genug zu wissen, man muß es auch anwenden.
Es ist nicht genug zu wollen, man muß es auch tun.
                                                    Goethe

Dieses Zitat drückt den derzeitigen Stand der Integration von Schlüsselqualifikationen in die Ausbildungskonzepte aus.
Probleme bei der Implementierung liegen in den fehlenden Praxisleitfäden, dem hohen Schulungsaufwand der Ausbildungsbeauftragten und der Ausbilder vor Ort.
Genauso entscheidend wird die Abkehr von Ankreuzprüfungsfragen der Industrie- und Handelskammer und die Korrektur vergangenheitsorientierter Beurteilungssysteme sein.
Vielleicht bildet ein »Stärken-/Schwächenprofil« eher die Grundlage für ein in die Zukunft orientiertes Entwicklungsgespräch als eine rückwärtsschauende Betrachtung.
Es ist abzusehen, daß noch viel Zeit vergehen wird, bis die Signalwirkung der Schlüsselqualifikationen für eine moderne kaufmännische Berufsausbildung voll etabliert sein wird.
Im Sinne der östlichen Denkweise
Der Weg ist das Ziel*
verstärkt sicher die Partnerschaft mit den Berufsschulen und Begegnungen dieser Art positiv die Umsetzung in die Handlung (vgl. Abb.)

* Jahrmarkt, Das Tao-Management, Haufe-Verlag, S. 50 ff

Ausblick

Es ist nicht genug zu wissen, man muß es auch anwenden.
Es ist nicht genug zu wollen, man muß es auch tun.
                                                    Goethe

Partnerschaft mit den Berufsschulen

Erfahrungsaustausch

Der Weg ist das Ziel

Arbeitsgruppe 9
»Neue Varianten des Lernens in Betrieb und Schule, z.B. Leittextmethode«

Einführung/Bericht:

Johannes Schlesinger,
Universität Hamburg

Markus Hartmann,

Susann Gaevert,

Ingeborg Schleyer,
Student(inn)en, Universität Hamburg

Referat:

Peter-Jürgen Schneider,
Friedrichsdorfer Büro für Bildungsplanung

»Neue Varianten des Lernens in Schule und Betrieb: Die Leittextmethode«

Wolfgang Sander,
Ing. grad. Norddeutsche Eisen- und Stahlberufsgenossenschaft.

»Vorstellung und praktische Erprobung eines Basis-Leittextes zum Thema 'Gesundheitsgefährdung durch Lärm'«

(*) Abweichend von der Ankündigung in der ersten Auflage des Programmfaltblattes wurde die Fallstudie als Methode in der Arbeitsgruppe 9 nicht behandelt.

Johannes Schlesinger

Berichterstattung aus der Arbeitsgruppe 9

Die beiden Sitzungen der Arbeitsgruppe zum Thema »Leittexte in der Ausbildung« waren durch die von den Referenten gesetzten Schwerpunkte bestimmt:
Herr Schneider vom 'Friedrichsdorfer Büro für Bildungsplanung' stellte in seinem Vortrag den Zusammenhang zwischen den sich verändernden betrieblichen Anforderungen und der Entwicklung und Anwendung neuer bzw. modifizierter Verfahren in der Ausbildungspraxis her. Die derzeit breite Resonanz und zunehmende Anwendung findende Leittextmethode stellt eine dieser Weiterentwicklungen dar. Herr Sander von der 'Norddeutschen Eisen- und Stahlberufsgenossenschaft Hamburg' führte in praktischer Anwendung der Leittextmethode mit den auf Kleingruppen verteilten Teilnehmern eine Schulung zum Thema »Gesundheitsgefährdung durch Lärm« durch. Dabei hatten die Gruppen mehrere Stationen, die auch praktische Versuche, darunter einen in einer Werkstatt des Berufsförderungswerks, enthielten, zu absolvieren und sich mit Hilfe von Leitfragen und -aufgaben selbständig kundig zu machen.
Die Diskussion im Anschluß an den Vortrag von Herrn Schneider über die Leittextmethode behandelte Nachfragen, die sich aus den unterschiedlichen Praxisfeldern und Blickwinkeln der Teilnehmer ergaben.
Diese reichten von ausbildungspraktischen Überlegungen bis zu theoretischen, die Fundierung und Legitimation der Leittextmethode befragenden Einwände. Die langjährige Erfahrung des Referenten in der Konzipierung und Durchführung betrieblicher Ausbildung in gewerblichen wie kaufmännischen Arbeitsfeldern unter verschiedenen Ausgangsvoraussetzungen ermöglichte eine Verknüpfung der Nachfragen mit den in betrieblicher Ausbildungspraxis aufgetretenen Problemen und Chancen. Leittexte seien, so betonte der Referent, Bestandteil eines notwendig in sich abgestimmten Ausbildungskonzeptes und würden die Erarbeitung eines solchen nicht ersetzen. Die von ihm als Beispiel erläuterten Leittexte würden die als Schlüsselqualifikationen einzuschätzende Kommunikationsfähigkeit und die Fähigkeit im Umgang mit Informationen fördern helfen. Auf die Vermutung, Leittexte stellten eine Art programmierter Unterweisung dar und würden somit stark vorstrukturieren, entgegnete der Referent, daß Leittexte die Auszubildenden dahin führen sollen, Fragen selbständig zu lösen und eigenständig zu formulieren.
Weitere Typen von Leittexten wiederum seien in Hinblick auf den Erwerb anders gelagerter Fähigkeiten verfaßt und in das Ausbildungsgeschehen eingebunden. Einzelne Leittexte müßten nicht gleichzeitig für unterschiedliche Lerngruppen geeignet sein.
Das Auswertungsgespräch zu der von Herrn Sander mit Hilfe von Leitfragen und -aufgaben durchgeführten Schulung drehte sich um konkrete Fragen der Gestaltung solcher Sequenzen. Ausgehend von den dabei gemachten Erfahrungen der Teilnehmer wurden das zugrundeliegende Konzept und Probleme bei der Erstellung von Leittexten diskutiert.

Markus Hartmann
Susann Gaevert
Ingeborg Schleyer

Neue Varianten des Lernens in Betrieb und Schule z.B. Leittextmethode und Fallstudie

Gliederung:

1. Legitimation von Leittextmethode und Fallstudie
2. Lerntheoretische Grundlagen der Leittextmethode und der Fallstudie
2.1. Entdecken-lassendes Lehren
2.2. Beschreibung des entdecken-lassenden Lehrens
3. Darstellung der Methoden
3.1. Die Leittextmethode am Lernort Betrieb
3.2. Die Fallstudie am Lernort Schule
4. Durch Leittextmethode und Fallstudie geförderte Schlüsselqualifikationen
5. Problemfelder der Ausbildungsmethoden
5.1. Die Aufgabenstellung
5.2. Die Lernhilfen
5.3. Das Lehrer-/Ausbilderverhalten
6. Literaturhinweise

1. Legitimation von Leittextmethode und Fallstudie

Eine komplexer werdende Umwelt sowie die neuen Technologien wirken sich auf Organisation und Inhalte der beruflichen Bildung aus (vgl. Reetz 1988, S. 148). Betriebe und Schulen entwickeln aus diesen Gründen neue ausbildungsmethodische Konzeptionen (vgl. Pampus 1987, S. 44 f.). Dabei stehen ganzheitliche handlungsbezogene Organisationsformen und Lernarrangements im Vordergrund. In der schulischen Praxis ist eine gewisse Bereitschaft für fallorientiertes Vorgehen erkennbar (vgl. Reetz 1988, S. 148). In vielen Ausbildungsbetrieben kommt es zu einer Entwicklung und Verbreitung der Leittextmethode (vgl. Pampus 1987, S. 44 f.).

2. Lerntheoretische Grundlagen der Leittextmethode und der Fallstudie

Wesentliche lerntheoretische Grundlagen für die Leittextmethode und die Fallstudie liefern Erkenntnisse aus den psychologischen Forschungsbereichen der Handlungstheorie und der kognitivistischen Perspektive der Lernpsychologie (vgl. Dulisch 1986, S. 1 ff.).
Im Mittelpunkt der Handlungspsychologie steht die Annahme, daß das Individuum die angestrebten Ergebnisse seines Handelns antizipiert und auf der Grundlage dieser Zielvorstellungen den Handlungsvollzug kontrolliert.
Die Verbindung von Handeln und Denken thematisiert Aeblis handlungspsychologischer Ansatz. Im Anschluß an die entwicklungspsychologischen Forschungen von Piaget vertritt Aebli die These, daß zwischen Denken und Handeln strukturelle Identitäten bestehen und daß das Denken sich aus dem Tun (Handeln) entwickelt. Die kognitiven Prozesse, also das Denken, sind hierbei unverzichtbarer Bestandteil einer Handlung (vgl. Söltenfuß 1983, S. 57 ff.).

Die Theorie des Problemlösens unterteilt die Gedächtnisstruktur in zwei Bereiche. Ersterer spiegelt die **Sachstruktur** über unterschiedliche Realitätsausschnitte wider (epistemische Struktur). Letzterer kann als **Handlungsstruktur** (heuristische Struktur) charakterisiert werden, die zur Bewältigung von Anforderungen Problemlösungsverfahren konstruiert (vgl. Dörner 1976, S. 26 ff.).

Überträgt man diese Erkenntnisse auf didaktische Modelle, so lassen sich daraus zwei neue Akzente ableiten:
1. Die Bedeutung der Handlung für den Erwerb von Wissen wird hervorgehoben.
2. Das Wissen mit Handlungsstruktur darf gegenüber dem Wissen mit Sachstruktur nicht länger vernachlässigt werden. (vgl. Reetz 1989, S. 22).

Hervorzuheben sind die Lernprozesse, die eine besondere Betonung auf Problemlösungsprozesse legen, da Problemlösen Prozeßwissen eines situativen Kontextes erzeugt und somit die Handlungskompetenz der Lernenden fördert. Durch selbständige Erarbeitung von Lösungswegen, die auf der nächsthöheren Komplexionsstufe lösbar werden, bestehen große Chancen für hohe intrinsische Motivation und für eine Erweiterung der kognitiven Struktur.

2.1 Entdecken-lassendes Lehren

Die oben beschriebenen Lernprozesse sind Gegenstand der Theorie des entdeckenden Lernens, die auch Bruner vertritt (vgl. Bruner 1981, S. 15 ff.):

2.2 Beschreibung des entdecken-lassenden Lehrens

Bei diesem Lehrverfahren soll der Sachverhalt möglichst selbständig durch den Lernenden entdeckt werden. Ziel ist, ein gesichertes Wissen im Lernenden aufzubauen, gleichzeitig aber auch die Fähigkeit, möglichst selbständig an Probleme heranzugehen und sie zu lösen. Dabei wird gerade das selbständige Entdecken und Problemlösen als der geeignete Weg zum Aufbau eines gesicherten und transferfähigen Wissens angesehen (vgl. Eigler 1973, S. 37). Nach Bruner besitzt das entdeckende Lernen mehrere Vorteile gegenüber herkömmlichen Lernverfahren:
- Der Lernende eignet sich Techniken und Verfahrensweisen des entdeckenden Lernens an.
- Durch entdeckendes Lernen erarbeitetes Wissen ist sicherer und schneller verfügbar (kognitive Struktur).
- Der Transfer auf neue Situationen ist gesichert.
- Durch das entdeckende Lernen ist der Lernende durch die eigenständige Problemlösung intrinsisch motiviert.
- Die Abhängigkeit der Lernenden vom Lehrer ist in diesem Lernverfahren reduziert.

3. Darstellung der Methoden

3.1 Die Leittextmethode am Lernort Betrieb

»Die Grundidee der Leittextmethode besteht darin, Auszubildende so anzuleiten, daß sie **möglichst viel selbständig lernen**. Leittexte sind dabei **spezifische schriftliche Materialien**, die das **Selber-Lernen** unterstützen. Der **Ausbilder** ist **fachlicher Berater und Ansprechpartner** der Lernenden oder Lernteams insbesondere bei der Vor- und Nachbereitung einer praktischen Tätigkeit.« (Pampus 1987, S. 47; vgl. auch Koch 1986, S. 137; Dulisch 1986, S. 304 f.) Die Auszubildenden sollen sich die fertigkeitsnahen Kenntnisse **mit Hilfe des Leittextes** erarbeiten. Dieser ist in Lernstufen gegliedert. Durch die Lernstufen werden die Auszubildenden mit Fragen (**Leitfragen**) geführt. Die Fragen beziehen sich auf konkrete Aufgabenstellungen und sollen zu Überlegungen anregen, die auch eine Fachkraft vollziehen muß. Sie stellen eine Verknüpfung zwischen der praktischen Anforderung und den zugehörigen Kenntnissen her (vgl. Polzer 1985, S. 1113). So wird die Aufmerksamkeit der Auszubildenden durch die Leitfragen auf die entscheidenden Punkte der Arbeit gelenkt.

Neben den Leitfragen werden den Auszubildenden Arbeitsplan-Unterlagen, Kontrollbögen zur Selbstüberprüfung sowie Leitsätze zur Hand gegeben.
Die Leittextmethode ist an das **Modell vollständiger Handlung** orientiert (Antizipation, Realisation, Kontrolle) (vgl. Pampus 1987, S. 47; Meerten 1989, S. 117).
So soll die Leittextmethode es ermöglichen, durch die Vorbereitung von Ausbildungsunterlagen und Materialien fachliches Denken und Handeln zu fördern (vgl. Koch, 1984, S. 27).

3.2 Die Fallstudie am Lernort Schule

»Das Wesen der Fallstudiendidaktik beruht darauf, daß sie die Schüler mit **praktischen Fällen** aus den unterschiedlichen Lebensbereichen konfrontiert und so in erster Linie auf **praktische Lebensbewältigung** und **nicht** auf **theoretische Wissensvermittlung** ausgerichtet ist.« (Kaiser 1983, S. 17) So befinden sich die Lernenden während der Fallbearbeitung nicht in der passiven Rolle des Wissensempfängers, sondern stehen im Mittelpunkt eines Problemlösungsprozesses, der als Interaktions- und Entscheidungsprozeß organisiert ist (vgl. Kaiser 1983, S. 22).
Die Fallstudie sollte so aufgebaut sein, daß sie die Schüler mit einer **Entscheidungssituation** konfrontiert. Zumeist handelt es sich um die Beschreibung einer konkreten Situation aus dem Alltagsleben. Diese sollte **wirklichkeitsnah** sowie **überschaubar** sein und Problem- und Entscheidungssituationen enthalten, von denen sich die Schüler betroffen fühlen (vgl. Kaiser 1983, S. 20 ff.).
Desweiteren sollte die Fallstudie so aufgebaut sein, daß sie den Schülern die Möglichkeit eröffnet, ihre bisherigen Erfahrungen, Einstellungen und Deutungsmuster auf sie anzuwenden und die **subjektive Bedeutsamkeit** der Fälle für sich zu prüfen. Daher müssen die Fälle so ausgewählt und präsentiert werden, daß sich die Lernenden in besonderer Weise herausgefordert fühlen, sich dem Fall zu stellen und ihre Meinungen, Urteile und Sichtweisen einzubringen (vgl. Kaiser 1983, S. 24).

4. Durch Leittextmethode und Fallstudie geförderte Schlüsselqualifikationen

Sowohl durch die Leittextmethode als auch durch die Fallstudie sollen Entschlußkraft, Entscheidungsfähigkeit und -kompetenz, Selbständigkeit sowie Kooperationsbereitschaft und Kommunikationsfähigkeit gefördert werden (vgl. Kaiser 1983, S. 21; Brater/Büchele 1986, S. 59).
Mit Hilfe dieser Methoden soll den Auszubildenden Sozialkompetenz (Fähigkeit, mit anderen Menschen kompetent und verantwortungsbewußt umzugehen), Fachkompetenz (fachliche Kenntnisse und Fertigkeiten, die den späteren Berufsanforderungen entsprechen) und Methodenkompetenz (Fähigkeit zur selbständigen Aneignung neuer Kenntnisse und neuer Fertigkeiten) vermittelt werden (vgl. Conrad/Selka 1987, S. 7 f.; Dulisch 1986, S. 308; Pampus 1987, S. 44 ff.; Polzer 1985, S. 1112).

5. Problemfelder der Ausbildungsmethoden

Wie dargestellt, sollen Leittexte und Fallstudien die Entscheidungsfähigkeit der Lernenden fördern. Die Effektivität dieser Methoden ist aber neben den kognitiven Voraussetzungen der Schüler wesentlich abhängig von der didaktischen Aufbereitung der Lernsequenzen. Wir wollen uns hier auf die Bereiche Aufgabenstellung, Lernhilfen und Lehrer-/Ausbilderverhalten begrenzen.

5.1 Die Aufgabenstellung

Die Problemhaftigkeit der Aufgaben muß auf die individuellen kognitiven Voraussetzungen aufbauen. Eine Aufgabe darf nicht zu leicht sein, die der Lernende ad hoc lösen kann. Andererseits darf der Schwierigkeitsgrad der Aufgabe den Lernenden nicht überfordern, wie es häufig bei der Fallstudie vorkommt, damit erfolglose Lösungsversuche nicht zu einer resignativen Haltung des Lernenden führt.

Eine richtig formulierte Problemstellung muß daher für den Lernenden einen Schwierigkeitsgrad besitzen, der es ihm gerade noch erlaubt, zu erfassen, was die Problemstellung ist. Andererseits muß der Lernende aufgrund seines Vorwissens in der Lage sein, Hypothesen zu entwickeln und Alternativen durchzuspielen (vgl. Eigler 1973, S. 87 f.).

5.2 Die Lernhilfen

Prozeßorientierte Lernhilfen sollen den Schüler beim planvollen Vorgehen anleiten und unterstützen, ohne (Teil-)Ergebnisse vorwegzunehmen. Sie haben die Aufgabe, dem Schüler folgende Lösungsschritte bewußt zu machen und ihn zur Präzisierung seiner Vorstellungen aufzufordern:
1. Analyse des Problems
2. Produzieren von Hypothesen
3. Überprüfung der Hypothesen (vgl. Eigler 1973, S. 88 ff.)

Je detaillierter diese Lernhilfen sind, desto weniger Freiheitsgrade stehen dem Lernenden zur Verfügung, die Lösung des Problems selbständig zu entdecken. Hier besteht die deutliche Gefahr, daß das Prinzip des entdecken-lassenden Lehrverfahrens zum programmierten Unterricht verflacht.

5.3 Das Lehrer-/Ausbilderverhalten

Beide Methoden orientieren sich an den Lernprozessen der Lernenden. Daher ist auch eine Umorientierung des Lehrer- bzw des Ausbilderverhaltens erforderlich. Der Lehrer/Ausbilder schafft Situationen, in denen die Schüler selbständig lernen können. Ein großer Teil seiner Aufgabe besteht in der Auswahl sinnvoller, situationsgerechter und exemplarischer Arbeitsaufgaben. Im Lernprozeß selber ist er eher als Lernberater anzusehen.

7. Literaturhinweise

Brater, Michael/Büchele, Ute: Konzept des Modellversuchs »Erprobung arbeitsplatzorientierter Methoden für die Ausbildung von Industriekaufleuten unter den Bedingungen neuer Technologien«. In: Berufsbildung in Wissenschaft und Praxis. Heft 2/1986, S. 59,60

Bruner, J.S.: Der Akt der Entdeckung. In: Neber, H.: Entdeckendes Lernen, Weinheim 1981

Conrad, Peter/Selka, Reinhard: Leittexte – Ein Weg zum selbständigen Lernen. BIBB (Hrsg.), Berlin 1987 (Seminarkonzepte zur Ausbilderförderung)

Dörner, D.: Problemlösung als Informationsverarbeitung, Stuttgart 1976

Dulisch, Frank: Lernen als Form menschlichen Handelns. Hrsg: Stratenwerth, Wolfgang/Schurer, Bruno: Wirtschafts- und Berufspädagogische Schriften, Band 2, Köln 1986

Eigler, Gunther u.a.: Grundkurs Lehren und Lernen, Weinheim/Basel 1973

Kaiser, Franz-Josef: Die Fallstudie. Theorie und Praxis der Fallstudiendidaktik, Bad Heilbrunn/Obb. 1983.

Koch, Johannes: Leittextmethode in der betrieblichen Berufsbildung. Teil I–III. In: Betriebliche Ausbildungspraxis; Jg. 30/1984; Nr. 173, S. 25–27; Nr. 174, S. 40, 41; Nr. 175, S. 52, 53

Koch, Johannes/Schneider, Peter-Jürgen: Modellversuch »Leittextgesteuerte Untersuchungsprojekte unter Nutzung moderner Bürotechnologien in der kaufmännischen Ausbildung«. In: Berufsbildung in Wissenschaft und Praxis, Heft 5/1985, S. 194, 195.

Koch, Johannes: Ausbilden nach der Leittextmethode. In: Gewerkschaftliche Bildungspolitik, Heft 6/1986, S. 137–140

Meerten, Egon: Leittext im Handwerk. In: Gewerkschaftliche Bildungspolitik, Heft 4/1989, S. 114–119

Pampus, Klaus: Ansätze zur Weiterentwicklung betrieblicher Ausbildungsmethoden. In: Berufsbildung in Wissenschaft und Praxis, Heft 2/1987, S. 43–51

Polzer, Helmut: Neue Wege in der Berufsausbildung. Die Selbständigkeit fördernde Ausbildung. In: Die Bundesbahn, Heft 12/1985, S. 1111–1114

Reetz, Lothar: Fälle und Fallstudien im Wirtschaftslehre-Unterricht. In: Wirtschaft und Erziehung, Heft 5/1988, S. 148–156

ders.: Zur Bedeutung der Schlüsselqualifikationen in der Berufsbildung, Berufsbildung in Wissenschaft und Praxis H.6 u. 7 1989

Schirmeister, Reimund: Berufsqualifizierung mit Fallstudien. In: Wirtschaft und Erziehung, Heft 2/1984, S. 51–55

Söltenfuß, Gerhard: Grundlagen handlungsorientierten Lernens, Bad Heilbrunn/Obb. 1983.

Weitere Veröffentlichungen zum Thema 'Leittext'

Asea Brown Boveri AG (ABB), Zentralbereich Aus- und Fortbildung: IFAS – Integrierte Vermittlung von Fach- und Schlüsselqualifikationen durch Leittexte in der Berufsausbildung. Entwurf einer BBC-Konzeption. (ABB AG; Abt. ZAF/G, Postfach 10 03 51, 68 Mannheim 1)

BIBB (Hrsg.): INFO-Markt Leittexte in der Ausbildungspraxis (Tagungsmaterial) Berlin 1988 (enthält Beispiele, Materialhinweise und Texte; 410 S.; DM 48,00). Vertrieb: Informationsdienst Technische Innovation und Berufliche Bildung, Erlenweg 11, 53 Bonn 3)

BIBB: »Leittexte- ein Weg zu selbständigem Lernen«. Seminarpaket (1988), Schutzgebühr DM 58,00. (Bundesinstitut für Berufsbildung – Veröffentlichungswesen –, Fehrbelliner Platz 3, 1000 Berlin 31)

Ein BIBB-Faltblatt aus der Serie »Umsetzungshilfen zur Einführung der neugeordneten industriellen Metallberufe« zu 'Leittextausbildung' enthält u.a. Hinweise auf den Verleih von VHS-Video-Medien zum Thema.

Bauer, B.: Leittextmethode als Metatheorie zur Strukturierung von kognitiven Prozessen. Perspektiven im Bereich der EDV-Schulung mit Leittexten. In: Zeitschrift für Berufs- und Wirtschaftspädagogik (ZBW), 85. Bd., Heft 5 (Juli 1989), S. 449–457

Bunk, G.: Methodenprobleme in der betrieblichen Weiterbildung In: Zeitschrift für Berufs- und Wirtschaftspädagogik (ZBW), 85. Bd., Heft 5 (Juli 1989), S. 387–392

GEW/IGM Hamburg: Dokumentation einer Tagesschulung zur Neuordnung: Handlungsorientiertes Lernen in Schule und Betrieb. Hamburg 1989

Holz, H. Entwicklung von Methodenkompetenz durch Leittext- und Projektmethode. In: Sonntag, Karlheinz (Hrsg.): Neue Produktionstechniken und qualifizierte Arbeit. Köln: Wirtschaftsverlag Bachem 1985

IFA-Institut für berufliche Aus- und Fortbildung: Mit Leittexten die kaufmännische Ausbildung sinnvoller gestalten. In: TIBB – Technische Innovation und berufliche Bildung, 1986, H.2, S. 50–53

Koch, J.; Schneider, P.-J.: Leittexte und Lernstudio in der kaufmännischen Berufsausbildung. In: Koch, R. (Hrsg.): Technischer Wandel und Gestaltung der beruflichen Bildung. Berlin: Bundesinstitut für Berufsbildung 1988 (Sonderveröffentlichung)

Weissker, Dietrich: Die Leittext-Methode. In: Passe-Tietjen, H.; Stiehl, H. (Hrsg.): Betriebliches Handlungslernen und die Rolle des Ausbilders. Ergebnisse der Hochschultage Berufliche Bildung 1984 in Berlin. Wetzlar: Jungarbeiterintitiative an der Werner-von-Siemens-Schule 1985, S. 23–27

Peter-Jürgen Schneider

Neue Varianten des Lernens in Betrieb und Schule: Die Leittextmethode

Zusammenfassung des Referats anläßlich des Symposions
»Schlüsselqualifikationen — Fachwissen in der Krise?« am 23.6.89

Die neuen Ausbildungsordnungen für die industriellen Metall- und Elektroberufe haben die bisher genannten »Fertigkeiten und Kenntnisse« durch den umfassenden Begriff der »Qualifikation« ersetzt. Aus verordnungstechnischen Gründen ist der Qualifikationsbegriff umschrieben worden mit Befähigung zu einer qualifizierten beruflichen Tätigkeit, die »insbesondere selbständiges Planen, Durchführen und Kontrollieren einschließt«.

Auslöser für diese Veränderung waren neue Anforderungen an die Ausbildung. Diese haben ihre Ursache in Veränderungen der Facharbeitertätigkeit, der Lernortbedingungen und der Zusammensetzung der Lerngruppen.

Wesentliche Veränderungen der Facharbeitertätigkeit sind bedingt durch höhere Komplexität von Maschinen und Anlagen, höhere Anteile an Maschinenarbeit, weniger Routineaufgaben und kleinere Arbeitsgruppen. Hinzu kommt die Rückverlagerung dispositiver und logistischer Aufgaben sowie eine stärkere informationelle Vernetzung.

1. Veränderung der Facharbeitertätigkeit

durch

- Höhere Komplexität von Maschinen und Anlagen
- Mehr Maschinenarbeit / Wartung / Instandhaltung
- Weniger Routinearbeiten und manuelle Arbeiten
- Kleinere Arbeitsgruppen
- Rückverlagerung dispositiver und logistischer Aufgaben
- Stärkere informationelle Vernetzung

Quelle: FRIEDRICHSDORFER BÜRO FÜR BILDUNGSPLANUNG

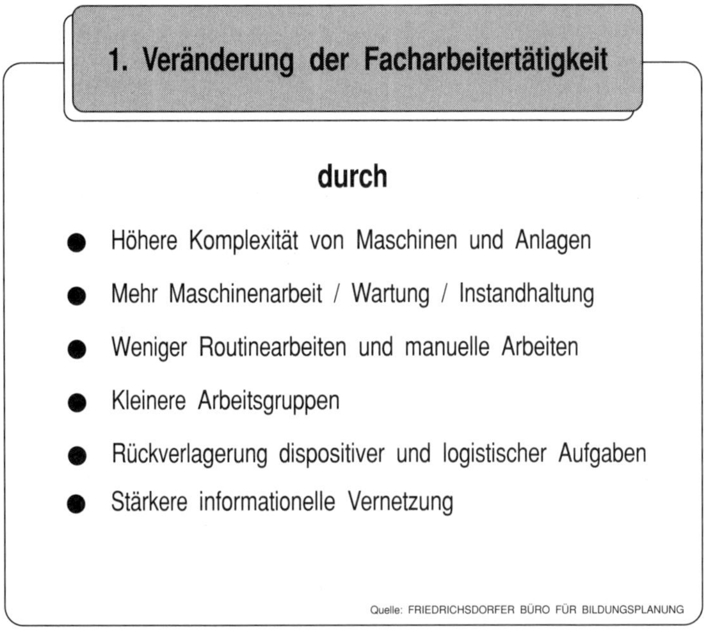

Abb.1

An den Lernorten ist eine Abnahme der Anschaulichkeit beruflichen Handelns festzustellen. Verknüpft mit der Forderung nach Entspezialisierung ergibt sich dadurch die Notwendigkeit zu stärkerer Systematisierung der Vermittlung bei weitgehender Integration von Theorie und Praxis. Dies führt zu größeren Anteilen produktionsungebundener Vermittlung und zu zusätzlichen Abstimmungsnotwendigkeiten zwischen den Lernorten.

2. Veränderte Lernwertbedingungen

durch

- Abnahme der Anschaulichkeit beruflichen Handelns
- Forderung zur Entspezialisierung der Ausbildung
- Notwendigkeit stärkerer Systematisierung der Vermittlung
- Weitgehende Integration von Theorie und Praxis
- Größere Anteile produktionsungebundener Vermittlung
- Zusätzliche Abstimmungsnotwendigkeiten zwischen den Lernorten

Quelle: FRIEDRICHSDORFER BÜRO FÜR BILDUNGSPLANUNG

Abb. 2

Die Lerngruppen sind heterogener geworden durch die Abnahme des Anteils von Jugendlichen ohne Ausbildung, einen höheren Abiturientenanteil, mehr Ausländer und eine stärkere Differenzierung nach Abschlüssen allgemeinbildender Schulen schlechthin.

3. Heterogene Lerngruppen

durch

- Abnahme des Anteils von Jugendlichen ohne Ausbildung
- Stärkere Differenzierung nach Abschlüssen allgemeinbildender Schulen
- Mehr Abiturienten
- Mehr Ausländer

Quelle: FRIEDRICHSDORFER BÜRO FÜR BILDUNGSPLANUNG

Abb. 3

Berufsausbildung soll gemäß Berufsbildungsgesetz neben der Vermittlung der notwendigen fachlichen Fertigkeiten und Kenntnisse den »Erwerb der erforderlichen Berufserfahrungen« ermöglichen. Der Erwerb fachübergreifender Fähigkeiten, der sogenannten Schlüsselqualifikationen, ist überwiegend durch Erfahrungslernen geschehen. Aus den dargelegten Gründen sind jedoch dieser Vorgehensweise zunehmend Grenzen gesetzt. Die Vermittlung von Schlüsselqualifikationen wird damit notwendigerweise Aufgabe planmäßiger (intentionaler) Ausbildung.

Diese planmäßige Berücksichtigung der Vermittlung von Schlüsselqualifikationen in der Ausbildung erfordert die Veränderung der Ausbildungsorganisation, ein entsprechendes Training der Ausbilder sowie veränderte Lernmaterialien. Planvolles Handeln kann beispielsweise nur dann erlernt werden, wenn überhaupt Möglichkeiten für selbständige Planungsprozesse durch Auszubildende geschaffen werden. Gleiches gilt für Eigeninitiative und Entscheidungsfähigkeit. Ebenso erfordert die Entwicklung von Kommunikations- und Kooperationsvermögen die Schaffung entsprechender Lernsituationen.

SCHLÜSSELQUALIFIKATIONEN UMSETZUNG IN DIE AUSBILDUNGSPRAXIS

1. Veränderung der Ausbildungsorganisation	2. Training der Ausbilder	3. Veränderung der Lernmaterialien
• Gruppenarbeit	• Moderator	• Medienvielfalt
• Projektunterricht	• Berater	• Selbstlernmaterial
• Lernbüro usw.	• Lernorganisator	• Leittexte usw.

Quelle: FRIEDRICHSDORFER BÜRO FÜR BILDUNGSPLANUNG

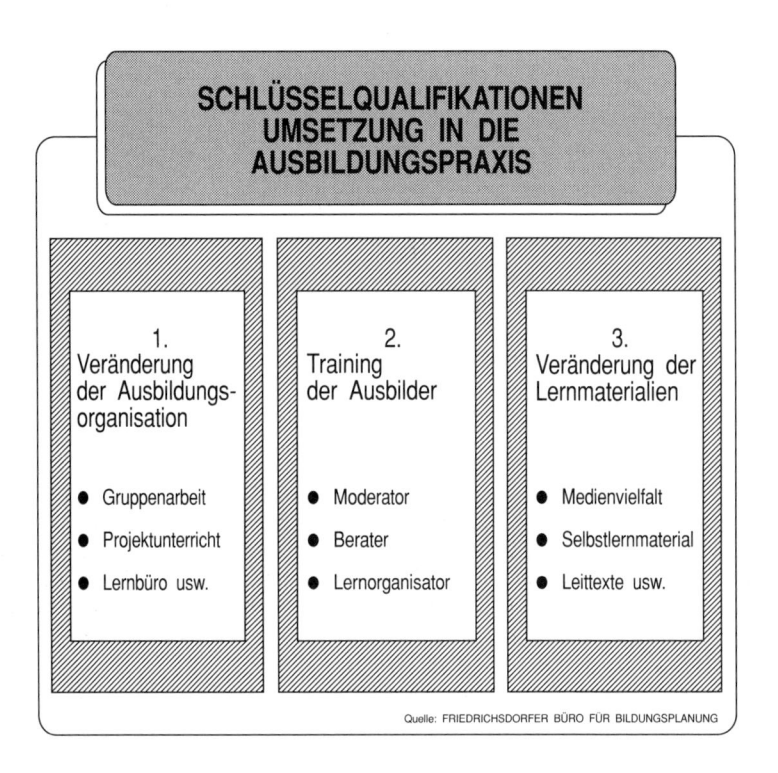

Abb. 4

Im Vorlauf zur Neuordnung der Berufe sind in verschiedenen Modellversuchen Konzepte entwickelt und erprobt worden, die eine selbständigkeitsfördernde Ausbildung zum Ziel hatten. Die Erfahrungen aus diesen Modellversuchen sind in das Neuordnungsverfahren eingeflossen und haben wesentlich zur jetzt gefundenen Qualifikationsbeschreibung beigetragen.

Leittexte sind ein Element einer veränderten Ausbildungskonzeption. Sie stehen jedoch nicht für sich, sondern sind immer in Verbindung mit einer Veränderung der Ausbildungsorganisation und der Rolle der Ausbilder zu sehen. Die Leittextmethode bündelt zahlreiche bekannte Elemente mit einigen neuen zu einer insgesamt veränderten Ausbildung.

Je nach Einsatzbereich kann zwischen Projektleittexten, Typenleittexten, Grundlagenleittexten, Experimentalleittexten und Erkundungsleittexten unterschieden werden. Zu allen Varianten liegen inzwischen mehrjährige betriebliche Erfahrungen vor.

EINSATZBEREICHE VON LEITTEXTEN

Projektleittexte
beziehen sich auf ein ganz bestimmtes vorgegebenes Produkt. Sie setzen voraus, daß ein konkreter Schaltplan, Zeichnung o.Ä. vorliegt.

Typenleittexte
beziehen sich auf typische Arbeiten wie Frontplatte herstellen oder Platine bestücken. Auch sie bereiten das Ausführen konkreter Arbeiten vor, jedoch können die Produkte selbst unterschiedlich sein.

Grundlagenleittexte
leiten dazu an, sich theoretische Grundlagen unabhängig von einer bestimmten Aufgabenstellung selbst zu erarbeiten.

Experimentalleittexte
leiten zur Durchführung von Experimentalübungen oder Meßprogrammen an.

Erkundungsleittexte
leiten die Erkundung ausgewählter Praxisfelder oder die Beobachtung bestimmter Arbeitstätgkeiten in der realen beruflichen Situation an.

Quelle: FRIEDRICHSDORFER BÜRO FÜR BILDUNGSPLANUNG

FELD 359

Abb. 5

Die Bedeutung der Schlüsselqualifikationen wird angesichts des raschen technologischen Wandels weiter zunehmen. Ihre Vermittlung tritt jedoch nicht an die Stelle derjenigen der aktuell benötigten fachlichen Fertigkeiten und Kenntnisse. Berufsausbildung muß zur Übernahme einer ersten beruflichen Tätigkeit befähigen. Dies setzt eine dementsprechende fachliche Ausbildung voraus. Die Vermittlung von Schlüsselqualifikationen muß somit integriert mit der Fertigkeits- und Kenntnisvermittlung als »Qualifikationsvermittlung« erfolgen.
Generell können Leittexte als ein erprobter Weg bezeichnet werden, die Schlüsselqualifikationen systematisch in die Ausbildung einzubeziehen und mit der Vermittlung der fachlichen Inhalte zu verknüpfen.

Wolfgang Sander

Arbeitsgruppe 9
Vorstellung und praktische Erprobung eines Basis-Leittextes zum Thema: »Gesundheitsgefährdung durch Lärm«

Im Rahmen der Neuordnung der industriellen Ausbildungsberufe für die Berufsfelder Metall und Elektrotechnik ist die Unfallverhütung fester Bestandteil der Ausbildungsrahmenpläne geworden. Unfallverhütung und Arbeitssicherheit müssen danach ausbildungsbegleitend und fachgebietsübergreifend vermittelt werden. Wir als Berufsgenossenschaft bieten in unserer Ausbildungsstätte »Haus Arbeitssicherheit« in Bad Bevensen eine Vielzahl von Lehrgängen für die Unternehmer und Mitarbeiter unserer Mitgliedsbetriebe an. In einem Lehrgang für Ausbilder von Auszubildenden versuchen wir, den Ausbildern Hilfen und Anregungen dafür zu geben, wie man Arbeitssicherheit und Unfallverhütung jungen Menschen nahe bringen kann. Die Konzeption dieses Lehrganges ist jedoch darauf abgestellt, daß in den Betrieben nach der »vier-Stufen-Methode« ausgebildet wird. Im Zuge der Neuordnung der Metall- und Elektroberufe im Bereich der Industrie sind eine Vielzahl von Betrieben dazu übergegangen, nach Leittextmethode auszubilden. Dies hat verständlicherweise auch zu Kritik an dem bestehenden Lehrgangskonzept seitens der Ausbilder geführt. Dies hat mich veranlaßt, darüber nachzudenken, ob es möglich ist, z.B. ein Thema wie »Gesundheitsgefährdung durch Lärm« mit der Leittextmethode zu vermitteln.
Die Auszubildenden sollen lernen, ihre Arbeit selbständig zu planen und eigenverantwortlich durchzuführen. Dazu gehört auch, daß sie die erforderlichen Maßnahmen zur Unfallverhütung mitbedenken und durchführen. Da in vielen metallverarbeitenden Betrieben Lärmbereiche vorhanden sind, habe ich das Thema »Gesundheitsgefährdung durch Lärm« gewählt, um daran zu erproben, ob es möglich ist, Themen der Unfallverhütung nach der Leittextmethode zu vermitteln. Das Grundproblem bei der Unfallverhütungsarbeit liegt darin, daß es dabei immer auch um das Verfolgen affektiver Lernziele geht. So stellt sich mir die Frage, ob denn Eigenverantwortlichkeit (z.B. als Verantwortlichkeit für die Erhaltung der eigenen Gesundheit im beruflichen Leben) eine Schlüsselqualifikation ist, die durch Leittexte vermittelt werden kann.
Ich habe insgesamt 11 Leitfragen und -aufgaben formuliert, die das Thema »Lärm« und seine gesundheitsschädliche Wirkung auf das menschliche Gehör »erfahrbar« machen sollen. Das erforderliche Grundwissen habe ich in einem Text zusammengestellt. Dies kann im Betrieb entfallen, wenn die erforderlichen Unterlagen wie z.B. Unfallverhütungsvorschriften, Sicherheitslehrbriefe, Fachbücher usw. vorhanden sind. Die Leitfragen müssen dann jedoch so ergänzt und gestaltet werden, daß die Auszubildenden das nötige Grundwissen sich selber aus den beispielhaft aufgeführten Quellen erarbeiten können.
Für die Durchführung praktischer Übungen steht eine mechanische Werkstatt zur Verfügung, wo Schallpegelmessungen durchgeführt werden sollen, um festzustellen, wie laut verschiedene Maschinen und Geräte sind. Weiter steht ein Hörtest-Gerät zur Verfügung, mit dem man sein Gehör überprüfen und ein sogenanntes Audiogramm aufnehmen kann. Über einen Cassettenrecorder kann man sich anhören, wie jemand hört, der einen Gerhörschaden durch Lärm erlitten hat. Es sind verschiedene Gehörschutzmittel zur Erprobung vorhanden. In einem Filmausschnitt kann man sich die Funktionsweise des menschlichen Ohres ansehen.

Leitfragen und -Aufgaben

1. Ermitteln Sie die Schallpegel verschiedener Maschinen (z.B. Winkelschleifer, Bohrmaschine, Drehmaschine) oder anderer Schallquellen. Verwenden Sie dabei einen konventionellen Schall-

pegelmesser. Machen Sie gleichzeitig mit einem integrierenden Schallpegelmesser eine Messung des Mittelungspegels während Ihrer Meßtätigkeit. Welche Bedeutung hat dieser Mittelungspegel?
2. Probieren Sie verschiedene Gehörschutzmittel bei diesen Messungen aus. Kann man sich trotz Gehörschutz verständigen?
3. Wie funktioniert das menschliche Gehör?
(Sehen Sie sich hierzu auch einen Filmausschnitt an!)
4. Wie wirkt Lärm auf das menschliche Ohr?
5. Was ist Lärm?
6. Welches sind die Folgen eines Gehörschadens durch Lärm? (Machen Sie selbst einen Hörtest und nehmen ein Audiogramm auf. Hören Sie sich an, wie jemand hört, der einen Gehörschaden durch Lärm hat.)
7. Was bedeutet dB(A)?
8. Was bedeutet ein Schallpegel von 90 dB(A) für das menschliche Ohr?
9. Was bedeuten die Begriffe
  – Schalldruckpegel?
  – Beurteilungspegel?
  – Lärmbereich?
10. Was bedeutet eine Zunahme eines Schallpegels um 3 dB(A) und was ist in so einem Fall zu beachten?
11. Wenn ein Winkelschleifer einen Schallpegel von 105 dB(A) erzeugt, wie lange darf man damit höchstens arbeiten, wenn ein Beurteilungspegel von 85 dB(A) nicht überschritten werden soll?

Arbeitsgruppe 10
»Veränderungen in der Rolle des Ausbilders und des Lehrers bei der Vermittlung von Schlüsselqualifikationen«

Einführung/Bericht:

Dieter Peters,

Wolfgang Tappmeyer,
Studenten, Universität Hamburg

Referate:

Wilfried Schulz,
Bundesinstitut für Berufsbildung, Berlin

»Veränderungen in der Rolle der betrieblichen Ausbilder vor dem Hintergrund künftiger Anforderungen«

Susanne Witt,
Ausbildungsleiterin in der Beiersdorf AG, Hamburg

»Schlüsselqualifikationen in der Ausbildung. Zur Rolle und künftigen Aufgabe des Ausbilders«

Wolfgang Tappmeyer,
Student, Universität Hamburg

»Veränderungen in der Rolle des Lehrers bei der Vermittlung von Schlüsselqualifikationen«

D. Peters
W. Tappmeyer

Veränderungen in der Rolle des Ausbilders und des Lehrers bei der Vermittlung von Schlüsselqualifikationen

1. Einleitung

Qualifikationen bestehen aus einem Bündel von Kenntnissen, Fähigkeiten und Fertigkeiten zur Lösung bestimmter Aufgaben. Der technologisch-organisatorische Wandel in Wirtschaft und Verwaltung erhält zunehmend Impulse durch die rasche Entwicklung der Informations- und Kommunikationstechniken.

Die neuen Qualifikationsziele ergeben sich zum einen durch neue Arbeitsplatzanforderungen, Arbeitsorganisationsformen und Kommunikationsstrukturen und zum anderen hat auch der Wertewandel in der Gesellschaft zu einem geänderten Selbstverständnis bzw. -bewußtsein bei den Auszubildenden geführt.

Die betriebliche und schulische Bildungsarbeit muß daher darauf ausgerichtet sein, die Kenntnisse und Fertigkeiten um zukunftsorientierte Qualifikationen zu erweitern bzw. diese Qualifikationen stärker und systematischer zur fördern als das bisher geschehen ist. Neben der **Fachkompetenz** muß in einem ganzheitlichen Kompetenzmodell auch die **Personal-** und **Sozialkompetenz** gefördert werden, als Schlüssel zur besseren Bewältigung der Zukunftsaufgaben.

Von anweisungsbezogenen Kenntnissen und Fertigkeiten heben sich Schlüsselqualifikationen dadurch ab, daß der Auszubildende über Fähigkeiten verfügt, die ihn in den Stand setzen, selbständig, entscheidungsorientiert und eigenverantwortlich Informationsbeschaffung, Planung, Durchführung sowie Selbstkontrolle durchzuführen.

Von den fachlichen Inhalten heben sich Schlüsselqualifikationen dadurch ab, daß sie universal und zeitüberdauernd sind, d.h. sie veralten nicht und sind fachübergreifend anwendbar.

In diesem Zusammenhang stellt sich die Frage, wie sich die Rolle des Ausbilders und des Lehrers ändert, wenn

— Prozeßwissen vor Bereichswissen
— Methodenkönnen vor Faktenwissen
— Fähigkeiten vor Fertigkeiten
— Denken vor Tun

in der heutigen Arbeitswelt rangieren.

2. Methoden

Schlüsselqualifikationen sollen aus fachlichen Inhalten heraus entwickelt werden. Dabei können fachliche Inhalte so arrangiert werden, daß je nach dem Gehalt der eingesetzten Technik, der Vorschriften für die Lernsituation und der Arbeitsteilung einer gewünschter Handlungsspielraum für den Auszubildenden erreicht wird.

Je größer dieser Handlungsspielraum gewählt wird, um so mehr werden mit den fachlichen Inhalten die personalen und sozialen Fähigkeiten gefordert.

Im folgenden werden Methoden vorgestellt, die den oben beschriebenen Prinzipien entsprechend helfen, Schlüsselqualifikationen in der Ausbildung zu vermitteln.

Demnach sollte

— mehr eine ganzheitliche komplexe Lernsituation geschaffen werden und weniger Teilfertigkeiten vermittelt werden,

- mehr ein selbstgesteuerter Lernprozeß und weniger Steuerung durch den Ausbilder erfolgen,
- mehr Informationen gesucht und weniger Informationen vorgegeben werden,
- mehr funktionale Selbstkontrolle und weniger abstrakte Fremdkontrolle durch Noten erfolgen,
- mehr Motivation erzeugt und weniger Zwang ausgeübt werden,
- mehr heterogene Arbeitsgruppen betreut und weniger homogene Arbeitsgruppen unterrichtet werden,
- mehr die Kooperation der Auszubildenden in das Zentrum des Lernprozesses gestellt werden und weniger ausbilderzentriert unterrichtet werden,
- mehr entdecken gelassen werden und weniger vorgemacht werden,
- mehr zugelassen werden, daß Fehler gemacht und daß weniger die Fehler geahndet werden,
- mehr die Theorie aus praktischer Tätigkeit abgeleitet werden und weniger theoretische Unterweisung und praktische Fertigkeitsschulung aufgespalten werden.

3. Die Rolle des Ausbilders und des Lehrers

Diese Gegenüberstellung zeigt, daß sich die Aufgaben des Ausbilders und des Lehrers verändern. Dabei ist das Rollenverständnis des Ausbilders und des Lehrers unentbehrlich für die sachgerechte Umsetzung der Methoden. Diese Rolle verändert sich hin zu
- Arrangieren von situativem Lernen
- Beratung und Moderation von Fachgesprächen
- Kontrolle, ob die Auszubildenden die Methode annehmen
- Ergebniskontrolle nicht für abschließendes Urteil, sondern um den Auszubildenden dazu zu veranlassen, mögliche Kenntnislücken zu schließen
- Förderung von Interaktion unter den Auszubildenden
- Partner bei dem Erwerb der fachlichen und personalen Qualifikationen

Das bedeutet, daß Ausbilder und Lehrer nun Organisator von Lernsituationen, Intitiator und Stabilisator von selbstgesteuerten Lernprozessen und weniger Unterweiser in Lerninhalten sein müssen. Da der Erfolg der Methoden so empfindlich davon abhängt, wie sehr die Ausbilder und Lehrer diese Rolle in ihrer Tätigkeit ausüben, gilt es für Ausbilder und Lehrer nicht nur die oben genannten Methoden formal anzuwenden, sondern es ist darüber hinaus notwendig, daß sie ihr Lehrerverhalten auf diese Rolle abstimmen.
Eine umfassende Schulung der Persönlichkeit der Ausbilder und Lehrer erscheint hier unumgänglich, damit Ausbilder und Lehrer sich mit der neuen Rolle hinreichend identifizieren können.

Die Diskussion in der Arbeitsgruppe 10

Im Plenum wurden viele Aspekte der Ausbildung in Schule und Betrieb diskutiert, deren Schwerpunkte hier dargestellt werden. Diese sollen nicht nur die Reaktion des Plenums auf die vorgetragenen Inhalte aufzeigen, sondern auch die von der Arbeitsgruppe vorgeschlagene Richtung des Weiterdenkens dokumentieren.
In vielen Beiträgen wurde die Gefahr einer Zwei-Klassen-Ausbildung erwähnt. Diese könne einerseits durch die Forderung entstehen, daß die »Anlagen« für Schlüsselqualifikationen möglichst schon vor der Ausbildung bestehen sollten. Dies versetze Großbetriebe in einen Vorteil, da sie eher in der Lage seien, eine Auswahl unter den Bewerbern zu treffen. In diesem Zusammenhang wurde aber auch mehrfach darauf hingewiesen, daß Lernschwache nicht unbedingt schlechtere »Anlagen« für Schlüsselqualifikationen haben und eine Auswahl nur nach Zeugnissen in dieser Hinsicht verfehlt sei. Andererseits sei die Mehrzahl (86%) der Auszubildenden dadurch benachteiligt, daß sie in Kleinbetrieben lernt, welche ihre Ausbilder nicht in wünschenswertem Maße für die Vermittlung von Schlüsselqualifikationen befähigen könne, wie es einem Großbetrieb möglich sei. Dies käme letztlich auch darin zum Ausdruck, daß die »nebenberuflich Ausbildenden oder Ausbildungsbeauftragten« der vielen kleinen Betriebe nicht in der Ausbildertätigkeitsverordnung Berücksichtigung fänden.

Ein weiterer Schwerpunkt betraf die Frage: »Was ist denn nun neu daran, Schlüsselqualifikationen in der Berufsausbildung zu vermitteln?«
Besonders kleinere Handwerksbetriebe sähen in diesem Konzept eher neue Bezeichnungen für die schon immer berücksichtigten Ausbildungsprinzipien. Als Ursache dafür wurde vermutet, daß die Entwicklung der Technik hier zu weniger tiefgreifenden Veränderungen geführt habe, als in Großbetrieben.
Die Frage der Konsequenz der Vermittlung von Schlüsselqualifikationen wurde sehr kontrovers diskutiert. Die Sozialisation im Betrieb werde einseitig gestaltet, wenn die Schlüsselqualifikationen »auf die Unternehmensphilosophie geeicht« sind. Auch würden für Arbeitnehmer und Arbeitgeber nicht immer gleichermaßen erstrebenswerte Qualifikationen erworben, was zu Konflikten führe.
Es wurde im Plenum allgemein noch einmal hervorgehoben, daß in der Ausbildung Schlüsselqualifikationen nicht getrennt vom Sachwissen verfolgt werden dürfen. Hier wurde betont, daß Sachwissen nötig sei, um die Schlüsselqualifikationen zu vermitteln, und es wurde die Aussage des Vortrages, das Sachwissen sei die induktive Basis für die erwarteten Transferleistungen, diskutiert.
Als ein für künftige Überlegungen durchaus relevanter Aspekt erwies sich die Feststellung, daß es für den EG-Binnenmarkt noch keine gemeinsame Planung der Berufsausbildung gebe. Im Plenum herrschte weitgehende Einigkeit darüber, daß für die Ausbildungen, die am stärksten besetzt sind, Regelungen auf EG-Ebene getroffen werden sollten.
Die Erfahrung, daß das Konzept der Schlüsselqualifikationen eine besondere Chance für schwierige und lernschwache Schüler darstelle, wurde im Plenum durchaus bestätigt. So sei der gewisse »Bewegungsfreiraum« für die Schüler angenehm, die sich dann nicht mehr so »geschult« fühlten. Daraus resultiere weniger Frust und mehr Motivation.
Die Diskussion über die Auswirkungen des Konzeptes der Schlüsselqualifikationen auf die Lehrer und Ausbilder wurde recht lebhaft geführt.
Zum einen waren hier viele theoretische Aspekte mit praktischen Inhalte zu füllen, zum anderen warf der Videofilm über das Lernbüro in der Handelsschule am Göhlbachtal viele interessante Fragen an die beteiligten Lehrer auf. So war etwa hervorzuheben, daß die Qualität der Bausteine für das Lernbüro sich als Garant dafür erwiesen, daß die nötigen Problemsituationen für die Schüler auch auftauchen. Das Erstellen der einzelnen Bausteine bedeute aber eine »riesige Vorarbeit«, in diesem Falle von etwa zwei Jahren.
Hinsichtlich der Anforderungen an die Lehrer wurde die Vermutung nicht bestätigt, daß es unmöglich sei, all die erforderlichen neuen Kenntnisse aus Betriebswirtschaftslehre, Schriftverkehr, Datenverarbeitung etc. neben der Lehrtätigkeit zu erwerben. Dennoch sei besonders anfangs sehr viel Zeit in Weiterbildung und Praktika zu investieren. Dabei komme zum Beispiel der Lehrerfortbildung zentrale Bedeutung zu, denn »der Umgang mit Kreide allein reicht nicht mehr«, um den Anforderungen gewachsen zu sein, aber all das mache auch Spaß.
Als weiterer Aspekt bezüglich der Auswirkungen auf die Lehrtätigen kam es zur Sprache, daß es schwer sei, die veränderte Lehrer- bzw. Ausbilderrolle persönlich einzunehmen. Besonders schwierig sei es für den Lehrer, Zurückhaltung bei auftauchenden Problemen zu üben. Die Kooperation mit erfahrenen Lehrern sei unerläßlich. Die selbständige Arbeit der Schüler liefere die Ergebnisse und Lösungen, dabei sei es die Aufgabe der Lehrer zunächst eher zu beraten und später die Ergebnisse zusammenzufassen.
Vor dem Hintergrund der vorangegangenen Diskussion über Sachwissen und Schlüsselqualifikationen kam es hier noch einmal zum Ausdruck, daß der Unterricht der anderen, eher theoretischen Fächer in Probleme des »Handlungs-Faches: zu integrieren sei. Dies bedeutet einerseits weitgehende Koordination mit den anderen Lehrern, andererseits konnte das Argument, durch das Lernbüro käme zusätzliche Arbeit auf die Schüler und Lehrer zu, dadurch entkräftet werden, daß gerade die Koordination mit anderen Fächern deren zeitliche Anforderungen reduziere, da weniger zergliedert als nunmehr ganzheitlich unterrichtet werde.

Winfried Schulz

Veränderungen in der Rolle der betrieblichen Ausbilder vor dem Hintergrund künftiger Anforderungen

Der technische und organisatorische Wandel im Produktions-, Dienstleistungs- und Verwaltungsbereich, gesellschaftliche Entwicklungen sowie veränderte Bildungsziele veranlassen, auch über die Weiterentwicklung der Qualifikation betrieblicher Ausbilder nachzudenken, die für die Ausbildung angehender Fachkräfte Verantwortung im Betrieb tragen. Nicht allein die wachsenden Anforderungen im beruflichen sondern auch im berufs- und arbeitspädagogischen Bereich werden betriebliche Ausbilder künftig stärker fordern als bisher. Ein genereller Überblick soll dies verdeutlichen.

1. Anforderungen durch Technikentwicklung

Die Technikentwicklung bis zur Jahrtausendwende wird vor allen Dingen durch die weitere Ausarbeitung neuer Produkte und Dienstleistungen, neuer Produktionsverfahren und insbesondere neuer Informations- und Kommunikationstechniken sowie die dadurch verursachten Veränderungen in der Arbeitsorganisation geprägt. Die Auswirkungen neuer Techniken auf Qualifikationsanforderungen, Arbeitsorganisation und Führungsverhalten lassen einen Trend erkennen, der der Arbeitszerlegung und spezialistischer Einseitigkeiten zunehmend der Integration und Verzahnung früher getrennter Aufgabenbereiche weicht. In der Produktion zeichnen sich modular aufgebaute Fertigungssysteme ab, im Dienstleistungs- und Verwaltungsbereich teilautomatisierte Zentren, die mit der Fertigung verknüpft werden; Teilaufgaben der Wartung und der Störungsdiagnose werden hierbei integriert. Vor allem dürfen kaufmännische und produktive Einsatzfelder im Betrieb nicht mehr als jeweils isoliert homogene Felder betrachtet werden. Der Trend der Vergangenheit, menschliche Arbeit immer weiter zu zergliedern, verlangsamt sich nicht nur, er kehrt sich in manchen Bereichen sogar um. Diese Entwicklungen führen zu veränderten Arbeitsaufgaben, die komplexer und abstrakter werden und damit sowohl zu neuen nebenfachlichen als auch zu überfachlichen Qualifikationen führen. Höhere und breitere Anforderungen werden damit an die Ausbildung künftiger Fachkräfte und damit auch an Ausbilder gestellt. An die Stelle von einfachen Routinearbeiten, körperlich schweren manuellen Arbeiten treten Fähigkeiten des Planens, Nachdenkens und Überwachens von Arbeitsabläufen. Damit verbunden sind größere Anforderungen an fachübergreifende Fähigkeiten (Schlüsselqualifikationen), wie z.B. abstraktes Denken, geistige Beweglichkeit, Verantwortungsbereitschaft, Kooperations- und Kommunikationsfähigkeit. In dem Maße, in dem sich der Lernende im Betrieb zum mitdenkenden und mitplanenden, selbständig problemlösenden Mitarbeiter entwickelt, kann der Ausbilder nicht mehr in erster Linie autoritärer Aufgabenzuweiser und Kontrolleur sein, sondern Informationsvermittler, Diskussionspartner, Moderator und Konfliktlöser. Eine geglückte Ausbildungs- und Führungsleistung besteht nicht mehr in Befehl und Gebot, sondern in Vorbild, Begeisterungsfähigkeit und Überzeugungskraft.

2. Anforderungen durch gesellschaftliche Entwicklungen

Ein weiterer Wandel zeichnet sich bei der gesellschaftlichen Entwicklung ab. Waren die letzten 12 Jahre durch eine steigende Nachfrage nach Ausbildungsstellen gekennzeichnet, beginnt sich die demographische Entwicklung jetzt umzukehren. Die Zahl der Schulabgänger in der Bundesrepublik Deutschland wird in einem Jahrzehnt zwischen 1983 und 1993 um ca. 40% von etwa 1 Mio. auf 600 000 absinken. Damit wird auch die Nachfrage nach Ausbildungsplätzen vom Höchststand 1985 mit 756 000 auf etwa 490 000 im Jahre 1995 absinken. Hinzu kommt, daß sich die schulische Vorbildung, Alter und Wertvorstellungen der Jugendlichen in den letzten Jahren erheblich verändert haben. So hat sich das Durschnittsalter der Auszubildenden innerhalb von 20 Jahren um fast 2 Jahre von 16,3 im Jahre 1965 auf 18,2 im Jahre 1985 erhöht. Auch wenn in diesen Zahlen z.T. Folgen des Lehrstellenmangels (sog. Altnachfrage) enthalten sind, spiegeln sich doch vor allem die gestiegene Vorbildung der Auszubildenden wider.

Andererseits blieben in den letzten Jahren im Durchschnitt mehr als 80.000 Jugendliche pro Jahr ohne Berufsausbildung (Schätzungen der Bund-Länder-Kommission für Berufsplanung und Forschungsförderung). Die Gründe, weshalb diese Jugendlichen keine Ausbildung aufnehmen oder an einer begonnenen Ausbildung scheitern, sind sehr unterschiedlich. Sie können z.B. in fehlender Berufsreife oder Ausbildungsmotivation liegen, in unzureichender Vorbildung, in sozialen Benachteiligungen, in Sprachdefiziten bei jungen Aussiedlern und Ausländern. Sie können aber auch z.B. in Fehlentscheidungen aufgrund unzureichender Information und Beratung, in den Anforderungen einer Ausbildung begründet sein.

Bei den Veränderungen von Wertvorstellungen und Einstellungen insbesondere bei Jugendlichen zeichnen sich Veränderungen (wie z.B. rapide Abnahme unkritischer Zustimmung zur Technik, steigendes Interesse junger Frauen an Ausbildungs- und Erwerbstätigkeit, wachsendes ökologisches Bewußtsein) sowie Tendenzen ab, bei denen Leistung und individuelle Qualifizierungsbemühungen als Maßstab für persönlichen Erfolg und für verbesserte Arbeitsmarktchancen gesehen werden; andererseits erhöht sich durch die wachsende Freizeitorientierung das außerberufliche Interessenspektrum junger Menschen. Die junge Generation betrachtet Arbeit und Freizeit gleichwertig und will keine kostbaren Lebensminuten auf einem »gedämpften Lustniveau« verbringen. Im Falle falscher Führung bestrafen sie Ausbildungs- und Führungskräfte häufig mit Unlust, Einsatzverweigerung und Demotivation. Vom Ausbilder fordern diese Entwicklungen und Trends, sich viel eher als früher darauf einzustellen, daß er es in Zukunft in der Ausbildung mit mehr jungen Erwachsenen zutun hat; es sind Auszubildende, die volljährig und in jeder Beziehung gleichberechtigte Mitglieder der Gesellschaft sind. Ein höheres Alter bedeutet nicht zuletzt aber auch, daß die durchschnittliche Leistungsfähigkeit der Bewerber gestiegen ist. Das bedeutet, daß auch höhere Ansprüche an die Ausbildung gestellt werden, z.B. durch Abiturienten; diesen muß entsprochen werden, wenn sie auf Dauer für eine betriebliche Ausbildung gewonnen werden sollen.

Darüber hinaus muß der Ausbilder damit rechnen, daß er es künftig auch mit lernschwachen Jugendlichen zu tun hat. Die zunehmende Heterogenität der Lerngruppen in der Ausbildung wird den Ausbilder zu höherer Flexibilität besonders im didaktischen und methodischen Bereich herausfordern. Darüber hinaus wird er mit kritischen Einstellungen konfrontiert, z.B. zu Technik, Natur, Arbeit sowie mit anderen Traditionen, Werten und Normen, z.B. bei ausländischen Jugendlichen. Als Vermittler hat der Ausbilder vor allem auf das Verhältnis Mensch und Technik, auf das Verhältnis Ökologie und Ökonomie besonders einzugehen sowie die Wertschätzung anderer kultureller Denk- und Verhaltensweisen zu unterstützen.

3. Anforderungen durch die Entwicklung neuer Bildungsziele

Eine erste Antwort auf die genannten Herausforderungen stellen die Vereinbarungen neuer Bildungsziele dar, beispielsweise die neugeregelten Ausbildungsordnungen für die Ausbildung in den industriellen Metall- und Elektrobereichen. Durch Reduktion, Konzentration früherer vergleichbarer Berufe und durch die Einführung einer umfassenden Berufqualifikation einschließlich berufsübergreifender Qualifikation (Schlüsselqualifikation) sind diese Regelungen vor allem eine erste Antwort auf die Herausforderung der Entwicklung der Technik und der Arbeitsorganisation. Selbst wenn die neuen Ausbildungsberufe als wesentliche Unterstützung für die Organisation der betrieblichen Ausbildung von der Praxis angenommen worden sind, können sich für den Ausbilder hieraus neue Anforderungen ergeben, die besonders vor dem Hintergrund des Arrangements und der Organisation bei der Umsetzung von Betriebs- und Ausbildungszielen zu sehen sind. Vor allem das Verhältnis von Ausbildungsberufsbild und Ausbildungsrahmenplan wirft immer wieder Fragen auf. Diese Frage wird künftig noch größere Bedeutung erlangen, wenn in Anbetracht der bereits erwähnten Heterogenität der Auszubildenden individualisierende und differenzierende Ausbildungsgänge erforderlich werden. Auf die Dauer gesehen werden Ausbilder sich veranlaßt sehen, sich mit mehr Fantasie an den Motivationsprozeß heranzumachen. Für diese Umsetzungs- und Führungsaufgabe braucht der Ausbilder u.U. Hilfestellung, die vor allem den Einsatz flexibler Organisationsformen, vielfältiger Methoden und differenzierter berufsdidaktischer Maßnahmen betreffen.

4. Qualifikationen des Ausbilders und ihre Weiterentwicklung

Das Ziel, möglichst alle Jugendliche entsprechend den genannten Herausforderungen beruflich zu qualifizieren, wird in den 90iger Jahren nicht nur ein Ziel der Bildungs- und Sozialpolitik sowie der Wirtschafts- und Arbeitsmarktpolitik sein, sondern das vorrangige Ziel der Unternehmen und Ausbilder. Sie werden deshalb besondere Anstrengungen unternehmen müssen, wenn sie den Bedarf an Fachkräften decken wollen. Investitionen in neue Techniken sind daher ohne Parallelinvestitionen in Aus- und Weiterbildungsmaßnahmen kaum noch denkbar für die Personalentwicklung. Es ist hier unumstritten, daß der Ausbilder die wesentliche aktive Rolle in der Ausbildung hat. Dies bedeutet, daß der Ausbilder auf seine Aufgabe gut vorbereitet sein muß.

Berufliche Qualifikationen

Im Vordergrund müssen hierbei die Erweiterung und Vertiefung beruflicher Qualifikationen einschließlich fachübergreifender Qualifikationen im Mittelpunkt stehen, die er für die Ausübung seiner erfolgreichen beruflichen Tätigkeit selbst benötigt. Die Mehrzahl der Ausbilder steht in den verschiedenen Betrieben an vielen unterschiedlichen Positionen und üben Ausbildungsaufgaben im Rahmen ihrer beruflichen Tätigkeit nebenberuflich aus. Sie erleben technische, wirtschaftliche und soziale Veränderungen im Betriebsalltag unmittelbar und können aktuell erforderliche Qualifikationen direkt und anwendungsbezogen an den Auszubildenden weitergeben. Ihrer beruflich zu erweiternden Qualifikation kann durch die Wahrnehmung und Nutzung vielfältiger Weiterbildungsangebote Rechnung getragen werden. Im Vordergrund steht hier vor allem die Erweiterung der informations- und kommunikationstechnischen Fähigkeiten im Zusammenhang mit beruflichen Fähigkeiten. Gleiches gilt selbstverständlich auch für die Ausbilder, die z.B. in Lehrwerkstätten Ausbildungsaufgaben hauptberuflich ausüben. Zur Sicherung des Praxis- und Anwendungsbezuges wäre es sinnvoll, ihre Funktion zu überdenken und ihnen beispielsweise Gelegenheit der Mitwirkung im betrieblichen Alltag zu eröffnen.

Berufs- und arbeitspädagogische Qualifikationen

Ebenso wie eine gute berufliche Qualifikation ist die pädagogische Qualifikation des Ausbilders eine wesentliche Voraussetzung für die Wahrnehmung von Ausbildungsaufgaben im Betrieb. Die Ausformung dieser Qualifikationen für den betrieblichen Ausbilder wurde in den letzten Jahren durch verschiedene Regelungen vorangebracht. Zunächst wurden durch das Berufsbildungsgesetz (BBiG) und die Handwerksordnung (HwO) die Rahmenbedingungen für die Qualifikation der Ausbilder festgelegt. Danach darf Auszubildende nur einstellen und ausbilden, wer persönlich und fachlich geeignet ist. Die fachliche Eignung ist dann gegeben, wenn sowohl die beruflichen Fertigkeiten und Kenntnisse als auch die erforderlichen berufs- und arbeitspädagogischen Kenntnisse nachgewiesen werden können. Nähere Bestimmungen der geforderten berufs- und arbeitspädagogischen Kenntnisse erfolgten in der Ausbilder-Eignungsverordnung (AEVO), die seit 1972 in verschiedenen Ausbildungsbereichen (wie z.B. gewerbliche Wirtschaft, Landwirtschaft, Hauswirtschaft, öffentlicher Dienst) Eingang gefunden hat. Die Ausbilder-Eignungsverordnung bestimmt, daß jeder Ausbilder seine berufs- und arbeitspädagogische Eignung nachzuweisen hat, die sich auf Kenntnisse aus vier Sachgebieten bezieht.

- Grundfragen der Berufsbildung (Sachgebiet 1)
- Planung und Durchführung der Ausbildung (Sachgebiet 2)
- Der Jugendliche in der Ausbildung (Sachgebiet 3)
- Rechtsgrundlagen (Sachgebiet 4)

Als Hilfestellung für Maßnahmeträger und Referenten zur Vorbereitung auf den Nachweis der berufs- und arbeitspädagogischen Kenntnisse hat der ehemalige Bundesausschuß für Berufsbildung (heute: Hauptausschuß des Bundesinstituts für Berufsbildung) 1972 einen »Rahmenstoffplan zur Ausbildung der Ausbilder« empfohlen. Dieser enthält eine Detaillierung der Lerninhalte, Angaben über die Gesamtstundenzahl, Gewichtung der vier Sachgebiete sowie Formen der Vorbereitung.

Aus diesen Bestimmungen und Empfehlungen lassen sich das für den Ausbilder geforderte berufs- und arbeitspädagogische Qualifikationsprofil erkennen. Wesentlicher Bestandteil dieses Qualifikationsbereiches ist die Unterrichts- und Ausbildungskompetenz, die im Sachgebiet 2 unter der Rubrik »Planung und Durchführung der Ausbildung« aufgeführt ist. Nach Art und Umfang sind diese Inhalte geeignet, jene zentrale pädagogische Qualifikation umfassend zu fundieren. Dafür spricht einmal ihr hoher Stundenanteil, wie er in der Vorbereitungspraxis von 60-80 Stunden auch durchgeführt wird, also ein Zeitrahmen, der sich durchaus mit den Zeiten vergleichen läßt, die für diesen Qualifikationsbereich in verschiedenen Lehramtsstudiengängen (insbesondere Sekundarstufe II) vorgesehen sind. Zum anderen lassen die Inhalte dieses Sachgebietes erkennen, daß die wesentlichen Qualifikationsbestandteile einer Unterrichts- und Ausbildungskompetenz (insbesondere die Inhalte: Ausbildungsziele, Didaktik und Methodik, Lehrverfahren und Lernprozesse, Beurteilen und Bewerten) ausreichend berücksichtigt sind. Eine darüber hinausgehende Qualifizierung zur Reflexion erziehungswissenschaftlicher Fragestellungen und Zusammenhänge sowie erziehungswissenschaftliche Forschung - wie dies in den Studiengängen zur Lehrerqualifizierung üblich ist -, ist nicht beabsichtigt.

Mit Inkrafttreten der Regelungen und Empfehlungen wurde der entscheidende Schritt zu einer pädagogisch fundierten, qualifizierten und professionellen Berufsarbeit der Ausbilder getan.

Dieser Schritt ist im allgemeinen hoch zu werten, zumal dieses Qualifikationsprofil durchaus zur Realisierung einer praxisrelevanten und adäquaten Unterrichts- und Ausbildungskompetenz und Qualität geeignet erscheint. Auch andere Länder, insbesondere Länder der Europäischen Gemeinschaft zeigen hier in jüngster Zeit ihre Wertschätzung und bekunden zunehmendes Interesse an Art, Umfang und Inhalt einer vergleichbaren Ausbilderqualifizierung.

Nach diesen Regelungen und Empfehlungen haben seit 1972 z.B. für den Bereich der gewerblichen Wirtschaft rd. 525 000 Ausbilder den Nachweis der berufs- und arbeitspädagogischen Kenntnisse erbracht, davon rd. 250 000 Ausbilder in Form der Ausbilder-Eignungsprüfung. Im Vergleich zur Gesamtzahl von ca. 750 000 persönlich geeigneten und fachlich qualifizierten Ausbildern in allen Ausbildungsbereichen waren in 1987 im Bereich der gewerblichen Wirtschaft rd. 350 000 Ausbilder als Verantwortliche für die Berufsausbildung bei den Industrie- und Handelskammern gemeldet. Die Mehrzahl dieser Ausbilder üben ihre Ausbildungsfunktion nebenberuflich aus.

Kritische Anmerkungen zur Qualifikation und zur Qualifizierung richten sich im grundsätzlichen nicht gegen die Rahmenbedingung und die Konzeption des zugrundeliegenden Ausbilderprofils. Sie zielen im wesentlichen auf die Frage, ob das in der Ausbilder-Eignungsverordnung vorgegebene Qualifikationsprofil auch ohne ins Gewicht fallende Abstriche im Rahmen der in der Qualifizierungspraxis überwiegend lehrgangsgebundenen Form erreicht werden kann. Die in der Ausbilder-Eignungsverordnung festgelegte Qualifikation kann im wesentlichen abstrakt und theoretisch sein (da hier lediglich Kenntnisse der gesamten Sachgebiete nachgewiesen werden sollen), wenn der Anwendungs- bzw. Praxisbezug in Form von Erfahrungen unberücksichtigt bleibt. Diesen Mangel wird die in der Ausbilder-Eignungsverordnung vorgesehene praktisch durchzuführende Unterweisungsprobe nicht beheben können. Eine weitere kritische Anmerkung bezieht sich auf die ungesicherte Verknüpfung der allgemein didaktischen und methodischen Kenntnisse mit dem Fachwissen des Ausbilders. Hier fehlt es häufig noch an einer berufs- oder berufsfeldspezifischen didaktischen Integration. Insgesamt gesehen erscheint jedoch das in der Ausbilder-Eignungsverordnung vorgegebene pädagogische Qualifikationsprofil von seiner Intention her geeignet zu einer umfassenden und den genannten Herausforderungen und Anforderungen angemessenen Qualifizierung des Ausbilders. Dies zeigt sich auch daran, daß eine Reihe von Betrieben und Maßnahmeträgern aufbauend auf diesen umfassenden Grundlagen vertiefende und der jeweiligen aktuellen Herausforderung angepaßte Weiterbildungsmaßnahmen sowie den Inhalten des Rahmenstoffplans ergänzende Kurse und Angebote zum Erfahrungsaustausch erprobt haben und weiterhin durchführen.

Als ein Beispiel hierzu ist das vom Bund geförderte Modellvorhaben zur projekt- und transferorientierten Ausbildung (PETRA) zu erwähnen; bei diesem Vorhaben steht die Weiterbildung von Ausbildern in der flexiblen Anwendung von Methoden zur Förderung von berufsübergreifenden Fähigkeiten im Vordergrund.

Andere Beispiele von Modellversuchen zeigen, wie die Umweltthematik als berufs- und fachübergreifendes Prinzip in die Fachausbildung eingebettet wird. Umweltschutz spielt für alle Berufe eine Rolle, am deutlichsten wird dies bei den Chemieberufen, bei denen umweltgerechtes Verhalten eine besondere Schlüsselfunktion darstellt.

Zur Unterstützung der veränderten Rolle des betrieblichen Ausbilders ist zusammenfassend festzuhalten:

Zusätzlich zur Erweiterung der bereits erwähnten beruflichen (fachlichen) Qualifikationen würde die Weiterentwicklung der berufs- und arbeitspädagogischen Qualifikationen der Ausbilder eine weitere generelle Antwort auf die technischen und gesellschaftlichen Herausforderungen darstellen.

Eine praxisgerechte Weiterentwicklung der berufs- und arbeitspädagogischen Qualifizierung betrieblicher Ausbilder hat dabei folgende Gesichtspunkte zu berücksichtigen:

Hinsichtlich der Art und des Umfangs der Weiterbildung bewähren sich flexible Maßnahmen und vielfältige Möglichkeiten, die einerseits schnelle und praktische Hilfestellungen und andererseits eine möglichst hohe Breitenwirkung erzielen können. Dabei gilt es vor allem, die Rahmenbedingungen und Möglichkeiten der Betriebe zu berücksichtigen, dem Kenntnisstand und den Erfahrungen der Ausbilder Rechnung zu tragen sowie vorhandenes Expertenwissen und Beratungsdienste für die Förderung der Ausbilder zu nutzen. Bestehende Weiterbildungsangebote, die die Kommunikation und Kooperation der Beteiligten fördern, sollten weitergeführt, ausgebaut und zusätzlich durch Informationsmaterialien für die Hand des Ausbilders unterstützt werden.

Hierzu eigenen sich insbesondere:
— betriebsbezogene und betriebsübergreifende Seminare und Kurse mit Experten aus Praxis und Wissenschaft
— Erfahrungsaustausch, themenbezogene Gesprächs- und Arbeitskreise im Betrieb und mit Ausbildern aus anderen Betrieben sowie mit den an der Berufsbildung beteiligten Lehrern und Beratern
— Workshops, Fachtagungen und Kongresse

Darüber hinaus gilt es, bewährte Einzelmaßnahmen zur Weiterentwicklung aus der Praxis aufzugreifen und zu prüfen, inwieweit diese auch für die **angehenden** Ausbilder von Bedeutung sind. Der Rahmenstoffplan zur pädagogischen Ausbildung der Ausbilder, der seit 1972 auch heute noch für Vorbereitungsmaßnahmen angehender Ausbilder eine wesentliche Grundlage darstellt, müßte hierbei miteinbezogen werden. Zur Sicherung der Realisierbarkeit ist es aber erforderlich, den Praxisbezug der Inhalte weiter zu verbessern sowie berufsdidaktische Brücken zwischen allgemein didaktischen Kenntnissen und dem Fachwissen der Ausbilder zu verstärken. Besonders den unterschiedlichen Lernwegen und -möglichkeiten junger Erwachsener (wie z.B. Abiturienten und lernschwachen Personengruppen) ist durch Erweiterung der Lehrverfahren im Rahmen betrieblicher Organisationsformen Rechnung zu tragen, um das lebenslange Lernen und vor allem den Erwerb fachübergreifender Fähigkeiten zu fördern.

Susanne Witt

Schlüsselqualifikationen in der Ausbildung zur Rolle und künftigen Aufgabe des Ausbilders

1. Schlüsselqualifikationen in der Ausbildung
2. Ausgangslage
   - Jugendliche in der Ausbildung
   - das Unternehmen als Abnehmer
   - kaufmännische und gewerbliche Ausbildung
   - Ausbilder und Ausbildungsbeauftragte
3. Was wollen wir über die Vermittlung von Schlüsselqualifikationen erreichen?
4. Probleme
   - die Abprüfbarkeit
   - die Zeitaufteilung
   - die Lehrbarkeit
5. Die Rolle des Ausbilders
6. Ansatzpunkte und Beispiele zur Vermittlung von Schlüsselqualifikationen
   - beim Auszubildenden
   - beim Ausbilder und Ausbildungsbeauftragten
   - beim Unternehmen

Mein Thema heute sind die SQ in der Ausbildung und dabei die Rolle des Ausbilders und seine oder ihre zukünftigen Aufgaben. Am Vortag ist bereits viel zur Begriffsklärung und zu den Zielen bei der Vermittlung von SQ gesagt worden. Deshalb verweise ich hier auf meine Vorredner und gehe nicht mehr auf diese Fragestellungen ein.

Vorstellung der Gliederung anhand Chart 1

Das Thema ist eher ein vernetztes Gebilde mit vielen Faktoren als ein linearer Vorgang. Es geht um SQ, deshalb werde ich mit einer kurzen Eingrenzung und Beschreibung beginnen. Danach folgen einige Einflußfaktoren, die es bei der praktischen Umsetzung zu bedenken gibt.

Aus dem Berufsbild und den Rahmenplänen ergeben sich die Anforderungen an die Ausbildung. Hier werde ich nur das Ziel der Ausbildung bezogen auf die SQ umreißen sowie auf einige eher grundsätzliche Probleme eingehen. Dies dient der Beschreibung des Umfeldes in dem die eigentliche Aufgabe, die Vermittlung von SQ steht. Die folgenden Aspekte sollen den Schwerpunkt darstellen:

— Die Rolle des Ausbilders,
— Ansatzpunkte und Beispiele zur Vermittlung von SQ gerichtet auf die Auszubildenden, aber auch auf die Ausbilder und auf das Unternehmen.

Diese Unterscheidung erscheint mir sinnvoll, da neben der Arbeit mit den Auszubildenden auch die Schulung der Ausbildungsbeauftragten zu unseren Aufgaben gehört. Auch im Unternehmen kann einiges bewirkt werden, das neuen Methoden zu einer größeren Akzeptanz verhelfen.

Zur Begriffsklärung: Ausbilder sind Vollzeit-Mitarbeiter der Ausbildung, Ausbildungsbeauftragte sind Fachabteilungs-Mitarbeiter, die zusätzlich Ausbildungsaufgaben übernehmen.

Anfang des Monats war ich in Ottobrunn zur Fachtagung der kaufmännischen Ausbildungsleiter zum Thema berufliche Handlungsfähigkeit. Was ich heute an Beispielen mitgebracht habe, ist also z.T. aus dem Hause Beiersdorf und z.T. sind es Anregungen, die ich auf der Fachtagung bekommen habe.

1. Schlüsselqualifikationen in der Ausbildung

Ich möchte nicht die geschichtlichen Hintergründe des Begriffs SQ aufrollen. Ich möchte auch nicht auflisten, was alles unter SQ verstanden wird. Immerhin sind es über 250 Schlagworte in den verschiedensten Publikationen. Hier verweise ich auf den gestrigen Tag.

Unter SQ verstehe ich hier alle Qualifikationen, die dazu dienen, daß ein Auszubildender in die Lage versetzt wird, den Anforderungen seines heutigen und zukünftigen Arbeitsplatzes gerecht zu werden. Dazu gibt es nun auch viele Ansätze der Gliederung, meist als 3-Teilung. Ich favorisiere eine Gliederung in Fach-, Methoden- und Sozialkompetenz.
Fachkompetenz ist Wissen + Können z.B. ein PC-Programm beherrschen, Feilen können, den Weg eines Auftrages durch die Abteilungen kennen. Methodenkompetenz bezieht sich auf Aktivitäten des Umsetzens z.B. Urteilsvermögen, Zuverlässigkeit, Strukturieren, Prioritäten setzen. Sozialkompetenz beschreibt Interaktionsverhalten z.B. Kommunikationsfähigkeit oder Kompromißfähigkeit.

2. Ausgangslage

Jugendliche, denen wir heute in der Ausbildung begegnen, sind freier geworden, haben wenig Angst zu fragen, geben zu, wenn sie nicht verstehen, bohren nach, haben Ansprüche und melden sie an, wehren sich bei Falscheinsatz, sehen Ausbildung oft als 1. Schritt, fragen schon im 1. Gespräch nach Weiterbildung, haben zunehmend eine höhere Schulbildung, fallen oft aber auch in Problemkreise, erwarten vom Leben mehr als Arbeit.
Wie bei den Erwachsenen steht der Wunsch nach Entwicklung, Arbeitsfreude und auch Sinnhaftigkeit des Tuns mehr und mehr im Mittelpunkt. Von Seiten der Auszubildenden kommt also der Anspruch nach Transparenz, Mitwirkung, Freiräumen und eigener Entscheidungskompetenz massiv auf uns zu.
Ein **Unternehmen** braucht Mitarbeiter, die in der Lage sind, den heutigen und noch mehr den zukünftigen Anforderungen des stetigen Wandels gerecht zu werden.
Innovationszeiträume werden kürzer, die EDV wird bestimmender, der Wandel zum Tertiärsektor des Entwickelns, Betreuens und Beratens wird laut aller Prognosen stärker. Die BRD als rohstoffarmes und exportabhängiges Land ist und wird mehr und mehr vom Produktionsfaktor Arbeit abhängig. Die Qualität unserer Arbeitskräfte ist unser internationaler Wettbewerbsfaktor.
Der Anteil der ungelernten Arbeitnehmer geht zurück. Aber der Arbeitsmarkt für Fachkräfte ist nicht mehr so umfangreich. Nachwuchsbildung aus den eigenen Reihen haben sich sehr viele Unternehmen auf die Fahne geschrieben. Die interne Weiterbildung wird forciert. Auch die Tarifpartner werden in Zukunft zum Thema Weiterbildung Stellung nehmen wollen und müssen.
Auch heute hat die Fachkompetenz noch einen hohen Stellenwert, aber sie wird zunehmend zu einer Einstiegsvoraussetzung wie etwa das Abitur für das Studium. Die zusätzlich geforderten Eigenschaften oder SQ, um zu unserem Thema aufzuschließen, werden mehr und mehr.
Hier eine Anzeige, in der der Anteil der Fachkompetenz recht gering ist. Es wird Kompetenz und Flexibilität, Engagement und Verhandlungsgeschick, Sympathie und Neigung und ein kritisches Urteilsvermögen gefordert. Und so sehen doch Stellenanzeigen mehr und mehr aus.
Von Seiten der Unternehmen kommt auf uns als Ausbilder also der Anspruch nach im Sinne von SQ qualifiziertem Nachwuchs zu.
Ich möchte noch einmal in einer Kurzfassung die Situation der **kaufmännischen und gewerblichen Ausbildung** in unserem Hause ansprechen. Sicher stellt es sich in anderen Unternehmen anders dar.
– kaufmännisch: zunehmend mehr Abitur, gute Auswahlmöglichkeiten, zunehmend älter, höherer Anspruch an Beteiligung, Ausbildung zu 90% in Fachabteilungen, viel Einfluß der Ausbildungsbeauftragten;
– gewerblich: wenige Abiturienten, zunehmend weniger Auswahlmöglichkeiten, oft unter 18 bei Einstellung, größerer Bedarf an Lenkung, Ausbildung zu 50% in Fachabteilungen, stärkerer Einfluß der Ausbilder.

Der Anspruch, der sich daraus ableitet, ist bei gleicher Zielvorgabe der Befähigung zu beruflicher Handlungsfähigkeit verschiedene Wege eingehen zu müssen.
Eben habe ich schon **Ausbilder und Ausbildungsbeauftragte** angesprochen. Häufig sind die Ausbilder eine überschaubare Gruppe positiv Eingestellter, mit der direkt zusammengearbeitet werden kann, da sie Mitarbeiter der Ausbildungsabteilung sind.

Auf der anderen Seite folgen nicht alle Ausbildungsbeauftragten dem Ruf nach Erfahrungsaustausch oder Schulung und nicht alle sind aus innerer Überzeugung und freier Wahl dabei. Sie sind eher eine heterogene Gruppe vieler, die nur über Motivation an einen Tisch gebracht werden kann.

3. Was wollen wir über die Vermittlung von Schlüsselqualifikationen erreichen?

Über das Verankern von SQ sollen die Bedürfnisse der Auszubildenden, der Unternehmen und der Wirtschaft verbessert befriedigt werden. Der zukünftige Mitarbeiter soll befähigt werden, in einer Zeit des Wandels sein eigenes Wissen dynamisch zu wandeln, um den Anforderungen des Arbeitsplatzes gerecht zu werden. Er oder sie soll aber auch bessere Entwicklungschancen zur persönlichen Karriere mit auf den Weg bekommen.
Dazu bedarf es einer Summe von Qualifikationen, die überdies nicht nur als Summe zu sehen sind. Ein ganzheitlicher integrativer Ansatz ist nur in der Lage das gewünschte Ergebnis zu bringen. Ein Beispiel: Wenn Auszubildende erfolgreich ein Auszubildendentreffen planen und durchführen, auf welche SQ läßt sich das zurückführen? Natürlich nur auf das geglückte Miteinander vieler SQ.
Wir wollen erreichen, daß ein Auszubildender Lernen lernt und das selbständige Planen, Durchführen und Kontrollieren von Arbeitsabläufen beherrscht.

4. Probleme

Ohne Anspruch auf Vollständigkeit und ohne anwendungsfertige Lösungen möchte ich Ihnen nun 3 der Hauptprobleme skizzieren:
Das Nahziel aller Auszubildenden ist die bestandene **Abschlußprüfung**. Die Erfahrung zeigt, daß nicht abgeprüfte Inhalte leicht in den Hintergrund gedrängt werden. Es erscheint also notwendig, die neuen Inhalte der SQ auch in die Abschlußprüfungen zu integrieren.
Wie dies möglich ist, ist noch offen. Erste Ansätze zeigen sich in der Arbeitsprobe im gewerblichen Bereich. In ihr soll das selbständige Planen, Durchführen und Kontrollieren gezeigt werden.
Die **Zeitaufteilung** ist eine weitere offene Frage. Sie betrifft zum einen die Aufteilung zwischen Schule und Unternehmen. Das duale System soll beibehalten werden. Darüber sind wir uns wohl einig. Es stellt sich die Frage: Welchen Part kann die Schule bei der Vermittlung von SQ übernehmen? Und wie gut sind die Realisierungschancen unter den heutigen Berufsschulbedingungen?
Sie betrifft aber auch die Aufteilung zwischen Seminaren und ähnlichen schulartigen Veranstaltungen zu der praktischen Arbeit vor Ort an einem konkreten Arbeitsplatz. Der Arbeitsplatz als Lernort bleibt unverzichtbar. Wir lägen falsch, wenn die Alternative der Verschulung in Betracht gezogen wird. Nur in der realen Situation kann Handeln erfahren werden. Probehandeln in künstlichen Situationen kann nie die Wirklichkeit und deren Beitrag zum Lernen ersetzen.
Ein dritter Aspekt ist die **Lehrbarkeit**. Bei der Lehrbarkeit ist es erfreulicherweise nicht die Frage, ob SQ lehrbar sind, sondern in welchen Gegebenheiten sie optimal zu lehren sind. Wir gehen davon aus, daß SQ als Anlage bereits vorhanden sind und in der Ausbildung gezielt gefördert und geübt werden sollen.

5. Die Rolle des Ausbilders

Für mich stellt sich der Arbeitsauftrag an die Ausbilder so dar:
1. Arbeitsplätze werden zu Lernplätzen erschlossen.
2. Ein entdeckendes, selbstgesteuertes, kooperatives Lernen wird ermöglicht.
3. Die Rolle des Ausbilders wandelt sich vom Unterweiser zum Lernberater.
Diese Inhalte stammen aus einem Modellversuch der Wacker-Chemie in München zur beruflichen Handlungsfähigkeit im kaufmännischen Bereich.

Der eigene Arbeitsplatz muß transparent sein, der sogenannte Blick über den Tellerrand muß vorhanden sein, Lernchancen müssen gesehen werden, und schließlich müssen sie durch passend formulierte Arbeitsäufträge genutzt werden. Diese 3 Lernmethoden bieten beste Voraussetzungen, SQ zu fördern und zu üben. Auf individuellen Wegen von der Praxis zur Theorie und das möglichst in Zusammenarbeit mit anderen. So werden SQ der Fach-, Methoden- und Sozialkompetenz angesprochen.

Ein Lernberater zu sein, ist sicherlich das anspruchsvollste Ziel. Er fördert das unter 2 genannte Vorgehen, nimmt sich zurück, ist stets bereit und achtet auf möglichst große Beteiligung des Auszubildenden.

Falls einer unter Ihnen Bedenken hat, daß dies nicht in jeder Ausbildungssituation geschehen kann, so muß ich zustimmen. Beim Umgang mit gefährlichen Stoffen im Lehrlabor z.B. oder bei der Freigabe von Lieferantenrechnungen kann man sicherlich nicht den Auszubildenden den richtigen Weg selbst suchen lassen.

Wichtig ist die Methodenvielfalt, auch wenn ich hier themengemäß eine Richtung besonders betone. Und diese Richtung läßt sich viel häufiger anwenden, als es geschieht.

Nehmen wir z.B. den Auftrag, einen Besprechungsraum zu buchen. Wenn der Weg vorgegeben wird, ist die Lernmöglichkeit nicht optimal genutzt. Dann ruft der Auszubildende Frau Müller auftragsgemäß an und bucht Raum 007. Ist allerdings das Ziel genannt, so sind z.B. Eigeninitiative, Verantwortungsbereitschaft, vielleicht auch Organisationsvermögen und Verhandlungsgeschick gefragt. Der Auftrag könnte also auch lauten: Bitte buchen Sie für nächsten Mittwoch 14 Uhr einen Raum für 10 Personen, der für alle günstig erreichbar liegt.

6. Ansatzpunkte und Beispiele zur Vermittlung von Schlüsselqualifikationen

Es geht um entdeckendes, selbstgesteuertes und kooperatives Lernen. Hier sehe ich zwei Ansätze: von Seiten der Ausbildung können wir Methoden aufnehmen, die Situationen schaffen, in denen SQ gefördert werden. Wir können aber auch den Arbeitsplatz zum Lernplatz machen, indem wir auf andere Art die dort zu vermittelnden Fachinhalte lehren.

Ich halte beide Ansätze für positiv, sehe aber die Gefahr, daß dem ersten zu viel Aufmerksamkeit geschenkt wird. Im eigenen Einzugsbereich tätig zu werden und ein Seminar zu veranstalten ist einfacher, als andere zu begeistern.

— Chart Ausbildungssituationen
Hier einige Stichworte zu den Methoden, die Situationen schaffen. Wenn Auszubildende Aufgaben innerhalb der Ausbildung übernehmen, so treffen sich zwei positive Aspekte. Die Lernsituation ist gut zu beeinflussen und der Auftrag ist real und wird als nützlich empfunden.

— Chart Das Vorgehen am Arbeitsplatz
Dies zeigt in einer Ihnen sicher bekannten Art den Aufbau von Arbeitsaufträgen an einem Arbeitsort. Da nicht eine Person die gesamte Ausbildung in der Hand hat, ist es notwendig, andere zu schulen und ihnen Hilfestellungen an die Hand zu geben. Dies sind die Ausbilder und Ausbildungsbeauftragten.

Was man selbst lehren möchte, sollte man möglichst auch selbst beherrschen. Gerade im Bereich der SQ geht eine starke Vorbildfunktion vom Ausbilder aus. Auch wenn wir an uns selbst denken, ist es doch häufig, daß man sich sagt, so wie Herr Meier die Situation gemeistert hat, möchte ich es auch können. Man lernt mehr aus solch einer erlebten Situation als aus einem Aufsatz über SQ.

Eine zweite allgemeine Äußerung, die ich anführen möchte ist: Was gefördert und gezeigt werden soll, muß auch zugelassen sein. Auch hier ein Beispiel: wenn ich von einem Auszubildenden erwarte, selbständig entscheiden zu können, dann muß ich ihm auch Gelegenheiten bieten, in denen er entscheiden darf und soll.

Aus diesen Überlegungen ergibt sich das Vorgehen zur Arbeit mit dem Ausbilder. Zum einen müssen ihnen die SQ selbst vermittelt werden, dies kann z.B. im Rahmen von Seminaren geschehen, die der Führungslehre nahe stehen. Die Thematiken in diesen Weiterbildungsmaßnahmen decken sich weitgehend mit den hier angesprochenen Fach-, Methoden- und Sozialkompetenzen.

Zum zweiten sollte mit Ausbildern und Ausbildungsbeauftragten über den Sinn, die Gewichtung und Vermittlung von SQ in ihrer Ausbildungsarbeit gesprochen werden. Hier bietet sich ein gemeinsames Entwickeln in einem Erfahrungsaustausch an.

Zum dritten sollten Hilfestellungen gegeben werden, um am konkreten Arbeitsplatz des Ausbildungsbeauftragten die Lernchancen zu sehen und zu nutzen. Hierzu habe ich eine Anregung aus Ottobrunn mitgebracht.

– Chart Ausbildungsabteilung

Die Arbeitsaufgaben werden inhaltlich aufgelistet und ihnen werden SQ zugeordnet, die dort vermittelt werden können. So kann sich der einzelne eine Transparenz in seinem Aufgabengebiet verschaffen. Anhand solcher Unterlagen kann auch besser entschieden werden, welche Arbeitsaufträge die sinnvollsten sind.

Als vierte und hier letzte Aufgabe einer Ausbildungsleitung sehe ich die Notwendigkeit, ein positives Klima zu verbreiten. Ausbildung soll auch Spaß machen und nicht von Ängsten über Mehrbelastung oder Ängsten vor der Auseinandersetzung mit anspruchsvollen Jugendlichen begleitet sein. Hierzu sind sicher viele Einzel- und Gruppengespräche notwendig, die sich je nach Ausgangslage verschieden darstellen.

Im Unternehmen können dem Ausbilder Schwierigkeiten begegnen, von denen ich zwei nennen möchte.

Ausbildungsbeauftragte haben für ihre Ausbildungsaufgaben zu wenig Zeit und erhalten für den Einsatz nicht die notwendige Anerkennung. Oft ist dies nicht nur subjektives Empfinden sondern Realität. Schlimmstenfalls finden wir für unsere Seminare, Erfahrungsaustauschtreffen und Gespräche keine Zuhörer, die in der Lage sind, die Anregungen auch umzusetzen.

Eine zweite Schwierigkeit liegt darin, daß die Ziele im Rahmen der SQ zur Unternehmenskultur passen müssen. Hier bilden wir schlimmstenfalls Mitarbeiter aus, die nicht dem Stil des Hauses entsprechen und somit Schwierigkeiten bei der Übernahme in feste Arbeitsverhältnisse bekommen.

Beide hier genannten Problembereiche lassen sich in Angriff nehmen, indem man den intensiven Kontakt zur Unternehmensleitung sucht und fördert. In unserem Hause versuchen wir regelmäßig Führungskräfte und auch den Vorstand in Ausbildungsveranstaltungen einzubeziehen.

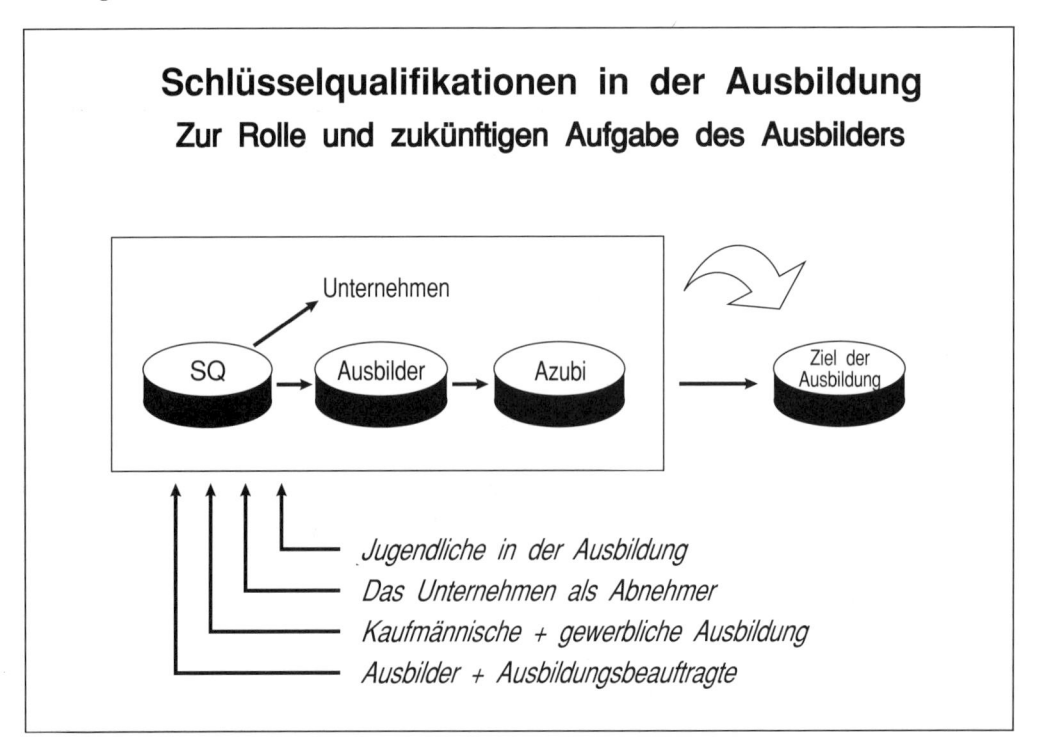

Schlüsselqualifikationen in der Ausbildung
Zur Rolle und zukünftigen Aufgabe des Ausbilders

SQ → Ausbilder → Azubi → Ziel der Ausbildung
(Unternehmen)

- Jugendliche in der Ausbildung
- Das Unternehmen als Abnehmer
- Kaufmännische + gewerbliche Ausbildung
- Ausbilder + Ausbildungsbeauftragte

Ausbildungssituationen

Übungsfirma
Lernbüro
Juniorfirma
Leittext
Selbstlernprogramme
Projekte
Rollenspiele
Planspiele
Produktionsinseln
Ausbildungsinseln
Aufgaben in der Ausbildung z.B.
- Gleitzeitbeauftragte
- Organisation von Veranstaltungen
- Information neuer Auszubildender
- Unterweisung anderer Auszubildender
- Prüfungsvorbereitung in Arbeitsteilung
- Fachlernspiele entwickeln
- Abteilungsführungen Produktion
- »Vertiefungsphasen« selbst suchen
  – möglichst in Gruppen
  – möglichst selbstbestimmte Wege

Das Vorgehen am Arbeitsplatz

1. Ziele setzen / vereinbaren
   – Termine
   – Teilziele
   – Kontrollstufen
2. Arbeitsmittel geben / bereitstellen
   – Starthilfe
3. Lösungen erarbeiten lassen
   – Hilfestellung anbieten
   – Alternativen suchen lassen
   – keine Rückdelegation
4. Präsentation der Ergebnisse
   – Präsentation
   – Gäste
   – Besprechung
   – Bewertung

Ausbildungsabteilung

	Selbständigkeit	Organisationsvermögen	Entscheidungsfähigkeit	Sorgfalt	Abstraktionsfähigkeit	Urteilsfähigkeit	Kommunikationsfähigkeit	Konfliktfähigkeit	Argumentationsfähigkeit	DV-Kenntnisse	Telefonieren mit Externen	Rechtsgrundlagen
Telefondienst Anfragen Externer	X	–	X	X	–	X	X	–	X	–	X	–
Prüfungsanmeldungen	–	–	–	X	–	–	–	–	–	–	–	–
Urlaubskartei	–	X	–	X	–	X	X	X	X	–	–	X
Elterntag	X	X	–	X	–	–	X	X	X	X	X	–

Wolfgang Tappmeyer

Veränderungen in der Rolle des Lehrers bei der Vermittlung von Schlüsselqualifikationen

Einführung

Im Rahmen des Symposions «Schlüsselqualifikationen - Fachwissen in der Krise?» soll in diesem Beitrag aufgezeigt werden, welches Lehrerverhalten nötig ist, wenn die Vermittlung von Schlüsselqualifikationen in der Schule geleistet werden soll.
Der rasche Wandel in den Arbeitsplatzanforderungen und die schnelle Verbreitung ständig erneuerter Informations- und Kommunikationstechniken äußern sich etwa für Angestellte besonders in inhaltlich immer komplexeren Tätigkeiten und zunehmend komplizierten Aufgaben, die nicht maschinell bearbeitet werden können. Das bedeutet, daß in beruflicher Praxis neben dem Fundament an berufsfachlichem Wissen auch die in den Grundsatzreferaten des Symposions näher beschriebene Personal- bzw. Sozialkompetenz gefordert ist.
Die schulische Berufsbildung darf sich diesem Wandel nicht verschließen, das bedeutet, sie muß dazu befähigen, die aktuellen Berufsanforderungen zu erfüllen und sich danach an wiederum andere künftige Anforderungen selbständig anzupassen, da für die Zukunft sicher kein ausreichendes Wissen auf Vorrat angelegt werden kann. Schlüsselqualifikationen sollen dem Schüler eine höhere Form beruflicher Handlungsfähigkeit ermöglichen. Diese entsteht nicht durch Sachwissen allein, sondern dadurch, daß der Schüler aus einer allgemeinen Kompetenz heraus das richtige, für die konkreten, beruflichen Aufgaben (Situationen) nötige Verhalten ableiten kann.

Das Lehrerverhalten im Schulalltag

Die Interaktion im Schulalltag ist dadurch geprägt, daß der Lehrer im Mittelpunkt des Lernens steht. Das äußert sich darin, daß
– direkte Lenkung vorherrscht,
– eine Belohnung Sache des Lehrers ist, der Schüler also extrinsisch motiviert wird,
– das Prüfungssystem stark ergebnisorientiert vorgehen läßt,
– der Tafelanschrieb ein Extrakt dessen ist, was gelernt werden soll.
Seitens des Schülers folgert hieraus ein vorwiegend rezeptives Lernen: die Schüleraktivität besteht zu einem großen Teil aus dem Mitdenken von abstrakten, auf die Schule zurechtgeschnittenen Prozessen. Dabei sollen viele Bausteine des Fachwissens nach und nach verankert werden, welche jedoch nicht von selbst jene personalen Qualifikationen generieren, die sich dadurch auszeichnen, daß sie nicht des ständigen äußeren Antriebs durch den Lehrer bedürfen.
Viele Lehrer haben vielleicht in diesem Bereich »ihren Führungsstil gefunden«, ein vorherrschendes Verhalten also, das aus deren Persönlichkeit und dem institutionellen Rahmen heraus entstanden ist. Daß ein Führungsstil allein jedoch nicht allen Lerninhalten gerecht wird beschreibt Robert S. Soar in seiner Hypothese zu einer differenzierten Betrachtung des Führungsstils. Demnach hängt die Wirksamkeit von direktem oder indirektem Lehrerverhalten von der Komplexität des Lehrgegenstandes ab. (vgl. Abb. 1)
Das situativ richtige Lehrerverhalten richtet sich aber nicht nur nach dem Lehrgegenstand, sondern, wie die ATI-Forschung zeigt, auch nach den Eigenschaften des Schülers.
Aus dieser Sicht ist nun zu fragen, welchen Grundsätzen nun der Unterricht entsprechen muß, in dem neben Fachwissen besonders personale und soziale Qualifikationen vermittelt werden sollen.

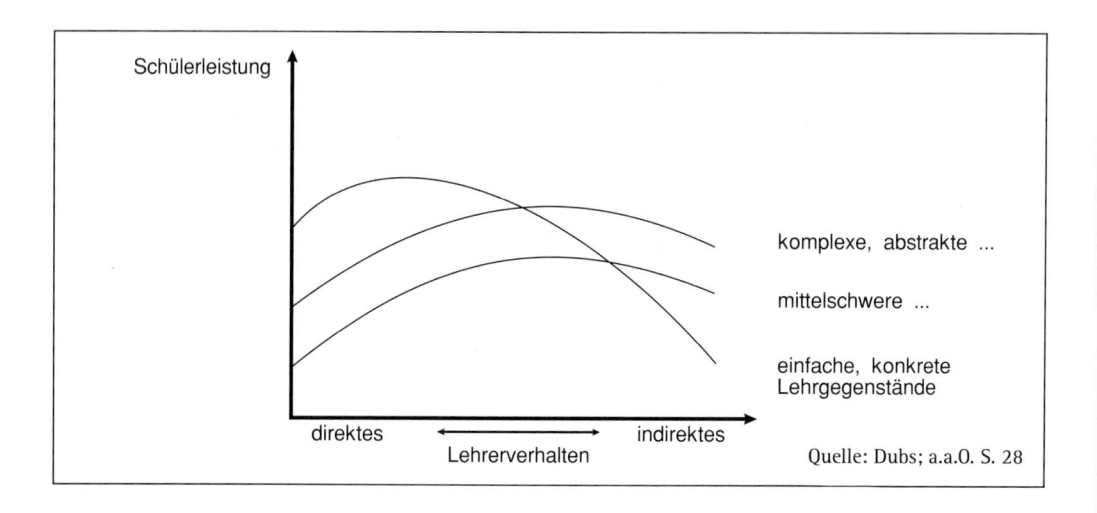

```
Schülerleistung ↑

                                        komplexe, abstrakte ...
                                        mittelschwere ...
                                        einfache, konkrete
                                        Lehrgegenstände

    direktes    ←——→    indirektes
            Lehrerverhalten                Quelle: Dubs; a.a.O. S. 28
```

Methodische Grundsätze

1. Wenn Schlüsselqualifikationen vermittelt werden sollen, dann ist es zunächst wichtig zu sehen, daß sie Lernziele einer hohen Komplexität sind. (denn über die Reproduktion hinaus sollen etwa selbständiges Handeln, Transfer, soziales, ökonomisches und ökologisches Bewußtsein gelernt werden). Der Theorie der kognitiven Komplexität folgend, sind komplexe Lernziele über **komplexe Lernumwelten** zu vermitteln.
2. Danach ist zu fragen, wie denn nun mit diesen komplexen Lernumwelten umzugehen ist. Dazu sagt die Script-Theorie, daß abstrakte Inhalte aus einer **episodischen** Ebene heraus zu entwickeln sind.
Somit ist dem Schüler Gelegenheit zu geben, die wichtigsten Begriffe und Regeln eines Sachzusammenhanges aus situativer Komplexität heraus induktiv zu erwerben.
3. Dieses methodische Arrangement sollte vor allem auch **Handlungsmöglichkeiten** für den Schüler enthalten; denn gemäß der psychologischen Handlungstheorie besteht ein Kontinuum zwischen Handlung und Begriff. Wenn nun Handlungen in die komplexe Lernsituationen eingebettet werden, dann sollten sie Aufgaben und/oder Probleme enthalten. Handlungen können aufgabenorientiert sein, dann bewirken die Handlungen eher assimilatives Lernen. Für den Erwerb von transferfähigem Prozeßwissen wäre es besser, den Schüler akkomodativ lernen zu lassen. Dies kann er bei der anderen Form von Handlungen, dem **Problemlösen**. (Theorie der Problemlösung = Steuerung der Denk- u. Lernprozesse von den Zielen und Aufgaben her). Die Vermittlung von Schlüsselqualifikationen wird begünstigt, wenn ein Konflikt als Problem zu lösen ist. Dies wird damit begründet, daß der Konflikt über ein Diskrepanzerlebnis zu entdeckendem Lernen intrinsisch motiviert.
Diese Problemlösungsaktivität ermöglicht es dem Schüler also, vermehrt Prozeßwissen gegenüber dem Sachwissen zu erwerben. Das bedeutet jedoch nicht, daß der Erwerb von Sachwissen vernachlässigt werden kann; das Sachwissen ist die Basis, das in einem Bereich erworbene Prozeßwissen auf andere Bereiche zu übertragen.

Die Rolle des Lehrers

Im Anschluß an die Darstellung der Prinzipien, denen ein Unterricht entsprechen muß, wenn Schlüsselqualifikationen vermittelt werden sollen, möchte ich nun aufzeigen, in welchem Lehrerverhalten sich diese Grundsätze konkretisieren:
1. Der Lehrer nimmt seine Fachautorität zurück.
2. Er fördert selbständige Lernprozesse.

3. Anstatt Muster vorzuführen, arrangiert der Lehrer eine Lernumwelt, in der der Schüler selbständig zu dem Lösungsmuster gelangt.
4. Der Anteil äußeren Lernhandelns steigt.
5. Der Lehrer organisiert ganzheitliche komplexe Lernsituationen, die beruflichem Handeln möglichst nahe kommen. Anstatt fertige Lösungen in systematischer Vollständigkeit zu vermitteln, sollte er dem Schüler die Chance der eigenen Lösungsfindung eröffnen. Es wäre deshalb wünschenswert den Lernprozeß des Schülers so zu gestalten, daß z.B. ein Konflikt der beruflichen Situation für den Schüler zu einem kognitiven Konflikt in der Lernsituation wird. Damit ist entdeckendes Lernen möglich.
6. Damit zusammenhängend, sollte der Lehrer vermehrt Lernnachlässe schaffen, die zu intrinsischer Motivation führen; wenn der Unterrichtserfolg verbessert werden soll, geschieht das nicht darüber, daß mehr Fakten pro Zeit eingegeben werden, sondern dadurch, daß das Sachinteresse des Schülers verstärkt wird.
7. Die Leistung sollte nicht dadurch kontrolliert werden, daß allein der Lehrer sein Urteil fällt, sondern er sollte zu Selbstprüfung anregen. Dazu gehört, daß er hilft, etwa funktionale Qualitätsmerkmale aufzustellen und daß er sich auf die Lösungsvorschläge des Schülers einläßt.

Allgemein wäre die Lehrerrolle zu beschreiben als das Loslösen von der hierarchisch übergeordneten Rolle des Unterweisers, dessen Autorität sich besonders auf den Vorsprung an Sachwissen stützt, hin zu der Rolle eines **Moderators**, der sein Sachwissen nicht in das Zentrum des Unterrichtsgeschehens stellt, sondern es mit pädagogischem Geschick dazu verwendet, dem Lernprozeß des Schülers einen **Rahmen**, eine **Richtung** und **Stabilität** zu geben.

Schlußfolgerung

Die Rolle des Lehrers ändert sich deutlich, wenn Schüler im Unterricht auch Schlüsselqualifikationen erwerben sollen. Dazu muß der Unterricht nach bestimmten Prinzipien gestaltet werden, denen nur entsprochen wird, wenn der Lehrer sein Verhalten auf die hier skizzierte Rolle abstimmt. Es genügt sicher nicht, einige der Unterrichtsprinzipien formal anzuwenden, vielmehr müssen diese sich im Verhalten des Lehrers konkretisieren. Hier erhält die Lehrerweiterbildung eine wichtige Funktion.

Gelingt es dem Lehrer sich mit dieser neuen Rolle zu identifizieren, kommt ihm eine zentrale Bedeutung bei der Vermittlung von Schlüsselqualifikationen zu.

Literatur:

Boretty, R. et. al. PETRA, Projekt und transferorientierte Ausbildung: Berlin, München (Siemens) 1988

Brater, M.: Persönlichkeitsorientierte Berufsausbildung: Gesellsch. f. Ausbildungsforschung u. Berufsentwicklung e.V.; o.J.

ders.: Entwicklung schöpferischer Fähigkeiten in der Berufsvorbereitung und Berufsausbildung; BWP 3/85, S. 77–80

Diepold, P.; Rischmüller, H.: Konsequenzen der neuen Informations- und Kommunikationstechniken für Inhalte und Methoden beruflichen Lernens am Beispiel des Modellversuchs WOKI; Vortrag Göttingen 1987

Dubs, R.: Der Führungsstil des Lehrers im Unterricht; Studien und Berichte des IWP; Heft 3; St. Gallen 1982

Halfpap, K.: Der Berufsschulunterricht für den Kaufmann im Einzelhandel; BWP 5/83; S. 171–176

Laur-Ernst, U.: Zur Vermittlung berufsübergreifender Qualifikationen, Oder: Wie vermittelt man abstraktes Denken; BWP 6/83, S. 187–190

Pampus, K: Ansätze zur Weiterentwicklung betrieblicher Ausbildungsmethoden.; BWP 2/87, S. 43–51

Reetz, L.: Zum Konzept der Schlüsselqualifikationen in der Berufsausbildung; o.O.; 1989

ders.: Zur Bedeutung der Schlüsselqualifikationen in der Berufsbildung; o.O; 1989

Rottluff, J.; Der Ausbilder als Moderator des Lernprozesses; BWP 4/83

Zabeck, J.: »Schlüsselqualifikationen« zur Aufklärung eines Sachverhalts; in »Die Realschule«, 96. Jg. 9/88, S. 328–332.

Arbeitsgruppe 11
»Probleme der Vermittlung von Schlüsselqualifikationen in der Ausbildung im Berufsfeld Bautechnik«

Einführung / Bericht:

Prof. Dr. Günter Spreth,
Universität Hamburg

Referate:

Dipl. Ing. Heinz Passlack,
Preusse Baubetriebe Hamburg

»Schlüsselqualifikationen in der Bautechnik aus der Sicht der Praxis«

Arne Knudsen,
Staatl. Gewerbeschule Bautechnik Hamburg

»Auswirkungen der Einführung informationstechnischer Grundbildung im ADV/CAD Bereich auf das Weiterbildungsverhalten von Lehrern«

Dr. Dr.-Eng. hc. Rudolf Bode,
Staatl. Gewerbeschule Bautechnik Hamburg

»Schlüsselqualifikationen in der Bautechnik — Ihre Rolle für die Ausbildung in modernen Technologien«

Günter Spreth

Zusammenfassung der Ergebnisse der Arbeitsgruppe 11

Die Teilnehmer der AG begrüßen es außerordentlich, daß die Planer der Veranstaltung im Hinblick auf die Bildung der Arbeitsgruppen weitgehend dem Fachrichtungsprinzip entsprochen haben. Für das Berufsfeld Bau zeigt sich nämlich, daß sich die Frage nach Schlüsselqualifikationen an den grundständigen Problemen des Berufsfeldes orientieren muß, die nicht (oder noch nicht!) in der Gesamtheit für andere Berufsfelder generalisierbar sind.
Alle Interessenvertreter und im Berufsfeld kundige und tätige Personen der AG gehen nämlich von einem existenz- und qualitätsbedrohenden Mangel an Facharbeitern und damit auch Auszubildenden im Berufsfeld Bau aus, der sich schon seit einigen Jahren abzeichnet und zukünftig verstärken wird. Die Analyse der Gründe dafür ergibt auch eine weitgehende Übereinstimmung in der AG. So wird die mangelnde Attraktivität des Berufsfeldes Bau, die sich aus einer vergleichsweise zu geringen Bezahlung bei gleichzeitig zu schwerer körperlicher Arbeit verbunden mit witterungsspez. Begleiterscheinungen ergibt, als für den Facharbeitermangel im Berufsfeld verantwortlich angesehen.
Weiter hat sich auch gezeigt, daß vergleichsweise monetäre Anreize für eine Ausbildung im Berufsfeld Bau und curricular-didaktische Verbesserungen der Ausbildungssituation nicht einen Verbleib der Ausgebildeten im Berufsfeld zu garantieren vermögen. Diesen Restriktionen steht jedoch eine auch für die Zukunft prognostizierte erhöhte gesellschaftliche Nachfrage nach qualifizierten Bauleistungen gegenüber.
Die Arbeitgeber- und Arbeitnehmervertreter in der AG stimmen dahingehend überein, daß auf der Ebene der Tarifpolitik die Stagnation und der damit vermachte relative Lohnrückschritt im Bauberich innerhalb der nächsten Tarifverhandlungen aufgeholt werden muß.
Erst nach diesen sowohl für Arbeitnehmer als auch Arbeitgeber existenzsichernden Veränderungen, die in der Zielpriorität hohen Rang besitzen, kann der Weg nach Meinung der Tarifpartner zunehmend erfolgreich für die Frage nach Schlüsselqualifikationen im Berufsfeld geöffnet werden.
Diese Frage beantworteten die an der Berufsbildung beteiligten Gruppen dann jedoch gemäß der Lernorte, für die sie überwiegend zuständig sind, recht unterschiedlich.
Ausgehend von der Erfahrung der multivarianten Qualifikation und Verwendung des Zimmermanns im Berufsfeld Bau verweist der Vertreter einer industriell orientierten Arbeitgeberschaft auf Schlüsselqualifikationen, die sich aus dieser beruflichen Kompetenz gewinnen lassen. Räumliches Vorstellungsvermögen, Umgang mit und Denken in Kräften sowie Improvisationsvermögen zeichnen diesen Beruf aus. Hier wird das Potential für die Findung von Schlüsselqualifikationen im Bereich der fachpraktischen Qualifikation gesehen.
Die für den Baubereich zuständige Berufsschule verweist aus unterschiedlichen Gründen auf eine EDV- und CAD-Bildung als mögliches Potential für Schlüsselqualifikationen. So wird einerseits festgetellt, daß Leistungen im Baubereich auf verschiedenen Ebenen und Gegenstandsbereichen von EDV/CAD-Techniken bestimmt werden. Eine EDV/CAD-Bildung hat damit erschließenden aber auch qualifizierenden Charakter.
Andererseits könnte dieser Komplex, dessen Aus- und Weiterbildung die Schule vor große Probleme stellt, einen partiellen Beitrag zur attraktiveren Gestaltung des Berufsfeldes ausmachen, um so dem geschilderten zahlenmäßigen Rückschritt von qualifizierten Facharbeitern zu begegnen.
Insgesamt zeigt die Diskussion von Schlüsselqualifikationen im Baubereich, daß diese Fragen in praktischer Wirksamkeit einerseits berufsfeldspezifisch und andererseits unter Einbezug der Lernortmöglichkeiten des dualen Systems zu diskutieren sind.

Heinz Passlack

Schlüsselqualifikationen in der Bautechnik aus der Sicht der Praxis

Seit 1976 wird in den Hamburger Berufsschulen der gewerbliche Nachwuchs aufgrund einer neuen Ausbildungsverordnung, nach der Stufenausbildung ausgebildet. Bei diesem von den Tarifpartnern entwickelten System greifen die theoretische Ausbildung in der Berufsschule, die praktische Ausbildung im Betrieb und die praktische überbetriebliche Ausbildung ineinander.
In der ersten Stufe geht es um eine Berufsgrundausbildung sowie die Fachausbildung im jeweiligen Fachbericht Hochbau, Tiefbau oder Ausbau. Sie endet mit der Abschlußprüfung als Hochbaufacharbeiter, Tiefbaufacharbeiter oder Ausbaufacharbeiter.
In der zweiten Stufe erfolgt die Ausbildung zum Spezialfacharbeiter (Bauindustrie) oder zum Gesellen (Bauhandwerk).
Wie Sie merken, wird durch dieses Stufenmodell die frühere Ausbildungsform verlassen. Während vorher 4 Tage im Betrieb ausgebildet wurde und 1 Tag Berufsschule stattfand und wenn überhaupt 1–2x im Jahr ein Lehrgang von 1–2 Wochen in einer Lehrwerkstatt, so wird jetzt im 1. Ausbildungsjahr, dem Berufsgrundbildungsjahr, 20 Wochen in der Berufsschule unterrichtet. 20 Wochen verbringt der Auszubildende im Ausbildungszentrum und nur 12 Wochen im Betrieb (davon 6 Wochen Urlaub).
Hier geschieht etwas bei den Gewerblichen, was in ihre Vorstellung der Schlüsselqualifikation paßt. Der junge Auszubildende wird mit allen Bauhandwerkszweigen bekannt gemacht, die in seinem späteren Umfeld liegen. Diese sehr breit angelegte Ausbildung hat dazu geführt, daß das Fachkönnen des eigentlichen Berufes zu kurz kommt, und von daher kommt auch immer wieder Kritik von der Arbeitgeberseite.
Um es an einem Beispiel festzumachen:
Der Maurermeister, der 10 Gesellen beschäftigt, braucht einen fachlich gut ausgebildeten flinken Maurer. Der soll bei ihm mit mauern und nur damit sein Geld verdienen. Im Industriebetrieb sieht es schon anders aus.
Dort hat der Maurer vor 10 Jahren im Wohnungsbau gemauert. Danach hat er Maurer-ähnliche Tätigkeiten im Industriebau geleistet und heute arbeitet er in der Betonsanierung mit Kunststoffen, Harzen und Fertigteilplatten. Bei mir sind einige wieder umgeschult auf Kanalsanierung, ein breites Aufgabengebiet der Zukunft.
Die nach vorne denkenden Bauunternehmungen sind für eine vielseitig angelegte Ausbildung, um einen notwendigen Wechsel in den Tätigkeiten zu ermöglichen.
Ich erwähne dabei gerne das **Beispiel des Zimmermanns**. Schon immer galt der Zimmermann als der Bauhandwerker, mit dem man alles machen konnte. Auch neue Techniken meisterte er am schnellsten. Die Poliere und Meister aus dem Zimmermannsstand galten als die vielseitigsten. Was hat ihn dazu befähigt? Ich glaube seine Ausbildung und Tätigkeit, die ihn, um ein Beispiel zu nennen, in seiner täglichen Arbeit mit Kräften umgehen lehrte, mehr als jeden anderen Handwerker. Er lernte räumliches Vorstellungsvermögen anzuwenden und auch zu improvisieren. So glaube ich, daß wir hieraus Lehren ziehen sollten auch für unsere Stufenausbildung. Um zu einem größeren »Fachkönnen« zu kommen, sollen wir die Lehrinhalte prüfen und nicht Vielseitigkeit um der Vielseitigkeit lehren, sondern auf das gewollte und erreichbare Ergebnis sehen.
Wenn wir das Ziel moderner Techniken und Bauverfahren anpeilen, so müssen wir das im baugewerblichen Bereich differenziert betrachten. Den Umgang mit modernsten Maschinen und Baugeräten lernen die Auszubildenden im Betrieb, sofern das in ihrem Handwerk vorkommt. Bei Interesse des einzelnen wird jeder Arbeitgeber gerne nach der Ausbildung hier nachschulen als Gerätefahrer, Schweißer, Fachmann im Umgang mit Kunstharzen usw.
Computertechnik kommt im handwerklichen Bereich ganz selten vor, bei Spezialmaschinen auf denen nachgeschult werden muß. Bei der weiteren Fortbildung zum Meister oder Polier, Techniker und Ingenieur sieht die Sache dann wesentlich günstiger aus. Hier wird die Anwendung der Schlüs-

selqualifikation notwendig und richtig sein. Allerdings kann ich mir eine kritische Anmerkung dazu nicht versagen.

Seit meinen Studienjahren vor 40 Jahren bis heute rufen die Wirtschaft und ihre Verbände, daß es notwendig ist, die praktische **betriebswirtschaftliche Seite der Ingenieurtätigkeit bei der Ausbildung stärker zu berücksichtigen**. Im Durchschnitt muß ich aber sagen, was dort an den Hochschulen geschieht, ist völlig unzureichend und geht an den Notwendigkeiten vorbei. Selbst ein Handwerker sollte erfahren, was seine Baustoffe und Werkstoffe wert sind und nicht nur woraus sie bestehen. Hier herrscht ein großer Nachholbedarf.

Wir sollten aufpassen, die Handwerker-Ausbildung mit Lasten zu befrachten, die zwar modern sind aber keinem etwas bringen. Wir müssen zur Kenntnis nehmen, daß der Bauberuf nicht attraktiv ist. Unsere große Sorge ist, daß nach dem Pillenknick 500 Bauhandwerker in Hamburg jährlich in den Ruhestand gehen und weniger als 250 eine Lehre beginnen (aber nicht auch beenden).

Daraus können Sie ablesen, daß das Niveau nur unterdurchschnittlich sein kann und leider auch ist. Deswegen Ja zum sinnvollen, breit vermittelten Fachkönnen und Perspektiven für die Weiter- und Fortbildung, die von unseren Wirtschaftsverbänden in großer Zahl angeboten wird, aber, das Echo könnte größer sein. Auch dies ist sicherlich neben anderem eine Folge des durchschnittlichen Niveaus.

Lassen Sie mich bitte noch einen anderen Aspekt aufzeigen, der mir große Sorgen macht, und der mir in der Vorbereitung auf diese Veranstaltung erneut sehr deutlich geworden ist.

Ich muß dabei natürlich meinen eigenen Standort erklären. Ich bin ein Praktiker der Bauausführung. Eines meiner Probleme ist die Qualität, mit der meine Mitarbeiter unsere gemeinsame Arbeit abliefern, für die wir dann 5 Jahre Gewährleistung übernehmen müssen.

Kennen Sie jemanden, der das tut?

Ich leite einen Betrieb mit ca. 300 Mitarbeitern, davon mindestens 10% Auszubildende.

Neue Bauverfahren, neue Techniken, neue eigene Entwicklungen leistet mein Betrieb mit unglaublicher Mühe und viel Fleiß aller Beteiligten. Das Rüstzeug dafür holen die wenigsten aus ihrer Ausbildung.

Was meine Sorge ist: Die Ausbildung darf kein Eigenleben führen, die Praxis des Betriebes muß immer wieder hineingreifen in die Ausbildungswege.

Wir dürfen uns nicht immer weiter voneinander entfernen. Wir dienen sonst nicht der Ausbildung, sondern jeder nur sich selbst. Das ist bei allen Vorzügen des Stufenmodells auch eine Gefahr. Wollen die Arbeitgeber etwas verändern, so sagt die Gewerkschaft aus taktischen Gründen, die ganz woanders liegen, nein und umgekehrt.

Und die Berufsschule ist ein Problem für sich. Sie untersteht ja dem Schulsenator, der Auszubildende hat einen Vertrag mit einer Firma. Viel good-will gehört dazu, von beiden Seiten, die Belange der Ausbildung sachlich gut zu gestalten.

Ich danke Ihnen, daß Sie mir zugehört haben und hoffe sehr, daß einige meiner Gedanken in Ihnen nachklingen, so wie mir das mit Ihren Gedanken geht, auf das wir zum Wohle einer zukunftsträchtigen Ausbildung auch weiterhin einen Dialog pflegen.

Arne Knudsen

Auswirkungen der Einführung informationstechnischer Grundbildung im ADV/CAD-Bereich auf das Weiterbildungsverhalten von Lehrern

1. Problemaufriß

Die Gewerbeschule 19 hat ausgehend von dem Problem möglicher Auswirkungen des zunehmenden Einsatzes von DV-Systemen in der Bauwirtschaft für die Bereiche der Berufsschule und FOS einen Schulversuch beantragt und ist jetzt dabei, diesen zu konzeptionieren und im Unterricht zu erproben.

Wir wollen untersuchen, wie sich die neuen Technologien insbesondere der Einsatz von CAD-Systemen auf die Curricula der schulischen Ausbildung in den Abteilungen Bauzeichner, Hoch- und Tiefbau, Vermessung, Kartographie, Ausbau und Fachoberschule auswirken.

Im Zuge der Didaktisierung und im Rahmen der Unterrichtsversuche sind wir im Verlaufe dieses komplexen und »mutigen« Unterfangens auf ein von allen unterschätztes Problem gestoßen:

— je mehr wir versuchen, die did.-meth. Gestaltung auf die Erfordernisse eines angemessenen Qualifikationsansatzes hin anzupassen,

— desto mehr schrumpfte der Kreis potentieller Koll., die dies im Unterricht umsetzen mochten/konnten zusammen!

Am Problem einer hinreichenden Lehreraus-/fortbildung im Rahmen relativ enger zeitlicher Vorgaben schien die Realisierung des SV's fast zu scheitern!

Um es gleich vorwegzunehmen, unser pragmatischer Lösungsansatz glich eher einem Drahtseilakt als einem gesicherten und umfassenden Lösungskonzept für die Aus- und Weiterbildung der Kolleginnen als eine Grundvoraussetzung für eine konzeptionelle Entwicklung und Realisierung des Schulversuchs aus den jeweiligen Abteilungen heraus. Dies erschien uns wichtig, um technizistisch/pragmatischen Alleingängen weniger System-Spezialisten vorzubeugen.

2. Der Ansatz

Unser Vermittlungsansatz versucht – in Analogie zum ungleichen Wettkampf zwischen Hase und Igel – das Rennen zwischen den sehr kurzen Halbwertzeiten anwenderbezogener Systemkenntnisse und dem schwerfälligen Ablauf von Lehrerschulung, Didaktisierung und Lehrplanrevision für sich zu entscheiden.

Wir gehen an der G19 von einem qualifikatorischen Ansatz aus, der berufs- und systemübergreifend im Bereich der Prozeßdatenverarbeitung ausgerichtet und u.a. an Qualifikationen wie Kreativität, Kritik- und Kooperationsfähigkeit sowie an verfahrenstechnischen und methodischen Qualifikationen festzumachen ist.

Vor dem Hintergrund des skizzierten Problems möchte ich in diesem Zusammenhang besonders auf die »Befähigung zum selbständigen Weiterlernen« hinweisen. Sie ist in diesem Zusammenhang eben nicht nur für die Schüler sondern – wenn auch mit anderen Ansprüchen versehen – auch für meine Koll. gleichermaßen von besonderer Bedeutung.

Um die komplexen Qualifikationen, die fachliches, soziales und persönlichkeitsbezogenes Handeln gleichermaßen in Ansatz bringen sollen, unterrichtlich einzubringen, wuchs auch die besondere Bedeutung des methodischen Ansatzes für die Gestaltung der Lernprozesse im Hinblick auf die gesetzten Ziele.

3. Die Ausgangssituation der Unterrichtenden

Dieses für uns durchaus innovative Konzept erreichte die Kollegen in einer Situation, die gekennzeichnet war durch:
- durchgängig fehlende fachliche Basiskenntnisse im Hardware- und Software-Bereich;
- ein eher ambivalentes Verhältnis gegenüber neuen Technologien;
- ein unterrichtliches Engagement, daß nach durchschnittlich 10–15 Jahren beruflicher Tätigkeit an Routine, Desillusionierung und starren meth. Ritualen leidet.

4. Probleme der Aus- und Weiterbildung

Unsere gemeinsamen Aus- und Fortbildungsbemühungen begannen in einem ersten Schritt (parallel zur Antragstellung) mit einem Crash-Kurs der isoliert anwendungsbezogen auf ein (eher beliebiges) CAD-System verengt war.
Erste Unterrichtsversuche und autodidaktische Weiterbildungsbemühungen endeten in einem fachlichen »Problem-Schock«!
Die sich abzeichnenden did. Konzeptionen erschienen den Koll. vor dem Hintergrund massiver Probleme schon im Bereich der Regelanwendungen, Datenverwaltung und HW-Handling geradezu utopisch.
Massive Ängste, Mutlosigkeit und Agressivität verbreitet sich bei den Unterrichtenden, die sich zusehens in eine neue Rolle gedrängt sahen:
- vom fachlichen und pädagogischen Experten zum gemeinsam mit Koll. und Schülern lernenden, experimentierenden, suchenden Anleiter mit überschaubarem Wissensvorsprung und neuem Verständnis für die Probleme und Nöte der Schüler.

Dieses Rollenverständnis war vor allem für unsere älteren Kollegen nur schwer annehmbar.

5. Der Innovationsschub

Um dieser Situation zu begegnen, entwickelte sich an unserer Schule ein lange nicht erlebter Innovationsschub im Umfang von ca. 20.000(!) Lehrer-Stunden in einem Jahr für die eigene Aus- und Weiterbildung in Form von:
- Neu- und Nachschulungen im eigenen Hause mit neuem inhaltlichen Profil (vor allem Sensibilisierung der Kolleginnen für die komplexe Problematik der Prozeßdatenverarbeitung: Zusammenspiel der umfangreichen HW (Maschine, zusätzliche Schnittstellen, Grafikkarten, Mouses, Plotter, Drucker, verschiedene Bildschirme u.v.m.),
- IfL-Lehrgängen,
- Anschaffung eigener PC-Arbeitsplätze mit entsprechender Software (mit z.T. nicht geringem finanziellen Aufwand),
- Eigenschulung mit intensivem Literaturstudium,
- außerschulischen Arbeitsgemeinschaften,
- außerschulischen Fachkontakten und Infoaustausch,
- externe Systemschulungen,
- Fachexplorationen und Messebesuche und
- Einbindung von Psychologen, um die Kommunikationsbarrieren zwischen den Kolleginnen abzubauen u.v.m.

6. Das Fazit

Dieser gewaltige Bildungsschub brachte noch zusätzliche, unerwartete Probleme mit sich:

- eine zunehmende Individualisierung der Weiterbildung und stärkere Heterogenität der Fachkompetenz des Kollegiums,
- Spannungen im Kollegium durch Kompetenz- und fachliche Sprachprobleme,
- Ängste vor dem Wettlauf mit der rasanten technologischen Entwicklung im DV- und Prozeß-DV-Bereich und
- eine bestehende Ambivalenz von Faszination und ethisch-politischen Vorbehalten.

Offen ist z.T. immer noch, wie wir eine vertretbare, anspruchsvolle, schülergerechte Schulung auf breitester Basis im Kollegium erreichen und vor allem über einen längeren Zeitraum aufrechterhalten können, ohne die Gräben im Kollegium noch tiefer aufzureißen, indem wir einzelne Kolleginnen in ein Spezialistentum abzudrängen und weniger qualifizierte vom Unterricht ausgrenzen:
- ohne eine hinreichende Lehrerversorgung der Schule insgesamt gekoppelt mit einer entsprechenden Teilungs- und Entlastungsstundenausstattung;
- ohne die materielle und ideelle Unterstützung des IfL;
- ohne die Vermittlung von fachlichen Grundlagenkenntnissen, strukturellen Übersichtswissen und spezifischen Vermittlungsansätzen durch die Universität, Fachhochschule und Studienseminar;
- ohne die Entwicklung tragfähiger Fortbildungs- und Vermittlungskonzepte, die auch die Transferproblematik durch den Epochalunterricht sowohl bei Schülern als auch bei Lehrern miteinbeziehen;
- ohne eine entsprechende materielle Ausstattung und fachliche Fortbildung der Kolleginnen und der Fachraumverwaltung ist eine abgesicherte, vertretbare unterrichtliche Arbeit langfristig – ohne SV-Bedingungen – wohl kaum in der Schule realisierbar.

Wie immer scheint die Schere zwischen pädagogischen Ansprüchen und unterrichtlicher Wirklichkeit ziemlich weit auseinanderzuklaffen.

Ich denke, daß gerade im Bereich der Prozeßdatenverarbeitung noch sehr viele Probleme vor allem für uns Lehrer zu lösen sind, bis wir wieder in unsere allzu vertraute Expertenrolle schlüpfen können. Jedoch abgesehen von allen Schwierigkeiten und persönlichen Mühen und Nöten hat das Kollegium der G19 in den letzten Jahren keinen vergleichbaren Fortbildungsschub erlebt, wie in diesen letzten 1–2 Jahren!

Vor diesem Hintergrund müssen wir die Vor- und Nachteile dieser Entwicklung an unserer Schule noch sehr sorgsam prüfen und bewerten.

Rudolf Bode

Schlüsselqualifikationen in der Bautechnik — ihre Rolle für die Ausbildung in modernen Technologien —

1. Problemaufriß
2. Entwicklung und Anwendung moderner Technologien als gesellschaftliches Problem
3. Entwicklung moderner Technologien in der Bautechnik
4. Schlüsselqualifikationen für Bauberufe
5. Ausbildungsbedingungen
6. Abschließende Bemerkungen
7. Literaturhinweise

1. Problemaufriß

Ein komplexes Phänomen in nur wenigen Worten zu beschreiben - wie es die gebotene Kürze befiehlt - ist unmöglich. Darum sollen hier nur einige wenige Aspekte kurz angesprochen werden. Aufgrund der desolaten Auftragssituation Mitte der 80er Jahre in der Bauwirtschaft wurde in moderne Technologien wie CAD in Großbetrieben nur vorsichtig, in mittelständischen und kleinen Betrieben überhaupt nicht investiert. Dadurch stagnierte die Ausbildung in CAD auf allen Qualifikationsebenen. In den Berufsschulen entstand als Folge ein Investitionsdefizit und damit auch ein Defizit an CAD-Ausbildung sowohl im Studium zum Berufsschullehrer wie in der Fortbildung der an den Schulen tätigen Berufsschullehrer. Weder im universitären noch im schulischen Rahmen wurde über einschlägige Schlüsselqualifikationen nachgedacht.

2. Entwicklung und Anwendung moderner Technologien als gesellschaftliches Problem

Die Entwicklung moderner Technologien und deren Anwendung in der Wirtschaft wird auch in der Bundesrepublik polar diskutiert. Verkürzt dargestellt lassen sich dabei vor allem zwei altbekannte Positionen beschreiben; die erste versucht die modernen Technologien zu verteufeln. Sie werden als »Arbeitsplatzkiller« beschrieben und schüren die Angst, die Erwerbsfähigkeit zu verlieren und so mit den alten Berufsmerkmalen in ein neues Proletariat abzurutschen.
Bei der zweiten wird vor allem die Steigerung von Quantität und Qualität technischer Produkte herausgestrichen sowie die Erleichterungen im Produktionsprozeß gelobt. Von Rentabilität und Gewinnabschöpfung ist nur selten die Rede.
Faktum ist auf jeden Fall: Durch die Entwicklung und Anwendung moderner Technologien entstehen in der Wirtschaft und in der individuellen Arbeitswelt eines jeden Individuums neue Strukturen. Kommunikation und Konsum, Haushalt und Freizeit verändern sich als Folge daraus (vgl. 1/S. 4). Offen bleibt die Frage, wie langfristig das Problem des Eigentums an der »Produktivkraft Information« beantwortet werden wird. Von ihr hängen wohl entscheidend Einsatz und weitere Entwicklung moderner Technologien und damit die Veränderungen von Gesellschaft ab. An dieser Stelle kann darauf nicht weiter eingegangen werden.

3. Entwicklung moderner Technologien in der Bautechnik

In der Bautechnik stellt die Einführung und Anwendung von EDV-Systemen und als Teil davon CAD Einrichtungen die wesentlichste technologische Neuerung seit der Begründung der Betontechno-

logie dar. Betrachtet man nun die bisherige und gegenwärtige Ausbildung in der Bautechnik, so können thesenartig drei Merkmale beschrieben werden:
– In der Ausbildung wurde und wird einseitig der Schwerpunkt auf die Auseinandersetzung mit technischen Gegenständen gelegt.
– Demgegenüber ist die Auseinandersetzung mit technischen Verfahren schon deutlich nachgeordnet.
– Vernachlässigt wird das Verantwortungsproblem im gesellschaftlichen Leben als Teil einer normreflexiv verstandenen Technik.

Man denke in diesem Zusammenhang doch einmal daran wie oft die Ausrede gebraucht wird, »...das war der Computer« usw. (vgl. 2)
Für die Berufsschule ist vor allem darauf zu achten, daß EDV und damit CAD didaktisch richtig in Aus- und Weiterbildung einbezogen werden.

4. Schlüsselqualifikationen für Bauberufe

Neuere Untersuchungen der Qualifikationsveränderungen (vgl. 3) haben ergeben, daß im gewerblichen Bereich veränderte Produktionskonzepte zur Veränderung der qualitativen Bedeutung menschlicher Arbeitsleistung führen (vgl. 4). Die Entwicklung führt ganz allgemein weg von stark arbeitsteiligen Strukturen und hin zu funktionsintegrativen und ganzheitlichen Formen. Schlüsselqualifikationen sollen gewährleisten, daß die erworbene berufliche Kompetenz entsprechend der Entwicklung von Qualifikationen ausgebaut, angepaßt und in Richtung autonomen Handelns ständig stabilisiert werden kann. Sie müssen darum hohe Komplexität, große situative Breite und hohe Transferierbarkeit haben.
In diesem Sinne sind in der Bautechnik Schlüsselqualifikationen Fertigkeiten und Kenntnisse aus dem Bereich:
Messen, Vermessung,
– Material- und Baustoffkunde, und als sie alle übergreifende und integrierende bautechnische Instanz
– Baukonstruktion, in der die Frage nach den **Bedürfnissen** zu stellen ist, die durch Bauen zu befriedigen sind.

Beim Identifizieren von bautechnischen Schlüsselqualifikationen haben sie sowohl die Anforderungen von Komplexität, situative Breite und Transferierbarkeit zu erfüllen wie diejenigen, die mit der zentralen Rolle der Baukonstruktion intendiert sind (vgl. 5). Sie müssen dabei gleichzeitig berufsfeldübergreifend und berufsfeldbezogen sein.
Im Blick auf EDV/CAD in Bauberufen ist zu beachten,
– daß CAD zumindest langfristig graduell unterschiedlich die Informationen durch die technische Sprache Zeichnung, und
– daß CAD im Verbund mit CAM oder CIM die Produktion verändern wird.

Wirft man vor diesem Hintergrund die Frage auf, was nun in EDV/CAD Schlüsselqualifikationen sind, dann gibt es wohl vor allem solche Kenntnisse und Fertigkeiten zu finden, die
– dazu befähigen, Aufbau, Arbeitsweise und Umgang mit Personal Computern zu beschreiben,
– dazu befähigen, mit marktführenden Betriebssystemen umzugehen,
– dazu befähigen, mit gängigen Eingabetechniken wie Maus, Digitalisiertablett sicher umzugehen,
– dazu befähigen, sich selbständig in fremde Software einzuarbeiten,
– dazu befähigen, durch moderne Technologien verursachte gesellschaftliche Veränderungen zu erkennen und aus diesem Zusammenhang heraus zu handeln.

5. Ausbildungsbedingungen

Unter Beachtung der skizzierten Bedingungen sind nun Ausbildungsziele zu beschreiben und Ausbildungsinhalte festzulegen. Danach kann die Zuweisung der Ausbildungsaufgaben an die Lernortsysteme Berufsschule, Betrieb und überbetriebliche Ausbildungsstätten erfolgen. In der Berufsschule ist festzulegen in welche Fächer CAD/EDV zu integrieren ist. Entsprechendes gilt für die Ausbildungsphasen an anderen Lernorten. Es sind Vermittlungsmethoden zu wählen, die förderlich sind für die Entwicklung autonomen Handelns, in dem die schlüsselqualifikatorischen Merkmale Komplexität, situative Breite und Transfer zum Tragen kommen. Bewährte Methoden, die die damit geforderte ganzheitliche Betrachtung bautechnischer Probleme und Phänomene erlauben, sind Projektmethode und Leittextmethode. Sie sollten verbunden und kombiniert werden mit Phasen selbständigen Lernens und partnerschaftlichen Handelns, die als lernerzentriert, handlungsorientiert, aktivitätsfördernd und selbständigkeitsfördernd gelten.

6. Abschließende Bemerkungen

Die in diesem Band gebotene Kürze erlaubte nur eine skizzenhafte Beschreibung der durch Einsatz von EDV/CAD bewirkten Veränderungen in der Ausbildung in der Bautechnik. Eines läßt sich jedoch mit Gewißheit sagen, der Erwerb und Besitz von Schlüsselqualifikationen hat hohe Bedeutung für die berufliche Wirklichkeit. Forschung und Lehre sind gefordert, entsprechende Hilfen zu entwickeln.

7. Literaturhinweise

1 Mikroelektronik und berufliche Bildung: 1. Fachtagungsbericht, Fraunhofer Institut für Arbeitswissenschaft und Organisation, Stuttgart 1987.

2 Söger, M.: Zur Verantwortung Technik-Schaffender- Ein Beitrag zur gegenwärtigen Situation, in: Kammasch, G./Wild, D./ Zebisch, H.J. (Hg.): Schriftenreihe: Diskussionsfeld Technische-Ausbildung, Bd. 2: Mensch und Technik, Allgemeine und berufliche Bildung, Bildgestaltung und Kommunikation CAD/CIM-Ausbildung, Alsbach 1987.

3 Kern, H/Schumann, M.: Das Ende der Arbeitsteilung; – Rationalisierung in der industriellen Produktion, München 1984

4 Reetz, L.: Zum Konzept der Schlüsselqualifikationen in der Berufsausbildung; Vortrag 1989 in BFW Hamburg.

5 Bode, R.: Berufliche Erstausbildung in der Bauwirtschaft im Schnittpunkt von technischer Entwicklung, ökonomischen Interessen und berufspädagogischen Anspruch, Alsbach 1980, Kapitel 3.

D. Abschlußreferat / Resümee

Prof. Dr. Heinrich Meyer,
Universität Hamburg

Prof. Dr. Ernst Uhe,
Universität Hamburg

»Perspektiven zur Realisierung von Schlüsselqualifikationen in Betrieb und Schule«

Heinrich Meyer/Ernst Uhe

»Perspektiven zur Realisierung von Schlüsselqualifikationen in Betrieb und Schule«

In den letzten zwei Tagen haben sich mehr als 500 Damen und Herren in vielen Arbeitsgruppen und in unzähligen Gesprächen am Rande bemüht, das »Zauberwort« Schlüsselqualifikationen zu entzaubern. Wir alle wissen, was Schlüsselqualifikationen nicht sind: Ein auf Unterordnung und Drill beruhendes Pauken von Sachverhalten. Sehr viel schwieriger fällt es uns zu sagen, was sie denn sein könnten. Wir maßen uns nicht an, hier in einer zusammenfassenden Definition all die vielen erörterten Aspekte auf den Punkt zu bringen. Jede Definition hat ihre Stärken und Schwächen.
Wir werden nun versuchen, Möglichkeiten der Realisierung von Schlüsselqualifikationen in Schule und Betrieb perspektivenhaft anzureißen. Diese entwickeln wir zu uns zentral erscheinenden Fragestellungen und beziehen dabei wichtige Ergebnisse der Arbeitsgruppen ein. In diesem Zusammenhang sollen auch offene Fragen deutlich gemacht werden. Wir bitten um ihr Verständnis, daß nicht alle Details der Arbeitsgruppenergebnisse von uns wiedergegeben werden können.
Mit einer grundsätzlichen Fragestellung beginnen wir:

1. Wie gestaltet sich das Verhältnis von allgemeiner und beruflicher Bildung im Zusammenhang mit der Entwicklung von Schlüsselqualifikationen?

Der Begriff »Schlüsselqualifikationen« ist relativ neu, nicht aber das Phänomen. Neben beruflich direkt verwertbaren Kenntnissen und Fertigkeiten wurden und werden immer auch Qualifikationen mit übergreifendem Charakter entwickelt. Hierbei ist ein Aspekt wichtig, der für die berufliche Bildung leicht vernachlässigt wird: Alle Qualifizierungen müssen neben den fachlichen auch Aspekte beinhalten, die den Menschen in seinen sozialen Beziehungen betreffen und in seiner Persönlichkeitsentwicklung stärken. Schlüsselqualifikationen umfassen die kognitive, psychomotorische und affektive Dimension. In diesem Zusammenhang wurde in einer Arbeitsgruppe auch von Schlüsseldispositionen gesprochen.
In der Geschichte der Berufs- und Wirtschaftspädagogik und in der Tradition der Berufsschule ist der Gedanke umfassender Bildung nicht neu, er »bringt auf den Punkt«, was schon immer als Aufgabe berufserzieherischen Bemühens angesehen wurde. Mit einer gewissen Genugtuung vermerken wir Berufs- und Wirtschaftspädagogen heute, daß auch der Betrieb nunmehr den »Menschen in seiner Ganzheit« entdeckt hat.
Dies hatte auch der Deutsche Bildungsrat in der Reformphase Anfang der siebziger Jahre herausgestellt, als er postulierte, daß alle Bildung fachliche, soziale und humane Kompetenzen zum Ziel haben müsse. Die im Einleitungsreferat dieses Symposions von Herrn Reetz aus dem Strukturplan zitierten allgemeinen Lernziele decken sich in vielen Punkten mit den in diesen zwei Tagen diskutierten verschiedenen Konzeptionen von Schlüsselqualifikationen.
Allerdings dominiert in der Regel der berufliche Bezug. Die Bedeutung für die Rolle des Berufstätigen als Staatsbürger, Verbraucher, Familienmitglied usw. wird nicht hinreichend mitbedacht.
Die Notwendigkeit der Entwicklung von Schlüsselqualifikationen war in den Arbeitsgruppen erwartungsgemäß nicht strittig. Diskussionen gab es darüber, welche Bedeutung die einzelnen Gesichtspunkte haben sollten, und vor allem, wie sichergestellt werden kann, daß sie auch tatsächlich in der Ausbildungswirklichkeit berücksichtigt werden.
Den kritischen Beobachter erfaßt allerdings Unbehagen ob der so plötzlichen Einheit von betrieblichen Ansprüchen und pädagogischen Zielsetzungen. Während in der Vergangenheit immer wieder die teilweise gegensätzlichen Interessen und die verschiedenen Aufgaben von Schule und Betrieb hervorgehoben wurden, gibt es plötzlich eine bemerkenswerte Allianz: Deckt sich die Vorbereitung auf die Berufstätigkeit so stark mit der Erziehung zum ganzheitlich denkenden und handelnden Menschen?
Sind Schlüsselqualifikationen tatsächlich in der Lage, den bisher antagonistischen Gegensatz zwischen Ausbeutung und Ausbildung aufzuheben oder handelt es sich hierbei um ein trojanisches

Pferd in der beruflichen Bildung? Oder dienen sie letztlich vorwiegend dazu, den Anpassungsprozeß des Berufstätigen an sich verändernde Arbeitsstrukturen zu beschleunigen? Wir dürfen uns nicht einbilden, allein durch die Vermittlung von Schlüsselqualifikationen die überkommene Organisationsstruktur der Unternehmen zu verändern.

Die Allianz der Gedanken der Bildungsreformer der frühen siebziger Jahre mit den betrieblichen Interessenvertretern der späten achtziger Jahre führt uns zu einem weiteren Gesichtspunkt. Schlüsselqualifikationen weiten den Begriff beruflichen Lernens aus. Sie scheinen gleichzeitig ein Stück weit allgemeine Bildung zu beinhalten.

Eine bildungspolitisch brisante Frage schließt sich an: Rechtfertigt das Konzept der Vermittlung von Schlüsselqualifikationen im Betrieb die Überlegung – die im Berufsbildungsbericht 1989 tendenziell geäußert wird – der Berufsschule einen Teil der »allgemeinen Bildung« zu entreißen und damit eine ihrer Funktionen im Dualen System zu beschneiden? Dies wäre aus pädagogischer Sicht katastrophal. Wir kommen auf die Aufgabenverteilung zwischen den Lernorten noch zurück.
Bezüglich der Inhalte bleibt grundsätzlich zu fragen:

2. Ist Berufsbildung mit beliebigen Inhalten überhaupt vorstellbar?

Aus der Kollegschuldiskussion, die die Trennung von beruflicher und allgemeiner Bildung aufheben will, stammt die klassische Formulierung über die Austauschbarkeit von Lerninhalten: »Allgemeine Lernziele sind Haltungen, Einstellungen, Kenntnisse und Fähigkeiten, die pädagogisch mit Vorrang erstrebt werden, weil sie die gesellschaftliche Funktionstüchtigkeit im Interesse des Subjekts überschreiten. Die allgemeinen Lernziele sind natürlich nie ohne Inhalt erreichbar, aber die Inhalte sind denkbar verschieden und in ihrer Variationsbreite nicht von abstrakten Prinzipien festzulegen.« (Kollegstufe NW, Ratingen, 1972, Strukturförderung im Bildungswesen des Landes Nordrhein-Westfalen, eine Schriftenreihe des Kultusministers, Heft 17, S. 22).

Ähnlich wie in dem oben zitierten Text legt auch das Konzept der Schlüsselqualifikationen nahe, daß die konkreten Inhalte an Bedeutung verlieren. Kritisch muß allerdings gefragt werden, ob wirklich alle beruflichen Lerninhalte gleich gut geeignet sind, Schlüsselqualifikationen zu vermitteln. Mehrere Arbeitsgruppen gingen dieser Frage unter jeweils spezifischer Akzentuierung nach. Dabei wurde die Bedeutung bestimmter berufsbezogener fachlicher Qualifikationen für die Anbahnung übergreifender Schlüsselqualifikationen herausgearbeitet.

Teilweise sind Schlüsselqualifikationen wohl auch in ihrer Transferierbarkeit begrenzt. Hier bedarf es weiterer Forschungsbemühungen, damit deutlich wird, unter welchen Voraussetzungen Schlüsselqualifikationen zu beruflicher und allgemeiner Bildung führen können. Die postulierte Handlungsfähigkeit muß sich dann auch auf die Durchsetzungsfähigkeit und -bereitschaft von Arbeitnehmer- und z.B. Verbraucherinteressen beziehen. Mündigkeit muß also im übergreifenden Sinne angestrebt werden. In solchen Zusammenhängen bedarf es wahrscheinlich auch einer teilweise neuen Akzentuierung der Kategoriensysteme von Schlüsselqualifikationen.

Damit muß die Frage gestellt werden: Sind Lernziele dieser Art überhaupt operationalisierbar? Schließlich handelt es sich um kognitive, affektive und psychomotorische Aspekte auf oberster Lernzielebene.

Hier können wir fast nur Probleme und offene Fragen formulieren, Lösungen allenfalls andeuten. Keinesfalls reicht das herkömmliche Instrumentarium zur Messung des Lernerfolgs. Klassenarbeiten und Kammerprüfungen zielen vor allem auf die Überprüfung kognitiver fachlicher Lernzielelemente. Problem- und projektbezogene ganzheitliche Qualifikationsprozesse müssen mit entsprechenden Überprüfungsinstrumentarien korrespondieren. Die hier zu stellenden Aufgaben setzen voraus, daß gesicherte Erkenntnisse über die Transferierbarkeit von Schlüsselqualifikationen vorliegen, was leider kaum der Fall ist. Wir glauben jedoch, daß wir uns auch um die Entwicklung von Schlüsselqualifikationen bemühen sollten, für die es noch kein gesichertes Meß- und Überprüfungsinstrumentarium gibt.

Die Forderung zur vermehrten Entwicklung von Schlüsselqualifikationen wird besonders in Wirtschaftsbereichen vertreten, die durch starke technologische und organisatorische Neuerungen geprägt sind bzw. in denen solche erwartet werden. Läßt sich daraus nun folgern, daß für alle Berufstätigen an allen Arbeitsplätzen in diesen Wirtschaftsbereichen die Vermittlung von Schlüsselqualifikationen obligatorisch werden muß? Sollte diese Forderung für die berufliche Bildung eventuell generell erhoben werden?

Also:

3. Erfordert die Berufs- und Tätigkeitsstruktur generell die Vermittlung von Schlüsselqualifikationen?

In dieser Tagung ist deutlich geworden, daß sich an vielen Arbeitsplätzen durch technische und organisatorische Veränderungen ein breiteres Anforderungsprofil mit steigender Bedeutung von Schlüsselqualifikationen ergibt und daraus Konsequenzen für die berufliche Bildung zu ziehen sind. Der Anteil von Arbeitsplätzen mit un- und angelernter Arbeit nimmt rapide ab.

Kann daraus nun eine generelle Notwendigkeit der Höherqualifizierung aller Berufstätigen abgeleitet werden? Die Struktur der Arbeitslosen zeigt uns das Dilemma. Mehr als eine Million, rund die Hälfte der Arbeitslosen, waren (im September 1988) ohne berufliche Erstausbildung. Bei den Langzeitarbeitslosen lag der Anteil noch höher. Sie verfügen vielfach nicht über die Flexibilität, sich in neue Tätigkeitsfelder einzuarbeiten und haben große Schwierigkeiten, in Umschulungsprogrammen zu bestehen. Es fehlen oft wichtige persönliche Eigenschaften wie das Selbstvertrauen. Elementare Lerntechniken sind oft nicht entwickelt.

Deshalb muß für alle Auszubildenden und Weiterzubildenden die Entwicklung von Schlüsselqualifikationen ein zentrales Ziel sein. Gerade für Problemgruppen muß in besonderer Weise entprechend ihren Voraussetzungen mehr geleistet werden als eine eigentlich schon sehr begrüßenswerte vorwiegend funktionale berufliche Qualifizierung. Gerade Arbeitsplätze mit tendenziell niedrigen Anforderungen sind besonders gefährdet. Die Fähigkeit z.B. zur Mobilität ist unverzichtbar.

Wir haben festgestellt, daß Schlüsselqualifikationen für alle Beschäftigten wichtig sind, daß aber sehr wohl nach Tätigkeitsfeldern und im Niveau differenziert werden muß.

In den Arbeitsgruppen konnte an Beispielen gezeigt werden, daß neu geordnete Berufsbereiche und neue Berufe in zum Teil bemerkenswerter Weise die Vermittlung von Schlüsselqualifikationen berücksichtigen.

Es ist nun zu fragen:

4. Können Schlüsselqualifikationen auch in »alten« Berufen, also Berufen, die noch nicht oder vor einiger Zeit eine Revision ihrer Ordnungsmittel erfuhren, überhaupt vermittelt und für berufliches Handeln relevant werden?

Viele Berufe, auch solche, die vor einigen Jahren nach dem Berufsbildungsgesetz neu geordnet wurden, sehen in den Berufsordnungsmitteln Schlüsselqualifikationen noch nicht in nennenswertem Maße vor. Teilweise besteht hier ein erheblicher Neuordnungsbedarf, der auch berufsstrukturelle Veränderungen, z.B. breitere Berufsbilder, nicht ausschließen kann. Weiterhin ist zu bedenken, ob der jetzige Schnitt der Berufsfelder technisch-organisatorischen Entwicklungen ausreichend Rechnung trägt. So zeigt die Durchdringung des Berufsfeldes Metalltechnik durch die Elektronik viele Überschneidungsbereiche mit dem Berufsfeld Elektrotechnik. Teilweise wurden von den Betrieben deshalb bereits sogenannte Hybridberufe konzipiert.

Auch wenn ohne Neuordnung eines Berufes Schlüsselqualifikationen vermehrt angestrebt werden könnten - die übergreifenden Zielvorstellungen des Berufes und die pädagogische Freiheit der Lehrenden lassen hier einen gewissen Spielraum - so stehen dem in der Ausbildungspraxis teilweise Hemmfaktoren entgegen. Einige sollen hier kurz angerissen werden:

— Die vorherrschenden Stoffstrukturen der beruflichen Ordnungsmittel behindern ein problem- und handlungsorientierte Erkenntnisgewinnung.
— Eine Zerschneidung von Zusammenhängen wird durch den Fächerkanon gefördert.
— Die Faktenorientierung der Abschlußprüfung beinflußt Stoffauswahl und Unterrichtsmethode und begünstigt überkommene Strukturen, die die Vermittlung von Schlüsselqualifikationen negativ beeinflussen. Wenn es gelingt, Schlüsselqualifikationen zum Gegenstand von Kammerprüfungen zu machen, entsteht ein stärkerer Aufforderungscharakter für die Lernorte, diese auch zu entwickeln.
— Die am Ausbildungshandeln Beteiligten sehen ohne eine Revision der Ordnungsunterlagen teilweise nur geringe Möglichkeiten und eine unzureichende Notwendigkeit, Veränderungen vorzunehmen. Ein eingefahrenes Aufgabenverständnis, unzureichende fachliche und didaktisch-methodische Qualifikation der Ausbilder und Lehrenden, z.B. im Bereich »neuer« Vermittlungsmethoden, begrenzen Innovationen.

Dabei sollen die Bemühungen vieler Ausbilder und Lehrender in Betrieben und Berufsschulen, die hier bereits Pionierarbeit geleistet haben, ausdrücklich anerkannt werden. Vielfach begünstigten betriebliche Erfordernisse Entwicklungen im Hinblick z.B. auf lernerorientiertes Ausbilderhandeln. Dabei wurden entscheidende didaktische Herausforderungen erkannt, wie Ergebnisse aus Modellversuchen zeigen. In mehreren Arbeitsgruppen dieser Tagung wurden hier interessante Ergebnisse deutlich.
Wir müssen uns also fragen:

5. Welche Anforderungen sind curricular an moderne Berufsordnungsmittel im Hinblick auf Schlüsselqualifikationen zu stellen?

Die Erarbeitung von Berufsordnungsmitteln stellt alle Beteiligten vor ein Dilemma: Zum einen müssen die Inhalte so konkret sein, daß Ausbilder und Lehrer damit etwas anfangen können, zum anderen sind Schlüsselqualifikationen aber sehr allgemein. Darüber hinaus sind sie auch nicht zu standardisieren. Ihrer individuellen Ausprägung muß Raum gegeben werden.

Die Ausbildungsordnungen für die Betriebe und die Rahmenlehrpläne für die beruflichen Schulen dürfen sich nicht darauf beschränken, im Vorwort auf die Notwendigkeit der Entwicklung von Schlüsselqualifikationen hinzuweisen. <u>Vielmehr muß im Zusammenhang mit den einzelnen konkreten Lernzielen die Dimension der Schlüsselqualifikationen miteingebunden werden.</u> Hier müßten Anregungen für z.B. projektorientierte und leittextgestützte Lernformen sowie Fallstudien auch von seiten der Berufs- und Wirtschaftspädagogik gegeben werden.

Manchmal werden die Neuen Technologien als Modernitätskriterium angesehen. Wir formulieren plakativ, was eine Arbeitsgruppe differenziert erarbeitet hat: Die Beherrschung der CAD-Technik ist noch keine Schlüsselqualifikation!

Modellversuche zeigen, daß Schlüsselqualifikationen sich durch ganzheitliches, offenes bzw. teiloffenes Lernen, das projekt- und problemorientiert sein soll, fördern lassen. Was ergibt sich daraus für die Auswahl von Medien und Methoden?
Also:

6. Welche Anforderungen sind am Medien und Methoden zu stellen?

Nicht immer sind die Lernorte mit angemessenen Medien ausgestattet. Vielfach fehlen zielgruppenspezifisch geeignete Medien, die in Verbindung mit geeigneten Methoden selbständiges Lernen der Auszubildenden fördern. Es dominieren noch immer stofforientierte Medien, z.B. Schulbücher, Arbeitsblätter, die bei dem in der Berufsschule noch vorherrschenden Frontalunterricht wenig Freiräume für eigenständiges Denken und Handeln der Lernenden lassen. Labors und Werkstätten in Schulen werden z.T. nicht in angemessener Weise genutzt. Stattdessen findet sogenannter theoretischer Unterricht statt. Realitätsbezug sowie selbständiges Tun und Handeln lassen sich durch den isolierten Aufbau von Wissenselementen nicht in angemessener Weise fördern.

In vielen Fällen gilt noch, daß ausbilder- und lehrerzentrierte Methoden zum repetitiven Nachmachen bzw. Nachvollziehen veranlassen. Erkenntnisse im Bereich handlungsorientierten Lernens werden bisher unzureichend genutzt. Gerade das Handlungslernen würde es aber den Lehrenden ermöglichen, individuelles Lernen wahrzunehmen, zu dulden und zu entfalten.

Oft wird mit dem scheinbar höheren Zeitbedarf beim Einsatz von Fallstudien, Planspielen, Leittexten, Projekten etc. argumentiert, dem die Stoffülle des Lehrplans entgegensteht. Daß in der Anwendung herkömmlicher Methoden aber z.B. soziale und kommunikative Lernziele als wichtige Voraussetzung für Schlüsselqualifikationen zu kurz kommen, erscheint leider als nachrangig, weil deren Erreichung (noch) nicht im Klassenbuch zu dokumentieren ist und diese auch für die Kammerprüfung noch wenig Bedeutung haben. Es bedarf der Entwicklung von didaktischen Leitlinien und Methodenkonzeptionen. Keineswegs darf eine einzelne Methode, z.B. die Leittextmethode, zu einem Non plus ultra hochstilisiert werden. Für die schulischen Ausbildungsgänge haben hier z.B. auch Praktika eine entscheidende Bedeutung.

Die Arbeitsteilung zwischen den Lernorten läßt sich grob kennzeichnen durch praktische Ausbildung im Betrieb und theoretische Ausbildung in der Schule. Ist diese Aufteilung grundsätzlich noch aufrechtzuerhalten in einer Zeit, in der es Werkstätten, Lernbüros und Labors in der Schule, Zusatzunterricht und projektorientiertes Lernen in vielen Großbetrieben und überbetrieblichen Ausbildungsstätten mit schulähnlichem Charakter gibt?

Es stellt sich also die Frage:

7. In welcher Weise erfordern Ordnungsmittel beruflicher Bildung, die die Vermittlung von Schlüsselqualifikationen anstreben, eine Neuabstimmung von Zielen, Inhalten und Methoden der Lernorte: Schule, Betrieb, überbetriebliche Aus- und Weiterbildung?

Wir sehen zumindest zwischen Großbetrieben mit eigenen Ausbildungseinrichtungen und Berufsschulen eine zunehmende Aufgabenangleichung. Hier können Kooperation und Abstimmung helfen. Es wurde in einer der Arbeitsgruppen in diesem Zusammenhang von der **Lernortsymbiose** gesprochen. Für Kleinbetriebe wird die Schule eher noch zusätzliche Aufgaben übernehmen müssen, weil diese oft keine systematische Ausbildung sichern können. Das gilt wegen der oft noch hierarchischen Strukturen des Handwerks gerade auch für die Vermittlung von Schlüsselqualifikationen. Gerade in kleineren und mittleren Betrieben bieten die vielfach ganzheitlichen Arbeitsvollzüge noch unerschlossene Chancen.

Generell bleibt die Frage, ob das Duale System in seiner ursprünglichen Form aufrechterhalten werden kann, wenn über die Forderung nach Schlüsselqualifikationen ganzheitlichen, projektorientierten Ausbildungsformen das Wort geredet wird.

Für die Ordnungsmittel gilt es, die Dominanz der übervollen Stoffpläne aufzulösen und Intentionen und Methoden im Zusammenhang mit den Inhalten gleichberechtigt für die Anbahnung von Schlüsselqualifikationen zu bedenken. Wenn das Problem der angemessenen Inhaltsauswahl nicht gelöst und die Inhaltsfülle nicht reduziert werden kann, wird die Entwicklung von Schlüsselqualikationen scheitern, ebenso wie die Erreichung oberster Lernziele in überkommenen Lehrplänen wegen der Inhaltsorientierung der untersten Lernzielebene weitgehend folgenlos geblieben ist.

Im Zusammenhang damit steht die Frage, welche Anforderungen an Ausbilder und Lehrer sich aus den veränderten Zielen, Inhalten und Methoden beruflicher Bildung ergeben.

Also:

8. Wie müssen Lehrer und Ausbilder qualifiziert werden, um Schlüsselqualifikationen zu entwickeln?

Ausbilder und Lehrer werden in Zukunft verstärkt Organisatoren und Moderatoren für Bildungsprozesse, Experten für Methoden und Medien und Berater für Lernprozesse sein, die z.B. auch eine Individualisierung von Lernen und eine stärkere Förderung Lernschwacher ermöglichen müssen. Ganzheitliche, projektorientierte Ausbildungsformen setzen eine breite fachliche Qualifikation voraus und fordern eine entsprechende Lehrer- bzw. Ausbilderpersönlichkeit, damit Schlüsselqualifikationen sowohl unter betrieblich bestimmten, produktionsorientierten als auch individuellen, subjektorientierten und persönlichkeitsfördernden Aspekten entwickelt werden können.

Diesen hier kurz skizzierten Anforderungen muß die Ausbilder- und Lehrerqualifizierung Rechnung tragen durch
- projekt- und handlungsorientierte Ausbilder- und Lehreraus- und -weiterbildung bei starker Medien- und Methodenorientierung,
- Annäherung der pädagogischen Qualifikationsanforderungen von Ausbildern an die von Berufsschullehrern,
- stärkere Berücksichtigung persönlichkeitsentwickelnder und didaktischer Studienanteile in den Lehrerprüfungsordnungen (LPO) und der Ausbildereignungsverordnung (AEVO).

Aus den in den Arbeitsgruppen besprochenen und hier kurz skizzierten Punkten ergeben sich folgende

9. Folgerungen:

Die Diskussion um die Schlüsselqualifikationen hat keineswegs das Fachwissen in die Krise gebracht. Schlüsselqualifikationen ersetzen kein Fachwissen, dieses ist heute ebenso wichtig wie früher und wird auch in Zukunft unverzichtbar sein. <u>Aber die Zielsetzung, die mit dem strukturierten Fachwissens verbunden ist</u>, sowie die Art der Vermittlung haben sich geändert. Die Schlüsselqualifikationen sind teilweise eine <u>Art »Metawissen« und »Umgang mit dem Wissen« und damit sehr wohl eine Hilfe, um die vielfältigen Probleme der beruflichen Aus- und Weiterbildung in einer Situation sich rasch verändernder Rahmenbedingungen zu erfassen und einer Lösung zuzuführen.</u> Möglichkeiten, Schlüsselqualifikationen aufzuspüren, sind Abnehmerbefragungen und Lehrstoffanalysen.

In didaktischer Hinsicht können Schlüsselqualifikationen weder als Grundlehrgang angeboten (und damit »abgehakt«) noch anstelle von traditionellen Inhalten vermittelt werden. Vielmehr sind sie – vergleichbar mit einem Unterrichtsprinzip – im gesamten Spektrum der beruflichen Aus- und Weiterbildung bei Ziel-, Inhalts-, Medien- und Methodenentscheidungen integrativer Bestandteil. Auch die allgemeinbildenden Schulen sind hier gefordert, in dieser Hinsicht vorbereitend zu wirken.

Dieser Kongreß hat gezeigt, daß es kein Allheilmittel gibt, um die Probleme der beruflichen Aus- und Weiterbildung zu lösen. In jedem Berufsfeld zeigen sich andere Aspekte bezüglich des Zusammenhangs zwischen Fachwissen und übergreifenden Qualifikationen. An den Lernorten beruflicher Bildung gibt es trotz zunehmender Gemeinsamkeiten spezifische Probleme bei der Abgrenzung der Aufgaben und der Auswahl der Vermittlungsmethoden.

In der speziellen Aufgabenstellung stellt sich die Frage der Qualifizierung für die Zukunft, und in der Gesamtheit der Qualifikationsanforderungen lassen sich Trends ausmachen. Die Referate und Diskussionen in den Arbeitsgruppen haben diese Vielfalt gespiegelt. Welche Konsequenzen sind nun daraus zu ziehen?

Wir kommen zu den

10. Perspektiven:

Für jede berufliche Ausrichtung muß versucht werden, entweder eine der vorhandenen Definitionen von Schlüsselqualifikationen »kleinzuarbeiten« oder nach einer eigenständigen Konkretisierung zu suchen. Hierfür steht die theoretische Fundierung noch aus.

In den Ordnungsmitteln und in der Ausbildungswirklichkeit müssen die Schlüsselqualifikationen aufgespürt und auf ihre Relevanz hin untersucht werden. Insbesondere ist die Frage zu klären, wie sich im Einzelfall der Zusammenhang zwischen Fachwissen und Schlüsselqualifikationen gestaltet. Es wurde festgestellt, daß es noch kein allgemeingültiges Rezept und kein Schema zur Konkretisierung von Schlüsselqualifikationen gibt. Daher muß gefragt werden, ob es zwischen dem spezialisierten Einzelwissen und den generellen Schlüsselqualifikationen »Zwischenstationen« geben kann, etwa übergreifende Lernziele bei der Beherrschung technologischer und organisatorischer Grundprobleme.

Dabei sind auch weitergreifende berufspädagogische Fragen neu zu bedenken, etwa die, ob die nunmehr fast zwanzig Jahre alte Schneidung der Berufsfelder unter diesem Gesichtspunkt noch als sinnvoll anzusehen ist. Die Neuordnung der Metall- und Elektroberufe hat zwar innerhalb der Berufsfelder neue Strukturen geschaffen, sich aber dieses übergreifenden Aspektes nicht angenommen.

Noch ungeklärt ist die Frage, wie sich der gemeinsame Binnenmarkt der Europäischen Gemeinschaft 1992 arbeitsmarktpolitisch und bildungspolitisch auswirken und die Diskussion um die Schlüsselqualifikationen berühren wird.

Erfreulich festzustellen ist die grundsätzliche Übereinstimmung zwischen Arbeitnehmern und Arbeitgebern in bezug auf die Notwendigkeit der Vermittlung und Entwicklung weitreichender Kompetenzen für alle Arbeitnehmer. Für beide bieten Schlüsselqualifikationen offensichtlich eine überzeugende Perspektive.

Trotzdem bleibt zu fragen, ob die kritische und umfassende Bildung des Berufstätigen wirklich mit der in der Regel nach wie vor hierarchischen Struktur der Arbeitsabläufe im Betrieb zu vereinbaren ist, oder ob hier nicht Strukturen vorhanden sind, die den so überzeugenden Ansatz zunichte machen oder zumindest in Frage stellen.

Wir erhoffen und erwarten von der breiten Durchsetzung der Schlüsselqualifikationen den vielseitig gebildeten und interessierten Berufstätigen, der sowohl zur optimalen Erfüllung seiner Arbeitsaufgaben beiträgt und verstärkt an betrieblichen Entscheidungen teilhat, was eine Humanisierung und Demokratisierung des Arbeitslebens fördern kann. Er sollte mit Hilfe der Schlüsselqualifikationen kompetent und kreativ an der Gestaltung der Arbeitsumwelt und seiner sozialen Umgebung mitwirken können.

Diese Ziele werden sich nicht realisieren lassen ohne eine weitere Demokratisierung der Betriebsverfassungen und der Gesellschaft.